국가는 어떻게 무너지는가

엘리트, 반엘리트, 정치적 해체의 경로

피터 터친

유강은 옮김

생각의힘

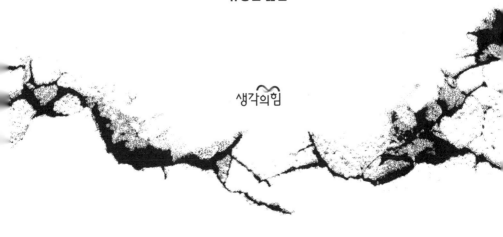

END TIMES

국가는 어떻게 무너지는가

국가는 어떻게 무너지는가

엘리트, 반엘리트, 정치적 해체의 경로

1판 1쇄 펴냄 2025년 3월 24일
1판 2쇄 펴냄 2025년 4월 4일

지은이 피터 터친
옮긴이 유강은
발행인 김병준 · 고세규
발행처 생각의힘
편집 조소영 · 정혜지 디자인 백소연 마케팅 김유정 · 차현지 · 최은규

등록 2011. 10. 27. 제406-2011-000127호
주소 서울시 마포구 독막로6길 11. 2, 3층
전화 편집 02)6925-4183, 영업 02)6925-4187 팩스 02)6925-4182
전자우편 tpbook1@tpbook.co.kr 홈페이지 www.tpbook.co.kr

ISBN 979-11-93166-94-9 (03300)

한국어판 서문

어떤 저자든 자신의 책이 다른 언어로 출간된다는 소식을 들으면 기쁠 것입니다. 특히 저는 한국의 역사와 문화에 꾸준히 관심을 기울여온 터라 한국어판을 위한 서문을 쓸 수 있어 기쁘기 그지없습니다. 한국 독자들이 제 책에서 흥미로운 내용과 현실적 관련성을 발견하게 되기를 기대합니다.

제가 이 책에서 답하고자 하는 핵심 질문은 "왜 국가로 조직된 모든 사회는 결국 '종말End Times', 즉 고조된 사회적 격동과 정치적 폭력 그리고 때로는 붕괴의 시기로 접어드는가" 하는 것입니다. 저는 소련에서 태어나고 자랐습니다. 하지만 그 국가는 이제 존재하지 않지요. 1977년 우리 가족은 미국으로 이민을 왔고, 저는 소련이 붕괴하는 과정을 멀리서 지켜보았습니다. 그리고 지금, 아이러니하게도 제2의 조국인 미국에서도 높은 불안정성이 지속되고 있습니다.

오늘날 미국에서 펼쳐지는 정치적 혼란을 이해하는 데 이 책이 어떻게 도움이 될까요? 간략히 설명하자면, 미국의 지배 계급은 크게 두 그룹으로 구성되어 있습니다. 하나는 '상위 1%'로 불리는 초고액 자산가들(얼마 전까지 공화당이 대표해온 계층)이며, 다른 하나는 '상위 10%'로 구성된 고학력자 및 전문직 종사자들(대체로 민주당이 대표하는 계층)입니다. 지난 10년 동안, 양대 정당은 급격한 변화를 겪었는데, 특히 공화당이 크게 변모했습니다. 바야흐로 공화당은 극우 포퓰리즘을 신봉하는 진정한 혁명 정당으로 변신하는 중입니다.

이 변화는 2016년 도널드 트럼프의 예기치 않은 승리로 시작됐습니다. 처음에 트럼프는 혁명가가 아니었습니다. 그는 대중의 불만, 특히 고졸 이하 백인 계층의 불만을 등에 업고 권력을 잡은 정치적 사업가였습니다. 하지만 집권 후에는, 기성 정치인들과 달리 자신의 공약을 실제로 이행하려 했습니다. 물론, 그의 모든 정책이 지배 계급의 이익을 거스르는 것은 아니었지요. 예를 들어, 그가 밀어붙인 세법 개정은 세제 구조를 더욱 역진적으로 만들었고, 이는 부유층에게 유리한 결과를 가져왔습니다. 하지만 다른 정책에서는 지배 엘리트의 이해관계에 정면으로 충돌했습니다. 그가 추진한 최악의 공세로는 반이민 정책(경제 엘리트들은 노동자의 임금을 낮추는 데 도움이 되기 때문에 이민을 선호합니다), 산업 정책을 앞세워 전통적 공화당의 자유시장 정통 이념을 거부한 것, 그리고 나토NATO 회의론과 새로운 해외 분쟁을 시작하려 하지 않은 것을 들 수 있습니다.

2020년 미국의 지배 계급은 자신들이 이 혁명을 완전히 진압했다고 생각했습니다. 민주당은 이제 명실상부한 지배 계급의 정당, 즉 상위 10%와 상위 1%의 정당으로 자리를 잡았습니다. 이러한 정치적 재편의 실상은 최근 선거에서 카멀라 해리스가 트럼프보다 압도적으로 많은 선거 비용을 쓴 사실, 그리고 딕 체니와 그의 딸 리즈 체니 같은 주류 공화당원들 및 빌 크리스톨 같은 네오콘 인사들이 해리스 후보를 지지한 사실을 통해 확인할 수 있습니다. 한편, 트럼프는 공화당을 우익 포퓰리즘 정당으로 개조하는 데서 놀라운 성공을 거두었습니다. 전통적인 공화당의 트럼프 비판자들 중 일부는 은퇴했고, 일부는 선거에서 패배했으며, 일부는 민주당으로 당적을 바꿨습니다. 동시에, 2024년 선거에서 우리는 트럼프 캠프를 중심으로 다양한 반反엘리트 연합이 결집하는 모습을 보았습니다. J. D. 밴스 같은 인물들이 공화당 내에서 급속도로 치고 올라가며 입지를 다졌고, RFK 주니어와 털시 개버드 같은 정치인들은 민주당에서 공화당으로 갈아탔습니다. 정치인이 아닌 반엘리트 그룹에는 터커 칼슨 같은 언론인과 일론 머스크를 비롯한 억만장자도 포함됩니다.

《국가는 어떻게 무너지는가End Times》가 출간된 2023년, 저는 미국이 혁명적 상황에 놓여 있다고 썼습니다. 그 후 2024년 대선에서 트럼프가 결정적인 승리를 거둔 지금, 우리는 실제로 혁명을 겪고 있습니다. 트럼프가 이끄는 당은 '엘리트의 혁명'을 일으키는 중이며, 단순히 고위 공직자를 충성파로 교체하는 것이 아니라, 하급 행정 관료들까지 점진적으로 대체하려 하고 있습니다. 또한 그들이 추구하는 목표는 정치와 이념, 지정학적 측면에서 미국의 성격을 근본적으로 변화시키는 **변혁적** 혁명을 완수하는 것입니다.

이러한 지정학적 지각변동은 전 세계 모든 나라에 영향을 미치고 있습니다. 하지만 그에 못지않게 중요한 것은 각국 사회 내부의 동역학을 이해하는 것입니다. 제 연구팀이 한국의 위기에 관한 구조적 전조를 심층적으로 분석한 적은 없지만, 몇 가지 중요한 지표들이 부정적인 방향으로 움직이고 있습니다. 세계 불평등 데이터베이스World Inequality Database에 따르면, 한국의 국민소득에서 상위 1%가 차지하는 비중은 1990년대 이후 2023년까지 2배 이상 증가했습니다. 동시에, 대학 졸업자의 수가 급증하면서 한국은 전 세계에서 대졸자 비율이 가장 높은 나라가 되었습니다. 그런데 한국은 고급 학위를 가진 젊은 인재들을 소화할 만한 충분한 일자리를 제공하지 못한다는 난관에 부딪혔습니다.

이 문제는 특히 고학력 청년 남성들에게 심각한 영향을 미치며, 우리의 역사적 분석에 따르면 정치적 안정성의 관점에서 가장 위험한 인구 집단이 바로 이들입니다. 그리고 이러한 불안정의 추동 요인들은 이미 현실에 영향을 미치고 있습니다. 저는 대부분의 한국인들이 자기 나라가 극히 취약한 상태에 있다는 사실을 깊이 인식하고 있으리라 생각합니다.

아무쪼록 제 책《국가는 어떻게 무너지는가》가 한국의 일반 시민과 정치 엘리트들이 이 불안정한 시대를 헤쳐 나가는 데 도움이 되기를 바랍니다.

피터 터친

2025년 3월, 빈Vienna에서

차례

일러두기

1. 이 책은 End Times: Elites, Counter-Elites, and the Path of Political Disintegration(2023)를 우리말로 옮긴 것이다.
2. 단행본, 신문, 잡지는 겹꺾쇠표(《 》)로, 영화, 방송 프로그램 등은 홑꺾쇠표(〈 〉)로 표기했다. 대괄호([ ])는 이해를 돕기 위해 원서에 없는 내용을 덧붙인 것이다.
3. 옮긴이 주는 '-옮긴이'로 밝혔다. 미주는 원서의 주이다.
4. 인명 등 외래어는 국립국어원의 표준어 규정 및 외래어표기법을 따랐으나, 일부는 관례와 원어 발음을 존중해 그에 따랐다.
5. 국내에 소개된 작품명은 번역된 제목을 따랐고, 국내에 소개되지 않은 작품명은 원어 제목을 독음대로 적거나 우리말로 옮겼다.

서론

언젠가 영국의 역사학자 아널드 토인비는 어느 비판자에게 대답하면서 역사는 "그저 안 좋은 일의 연속"이 아니라고 재담을 했다[1]. 오랫동안 토인비의 견해는 소수에 속했다. 칼 포퍼 같은 유명 학자를 비롯한 역사학자와 철학자들은 역사의 과학 science of history 이란 불가능하다고 열렬하게 주장했다. 인간 사회는 너무도 복잡하고, 인간은 너무도 변덕스러우며, 과학의 진보는 예측할 수 없고, 문화는 공간과 시간에 따라 너무도 다양하다. 코소보는 베트남과 전혀 다르고, 남북전쟁 이전의 미국은 2020년대의 미국에 관해 우리에게 아무것도 말해주지 못한다. 예전에, 그리고 대체로 지금도 이런 견해가 다수다. 나는 이 책을 통해 독자 여러분에게 이것이 그릇된 견해라는 확신을 주기를 기대한다. 역사과학은 가능할 뿐만 아니라 유용하기도 하다. 역사과학 덕분에 우리는 지금 내리는 집단적 선택이 어떻게 우리에게 더 나은 미래를 가져다줄 지 예상할 수 있다.

나는 1980년대에 생태학자로 학자 경력을 시작했다. 딱정벌레, 나비, 생쥐, 사슴의 개체군 동역학을 연구하면서 생활비를 벌었다. 컴퓨터의 처리 능력이 급속하게 증대하면서 동물생태학에 일대 혁명이 일어나던 시기였다. 나는 수학을 혐오한 적이 없었기 때문에 이 분야가 복잡성 과학complexity science으로 전환하는 것을 받아들였다. 복잡성 과학은 가령 왜 많은 동물 개체군이 호황과 불황의 순환을 겪는지 같은 질문에 답하기 위해 컴퓨터 모델링을 빅데이터 분석과 결합하는 학문이다. 하지만 1990년대 말에 이르러 나는 내가 연구의 필요성을 제기한 흥미로운 질문들의 대부분이 이미 답을 찾았다고 느꼈다. 얼마간 두려움을 품은 채 나는 어떻게 하면 똑같은 복잡성 과학의 접근법을 과거와 현재의 인간 사회 연구에 적용할 수 있는지를 검토하기 시작했다. 사반세기 뒤, 이런 시도에 동참한 동료들과 나는 역사동역학cliodynamics(그리스 신화의 역사의 무제muse[뮤즈]의 이름 '클리오Clio'와 변화의 과학인 동역학dynamics을 합친 것이다)이라는 번성하는 분야를 발전시키고 있다. 우리는 되풀이되는 중요한 양상들이 존재하며, 지난 1만 년에 걸친 인류 역사의 범위 전체에서 이를 관찰할 수 있다는 것을 발견했다. 신기하게도, 여러 복잡한 인간 사회는 수많은 차이에도 불구하고 기본적으로, 그리고 어떤 추상적 수준에서 동일한 일반 원리에 따라 조직된다. 회의론자들과 그저 흥미를 느끼는 이들을 위해 나는 역사동역학에 관한 좀 더 자세한 일반적 설명을 이 책 말미에 부록으로 집어넣었다.

처음부터 이 새로운 분야의 동료들과 나는 정치적 통합과 해체의 순환, 특히 국가 형성과 국가 붕괴에 초점을 맞췄다. 이는 틀림없이 우리 분야에서 가장 탄탄한, 그리고 이론의 여지없이 가장 충격적인 연구 결과를 내놓은 영역일 것이다. 양적 역사 분석을 통해 우리는 세계 각지의 복잡한 사회들이 반복적이고, 어느 정도는 예측 가능한 정치적 불안정의 파동에 영향을 받는다는 것을 분명히 알게 되었다. 이 파동은 수천 년에 걸친 인류 역사 내내 작동하는 동일한 일군의 기본적 힘에 의해 초래된 것이었다. 몇 년 전, 이 패턴이 유지된다고 가정하면 우리는 또 다른 폭풍의 한가운데로 향하게 될 것임이 분명해졌다. 2010년 과학 저널 《네이처》는 각기 다른 분야의 전문가들에게 10년 뒤의 미래를 전망해달라고 요청했는데, 나는 미국사의 양상을 근거로 판단할 때, 2020년대 초에 다시 불안정이 급증할 예정이라고 단정하면서 명확한 용어로 이런 주장을 했다. 유감스럽게도, 지난 10년간 내가 만든 모델에서 어떤 것도 오류로 입증되지 않았다. 지금 독자 여러분이 읽고 있는 책은 이 모델을 이해하기 쉬운 용어로, 즉 수학과 무관한 용어로 설명하기 위해 최선의 노력을 다한 결과물이다. 이 책은 여러 상이한 분야의 방대한 양의 중요한 연구를 바탕으로 삼는다. 나는 이 책이 완전히 독창적인 내용이라고 주장하지 않는다. 내가 이 책에서 말하고자 하는 것은 우리 모두 여러 사회들이 전에 이와 똑같은 갈림길에 다다랐다는 사실에서 용기를 얻어야 하며, 때로는(심지어 대개) 그 길이 막대한 인명 손실과 사회의 와해로 이어지기는 했어도 때로는 관련된 대다수 사람들에게 한층 행복한 해결로 이어졌다는 것이다.

　그렇다면 이 모델은 무엇인가? 다소 미덥지 않게 말하자면, 미국 같은 어떤 나라의 실질임금(인플레이션을 조정한 달러로 표시되는 임금)이 정체하거나 감소하고, 부유층과 빈곤층의 격차가 커지고, 석박사 학위를 받은 젊은 졸업생이 과잉생산되고, 공적 신뢰가 감소하고, 공공 부채가 폭증하는 경우, 언뜻 전혀 달라 보이는 이런 사회적 지표들이 실제로는 서로 역동적으로 관련된다. 역사적으로 보면, 이런 상황 전개는 정치적 불안정이 엄습함을 보여주는 주요한 지표로 작용했다. 미국에서는 이 모든 요소들이 1970년대에 불길한 방향으로 돌아서기 시작했다. 여러 데이터가 2020년을 전후한 시기를 가리켰다. 이런 추세들이 합류하면서 정치적 불안정의 급등을 촉발시킬 것으로 예상된 시기였다. 지금 우리가 바로 이 시점에 서 있다.

분명 미국이 위기에 빠져 있음은 의문의 여지가 없다. 다만 그 설명에 관한 한 우리는 서로 격렬하게 대립한다. 어떤 사람들은 인종주의자와 백인우월주의자, 그리고 트럼프에 표를 던진 '한심한 사람들deplorables'을 비난한다. 다른 사람들은 안티파antifa〔반파시즘, 반인종주의를 표방하는 미국의 급진좌파 운동. 1980~1990년대부터 서서히 등장했으며, 뚜렷한 단일 조직을 이루기보다는 비폭력 직접행동, 폭력적 가두시위, 디지털 행동주의 등 여러 형태의 활동을 벌이는 자율적 그룹들의 느슨한 연대라고 할 수 있다.─옮긴이〕와 딥스테이트deep state〔2016년 대통령 당선 이후 도널드 트럼프를 비롯한 보수 성향 언론과 극우파가 즐겨 입에 올린 음모론의 주체. 비밀스러운 조직이 국가를 영원히 지배하며 조종한다는 음모론이다.─옮긴이〕, '멍청이 진보주의자libtard'를 비난한다. 심각한 피해망상에 빠진 비주류들은 공산주의 중국 첩자들이 최고위층부터 말단까지 미국 정부에 침투했다고 상상하거나 블라디미르 푸틴이 보이지 않는 손으로 꼭두각시 인형 트럼프를 조종한다고 생각한다. 그러는 사이에 우리의 다툼의 시대를 낳은 심층적인 원인들은 여전히 전혀 이해되지 않고 있다.

실제로 미국을 내전의 벼랑 끝으로, 어쩌면 그 너머까지 밀어붙이는 '숨은 세력들'이 존재한다. 하지만 진실은 정체를 알 수 없는 국내 집단이나 외국 첩자들이 꾸미는 음모에 있지 않다. 이에 대한 설명은 더 간단하면서도 복잡하다. '여러 점을 연결'하면서 행위자들의 사악한 동기를 찾아내는 정교한 이론적 구성물을 구축할 필요가 없다는 점에서 간단하다. 실제로 우리가 처한 곤경을 이해하기 위해 필요한 정보는 다 공개되어 있으며 논란의 여지가 없다.

우리가 알아야 하는 것은 대부분 악의 속임수나 부패한 개인들과 아무 상관이 없다. 그 대신 우리는 정부기관과 갤럽 같은 기관들이 만들어낸 사회학적 조사, 그리고 임금과 세금, 국내총생산(이하 GDP)에 관한 널리 합의된 빅데이터를 살펴보아야 한다. 이런 데이터는 사회과학자들이 학술 저널에 발표하는 통계 분석에 반영된다. 이 책에서 제시하는 설명이 왜 더 복잡한지 그 이유가 바로 여기에 있다. 노골적으로 말하자면, 이 모든 데이터와 분석을 이해하기 위해서는 복잡계 과학이 필요하다.

석학들과 정치인들은 종종 '역사의 교훈'을 들먹인다. 문제는 역사 기록이 풍부해서 석학마다 정책 논쟁에서 자신이 선호하는 어느 편이든 자신의 주장을 뒷받침하는 사례를 쉽게 찾을 수 있다는 것이다. 분명 이렇게 자신에게 '유리한 것만 골라낸'(체리 피킹)

사례들에서 끌어내는 추론은 좋은 선택이 아니다.

역사동역학은 다르다. 역사동역학은 데이터 과학의 방법을 사용하면서 여러 세대의 역사학자들이 편찬한 역사 기록을 빅데이터로 다룬다. 이 학문은 수학 모델을 활용해서 우리 사회, 즉 복잡한 사회 체계의 각기 다른 '구동 부품들' 사이의 복잡한 상호작용의 그물망을 추적한다. 무엇보다도 역사동역학은 여러 대안적 이론들을 데이터를 통한 경험적 시험으로 검증하는 과학적 방법을 사용한다.

그렇다면 역사동역학은 현재 우리가 처한 고난의 시기에 관해 무엇을 말해주는가? 국가로 조직된 최초의 복잡한 사회들이 (대략 5,000년 전에) 등장한 이래 한동안 이 사회들이 얼마나 성공을 거뒀든 간에 결국은 모두 갖가지 문제에 부딪힌다는 사실이 밝혀졌다. 모든 복잡한 사회는 내적 평화와 조화의 시기가 내적 전쟁과 다툼의 주기적인 발발로 중단되는 순환을 겪는다.

이 책의 서술은 비인격적인 사회적 힘이 사회들을 어떻게 붕괴의 벼랑 끝과 그 너머로 밀어붙이는지를 설명하려는 시도다. 나는 사례를 찾기 위해 인류의 역사 너머도 살펴볼 테지만, 주된 목표는 미국을 경험적 초점으로 삼아서 우리가 어떻게 오늘날과 같은 다툼의 시대로 미끄러져 들었는지를 설명하는 것이다. 이 위기에는 깊은 역사적 뿌리가 있기에 뉴딜 시대까지 시간을 거슬러 올라가야 할 것이다. 구두 사회계약이 미국 정치 문화의 일부가 된 시대다. 이런 비공식적이고 암묵적인 계약을 통해 북유럽 나라들의 공식적이고 분명한 삼자 합의와 비슷한 방식으로 노동자와 기업, 국가의 이익이 균형을 맞추었다. 두 세대 동안 이런 암묵적인 협정이 미국에서 폭넓은 기반을 둔 복지의 전례 없는 성장을 안겨주었다. 그와 동시에 '대압착Great Compression'〔1930~1950년대 미국에서 증세 등 강력한 조세 정책으로 부유층과 저소득층 사이의 소득 격차 및 노동자들 사이의 임금 격차가 급격히 좁아진 현상을 뜻한다.—옮긴이〕 덕분에 경제적 불평등이 극적으로 축소되었다. 많은 사람들이 이런 암묵적 협정에서 배제되었다. 특히 흑인들이 배제됐는데, 이에 관해서는 조금 자세하게 다룰 것이다. 하지만 전반적으로, 대략 50년 동안 이 나라에서는 노동자의 이익과 소유주의 이익이 균형을 맞추어서 전반적인 소득 불평등이 여전히 상당히 낮았다.

이런 사회계약은 1970년대 말에 무너지기 시작했다. 그 결과로, 그전까지 전반적 경제성장과 나란히 증가했던 전형적인 노동자 임금이 뒤처지기 시작했다. 설상가상으로, 실질임금이 정체했고, 때로는 감소하기도 했다. 그 결과 미국인 대다수의 삶의 질이 많은 측면에서 나빠졌다. 가장 인상적인 추세는 평균 기대수명의 정체, 그리고 심지어 감소다(코로나19 팬데믹이 발생하기 한참 전부터 시작된 현상이다). 노동자 임금과 소득은 정체한 반면, 경제성장의 과실은 엘리트들이 거둬들였다. 왜곡된 '부의 펌프wealth pump'가 나타나서 저소득층에게서 뽑아간 부를 부유층에게 주었다. '대압착'은 뒤집어졌다. 여러 면에서 지난 40년은 1870년에서 1900년 사이에 미국에서 벌어진 상황과 비슷하다. 만약 전후戰後 시기가 폭넓은 토대 위에 선 번영이라는 진정한 황금시대였다면, 1980년 이후 우리는 정말로 '제2의 도금시대'로 들어섰다.

우리의 모델에서 예측되는 것처럼, 엘리트들(흔히 '1퍼센트'라고 하지만 사실상 상위 0.01퍼센트에 한층 가까운)에게 흘러드는 추가적 부는 마침내 부의 소유자들(과 권력 소유자들) 자신에게 골칫거리를 낳았다. 사회 피라미드의 상층부가 너무 무거워지고 있다. 오늘날 너무 많은 '엘리트 지망자'들이 정치와 경제의 상위 계층에 존재하는 정해진 수의 지위를 놓고 경쟁하고 있다. 우리 모델에서는 이런 상태를 두고 엘리트 과잉생산elite overproduction이라고 부른다. 대중의 궁핍화와 엘리트 과잉생산, 그리고 이로 인해 생겨나는 엘리트 내부의 충돌이 점차 우리의 시민적 응집성을 훼손하고 있다. 이런 국민적 협력 의식이 사라지면 국가는 내부에서부터 순식간에 썩는다. 점증하는 사회의 취약성은 국가 기관에 대한 신뢰 수준이 무너지고 공적 담론을 지배하는 사회규범—과 민주적 기관의 기능—이 해체되는 모습으로 드러난다.

물론 이것은 앙상한 개요다. 이 책의 핵심적 내용은 이런 발상들을 풀어놓고, 핵심적인 경제적, 사회적 지표들의 통계적 추세와 관련지으며, 이런 사회적 힘들에 뒤흔들린 사람들의 몇 가지 원형적인 인간적 이야기들을 추적하는 것이다. 여기서 내가 초점을 맞추는 대상은 주로 미국과 미국인들이지만, 책에서 나는 세계 다른 지역들과 이전의 역사적 시대들까지 쳐들어갈 것이다. 이번 역시 미국에서 우리가 맞은 위기는 유례없는 사태가 아니다. 우리는 과거로부터 배울 수 있는 입장에 서 있다.

결국 이 책에서 던지는 중심 질문은 사회 권력에 관한 것이다. 누가 지배하는가? 지배 엘리트들은 어떻게 사회에서 자신들의 지배적 지위를 유지하는가? 기존 상태에 도전하는 이들은 누구이며, 이런 도전자들을 발생시키는 데서 엘리트 과잉생산은 어떤 역할을 하는가? 그리고 역사적으로 지배계급들이 이따금 갑자기 권력

장악력을 상실하고 타도되는 이유는 무엇인가? 이런 중대한 질문
들에 답을 찾아보도록 하자.

1부

권력의
역사동역학

1장

엘리트, 엘리트 과잉생산, 위기로 가는 길

엘리트는 누구인가? 사회 권력의 원천

엘리트는 누구인가? 독자인 당신은 '엘리트'인가? 만약 내가 도박꾼이라면 이 책을 읽는 독자의 99퍼센트는 "아니오!"라고 답할 것이라고 예측하겠다. 그렇다면 내가 말하는 '엘리트'가 무엇인지 정의해보자. 사회학에서 엘리트는 남들보다 어떻게든 더 나은 이들이 아니다. 엘리트가 반드시 더 근면하게 일하거나 더 똑똑하거나 재능이 많은 이들인 것은 아니다. 엘리트는 그저 더 많은 사회 권력—다른 사람들에게 영향을 미치는 능력—을 가진 이들이다. 엘리트를 더 잘 설명해주는 용어는 '권력 소유자'다.

권력은 앞으로 펼쳐질 이야기에서 무척 중요한 부분이기 때문에 뒤의 몇몇 장에서 다시 다룰 것이다. 뒤에서 사회학자들이 과거와 현재의 여러 상이한 사회에서 권력과 권력 소유자를 어떻게 정의하는지에 관해 논의할 것이다. 하지만 지금 당장은 지름길로 가보자. 미국에서 권력은 부와 밀접한 상관관계가 있다. 따라서 어떤 사람들이 권력 소유자들의 상이한 지위에 속하는지 알아내는 것은 비교적 간단하다. (누가 지배하는가라는 질문에 대한 좀 더 정교한 답을 끌어내리려면 5장까지 기다려야 한다.)

가령 만약 당신이 미국인이고 순자산이 100~200만 달러 범위에 속한다면, 대략 상위 10퍼센트에 속해서 미국 엘리트 집단의 하위 지위에 해당한다.[1] 이 범주에 속하는 대다수 사람들은 주변에 지시를 내릴 다른 사람들이 많다는 의미에서는 특별히 권력이 많은 이들이 아니다. 하지만 몇백만 달러의 부(와 대체로 이런 부와 관련되는 더 높은 소득)는 이 10퍼센트에게 자신의 삶에 대한 많은 통제권—권력—을 준다. 그들은 마음에 들지 않거나 급여가 충분하지 않거나 이사하고 싶지 않은 지역에 있는 일자리를 거절할 수 있다. 또는 무한 생존 경쟁에서 발을 빼는 쪽을 선택할 수 있다. 그들은 대개 주택을 소유하고 자녀를 좋은 대학에 보내며, 갑자기 큰 병에 걸리거나 사고를 당해도 무너지지 않을 것이다. 그들은 확실히 '불안정성'에서 벗어났다.

부와 실제 권력의 상관관계는 순자산의 단위가 수천만, 더 나아가 수억 달러인 사람들에게서 더욱 탄탄해지기 시작한다. 이 계급에 속하는 사람들에는 대기업의 기업주와 최고경영자가 있는데, 그들은 수백 명이나 수천 명의 직원들에게 권력을 휘두른다. 많은 유력 정치인들도 이 범위에 속한다. (순자산이 1,000만 달러가 넘는 국회의원이 50명 정도 된다.) 부와 정치권력의 상관관계는 완벽하지 않다. 해리 트루먼이나 우드로 윌슨, 에이브러햄 링컨 등 미국 대통령 아홉 명은 순자산(현재 달러 가치)이 100만 달러에 미치지 못했다. 하지만 대통령 중 절반 이상이 충분히 자산이 많아서 오늘날이라면 상위 1퍼센트에 속했을 것이다.[2] 1850년 이전의 미국 대통령은 모두 상위 1퍼센트(최소한)였다.

염두에 두어야 할 또 다른 점은 미국에서 권력 소유자가 되는 저소득층은 오랫동안 계속 가난하지 않다는 것이다. 빌 클린턴은 의붓아버지가 알코올 의존증에 자녀를 학대하는 아칸소의 가난한 집에서 자랐지만, 지금 그의 자산은 최소한 1억 2,000만 달러인 것으로 추산된다.[3] 미국에서 부와 정치권력 사이에 밀접한 상관관계가 생기는 한 가지 이유를 찾자면, 많은 정치인이 경력 초기에는 가난하더라도 공직을 떠난 뒤에는 부유층에 속한다는 것이다. 하지만 똑같이 중요한 이유는 이미 무척 부유한 사람들이 다른 사람들보다 공직을 얻으려고 하고 실제로 얻을 가능성이 훨씬 높다는 것이다. 루스벨트 집안과 케네디 집안, 로스 페로^{Ross Perot}, 마이클 블룸버그^{Michael Bloomberg}, 그리고 물론, 트럼프를 생각해보라.

하지만 미국에서도 부와 권력의 상관관계가 완벽한 것은 아니다. 그러니 권력의 다른 원천들에 관해서 이야기해보자. 가장 단단한, 그리고 가장 조잡한 사회 권력의 형태는 강제다. 무력, 또는 무력의 위협이다. 군 장성이나 경찰관 등 강제를 전문적으로 다루는 미국인들은 대체로 다른 형태의 권력에 철저하게 종속된다. 누구보다도 강력한 FBI 국장이었던 J. 에드거 후버^{J. Edgar Hoover} 같은 예외는 드물다.

두 번째 종류의 권력은 부(또는 좀 더 일반적으로 말해서 축적된 물질적 자원)다. 부유한 사람은 남을 고용해서 (한계가 있기는 해도) 자신이 원하는 일을 시킨다.

세 번째이자 더 미묘한 종류의 권력은 관료 권력이나 행정 권력이다. 현대인은 다양한 조직에 속해 있다. 우리는 대체로 다양한 '상관'들의 지시에 따른다. 물론 이런 관계에는 강제의 요소가 존재한다. 지시를 따르지 않으면 해고되거나 벌금을 물거나 체포될 수 있기 때문이다. 하지만 대체로 우리가 지시를 따르는 것은 단지 사회규범의 힘 때문이다. 다양한 수준의 조직에서 상관들은 모두 서로 다른 양의 권력을 휘두르는데, 그들이 속한 조직이 클수록, 그리고 그 안에서 그들이 차지하는 지위가 높을수록 이 권력이 커지는 경향이 있다.

네 번째이자 '가장 부드러운' 종류의 권력은 이데올로기 권력—설득의 권력—이다. 부드러운 권력, 즉 설득은 대중을 흔들 수 있는 대단히 유력한 힘이다. 여기에는 저명한 '공적 지식인', 주요 신문의 칼럼니스트, 그리고 최근에는 수백만 팔로어를 거느린 소셜미디어 인사 등 사고 인플루언서thought influencer들의 영역도 포함된다.

우리가 알 수 있듯이, 이 간단한 질문—엘리트는 누구인가?—에는 간단한 답이 들어 있지 않다. 인간 사회는 복잡계이며, 지나치게 단순한 도식으로 사회 내부에서 나타나는 사회 권력의 흐름을 규정하려는 시도는 역효과를 낳을 것이다. 내가 하고자 하는 일은 최대한 단순하면서도 지나치게 단순하지는 않은 이론을 구성하는 것이다.[4]

지망자 의자 뺏기 게임

이른바 엘리트의 행동에 관해 생각하기 시작하면, 우리는 여러 층위의 복잡성에 마주친다. 첫째, 부의 측면에서 보면 엘리트와 비엘리트 사이에 견고한 경계선이란 존재하지 않는다. 상위 10퍼센트(현재의 달러 가치로 대략 백만장자들)는 자신의 삶에 대한 많은 권력을 갖고 있다. 상위 1퍼센트(대략 천만장자들)는 다른 사람들의 삶에 대한 많은 권력을 갖고 있다. 억만장자와 10억만장자는 훨씬 더 큰 권력을 휘두른다. 하지만 상위 1퍼센트와 상위 10퍼센트 사이에 뚜렷한 경계선은 존재하지 않는다. 소득 분포는 완만한 곡선이다. 그리고 상위 1퍼센트와 상위 10퍼센트 사이, 또는 상위 10퍼센트, 즉 소득 최상위 10분위수와 바로 아래의 10분위수 사이의 사회적 태도에는 엄청난 차이가 존재하지 않는다. 3장에서 우리는 다양한 삶의 궤적과 사회적 태도를 이해하고자 한다면, 높은 교육 수준(4년제 대학 졸업자)과 낮은 교육 수준(대졸 미만)으로 사회계급을 구분하는 또 다른 방식이 훨씬 더 중요하다는 점을 보게 될 것이다.[5]

둘째, 상이한 엘리트들은 다른 종류의 사회 권력을 전문적으로 다루는 경향이 있다. 장군, 제독, 경찰청장은 강제를 가하고, 최고 경영자와 자산 소유자는 경제 권력을 휘두르며, 상원의원과 연방 부처 장관은 행정 권력을 관리하고, TV 앵커와 영향력 있는 팟캐스트 진행자는 설득을 담당한다. 각 종류의 영향력에는 그 나름의 권력 위계가 있다. 이는 군대의 지휘 계통에서 가장 분명하게 드러나지만, 부드러운 종류의 권력에도 나름의 서열이 존재한다.

복잡성의 세 번째 층위는 엘리트는 어떻게 만들어지는가라는 질문을 던질 때 생겨난다. 엘리트 과잉생산을 이해하기 위해서는 엘리트의 사회적 재생산—시간이 흐르면서 엘리트들에게 무슨 일이 벌어지는가—을 이해할 필요가 있다.

이미 엘리트 지위에 있는 사람들(기성 엘리트들)과 이런 지위로 진입하려는 사람들(엘리트 지망자들)을 구분해보자. 엘리트 지망자는 그들이 원하는 권력의 종류나 어떤 수준에 도달하려고 열망하는지에 따라 다양한 모양과 형태로 나타난다. 예를 들어, 중위는 대개 소령이 되기를 원하고, 소령은 대부분 1성 장군이 되기를 원하며, 1성 장군은 휘장에 별을 추가하는 것을 목표로 삼는다. 마찬가지로, 천만장자는 억만장자가 되고자 하고, 이미 1억 달러를 번 사람들은 10억만장자 계급에 진입하는 것을 목표로 삼는다.

모든 사람이 더 많은 권력을 얻고 싶은 야망을 품는 건 아니지만, 언제나 권력 지위보다 지망자가 더 많게 마련이다. 불가피하게, 권력 지위를 얻으려고 시도하다가 실패하는 사람들이 존재한다—좌절한 엘리트 지망자들이다. 엘리트 과잉생산은 엘리트 지망자들의 권력 지위 수요가 공급을 대대적으로 압도할 때 늘어난다. 지금은 부와 정치의 결합에 초점을 맞추면서 이 영역에서 엘리트 과잉생산이 어떻게 늘어날 수 있는지 살펴보도록 하자.

1980년대를 시작으로 미국 슈퍼리치(최소 1,000만 달러의 자산을 보유한 천만장자)의 수가 급증하기 시작했다.[6] 1983년 천만장자는 6만 6,000가구에 불과했는데, 2019년(데이터를 구할 수 있는 최근 연도)에 이르면, 그 수가 69만 3,000가구로 열 배 이상 증가했나. 이는 달러 인플레이션의 결과가 아니었다. 누가 이 계급에 속하는

지를 결정하기 위해 기준점을 조정했기 때문이다(1995년 달러 가치 기준). 이 시기 동안 전체 가구 수가 53퍼센트 증가했으므로 비율로 보면, 천만장자는 전체 인구의 0.08퍼센트에서 0.54퍼센트로 증가했다.

이와 비슷한 부유층 자산의 급증은 먹이사슬의 아래쪽에서도 일어났다. 천만장자의 수가 열 배 증가했다면, 자산이 500만 달러 이상인 가구의 수는 일곱 배 증가했고, 백만장자의 수는 네 배 증가했다. 전반적으로 우리가 살펴보는 자산 규모가 클수록 지난 40년 동안 자산이 더 많이 증가했다.

표면적으로 보면, 부유층 수의 증가가 그렇게 나쁜 일처럼 보이지 않는다. 부자가 되는 건 아메리칸드림의 일부가 아닌가? 하지만 이 좋은 뉴스에는 두 가지 부정적인 면이 존재한다. 우선, 초부자 계급의 확대는 나머지 인구의 부침과 고립된 채 이루어지지 않았다. 슈퍼리치의 수가 증가하는 한편, 전형적인 미국 가구의 소득과 자산은 실제로 감소하고 있다. ('전형적인' 부보다 더 정확한 용어는 '중간값'인데, 이는 부의 분포를 절반으로 나누는 값이다. 미국 노동자의 경제적 쇠퇴는 3장에서 주요하게 다루는 주제다.) 미국 보통 사람의 경제적 복리와 부유층 엘리트가 갈라지는 현상이 최근에 많이 논의되는 경제적 불평등의 급속한 증대를 추동하는 요인이다.

다음 문제는 한결 미묘하고 많은 사람들이 이해하지 못하는 것이다.[7] 사회 피라미드의 상층부가 너무 무거워지면, 우리 사회의 안정에 암울한 영향을 미치게 된다.

그 이유를 이해하려면 한 게임을 생각해보자. 뮤지컬 〈에비타〉에서 아르헨티나 군 장교 무리가 의자 뺏기 게임을 한다. 게임은 이런 식이다. 음악이 흐르기 시작하면 장교들이 몇 개의 의자 주변을 걸어서 돈다. 음악이 멈추면 각자 앉을 의자를 찾아야 한다. 하지만 의자보다 게임 참가자 수가 더 많기 때문에 불운한 장교는 의자를 차지하지 못하고 탈락한다. 이제 의자 하나를 빼고 다시 게임이 시작된다. 마지막에는 한 사람의 승자만 남는다. 〈에비타〉에서 승자는 후안 페론Juan Perón 대령인데, 나중에 뮤지컬에서 (실제의 삶에서처럼) 아르헨티나 대통령이자 페론당 창건자가 된다.

엘리트 지망자 게임, 줄여서 지망자 게임에서는 매번 의자 수를 줄이는 대신 참가자 수를 늘린다. 게임은 권력 지위(공직 같은)를 나타내는 의자 열 개를 가지고 의자 뺏기 게임과 똑같이 시작한다. 첫 번째 게임에서 열한 명(엘리트 지망자)이 의자를 차지하려고 겨룬다. 열 명이 기성 엘리트가 되고, 패자는 좌절한 지망자가 된다. 다음 판에서는 참가자 수를 늘리는데, 결국 두 배, 그리고 세 배까지 늘린다(의자는 그대로 열 개다). 승자 수는 그대로이지만, 좌절한 지망자 수는 처음의 한 명에서 열 명, 스무 명으로 늘어난다. 게임이 진행되는 가운데 혼돈과 갈등의 정도가 높아진다고 상상해보라. (아이 생일파티에서는 이 게임을 하는 걸 추천하고 싶지 않다.) 기묘한 증폭 효과도 생긴다. 지망자 수를 두 배에 이어 세 배로 늘리면, 좌절한 지망자의 수는 열 배, 스무 배로 늘어난다. (엘리트 과잉생산 게임의 일반적인 특징이다.)

전략적 상호작용을 연구하는 수학의 한 분야인 게임 이론에서 참가자는 주어진 규칙 안에서 승리 전략을 고안해야 한다. 하지만 실제 세계에서 사람들은 항상 규칙을 왜곡한다. 따라서 불가피하게도, 권력 지위당 지망자 수가 늘어남에 따라 일부는 규칙을 변칙 적용하기로 결정하게 마련이다. 예를 들어, 당신은 의자에 가까이 가면 속도를 늦추거나 아예 바로 옆에 서서 음악이 멈추기를 기다리면서 경쟁자들을 밀칠 수 있다. 축하한다. 당신은 이제 막 반엘리트counter-elite (대항엘리트)가 된 셈이다. 게임에서 성공하기 위해 기꺼이 규칙을 어기는 사람인 것이다. 유감스럽게도, 남들도 재빨리 상황을 파악해서 의자마다 금세 사람들로 북적거리며, 오래지 않아 당신은 난투극에서 이기기 위한 비법을 얻게 된다. 이 사례는 현실 세계에서 엘리트 과잉생산이 어떤 결과를 낳는지 이해하기 위한 좋은 모델임이 드러난다.

앞서 살펴본 것처럼, 현실 세계에서 지난 40년에 걸쳐 다양한 수준의 자산 소유자 수가 네 배, 일곱 배, 열한 배 증가했다. 그중 소수만이 자신의 부를 한 움큼 써서 공직에 출마하기로 결정한다. 가령 하원의원이나 상원의원에 욕심을 낼 수 있다. 주지사 선거에 발을 들여놓을 수도 있다. 최종 목표는 물론 대통령이다. 이런 권력 지위의 수는 지난 수십 년간 변함이 없었지만, 지망자 수는 전반적인 자산 소유자 수와 나란히 증가하고 있다. 증폭 효과 때문에 좌절한 지망자 수는 이미 인상적인 자산 소유자 수의 팽창보다 훨씬 빠른 속도로 급증했다.

이 결론은 단지 추상적인 모델이 아니다. 이제 우리는 책임정치센터Center for Responsive Politics가 기록하고 있는, 미국 공직 선거에서 나타나는 몇 가지 추세를 이해할 수 있다.[8] 하나는 직접 선거 자금을 대는 후보자 수가 1990년대 동안 증가하기 시작했다는 점이다. 2000년 국회의원 선거(하원과 상원 의석 합산)에서 19명의 후보가 개인적으로 100만 달러 이상을 선거운동에 썼다. 다음 선거에서는 의원이 되려는 부유한 지망자 수가 22명이었다. 그로부터 20년 뒤에는 그 수가 약 두 배 늘어나서 2018년과 2020년에는 각각 41명과 36명이 100만 달러 이상의 개인 돈을 썼다.

자산 소유자의 과잉생산이 선거에 미치는 효과를 추적하기 위해 훨씬 더 좋은 측정 기준은 선거에서 승리하기 위한 비용이다. 어쨌든 정치적 야심이 있는 부유층이 전부 직접 공직에 출마하는 것은 아니다. 많은 이들이 그 대신 워싱턴에서 자신들의 정책 의제를 추진할 수 있는 직업 정치인들에게 자금을 지원하는 쪽을 택한다. 책임정치센터에서 집계한 데이터에 따르면, 하원의원 당선자의 평균 지출액이 1990년 40만 달러에서 2020년 235만 달러로 증가한 한편, 상원의원 당선자의 평균 지출액은 390만 달러(1990년)에서 시작해서 지난 선거에서는 2,700만 달러로 크게 늘어났다.

지난 40년간 우리는 2년에 한 번씩 엘리트 과잉생산 게임을 했다. 참가자 수가 늘어남에 따라 규칙을 어길 가능성이 커진다. 게임 규칙―민주적 선거를 좌우하는 사회규범과 제도―이 현실 세계에서 느슨해지는 것이 놀랄 일인가?

하지만 엘리트 과잉생산은 이야기의 절반에 불과하다. 자산 소유자 계급의 팽창은 사회 전반으로부터 고립된 채 벌어지지 않는다. 이제 두 번째 요인을 사회 불안정에 대한 우리의 모델에 집어넣을 때다. 대중의 궁핍화가 그것이다.

대중의 궁핍화

우리 사회는 집단적으로 많은 제품과 서비스를 생산하며, 경제학자들은 이 총계, 즉 GDP를 측정하는 방법에 관해 많은 것을 배웠다. 물론 몇 가지 성가신 문제들이 존재한다. (가사노동을 어떻게 포함시켜야 하는가? 범죄 활동은 어떤가?) 하지만 대단히 근사한 정도로 우리는 정부 기관에서 발표하는 GDP 통계를 활용해서 특정한 나라에서 매년 창출되는 부의 총액을 파악할 수 있다.

이 총액은 보통 경제성장 덕분에 시간이 흐르면서 증가하지만 그렇다 하더라도 유한하다. 따라서 상이한 종류의 소비자들 사이에서 이를 어떻게 분배할 것인지가 매우 흥미로운 문제가 된다. 우리의 이론에서는 사회구조가 세 개의 주요 부분으로 이루어진다고 가정한다. 국가, 엘리트, 그리고 나머지 모든 사람들이다. 이 모델은 우리가 속한 현대 사회의 엄청난 복잡성을 크게 단순화한 것이다(그리고 이미 우리는 누가 엘리트인지를 정의하는 것이 간단하지 않다는 걸 보았다). 하지만 앞으로 살펴볼 것처럼, 이 모델은 경험적으로 유의미하고 유익한 정도로 현실과 관련된다.

최근 몇 년간 엘리트들이 보유한 부가 늘어난 것은 누가 손해를 보았기 때문일까? 부는 축적된 소득이다. 부가 늘어나려면 GDP의 일부를 엘리트들 쪽으로 돌려서 키워야 한다. 정부가 소비하는 GDP 비율은 지난 40년간 크게 바뀌지 않았다.[9] 주요한 패자는 미국의 보통 사람들이었다.

1930년대 이후 두 세대 동안 미국 노동자 실질임금은 꾸준히 증가하며 미국에서 인류 역사에 전례가 없는 광범위한 번영을 달성했다. 하지만 1970년대 동안 실질임금이 증가를 멈추었다. 전반적인 경제는 계속 성장한 반면, 평균적 노동자에게 돌아가는 경제성장의 비중은 줄어들기 시작했다. 우리는 1인당 GDP로 나눈 상대적 임금—전형적 임금(가령 미숙련 노동자나 제조업 노동자의 전형적 임금. 동일한 집단을 사용하는 한 이는 중요하지 않다)—의 동학을 추적함으로써 이런 부의 펌프가 작동하는 양상을 지수로 만들 수 있다. 1960년대 이전에는 상대적 임금이 탄탄하게 증가했지만, 그 후 감소하기 시작했고, 2010년대에 이르면 거의 절반이 되었다.[10] 노동자에게 가는 경제성장의 비중에서 나타나는 이런 추세 역전은 또한 부유층의 자산 변동으로 귀결되었다. 이것은 마태 효과다. 빈자의 것을 빼앗아 부자에게 주면, 부자는 더 부자가 되고 빈자는 더 가난해진다.

미국이 임금 정체와 감소의 시대에 들어섰을 때, 이는 복리의 경제적 측정만이 아니라 생물학적, 사회적 측정에도 영향을 미쳤다. 이에 관해서는 3장에서 더 이야기할 테지만, 지금 당장은 코로나19 팬데믹 이전에 미국인 대다수의 기대수명이 감소하기 시작했음을 언급하는 것으로 충분하다. 2000년부터 2016년까지 고졸 이하 집단에서 자살, 알코올 중독, 약물 남용에 따른 "절망사death of despair"가 급증한 한편, 최소한 대졸인 집단에서는 훨씬 낮은 수준을 그대로 유지했다.[11] 대중의 궁핍화는 바로 이런 모습을 띤다.

그리고 대중의 궁핍화는 불만을 낳으며, 불만은 결국 분노로 바뀐다. 대중의 불만이 다수의 엘리트 지망자 집단과 결합되면, 2016년 이래 미국에서 경험하는 것처럼 가연성이 매우 높은 조합이 된다.

예상을 깨고 대통령이 된 트럼프

도널드 트럼프는 예상을 깨고 대통령이 된 인물이었다. 그는 어떤 식으로든 공직을 맡은 전력이 없이 취임한 유일한 미국 대통령이었다.[12] 2014년에는 아마 트럼프 본인을 포함해서 그 누구도 그가 지구상에서 가장 강력한 나라의 통치자가 될 것이라고 상상하지 못했다. 그가 아찔한 속도로 글로벌 권력의 정점으로 부상한 과정이 너무도 충격적인 나머지 미국 인구 절반과 미국 지배 엘리트 대다수는 그가 적법하게 대통령직을 차지하지 못할 것이라고 확신했다. 많은 이들은 도널드 트럼프의 당선이 러시아가 술책을 부린 결과라고 가정하는 음모론을 믿는 쪽을 택했다. 지금까지도 여러 석학과 칼럼니스트가 트럼프가 어떻게, 왜 나타났는지에 관해 계속 다양한 주장을 펴고 있다.

우리 인간의 뇌는 어떤 상황 전개가 특히 우리에게 강한 영향을 미치는 경우에 그 배후에서 "작용하는 행위자"를 보는 식으로 설계되어 있다.[13] 우리는 여러 중대한 사건이 벌어지는 것이 잘 보이지 않는 음모자들이 꾸민 탓이 아니라 비개인적인 사회적 힘들에 의해 추동되었기 때문이라는 것을 잘 파악하지 못한다. 하지만 트럼프의 부상—그리고 더 일반적으로 왜 미국이 위기에 빠졌는지—을 이해하기 위해서는 음모론이 아니라 과학적 이론이 필요하다.

도널드 트럼프가 제55대 미국 대통령이 된 이유를 이해하려면 그의 개인적 특질과 술책보다는 그를 꼭대기로 밀어올린 심층적인 사회적 힘들에 더 관심을 기울여야 한다. 트럼프는 높은 파도의 꼭

대기에 올라탄 작은 배와 같았다. 우리에게 트럼프 대통령을 안겨 준—그리고 미국을 국가 와해의 벼랑 끝으로 밀어붙인—가장 중요한 두 가지 사회적 힘은 엘리트 과잉생산과 대중의 궁핍화다.

도널드 트럼프가 엘리트 지망자라고 이야기하는 건 이상해 보인다. 어쨌든 그는 부유하게 태어나 수억 달러를 상속받았다(또는 아버지한테 받았다).[14] 하지만 그는 내가 위에서 내놓은 정의에 완벽하게 들어맞는다. 트럼프는 급속하게 늘어나는, 공직을 열망하는 초부유층 집단에 속한다. 그는 이미 굉장한 부자이고(천만장자, 어쩌면 자신이 주장하는 것처럼 억만장자일 것이다) 유명했지만, 더 많은 것을 원했다.

트럼프는 아무런 정치 경험 없이 미국 대통령에 출마한 첫 번째 슈퍼리치가 아니었다. 스티브 포브스Steve Forbes(4억 달러의 자산가로 추정된다)가 1996년과 2000년에 공화당 예비선거에 후보로 출마했지만, 큰 성과를 거두지는 못했다. 억만장자 로스 페로는 1992년과 1996년에 무소속 후보로 출마했는데, 첫 번째 출마의 일반투표에서 20퍼센트에 육박하는 득표율을 기록했다. 포브스와 페로는 실패했는데, 트럼프는 성공한 이유가 무엇일까?

내가 생각하는 답은 두 가지다. 첫째, 2016년에 이르면 대중의 궁핍화가 1992년보다 훨씬 심해졌고, 트럼프는 대통령 도전에서 이런 사회적 힘을 현명하면서도 무자비하게 활용했다. 결국 자신이 뒤처졌다고 느끼는 미국인의 대다수가 이 예상을 깨고 대통령이 된 후보—억만장자—에게 표를 던졌다. 대부분 트럼프를 지지했다기보다는 지배계급에 대한 불만이 점점 분노로 바뀌어 표현된 것이었다. 대중이 품은 불만의 원천과 그 결과에 관해서는 3장에서 자세히 이야기하고자 한다.

둘째, 2016년에 이르면 엘리트 과잉생산 게임이 분기점에 이르러서 많은 이들이 정치 캠페인의 행동 규칙을 내팽개친 상태였다. 2016년 공화당 대통령 예비선거에는 역사상 가장 많은 주요 후보가 등장했다. 총 17명의 후보자가 경선에 뛰어들었다.[15] 미국인들은 망연자실한 채 엘리트 지망자 게임이 논리적 정점에 다다르는 기묘한 광경을 바라보는 구경꾼이 되었다. 후보자들은 언론의 관심을 끌고 경쟁에서 뒤지지 않기 위해 앞다퉈 기이한 발언을 늘어놓고 터무니없는 말을 내뱉은 반면, '진지한' 후보자들은 여론조사에서 지지율이 떨어져서 탈락했다.[16]

따지고 보면 트럼프가 경쟁자들보다 유능하게 배를 조종한 것은 의문의 여지가 없다(그에게는 자칭 혁명적 전략가인 스티브 배넌Steve Bannon 같은 다른 중요한 선원들도 있었다). 그렇다 하더라도 앞서 다른 억만장자 지망자들이 실패한 지점에서 성공을 거둔 공적을 온통 그(나 배넌)에게만 돌린다면 실수일 것이다. 그가 대통령이 될 수 있었던 것은 엘리트들 사이의 충돌, 그리고 많은 사람들이 파악하거나 파악하고자 한 것보다 더욱 광범위하고 매서운 대중의 불만의 방향을 돌린 트럼프의 능력이 결합된 덕분이었다.

현재 우리가 처한 곤경은 독특한 것이 아니다―바로 이것이 이 책에서 내세우는 중심 주제 중 하나다. 시간을 거슬러 올라가서 또 다른 엘리트 지망자를 살펴보도록 하자. 그의 삶의 궤적을 보면, 엘리트 과잉생산과 대중의 궁핍화라는 불안정의 양대 힘이 어떻게 작동하는지 알 수 있다.

링컨: 예상을 깨고 대통령이 된 또 다른 인물

제16대 미국 대통령 에이브러햄 링컨은 미국사에서 가장 존경받는 인물로 손꼽힌다. 워싱턴DC의 내셔널 몰 한쪽 끝에 있는 링컨 기념관에는 실물보다 큰 그의 조각상이 고요한 모습으로 앉아 있다. 하지만 링컨의 실제 삶은 고요한 것과는 거리가 멀었다. 이긴 것보다 진 선거가 더 많았고, 신경쇠약에 시달렸으며, 언젠가는 정치인 경력을 포기하려고 마음먹은 적도 있었다. 물론 그는 가장 중요한 선거, 1860년 선거에서 승리했다. 하지만 대통령 재임 중에 사방에서 공격을 받았다. 역사학자 스티븐 오츠Stephen Oates는 다음과 같이 무덤덤하게 말한다.

> 북부민주당은 그가 노예제 폐지론자 독재자라고 헐뜯었고, 노예제 폐지론자들은 노예주州가 낳은 얼빠진 산물이라고 비난했으며, 온갖 부류의 공화당원들은 무능한 사기꾼이라고 혹평했다. 사실 링컨은 미국 역사상 생전에 가장 인기 없는 두세 명의 대통령 가운데 하나였을지 모른다.[17]

링컨은 엘리트 과잉생산과 대중의 궁핍화라는 양대 사회적 힘 덕분에 예상을 깨고 권력의 자리에 오른 또 다른 대통령이었다. 남북전쟁 이전에 미국은 북동부의 명문가—대상인, 은행가, 법률가—와 손잡은 남부의 귀족 노예주主 엘리트 집단이 통치했다.[18] 이 연합의 경제적 도대는 남부 플랜테이션에서 노예노동으로 재배한 농산품, 그중에서 면화였다. 면화 무역은 뉴욕 대상인 엘리트들의 가장 중요한 사업이었다. 그들은 남부에서 재배한 농산물을 수출하고 유럽의 공산품을 수입했다. 또 다른 엘리트 집단(특히 매사추세츠주)은 남부 면화를 이용해서 섬유를 생산했다. 이 연합, 특히 그 한 부분인 남부의 노예 소유주들이 남북전쟁 전 미국의 정치를 지배했다. 남부 백인들의 표는 1787년의 악명 높은 5분의 3 타협 때문에 가중치가 더 높았다. 하원의원과 대통령 선거인단을 배분하는 데 노예 인구는 5분의 3으로 집계하기로 한 타협이었다(물론 노예에게는 투표권이 없었다). 남부 엘리트들은 또한 북부의 자유민 수가 남부보다 두 배에 육박했음에도 상원의 절반을 장악했다. 미국 부유층의 3분의 2가 남부에 살았다. 10만 달러(오늘날 달러 가치로 200만 달러[19]) 이상의 재산을 가진 미국인 7,000명 중 4,500명이었다. 부유층 귀족들은 자원과 여가가 많아서 공직을 맡거나 정부 관료가 되고 선거에 영향을 미칠 수 있었으며, 북부보다 남부에 그런 계층이 더 많았다. 남부 엘리트들은 또한 정부 최고위직을 장악했다. 대통령과 부통령, 각료, 고위 정부 관료, 상원의원, 대법관 등이 대부분 남부에서 나왔다.

다른 한편, 링컨의 출신은 초라하기 짝이 없었다. 그는 독학한 변호사였고, 버지니아와 동부 해안선에 자리한 권력 중심지에서 멀리 떨어진 일리노이주(당시 미국 북서 변경에 자리한 주)에서 정치인 경력을 시작했다. 초기 공화국을 지배한 부유층 귀족들과는 아주 다른 인물이었다. 링컨이 대통령직에 품은 야심은 정치권에서 선거를 눈앞에 둘 때까지도 진지하게 여겨지지 않았다. 사실 그는 성공보다는 실패한 전력으로 더 유명했다. 오지 출신의 이 독학한 변호사가 어떻게 대통령 자리까지 치고 올라간 걸까?

1850년대 미국과 2020년의 미국은 아주 다른 나라였지만 인상적인 유사성도 꽤 많았다. 1820년대와 1860년대 사이에 상대적 임금, 즉 경제 생산량에서 노동자 임금으로 지불된 액수의 비중이 50퍼센트 가까이 감소했다. 최근 50년간 벌어진 것과 비슷한 현상이었다.[20] 미국 보통 사람의 복리에 미친 효과는 파괴적이었다. 이 추세는 삶의 질을 생물학적으로 측정해보면 가장 잘 알 수 있다. 열 살 시점의 평균 기대수명이 8년 감소한 것이다! 그리고 18세기에 지구상에서 가장 큰 축에 속했던 미국 토박이의 신장이 감소하기 시작했다. 궁핍화는 불만을 낳는데, 불만의 징후가 어디에나 넘쳐났다. 사회적 압력이 쌓이고 있음을 보여주는 뚜렷한 징후는 도시 폭동의 발생 건수였다. 호시절이던 1820년에서 1825년 사이에는 치명적인 도시 폭동(즉 한 명 이상의 사망자가 발생한 폭력 사태)이 한 차례뿐이었다. 하지만 남북전쟁 전 5년간, 즉 1855~1860년에는 미국 여러 도시가 38건이 넘는 치명적 폭동에 휩싸였다. 대중의 불만이 고조되고 있다는 또 다른 징후는 반이민을 표방한 모르쇠당Know-Nothing Party 같은 포퓰리즘 정당의 부상이었다.

링컨의 부상, 그리고 그의 당선이 촉발한 남북전쟁과 관련된 또 다른 요인은 엘리트 과잉생산이었다. 1820년 이후, 성장하는 경제의 과실 대부분이 노동자가 아니라 엘리트에게 돌아갔다. 엘리트의 수와 부가 급증했다. 1800년에서 1850년 사이에 백만장자(오늘날의 달러 가치로 하면 억만장자)의 수가 대여섯명에서 약 100명으로 늘어났다. 물론 미국 인구 또한 증가했지만(500만에서 2,300만으로), 이 시기에 인구 100만 명당 백만장자의 수는 네 배 증가했다.[21] 1790년에 최고 부자의 자산 규모는 100만 달러(일라이어스 더비Elias Derby)였는데 1803년에는 300만 달러(윌리엄 빙엄William Bingham)로 늘어났다. 그 후로 줄곧 끝도 모르게 증가했다. 1830년 600만 달러(스티븐 지라드Stephen Girard), 1848년 2,000만 달러(존 J. 애스터John J. Astor), 1868년 4,000만 달러(코닐리어스 밴더빌트Cornelius Vanderbilt) 등이었다.[22] 여러 계층의 부자들을 살펴보는 다른 일군의 통계들도 모두 똑같은 추세를 보여준다. 빈자들이 가난해질수록 부자들은 더욱 부유해졌다.

새로운 부를 가져온 물질적 원천은 면화와 해외 무역보다는 광업과 철도, 철강 생산이었다. 새로운 백만장자들은 경제적 이해관계가 기존 엘리트들과 갈라졌기 때문에 남부 귀족 집단의 지배에 짜증을 냈다. 제조업으로 돈을 버는 새로운 엘리트들은 이제 막 싹트는 미국 산업을 보호하기 위한 높은 관세와 '국내 기반시설 발전'(유료 고속도로, 운하, 철도 건설)을 위한 국가 지원을 선호했다. 반면 면화를 재배해서 수출하고 해외로부터 공산품을 수입하는 기존 엘리트들은 당연히 낮은 관세를 선호했다. 그들은 또한 국가 자금을 사용해서 국내 기반시설을 발전시키는 데 반대했다. 강과 바다를 통해 세계 시장에 자신들의 제품을 운송했기 때문이다. 새로운 경제 엘리트들은 국내 산업화와 수입 대체, 그리고 자유노동자들이 생산한 밀 같은 농산물 수출을 선호했다. 이 사업가들은 남부 노예주들이 연방 정부의 목을 조르면서 금융과 교통 체계에서 필요한 개혁을 가로막음으로써 그들 자신의 경제적 안녕을 위협한다고 주장하기 시작했다.

더욱이 엘리트의 수가 극적으로 증가하면서 정부 공직의 수요와 공급의 균형이 깨졌다. 일부 자산 소유자들은 직접 공직에 출마한 한편, 다른 이들은 경쟁 정치인들에게 자원을 후원했다. 또한 대상인 집안의 아들들은 종종 전문직—특히 법률 전문직—으로 진출하는 쪽을 택했다. 법률 훈련을 받는 것은 예나 지금이나 미국에서 공직으로 나아가는 주요한 경로다. 그 시기에는 변호사가 되는 것이 비교적 쉬웠다. 법과대학 졸업장이 필요하지 않았기 때문이다. 링컨을 포함해 변호사 수가 급증하자 공직 지망자 수도 점점 늘어났다. 그와 동시에 공직의 공급은 정체되었다. 가령 1789년에서 1835년 사이에 미국 하원의원 수는 65명에서 242명으로 늘어났지만 그 후에는 정체되었다.[23] 엘리트 지망자 수가 폭증하자 정치권력을 둘러싼 경쟁이 치열해졌다.

당시는 아직 거친 시대여서 엘리트 내부의 충돌이 무척 폭력적인 형태를 띠었다. 하원에서는 폭력 사건과 폭력 위협 사건이 증가해서 1850년대에 정점에 달했다. 1856년 상원에서 사우스캐롤라이나 출신 하원의원 프레스턴 브룩스Preston Brooks가 매사추세츠 출신 상원의원 찰스 섬너Charles Sumner를 지팡이로 두들겨 팬 사건이 이런 폭력 사태 가운데 가장 유명한 일화이지만, 이런 사건은 한 번에 그치지 않았다. 1842년 테네시 출신 하원의원 토머스 아널드Thomas Arnold가 "같은 당 소속의 노예제 찬성파 당원을 질책한 뒤, 남부민주당원 두 명이 그의 뒤를 밟았는데, 적어도 한 명은 사냥용 보위 나이프로 무장한 상태였다. 흔히 등에 끈으로 묶고 다니는 날 길이 6~12인치(약 15~30센티미터)의 칼이었다. 아널드의 성난 동료들은 그를 '빌어먹을 겁쟁이'라고 부르면서 '한쪽 귀에서 반대쪽 귀까지' 그의 목을 베어버리겠다고 을러댔다".[24] 1850년대에 논쟁이 벌어졌을 때는 미시시피 출신 상원의원 헨리 푸트Henry Foote가 미주리 출신 상원의원 토머스 하트 벤턴Thomas Hart Benton에게 권총을 겨누었다. 치열한 논쟁이 벌어진 다른 때는 뉴욕 출신 하원의원 하나가 부주의로 권총을 떨어뜨려서—주머니에서 빠져 바닥에 떨어졌다— 하원에서 일대 총격전이 벌어질 뻔했다.[25] 링컨 역시 정치인 경력 초창기에 이 소란스러운 정치판의 일부였다. 그는 종종 상대편에게 험한 말을 쏟아부었고, 몇 차례나 주먹다짐 일보 직전까지 갔으며, 한 번은 결투를 벌일 뻔했다.

경제 정책에 관한 견해차와 공직을 둘러싼 경쟁이 남부의 연방정부 지배를 깨뜨리려는 강력한 유인을 낳았다. 역사 교과서들은 미국 남북전쟁이 노예제를 둘러싼 싸움이었다고 말하지만, 이는 이야기의 일부일 뿐이다. 이 충돌을 규정하는 더 나은 설명은 '노예정치slavocracy'를 둘러싼 싸움이었다는 것이다. 실제로 1860년에 이르러 북부인의 대다수가 노예제가 도덕적으로 잘못된 것이라고 느끼기는 했지만, 오직 극소수인 북부의 노예제 폐지론자들만이 이 문제를 정치 강령의 중심으로 삼을 만큼 의욕적이었다. 남부에서는 이 '독특한 제도'가 절대 다수의 백인들에게 워낙 수익성이 좋았던 터라(대부분 노예를 소유하거나 노예 소유를 열망했다) 이를 옹호할 수밖에 없다고 느꼈다. 대다수 북부 백인들은 흑인 노예의 곤경에 깊이 마음이 움직여서 죽을 때까지 싸우려는 의지가 없었다. 하지만 노예제가 남부의 지배를 위한 경제적 토대를 제공했기 때문에 노예제에 대한 이데올로기적 공격으로 노예주들에 대한 정치적 공격을 강화할 수 있었다. 대다수 북부인은 '노예 권력'— 부유한 귀족 남부인들—이 국가 정치를 지배하고 있다고 규탄했다. 링컨의 정치 강령은 이런 정서를 반영한 것이었다. 처음에 그는 남부에서 노예제를 폐지하려고 하지 않았고, 다만 노예제를 신생 주들로 확대하는 것(그리고 노예정치의 권력)에 강경하게 반대했다.

그 나머지는 역사가 되었다. 2차 정당제Second Party System [미국의 정당제는 보통 1차부터 6차까지 나뉘는데, 연방주의자와 민주-공화주의자가 대립한 1차 정당제(1789~1828)에 이어 1828~1859년에 등장한 2차 정당제는 연방주의자가 사라지고 민주-공화주의자가 재편된 민주당과 휘그당이 대립한 시기다. 이후 3차(1860~1896), 4차(1897~1932), 5차(1933~1968), 6차(1969~) 정당제가 이어진다.—옮긴이]가 붕괴한 결과로 1850년대에 파편화된 정치적 풍경이 등장했다. 1860년 대통령 선거에서는 네 명의 주요 후보가 경쟁했다. 링컨의 득표율은 전체 투표의 40퍼센트에 미치지 못했지만, 선거인단 투표에서 승리했다. 그러자 남부가 연방에서 탈퇴하면서 남북전쟁을 촉발했다. 북부의 전쟁 승리는 전쟁 전의 지배계급이 전복되고 새로운 경제 엘리트가 그 자리를 차지하는 결과로 이어졌다. 이 새로운 엘리트들이 그 후로 줄곧 미국 국가를 지배하고 있다. (이에 관해서는 5장에서 길게 다룰 생각이다.)

우리가 지금 살고 있는 다툼의 시대와 160년 전 남북전쟁으로 끝난 시대에는 비슷한 점이 많다. 오늘날 석학들은 종종 지금 마치 1850년대를 다시 살고 있는 듯한 느낌이 든다고 말한다. 실제로 남북전쟁 전의 미국과 오늘날의 미국은 무척 다른 두 나라이면서도 여러 가지 유사점이 있다. 역시 격변의 시대를 살았고, 권력의 정점으로 떠밀리듯 올라간 또 다른 엘리트 지망자를 살펴보도록 하자. 이번에는 서반구에서 중국으로 옮겨간다.

홍수전: 예상을 깨고 황제가 된 또 다른 인물

200년 전, 중국 경제는 전 세계 GDP의 3분의 1 가까이를 차지하는 세계 최강이었다.[26] 오늘날 PPP(구매력 평가 지수)로 매겨진 중국의 GDP는 다시 최대 규모로, 다음으로 큰 GDP를 보유한 나라(미국)보다 20퍼센트 정도 많다. 하지만 두 번영의 시기 사이에 중국은 최악의 세기를 경험했다. 오늘날 중국인들은 이때를 '굴욕의 세기'라고 부른다. 1820년 이후, 중국의 전체 GDP가 감소하기 시작했고, 1870년에 이르면 서유럽의 절반에도 미치지 못했다. 중국은 기근과 반란, 외적에 의한 굴욕적 패배가 거의 끝없이 이어지는 시기를 겪었다. 최악의 재앙인 태평천국의 난(1850~1864)은 유감스럽게도 인류 역사에서 가장 유혈적인 내전으로 두드러진다. 중국은 어떻게 '동아시아의 병자'로 전락했고, 지난 50년간 기적적으로 회복할 수 있었을까?

1644년에서 1912년 사이에 중국은 청조가 다스렸다. 이 왕조는 중국이 만주(청나라 이전에는 중국의 일부가 아니었다)에 정복됨으로써 수립됐지만, 만주족은 중국의 전통적인 통치 형태를 신속하게 받아들였다. 특히 청 제국을 통치한 것은 사대부 계급이었는데, 그들은 점점 어려워지는 시험을 단계적으로 통과해야만 승진할 수 있었다. 인구의 대다수인 90퍼센트는 농민이었다. 나머지는 장인, 상인, 군인 등 잡다한 부류였다. 하지만 고관대작—자격을 갖춘 계급—들이 모든 것을 지배했다. 청나라 군대의 최고 지휘부도 대개 무인이 아니라 사대부들의 차지였다.

왕조 전반기는 탄탄한 경제성장과 문화 융성의 시기였다. 농사

기법이 개선되고 옥수수와 고구마 같은 새로운 작물이 폭넓게 도입되면서 식량 생산이 증가했다. 초기 산업화 또한 탄탄한 인구 증가를 부추기는 데 일조했다. 하지만 이런 혁신의 유리한 효과들이 소진된 뒤에도 인구 증가가 멈추지 않았다. 1850년에 이르러 중국 인구는 청 왕조가 시작될 때보다 네 배 많았다. 농민당 농지가 거의 3분의 1로 줄어들고, 실질임금이 감소했으며, 평균 신장(생물학적 복리의 신뢰할 만한 잣대)이 줄었다. 청나라 초기에는 대규모 기근이 전혀 없었다. 1630~1631년 중국 동북부에서 일어난 마지막 기근은 앞선 명나라의 최후를 강타해서 왕조 붕괴에 이바지했다. 다음번 대규모 기근은 1810년에 벌어졌고, 이후 비슷한 규모의 기근이 잇따랐다. 1846~1849년, 1850~1873년, 1876~1879년(이때는 900만~1,300만 명의 목숨을 앗아갔다), 1896~1897년, 1911년(청나라의 고통에 종지부를 찍는 혁명을 촉발했다)이었다. 전반적으로 보면, 1800년 이후 중국 대중의 궁핍화 수준이 무척 높았음이 분명하다.[27] 엘리트 과잉생산은 어땠을까?

청조 시대에 엘리트를 채용하는 주요 관문인 과거제는 몇 단계에 걸친 시험으로 이루어졌는데, 현과 성, 조정 시험에서 합격한 후보자들이 벼슬을 받았다. 과거제는 청대 전반기에는 순조롭게 작동했다. 이 제도 덕분에 관리들 사이에 높은 수준의 문해력과 능력이 보장되었다. 유학 고전 공부는 지배계급 내에서 공통된 정신—문화 의식, 도덕성, 공동체 의식의 공유—을 창출하는 데 도움이 되었다. 그리고 능력에 따른 승진의 강조는 국가 정당성의 버팀목이 되었다.

유감스럽게도 문관 제도는 인구 증가의 압력에 대단히 취약함이 드러났다. 관직 수는 주로 성(최고 수준)에서 현(지방 수준)에 이르기까지 다양한 행정 단위 수에 의해 결정되었다. 따라서 권력 지위의 수는 비교적 일정한 반면, 중국 인구가 네 배로 증가함에 따라 지망자 수는 청대 내내 증가했다. 엘리트 지망자 수가 증가한 것은 원천 인구가 늘어난 탓도 있었고, 부유한 상인 계급이 상당히 증가했기 때문이기도 했다. 이 계급이 문인 계층에 합류하고자 하는 신규 지망자를 공급한 것이다. 청 제국은 그럴 의도는 없었지만 지망자 의자 뺏기 게임을 개시했다. 1850년을 전후로 중국에서 관직에 오를 수 있다는 희망이 전혀 없는 좌절한 지망자의 거대한 집단이 형성되었다.

태평천국의 난 지도자 홍수전洪秀全(1814~1864)이 이런 좌절한 지망자들 가운데 하나였다. 유복한 가정에서 셋째 아들로 태어난 그는 부모가 고용한 선생에게 정식 교육을 받았다. 첫 번째 단계의 과거 시험을 통과해서 수재秀才(대략 학사 수준)가 되었다. 하지만 다음 단계에서 벽에 부딪혔다. 네 차례 과거에 도전했으나 번번이 떨어졌다.

세 번째 과거에 낙방한 뒤, 그의 야심과 현실 사이의 간극이 너무도 크다는 사실이 드러났다. 신경쇠약에 걸려 앓아누웠는데, 거의 죽을 뻔했다. 병을 앓는 동안 잇따라 종교적 환상을 보았다. 나중에 기독교 선교사들이 한어로 펴낸 소책자를 읽으면서 기독교에 관해 배운 내용을 자신이 본 환상과 결합해서 새로운 혼합종교를 창시했다. 이 종교의 주된 목표는 청대 중국에서 사실상 국가 종교였던 유교를 몰아내는 것이었다. 홍수전은 새로운 종교를 기독교의 일종으로 여겼지만, 기존 기독교도인 서양 선교사들은 대부분 단호하게 부정했다.

1843년 다시 과거에 떨어진 뒤, 홍수전은 친척과 친구들에 이어 일반인들에게까지 자신이 새롭게 만든 신조를 설교하기 시작했다. 첫 번째 개종자들인 풍운산馮雲山과 홍인간洪仁玕이 부관이 되었다. 두 사람도 과거에 낙방한 이들이었다. 그리하여 좌절한 엘리트 지망자 세 명은 반엘리트로 전향했다. 이를 눈치챈 당국이 군대를 보내 이제 막 생겨난 태평천국 운동을 진압했다. 홍수전이 배상제회拜上帝會(하느님을 모시는 모임)라고 이름 붙인 운동이었다. 태평太平은 '큰 평화'라는 뜻이지만, 아이러니하게도 태평천국 운동이 중국에 안겨준 것은 평화가 아니라 세계사에서 가장 유혈적인 반란이었다.

초기 몇 년간, 태평천국 운동은 서서히 확대되었다. 1847년에는 홍수전의 배상제회를 따르는 추종자가 2,000명에 불과했다. 여러 독자적인 신도 집단으로 조직된 이들이었다. 신도들은 발작을 일으키고 방언을 했다. 당국의 관점에서 보면 더욱 불길하게도, 그들은 절을 공격해서 '우상'인 불상을 때려 부쉈다. 1850년 역병이 일어났을 때 태평상제님께 기도를 드리면 병자가 낫는다는 말이 돌면서 배상제회의 신도 수가 급증했다.[28]

이 새로운 위협에 우려를 느낀 청나라 관리들이 병사들을 보내 홍수전과 풍운산을 검거하려 하자 인근에 있던 배상제회 교도들이 칼과 창으로 무장한 채 습격해서 쉽게 황군을 무찔렀다. 이 승리 이후 홍수전은 처음으로 추종자들을 한자리에 모았다. 이듬해인 1851년 홍수전은 태평천국의 창건을 선포하고 스스로 천왕에 올랐다. 수많은 추종자가 재산을 모두 팔고 그의 깃발로 모여들었다. 이후 2년 동안 태평군은 광시성을 관통해 북부로 진격하면서 반란을 진압하려고 출동한 청나라 군대와 싸웠다. 홍수전은 1만 명의 군대로 출발했지만, 이 시점에서 중국 전역에서 대중이 가난하고 땅이 없고 농촌에서 질서가 무너진 전반적인 상황 덕분에 대대적으로 신병을 모을 수 있었다. 1853년에 이르면, 태평군의 숫자는 50만에 이르렀다.[29] 대중의 궁핍화와 엘리트 과잉생산이 결합된 결과 폭발력이 커졌다. 가난한 대중은 날것의 에너지를 만들어내는 한편, 반엘리트 중핵 집단은 이 에너지를 지배계급에게 겨누는 조직을 제공한다.

1853년 3월, 거대한 태평군이 중국 남부 수도인 난징을 정복했다. 그 후 10여 년간 홍수전은 난징을 수도로 삼고 왕국을 통치하면서 중국 동남부의 넓은 지역을 점령했다. 인구가 가장 많을 때는 3,000만 명에 이르렀다. 중국의 다른 지역들에서도 동시에 대규모 반란이 벌어지면서 홍수전은 청조를 무너뜨리는 데 거의 성공했지만, 결국 패배했다. 수년간의 전투 끝에 증국번曾國藩 장군이 이끄는 청군이 난징을 포위했다. 병에 걸린 홍수전은 1864년 6월 1일에 사망했다. 한 달 뒤 난징이 함락되고 태평천국의 경험은 끝이 났다.

젊은 시절 홍수전은 끈질겼고, 이후의 경력에서도 증명되듯이 상당히 뛰어난 인물이었다. 하지만 수가 정해진 지위를 차지하려는 지망자가 너무 많았고, 그는 결국 좌절한 지망자 집단에 속하게 되었다. 그 혼자만 그랬던 것이 아니다. 태평천국의 난을 이끈 고위 부관들과 바로 아래의 지도자 절반 이상이 과거시험에 낙방한 이들이었다.[30]

홍수전이 끝내 이기지 못한 증국번 장군도 초라한 집안 출신이었다.**31** 증국번은 농부 집안의 다섯 아들 중 장남이었다. 아버지는 비교적 유복해서 자식들을 교육시킬 수 있었다. 하지만 아버지는 가장 낮은 수준인 지방 과거에서 열여섯 차례―열여섯 번!― 낙방한 끝에 겨우 합격했다. 증국번도 같은 과거에서 (겨우) 여섯 번 낙방하고 스물두 살에 급제했다. 이듬해 그는 성시城試에 급제했다(홍수전이 네 번 낙방한 과거시험이었다). 결국 수도에서 치러지는 최고 수준의 과거에서 두 번 낙방한 끝에 세 번째 시도만에 장원급제했다. 마침내 세력이 커지는 태평천국 운동의 서부 변경인 후난성에 발령받았다. 그리하여 오랜 싸움 끝에 태평천국 운동을 무너뜨리는 청의 주요 군대를 조직해서 이끄는 일은 증국번의 몫이 되었다. 청나라를 무너뜨릴 뻔한 태평천국의 난에서 맞붙은 양쪽 편을 이끈 것은 기성 엘리트 집단의 일원과 반엘리트로 변신한 좌절한 엘리트 지망자였다.

위기로 가는 길

도널드 트럼프와 에이브러햄 링컨, 홍수전은 아주 다른 세계에서 산 전혀 다른 엘리트 지망자들이었다. 하지만 어떤 심층적 수준에서 그들의 개인적 궤적은 공통점이 많다. 세 사람 모두 불안정을 부추기는 사회적 압력들―궁핍화와 엘리트 과잉생산―이 정점에 다다르는 다툼의 시대에 살았다(또는 살고 있다). 그들 모두 짧은 순간이나마 권력의 정점에 오른 엘리트 지망자였다. 그리고 셋 다 자기 나라가 해체되는 순간에 나라를 지배했다.

이 세 엘리트 지망자가 권력에 오른 뒤 벌어진 재앙의 규모는 무척 달랐다. 의심의 여지 없이 태평천국의 난이 최악이었다. 인류 역사상 최악의 유혈 내전이었기 때문이다. 이 내전은 14년간 지속되면서 3,700만 명의 목숨을 앗아갔다.

60만 명의 사상자를 낳은 미국 남북전쟁은 오늘날까지 미국에서 가장 유혈적인 충돌로 남아 있다. 이 전쟁은 또한 에이브러햄 링컨의 목숨도 앗아갔다. 배우이자 남부연합 동조자인 존 윌크스 부스에게 암살당한 것이다.

도널드 트럼프 대통령 집권기는 (적어도 지금까지는) 영향이 크지 않다. 하지만 그는 에스파냐 독감보다 더 많은 인명을 앗아간 감염병과, 정치적 소요로 25명이 사망하고[32] 1만여 명이 부상을 당하고[33] 20억 달러 이상의 재산 손실이 발생한[34] 최악의 해인 2020년을 관장했다. 그의 대통령 임기의 끝을 장식한 의사당 습격 사건은 미국의 정치 시스템에 엄청난 충격을 안겨주었다. 물론 우리는 아직 이 다툼의 시대가 어떻게 끝날지 알지 못한다. 미래의 역사는 아직 쓰이지 않았다. 우리가 아는 것은 미국을 내전으로 밀어붙이는 두 개의 힘—궁핍화와 엘리트 과잉생산—이 2022년 현재 조금도 수그러들지 않는다는 사실이다. 역사는 이런 위기 시기에 관해 우리에게 무엇을 말해주는가?

2장

한 걸음 뒤로:
역사의 교훈들

로드맵

국가로 조직된 모든 복잡한 인간 사회는 반복되는 정치적 불안정의 파고를 겪는다. 가장 흔한 양상은 약 100년 동안 통합 단계와 해체 단계가 번갈아 나타나는 것이다. 통합 단계는 내적 평화와 사회적 안정, 비교적 협력적인 엘리트 등으로 특징지어진다. 해체 단계는 정반대다. 사회적 불안정, 엘리트들 사이의 협력 와해, 반란, 혁명, 내전 같은 정치적 폭력의 지속적인 발발 등이 나타난다. 이런 공통된 주제는 다양하게 드러난다. 나중에 왜 어떤 순환은 더 짧고 다른 순환은 긴지 그 이유에 관해 이야기할 것이다. 또한 위기의 심각성도 다양하다. 이런 다양성에도 불구하고 고난의 시기는 언제나 찾아온다. 지금까지 이 규칙에는 예외가 없었다. 내연구팀이 살펴본 어떤 사회도 통합 단계가 대략 200년 이상 지속

되지 않았다.[1]

특히 이 책의 중심부를 차지하는 모델과 관련된 역사동역학의 역사와 방법론에 관한 자세한 설명으로는 부록 A1과 A2를 보기 바란다. 전체 이야기의 요지는 지난 10년간 내가 조직해온 대규모 연구 네트워크가 수백 개의 역사적 국가와 현대 국가들이 포함된 대규모 데이터베이스를 구축하고 있다는 것이다. 이 사회들이 어떻게 정치적 위기로 빠져드는지—그리고 각각 성공의 정도는 달라도 위기에서 빠져나오는지—를 특히 강조하는 데이터베이스다. 이런 '위기DB^{CrisisDB}'를 분석해보면, 각 사례 사이에 분명한(그리고 그다지 분명하지 않은) 차이가 많이 있음에도 불구하고 확고한 공통의 연결선도 존재함을 보여주는 뚜렷한 증거가 나온다.

우리의 분석은 불안정을 낳는 네 가지 구조적 추동 요인을 가리킨다. 대중의 동원 잠재력으로 이어지는 대중의 궁핍화, 엘리트 내부 충돌로 귀결되는 엘리트 과잉생산, 쇠약한 재정 건전성과 국가의 정당성 약화, 지정학적 요인이 그것이다. 가장 중요한 추동 요인은 엘리트 내부의 경쟁과 갈등인데, 이는 위기가 다가옴을 보여주는 믿을 만한 예측 지표다. 다른 요인들도 흔히 나타나지만, 보편적이지는 않다. 예를 들어 규모가 큰 강력한 제국들에게 지정학적 요인은 중요성이 줄어드는 경향이 있다. 이런 제국들은 이웃 나라들의 행동에 영향을 받기에는 규모가 너무 크며, 제국 내부의 사회적 와해는 내부의 힘들에 의해 생겨난다. 아널드 토인비의 말을 빌리자면, 거대한 제국은 살인이 아니라 자살로 죽는다.[2]

이야기를 복잡하게 만드는 추가 요인 하나를 언급해야겠다. 해체 단계를 자세히 들여다보면, 이 단계가 항상 암울하지는 않다는 것을 발견하게 된다. 오히려 집단적 폭력 수준은 리듬을 따르는 경향이 있다. 한 세대는 전면적인 내전을 벌이지만, 이 폭력으로 상처 입은 다음 세대('아들들')는 불안한 평화를 유지한다. 폭력에 직접 노출되지 않은 채 자라는 그다음 세대('손자들')는 할아버지들의 실수를 되풀이한다. 이런 동학 때문에 대략 50년(두 세대)에 걸쳐 폭력이 되풀이되는 주기가 만들어진다. 이 주기는 구조적 조건이 어떻게든 해결될 때까지 지속되면서 다음의 통합 단계로 이어진다.

이제 장기적인 한 시기에 걸쳐 하나의 특정한 지역에서 사회적 불안정과 국가 와해의 동학을 추적함으로써 이런 이론적 사고를 좀 더 구체화해보자. 중세 성기(서기 1000~1300년) 서유럽에서 가장 부유하고 강한 왕국이었던 중세 프랑스의 불안정 주기를 연구의 출발점으로 삼고자 한다. 계속해서 시간을 따라가면서 프랑스와 더 광범위하게는 서유럽에서 잇따른 불안정의 파고를 추적할 것이다. 여기서 유럽을 선택한 것은 의지할 수 있는 양적 데이터가 많아 대중의 궁핍화와 엘리트 간 충돌을 비롯한 불안정의 주요 추동 요인의 추세를 알 수 있기 때문이다. 하지만 분명히 말하지만, 위기를 초래하는 역사의 힘들은 유럽 중심적이지 않다―모든 복잡한 사회는 위기에 취약하다.

프랑스 중세 말의 위기

13세기는 중세 프랑스의 황금시대였다. 프랑스 왕이 직접 다스리는 영토는 13세기를 거치면서 세 배가 되었고, 1300년에 이르면 프랑스는 군사, 정치, 문화적으로 서유럽을 지배하게 되었다. 프랑스 인구는 2,000만 명이 넘었고, 서유럽 주민 세 명에 한 명꼴로 프랑스 왕에 충성을 바쳤다. 인구 23만 명인 파리시는 라틴 기독교 세계에서 더없이 거대하고 찬란한 도시였다. 중세 성기에 프랑스는 서유럽에서 가장 강력한 왕국일 뿐만 아니라 문화의 중심지이기도 했다. 당대인들에게 프랑스식이라고 알려진 고딕 건축 양식은 일드프랑스 지역에서 발전해 잉글랜드와 독일, 에스파냐, 이탈리아 북부로 확산되었다. 13세기에 파리 대학교는 유럽에서 학문과 철학의 중심이 되면서 당대 최고의 사상가들을 끌어모았다. 프랑스어는 유럽에서 가장 중요한 국제어가 되어 잉글랜드, 플랑드르, 헝가리, 그리고 나폴리 왕국과 시칠리아 왕국의 귀족들이 사용했다.[3]

하지만 1300년 무렵 프랑스 왕국의 광채가 빛을 잃기 시작했다. 황금시대는 도금시대로 바뀌었다. 엘리트의 부는 수그러들지 않고 지속된 반면, 보통 사람의 생활 상태는 악화되었다. 대중의 궁핍화를 낳은 근본 원인은 1300년 전 두 세기 동안 서유럽의 인구가 대대적으로 증가한 것이었다. 1100년에 현대 프랑스 국경 안의 영토에 거주하는 인구가 약 600만 명이었다면, 200년 뒤에는 인구가 세 배 이상 늘어서 2,000만 명이 넘었다. 인구 폭발이 농민에게 토지를, 노동자에게 일자리를, 모든 이에게 식량을 제공할 수 있는 중세 경제의 역량을 압도했다. 인구 대다수가 기아 경계선에서 살았고, 1315년에서 1322년 사이에 흉작과 가축 감염병이 잇따르면서 체제가 궁지로 몰렸다. 1325년에 이르러 프랑스 인구는 1300년 정점에 달했을 때에 비해 10~15퍼센트 감소했다. 그리고 흑사병이 닥쳐서 인구의 4분의 1에서 2분의 1 정도가 목숨을 잃었다. 14세기 말에 이르면, 프랑스 인구는 1,000만 명으로 폭락했다. 1300년의 절반으로 떨어진 것이다.

수백만의 죽음으로도 충분하지 않은 듯, 인구 재앙은 사회 피라미드의 상층부를 너무 무겁게 뒤바꿈으로써 사회적 안정에 더 미묘하면서도 파괴적인 또 다른 영향을 미쳤다. 1250년 이후 귀족의 수는 인구 전반보다 훨씬 빠른 속도로 증가했다. 귀족의 경제적 지위가 평민보다 더 좋았기 때문이다. 실제로 대중의 궁핍화는 엘리트들에게 유리했다. 엘리트들은 높은 지대와 낮은 임금, 높은 식량 가격에서 이득을 보았기 때문이다. 다시 말해, 13세기의 대규모 과잉 인구는 농민을 희생시키면서 지주에게 부를 안겨주는 부의 펌프를 창조했다.

소득이 증가함에 따라 많은 하위 귀족은 두 명 이상의 아들에게 토지를 나눠줘도 모든 상속자에게 귀족 지위를 유지하기에 충분한 소득을 안겨줄 수 있음을 깨달았다. 널리 퍼진 재산을 가진 부호들은 외딴곳에 있는 재산을 일부 사용해서 장남을 제외한 아들들을 중간 귀족으로 만들어주었다. 사회적 상향 이동 비율도 증가해서 부유한 농민과 성공한 상인들이 귀족으로 올라섰다. 기근과 감염병이 닥쳤을 때, 엘리트들은 재난을 견딜 만큼 유리한 위치에 있어서 평민보다 사망률이 낮았다. 이 모든 추세가 결합되어 생산적 계급에 비해 귀족의 수가 증가해서 사회 피라미드의 상층부가 너무 무거워졌고, 일정한 시간이 지난 뒤 귀족의 경제적 운이 역전되었다. 1300년 이전에는 상대적으로 엘리트 수가 적고 값싼 노동력이 풍부해서 귀족들이 유리한 경제적 상황을 누린 반면, 14세기 중반에 이르면 상황이 완전히 역전되었다.

엘리트 지위를 유지할 만한 수입이 부족한 귀족들은 국가에 고용되려고 하는 한편, 농민들로부터 더 큰 비율의 자원을 뽑아내는 식으로 대응했다. 하지만 국가는 가난해진 귀족 전부를 고용할 수 없었다. 귀족이 너무 많았고, 정부 자체도 재정 파산으로 치닫고 있었다. 대규모 인구 증가로 추동된 물가 상승이 국가 세입을 갉아먹었고, 엘리트 수요에 부응하려는 시도가 왕실 재정을 한계점까지 압박했다.

농민들로부터 더 많은 수입을 뽑아낸다는 것은 지주들이 잉여를 챙기는 것을 넘어서서 농민들의 생존에 필요한 자원까지 집어삼키기 시작했다는 의미였다. 지주의 억압은 그 자신의 경제적 토대를 훼손했다. 농민들이 도망치거나 굶어죽거나 헛된 반란을 일으켜 죽는 식으로 대응했기 때문이다. 이 두 전략이 실패로 돌아가자 귀족들은 서로를 먹잇감으로 삼기 시작했다. 엘리트 과잉생산 게임은 최후의 폭력적 단계로 들어섰고, 엘리트 간 충돌이 프랑스 전역에서 벌어졌다.[4] 1350년대에 내부 질서의 와해가 왕국의 심장부까지 다다랐다.

1328년 카페 왕조의 마지막 왕이 남자 상속자를 남기지 않고 사망하자 왕위가 필리프 6세에게 돌아가서 그는 발루아 왕조의 첫 번째 왕이 되었다. 하지만 똑같이 강력하게 왕위의 소유권을 주장하는 이들이 두 명 있었다. 나바르의 샤를 2세와 잉글랜드의 에드워드 3세였다. 강력한 세 영주가 다툼을 벌이는 가운데 파리에서 에티엔 마르셀이 이끄는 도시 봉기가 일어나고 농촌에서 자크리의 난이 벌어지자 결국 1360년에 이르러 완전한 국가 붕괴가 이루어졌다.

여기서는 이 과정을 하나하나 설명하기 어렵다. 대신에 조감도식 관찰을 계속하면서 다음에 어떤 일이 벌어졌는지 살펴보자.

1350년대에 프랑스 국가가 붕괴하자 지배 엘리트들은 충격에 빠졌다. 1359년에 열린 삼부회에서는 각기 다른 파벌들이 의견 차이를 덮어두고 국가를 구하기 위한 공동의 방도에 합의했다. 이후 20년 동안 프랑스군은 눈부시지는 않더라도 체계적인 군사작전을 수행했다(앞서 그들에게 재앙을 안겨준 대전투를 피하면서). 1380년에 이르면 왕군이 내부 반란 세력을 진압하고 거의 모든 프랑스 영토에서 잉글랜드군을 쫓아냈다. 하지만 성공은 일시적인 것임이 드러났다. 프랑스를 위기로 몰아붙인 구조적 힘들—대중의 궁핍화, 엘리트 과잉생산, 국가의 약화—이 아직 제대로 시정되지 않았기 때문이다. 이번에도 역시, 우리는 집단적 폭력의 순환이 약 50년 주기로 해체 단계에서 재발하는 경향이 있음을 알게 된다. 프랑스의 중세 후기 위기도 예외가 아니었다.

새로운 세대의 지도자들이 1350년대에 국가 붕괴를 직접 경험한 세대를 대체했을 때, 그들은 앞선 세대의 실수를 되풀이했다. 두 귀족 파벌인 부르고뉴파와 오를레앙파가 수도를 놓고 전투를 벌이면서 내전의 운이 바뀔 때마다 번갈아가며 서로를 상대로 대학살을 벌였다. 1413년에 파리에서 다시 유혈적인 도시 봉기가 벌어졌고, 1415년에 또 다른 잉글랜드 왕 헨리 5세가 싸움에 끼어들었다. 크레시 전투의 재연에 가까웠던 아쟁쿠르 전투에서 프랑스군이 궤멸적으로 패배하면서 역사가 되풀이되었다. 프랑스 국가의 두 번째 붕괴가 첫 번째 붕괴의 궤적과 얼마나 비슷했는지 소

름이 끼칠 정도다. 어쩌면 역사는 그냥 반복되는 게 아니라 확실히 리듬에 맞춰 움직이는 것 같다.[5]

두 번째 국가 붕괴는 첫 번째보다 한층 심대했고, 살아남은 프랑스 엘리트들이 기운을 차리는 데 더 오랜 시간이 걸렸다. 하지만 그들은 힘을 되찾았고, 1453년에 마지막 주요 도시 보르도를 프랑스가 재정복하면서 다시 잉글랜드인들을 쫓아냈다.[6]

100년 전쟁이 끝난 뒤, 프랑스는 한 세기 동안 통합 단계를 누렸다. 1450년 전의 한 세기는 왜 그토록 황량했고, 그다음 세기는 왜 그렇게 찬란했을까? 그 답은 프랑스를 내전으로 떠민 힘들이 1450년 무렵에 작동을 멈추었다는 것이다. 대중의 궁핍화는 기근과 감염병, 내전으로 "처리되었다". 이런 요인들이 누적된 결과로 프랑스 인구가 절반으로 줄었다. 이제 농민들에게 땅이 풍부했고, 노동력이 부족해지자 노동자 실질임금이 두 배 이상 증가했다. 지대가 곤두박질치며 임금이 상승하자 부의 펌프가 사실상 막혔다.

무엇보다 중요한 점으로, 크레시와 푸아티에, 아쟁쿠르, 그밖에 잘 알려지지 않은 많은 전투에서 벌어진 수많은 인명 손실로 수만 명의 '잉여' 귀족이 사라졌다. 이 수치를 파벌 간 내분 당시 벌어진 대학살에 더해보라. (한 목격자가 1418년 5월에 일기에서 묘사한 것처럼, 수도의 거리는 패배한 파벌의 주검들로 뒤덮였다. 시신이 "진흙 바닥에 돼지 떼처럼 쌓여 있었다".) 1300년에서 1450년 사이에 전체 인구가 절반으로 준 한편, 같은 시기에 귀족 수는 4분의 1로 감소했다.[7] 사회 피라미드의 상층부가 너무 무거운 상황이 끝이 나고, 아래쪽이 넓고 위는 좁은 한층 더 안정된 형상을 회복했다. 엘리트 과잉생산이 사라지자 엘리트 간 경쟁과 충돌이 가라앉았다. 그와 동시에 사회적 와해와 영국의 외적 압력이라는 어두운 시기의 기억 때문에 엘리트들 사이에서 민족적 일체감이 새롭게 단련되었다. 엘리트 내부에서 이렇게 새롭게 협력의 분위기가 생기는 가운데 국가 재정을 개혁해서 미래 세대를 위한 확고한 재정적 토대를 프랑스에 제공할 수 있음이 증명되었다.

불안정을 야기하는 주요한 내적 압력—궁핍화와 엘리트 과잉생산—이 약해졌다. 외적인 힘들은 어땠을까? 많은 역사책은 100년 전쟁을 프랑스 왕과 잉글랜드 왕의 왕조 간 싸움으로 묘사한다. 하지만 이는 다면적인 충돌의 굉장히 복잡한 연속을 아주 피상적으로 보는 견해다. 프랑스의 저명한 역사학자 페르낭 브로델이 말한 것처럼, 이 시기에 더 나은 이름을 붙이자면 "100년 대립Hundred Years of Hostility"이다.[8] 14세기와 15세기 두 차례 국가 붕괴를 야기한 핵심 원인은 내부적인 것이었고, 잉글랜드는 사실상 죽은 사자의 주검을 뜯어먹는 자칼의 역할을 했을 뿐이다(영국 독자들에게는 무척 미안하지만). 중세 잉글랜드는 프랑스에 비해 인구와 자원이 3분의 1도 되지 않았기 때문에 두 왕국은 체급 자체가 달랐다(이런 상황은 몇 세기 뒤에 바뀐다). 영국 꼬마들이 자부심을 느낄 법한 크레시와 푸아티에, 아쟁쿠르에서의 눈부신 승리는 결국 잉글랜드 왕국에 지속적인 이익을 주지 못했다. 사실 이런 승리는 궁극적으로 프랑스에게 도움이 되었다. 엘리트 과잉생산 문제를 처리해주는 한편, 어떻게 하면 국가를 확고한 재정적 토대 위에 올려놓을지에 관한 엘리트의 합의를 이루는 데 필수적인 민족적 일체감을 단련시켰기 때문이다.

그렇다고 해서 '100년 대립'에서 잉글랜드의 역할을 무시해도 좋은 것은 아니지만, 잉글랜드-프랑스 충돌은 두 차례 국가 붕괴의 근본 원인이 아니었다. 어쨌든 잉글랜드와 프랑스는 11세기부터 19세기까지 거의 끊임없이 전쟁을 벌였다.[9] 이런 관점에서 보면 1338~1453년의 시기는 특별할 게 전혀 없다.

다툼의 시대

오래전부터 역사학자들은 역사에 리듬이 존재한다고 말해왔다. 내적 질서, 찬란한 문화, 사회적 낙관주의 등의 '황금시대' 뒤에는 반복되는 골육상잔, 고급문화의 쇠퇴, 사회적 우울의 '고난의 시기'가 이어진다. 유럽사학자들은 이런 시기들에 각각 이름을 붙였다. 그리하여 중세 성기 뒤에는 중세 말의 위기가 이어졌다. 르네상스 뒤에는 17세기의 일반적 위기가 이어졌다. 우리 시대 이전 최후의 완전한 주기―계몽주의, 또는 이성의 시대― 뒤에는 혁명의 시대가 이어졌다.

중국사학자들도 비슷한 양상을 발견해서 이를 왕조의 순환이라고 부른다. 진나라부터 청나라까지 이어지는 기원전 221년에서 1912년 사이에 중국은 통일(과 재통일)을 되풀이하면서 한동안 효과적으로 통치되었다. 그다음에는 도덕적 부패가 시작되면서 쇠퇴와 파편화를 가져왔다. 중국의 역사소설《삼국지》에서 말하는 것처럼, "오래 분열된 제국은 통일되어야 하고, 오래 통일된 제국은 분열되어야 한다. 지금까지 그래왔다". 고대 이집트사학자들 또한 역사를 고왕국, 중왕국, 신왕국으로 나누는데, 그 시이에 각각 제1, 제2, 제3 중간기가 들어간다.

'위기DB'의 통계 분석은 이런 역사적 직관을 확인해주지만, 이런 거시역사적 양상은 수학적으로 정확한 단순한 주기가 아니다. 첫째, 전반적인 통합-해체 연속체의 길이가 해당 사회의 특징에 따라 다양하다. 둘째, 해체 시기 동안 집단적 폭력이 대략 50년 주기로 재발하는 경향이 있다.

프랑스에서 중세 성기의 통합 단계는 위대한 통일자 필리프 2세, 일명 존엄왕 필리프 치세(1180~1223) 동안 시작되어 1350년에 끝났다. 중세 말 해체 단계(1350~1450) 이후 다음의 통합 단계인 르네상스 시대는 100년 조금 넘게 지속되었다(1450~1560). 다음 해체 단계(1560~1660)는 프랑스 종교전쟁(위그노전쟁, 1562~1598)의 발발로 시작됐는데, 그 뒤를 이은 두 번째 불안정의 물결은 1620년대에 고위 귀족 반란, 위그노 폭동, 농민 봉기 등으로 시작되어 1648~1653년 프롱드의 난에서 정점에 달했다. 프랑스의 마지막 완전한 순환에서 통합 단계, 즉 계몽주의 시대는 1660년부터 1789년 프랑스 혁명 발발까지 연장되었다. 해체 단계인 혁명의 시대에는 나폴레옹 시대, 1830년과 1848년 혁명, 1871년 파리코뮌의 여진 등이 포함된다(마지막 부분은 보불전쟁의 재앙적 패배로 재촉되긴 했지만). 이와 같이 각 단계는 몇십 년의 차이를 두고 한 세기 정도 지속되었고, 전반적인 순환 주기는 각각 250년, 210년, 210년이었다.[10]

진짜 왕좌의 게임

프랑스와의 비교에 유용하도록 잉글랜드의 순환을 추적해보자.

이 나라에서 중세의 순환은 장기 내전의 두 시대, 즉 스티븐 왕 치세의 무정부 시대(1138~1153)와 장미전쟁(1455~1485)에 의해 나뉜다. 통합 시대는 비교적 평화로웠지만(나중의 시대에 비교하면), 대략 50년 간격을 두고 재발한 남작들의 반란으로 중단되었다.[11] 프랑스와 마찬가지로, 잉글랜드도 1315~1317년의 대기근과 흑사병 때문에 이중으로 타격을 받았지만, 프랑스와 달리 잉글랜드는 곧바로 곤두박질치지 않았다. 통합-해체 순환의 역사동역학 이론은 길이가 고정된 어떤 엄격한 주기를 상상하지 않는다. 이는 동역학적인 모델로서 각 사회 안에서 어떻게 내적인 힘들이 발전하는지를 따른다. 이번에도 역시 다가오는 불안정을 추동하는 가장 중요한 요인은 엘리트 과잉생산이다. 만약 엘리트 과잉생산이 어떤 식으로든 갑자기 줄어들면 무슨 일이 벌어질까? 위기가 미래로 지연될 것이다. 중세 후기 잉글랜드에서 바로 그런 일이 벌어졌다.

1350년대에 프랑스가 붕괴했을 때, 잉글랜드의 모든 잉여 엘리트들—프랑스와 마찬가지로 잉글랜드에도 잉여 엘리트가 엄청나게 많았다—은 영불 해협 건너편에 있는 국왕을 따랐다. 그들 중 일부는 전투에서 살해됐지만, 대다수는 프랑스에서 벌어지는 전쟁이 굉장히 수익성 좋은 사업임을 발견했다. 푸아티에와 크레시(그리고 계속 이어진 소규모 전투)에서 승리를 거두면서 프랑스 귀족 수천 명을 인질로 잡자 막대한 몸값을 몇 차례 챙기고 그보다 작은 몸값도 많이 챙길 수 있었다. 프랑스 농촌은 여전히 풍요로워서 막대한 양의 전리품을 안겨주었다. 이른바 슈보시chevauchée(살짝 위장한 약탈 원정대의 습격)가 벌어지는 동안 챙기는 전리품이었다.

그리고 정복된 영토에 있는 성과 토지를 국왕의 신임을 받는 신하들과 고위 귀족들에게 나눠주었다. 다시 말해, 잉글랜드는 잉여 엘리트들—과 불안정—을 프랑스로 수출했다.

하지만 좋은 시절도 영원히 지속되지는 않는 법. 1360년을 시작으로 프랑스가 단합된 행동에 나섰고, 1380년에 이르러 잉글랜드인들을 몰아냈다. 바로 그 순간 잉글랜드도 곤두박질치기 시작했다. 갑자기 이 잉여 엘리트들이 전부 돌아왔다. 프랑스에서 끊임없는 전쟁으로 단련되고, 살인과 고문과 강탈에 익숙하며, 패전으로 가난해지고 적개심을 품은 이들이었다. 이런 시기에는 으레 그렇듯, 사회의 와해는 동시에 여러 가지 방식으로 나타났다. 어려운 시기에 엘리트들 스스로 쓰러질수록 더욱 억압받는 농민들은 마침내 진력이 난 상태였다. 1381년 와트 타일러가 이끈 농민의 난은 유혈 진압됐지만, 겁에 질린 엘리트들은 생산 계급들에게 지우는 부담을 낮출 수밖에 없었다. 서부 웨일스에서는 오웨인 글린두르가 이끄는 분리주의 반란이 일어났다. 중부에서는 이른바 청원파Lords Appelant라는 귀족 집단에 맞서 국왕 리처드 2세와 그의 파벌이 벌이는 싸움이 오락가락했지만, 결국 1399년 리처드 2세의 폐위로 정점에 달했다. 이로써 플랜태저넷가에서 랭커스터가로 왕조가 바뀌었다. 이 모든 이야기가 〈왕좌의 게임〉처럼 들린다면, 이는 조지 R. R. 마틴이 역사적인 랭커스터가를 모델로 삼아 가상의 래니스터 가문을 만들었기 때문이다.[12]

15세기 초에 프랑스가 다시 붕괴하고 1415년 또 다른 잉글랜드 왕이 싸움에 끼어들었을 때, 가난해진 엘리트 무리가 그를 따라 영불 해협을 건너 돌아왔다. 앞서 나는 연속된 위기들이 얼마나 소름 끼치게 이전의 위기와 흡사한 경향이 있는지에 관해 언급했다. 각 사회마다 국가 붕괴를 똑같이 찍어내는 문화적 형판이라도 있는 듯하다―프랑스식 국가 붕괴, 잉글랜드식 국가 붕괴 같은 식으로. 1415년 이후 잉글랜드가 그린 궤적은 이런 흥미로운 양상을 보여주는 또 다른 사례다. 전과 마찬가지로, 한동안은 상황이 잉글랜드에 유리하게 풀렸다. 잉글랜드는 불안정을 프랑스로 성공적으로 수출했고, 1415년에서 1448년 사이에 잉글랜드에서는 중대한 소요가 전혀 없었다. 하지만 1450년 무렵 프랑스가 자기 나라를 재정복하는 데 성공하자 점점 많은 잉글랜드의 잉여 엘리트가 고국으로 돌아가야 했다. 현 국왕 헨리 6세는 통치를 할 만큼 건강하지 못해서 국왕참사회가 그의 이름으로 통치했다. 랭커스터 파벌의 지도권은 앙주의 마르그리트에게 주어졌다. 어느 당대 사람은 그녀에 관해 이렇게 말했다. "이 여자는 미모와 인기, 기지와 방책에서 다른 모든 이보다 뛰어났고, 여자라기보다는 남자처럼 뱃심 있고 용감했다."[13] (마틴은 그녀를 모델로 삼아 세르세이 라니스터를 창조한 게 분명하다.)

엘리트 파벌들과 왕의 총신들은 무질서가 발흥하도록 부추겼다. 대귀족들은 무장 종자들로 점점 큰 사병 집단을 유지하면서 서로 싸우고 이웃들을 공포에 떨게 했으며, 궁정을 마비시키고 정부를 지배하려 했다. 1450년에 잭 케이드가 이끄는 또 다른 대규모 농민 반란이 일어났다. 그리고 1455년에는 장미전쟁이 발발해서 1485년까지 계속 이어진다.

〈왕좌의 게임〉 첫 시즌을 본 마틴은 자신이 창조한 인물들이 서로에게 가하는 생생한 잔혹성과 배신, 살인에 충격을 받았다고 한다. 하지만 역사적인 장미전쟁은 그만큼 잔혹했다. 세 왕이 폐위되어 살해됐으며, 수많은 고위 귀족이 종종 재판 없이 처형당했다. 결국 패전하는 편에 섰던 영주들은 진흙 바닥에 무릎을 꿇은 채 현장에서 참수당했다. 더욱이 랭커스터 가문과 요크 가문이 맞붙은 전투는 빙산의 일각에 불과했다. 왕좌를 놓고 벌인 이 역동적 충돌과 나란히, 지역과 지방 차원에서 경쟁하는 엘리트들끼리 숱하게 개인적 전쟁을 벌였다. 《랭커스터가의 종말The End of the House of Lancaster》에서 영국의 역사학자 R. L. 스토리R. L. Storey는 잉글랜드 서부와 북부, 동부에서 최소한 여덟 차례 벌어진 이런 충돌을 묘사한다. 엘리트끼리 벌인 이 내분으로 평민들이 가장 고통을 받았다. 각 파벌이 경쟁 파벌의 소작인들을 표적으로 삼아 약탈과 강탈, 살인을 벌였기 때문이다.

중세 잉글랜드가 대체로 오늘날의 영국보다 훨씬 더 폭력적인 나라이기는 했어도 장미전쟁을 특징짓는 폭력의 수준이 규범을 훌쩍 뛰어넘는 정도였음을 기억하는 게 중요하다. 통합 단계 동안 다른 모든 세대가 국왕에 맞선 남작들의 반란을 지켜보았지만, 장미전쟁과 비교하면 이런 반란들은 국왕에게 남작들의 요구를 각인시키기 위한 무력시위에 가까웠다. 가령 1215∼1217년의 반란은 왕이 반란을 일으킨 엘리트들을 만족시키기 위해 마그나 카르타에 서명함으로써 해결되었다. 이와 대조적으로 장미전쟁에서는 양쪽의 목표가 상대를 절멸시키는 것이었다.

〈왕좌의 게임〉 시청자들은 자신이 좋아하게 된 인물들이 맥 빠질 정도로 걸핏하면 이야기에서 죽어버린다고 이따금 불만을 토로한다. 하지만 현실 세계에서 실제로 그런 일이 벌어진다. 어쨌든 장미전쟁의 으뜸가는 원동력은 1450년 무렵 잉글랜드에서 끔찍한 정도로 생겨난 엘리트 과잉생산이었다. 이 문제가 어떻게든 해결될 때까지, 순전히 탈진하는 것 말고는 충돌을 멈출 수 없었다. 하지만 폭력에 면역이 되지 않은 새로운 세대가 넘겨받게 되면 다시 똑같은 일이 벌어졌다. 해체 단계가 끝나려면 이를 야기한 구조적 조건을 뒤집어야 한다.

물론 전장의 죽음이나 처형을 통한 죽음이 엘리트 과잉생산을 줄이는 유일한 기제는 아니었다. 고위 귀족 수준에서는 이것이 주된 기제로 보이지만, 사회적 사다리의 아래쪽으로 가면 하향적 사회 이동이 주된 역할을 했다. 대다수 젠트리는 내전이나 사적 전쟁에서 살해되지 않았다. 그들은 얼마 뒤 자신들의 소득으로는 엘리트 지위를 유지할 수 없다는 것을 받아들이고, 조용히 자작농으로 미끄러져 내려갔다. 내전과 전반적으로 높은 폭력 수준이 젠트리 지위 상실을 묵인하는, 간접적이기는 해도 여전히 중요한 동기가 되었다. 몇 년, 몇십 년간의 폭력과 불안정이 끝난 뒤, 가장 폭력적인 이들은 살해당한 반면, 나머지 사람들은 장기적인 싸움이 무익하다는 걸 깨닫고 영광스럽지는 않더라도 평화적인 삶에 정착했다. 고위 귀족에서부터 지방의 젠트리에 이르기까지 모든 수준에서 잉글랜드 엘리트의 수는 중세 후기 위기를 거치면서 몇 분의 1로 감소했다.

잉글랜드에서 우리는 이런 추세를 추적하는 데 유용한 양적 대리 지표를 구할 수 있다. 포도주(에일 맥주 대신)를 마시는 것이 엘리트 지위의 한 지표였기 때문이다. 잉글랜드 엘리트들의 운이 정점에 달했을 때, 그들은 가스코뉴 지방에서 포도주 2만

턴tun〔양조용 큰 통으로 술 따위의 용량 단위. 1턴은 252갤런, 또는 약 954리터임.—옮긴이〕을 수입해 소비했다. 장미전쟁이 끝날 무렵 이면 5,000턴에 못 미치는 포도주가 수입됐는데, 포도주 수입은 1490년 이후에야 회복되기 시작했다. 여기서 알 수 있듯이 잉글랜드의 엘리트 수가 4분의 1로 줄어든 것은 프랑스에서 다툼의 시대가 끝났을 때 귀족들이 4분의 1로 감소한 것과 흡사하다.[14]

가장 격렬한 내전의 시기는 1485년에 끝났지만, 몇 차례 여진이 있었다. 우리는 1489년에서 1497년 사이에 신속하게 진압된 소규모 반란 세 건에 관해 안다. 그 후 잉글랜드는 두 세대 동안 다시 반란이 일어나지 않았다. 근대 초 잉글랜드의 전반적인 폭력 수준을 감안하면 대단한 위업이었다. 마침내 다음번 통합 단계가 시작되었다.

잉글랜드의 다음 두 순환은 프랑스의 순환과 길이가 비슷하다. 하지만 잉글랜드는 프랑스보다 한참 뒤에 중세 후기 위기에서 빠져나왔기 때문에 양국은 여전히 시기가 어긋났다. 잉글랜드에서 17세기의 전반적 위기는 1639년 주교 전쟁이라 불리는 스코틀랜드 반란으로 시작되었고, 곧바로 이어진 잉글랜드 내전은 1651년에 끝났다. 불안한 평화라는 통상적으로 짧은 기간 이후, 잉글랜드는 다시 발발한 내전을 견뎌야 했다. 명예혁명(1688~1689)은 17세기의 해체 단계에 종지부를 찍었다(이번에도 역시 프랑스보다 몇 년 뒤처졌다). 그리고 잉글랜드는 1830년에 혁명의 시대가 도래한 한편, 프랑스에서는 1789년에 바스티유 감옥 습격으로 시작되었다. 요컨대, 프랑스와 잉글랜드는 두 개의 매달린 추처럼 움직였는데, 같은 시기에 앞뒤로 흔들리면서도 시차가 있었다.

혁명의 시대에 두 왕국이 보인 또 다른 차이는 프랑스에서는 잇따라 혁명이 일어난 반면(1789년, 1830년, 1848년…), 잉글랜드는 1830년에 '혁명적 상황'에 진입했으나 어떻게든 국가 와해를 피했다는 것이다. 왜 이렇게 됐는지는 무척 흥미로운 주제다. 어떻게 해야 우리 자신이 이런 위업을 반복할 수 있는지 일정한 힌트를 주기 때문이다. 이 문제에 관해서는 9장에서 다시 다루고자 한다.

엘리트 일부다처제 효과

1100년에서 1815년 사이에 거의 끊임없이 싸움을 벌였음에도 불구하고,[15] 아니 어쩌면 그 덕분에, 잉글랜드와 프랑스는 사회적 구성이 무척 비슷했다. 따라서 양국의 순환 주기가 그토록 흡사한 것도 놀랄 일이 아니다(시기가 어긋나기는 했지만). 하지만 모든 복잡한 인간 사회가 반드시 이런 동역학적 유사성을 보이는 것은 아니다. 각 사회는 그 구성에 따라 더 신속하거나 느리게 통합-해체 순환을 겪는다.

사회적, 정치적 불안정을 추동하는 가장 중요한 요인은 엘리트 과잉생산이기 때문에 엘리트 재생산(과 과잉생산)의 구체적인 내용이 사회의 속도—한 사회가 얼마나 빨리 위기에 빠져들고 빠져나오는지—에 어떻게 영향을 미칠 수 있는지 잠시 생각해보도록 하자. 평민이 엘리트 지위를 얻는 게 불가능하지는 않을지라도 쉽지 않은 산업화 이전 사회에서는 엘리트 집단의 규모가 커질 수 있는, 따라서 엘리트 과잉생산이 발생할 수 있는 속도가 엘리트의 생물학적 재생산—더 구체적으로는 엘리트 남성의 재생산율—에 의해 크게 영향을 받는다. (우리 마음에 들든 그렇지 않든 간에 산업화 이전 사회에서는 남성이 권력의 상층부를 지배했다.) 인간의 경우 남성의 재생산 성공에 가장 크게 영향을 미치는 요인은 남성이 가질 수 있는 배우자의 숫자다.

프랑스나 잉글랜드 같은 서유럽 왕국에서는 기독교가 남성이 얼마나 많은 합법적 배우자를 가질 수 있는지를 제한했다. 물론 권력이 많은 남성은 법적 부인과의 혼인 관계 이외에 정부와 관계를 맺을 수 있었고 실제로 그랬다. 그리고 이런 결합에서 태어난 자식은 귀족 대열에 진입할 기회가 있었다. 하지만 중세와 근대 초기 유럽 사회에서 이 '사생아 효과'는 엘리트 지망자 생산율을 크게 증가시키지 못했다.

거꾸로, 이슬람 사회에서는 남성이 합법적인 부인 네 명과 부양할 수 있는 만큼 첩을 둘 수 있었다. 첩의 아들이라고 해서 낙인이 찍히는 일은 없었다. 확대 일부다처제, 즉 여러 배우자와 결혼하는 관습은 또한 몽골인 같은 스텝지대 목축민들의 관례였다. 그 결과, 이 사회들은 무시무시한 속도로 엘리트 지망자를 대량생산했다. 엘리트 과잉생산이 발전하는 속도가 빠를수록 통합 단계가 짧아졌다.

그리하여 이 이론에 따르면, 지배계급이 일부일처제인 사회와 일부다처제인 사회 사이에는 순환 주기가 상당히 차이가 나야 한다. 내 계산에 따르면, 일부일처제 사회의 전형적인 순환 주기는 약 200년에서 최대 300년이지만, 엘리트들이 일부다처제인 사회에서는 약 100년이나 심지어 그 이하여야 한다.[16] 우리는 프랑스와 잉글랜드(그리고 '위기DB'에 따르면 유럽의 다른 사회들도)의 순환이 이런 이론적 예측에 들어맞는 것을 보았다. 그렇다면 일부다처제 사회는 어떨까?

1332년 튀니스에서 태어난 주목할 만한 이슬람 역사학자이자 철학자인 아부 자이드 압다르-라흐만 이븐 무함마드 이븐 할둔 알하드라미가 이미 몇백 년 전에 이 질문에 답을 내놓았다. 이븐 할둔은 자기 고향 마그레브(이집트 서쪽의 북아프리카)만이 아니라 다른 이슬람 세계의 정치 동역학이 순환 주기로 움직이는 경향이 있음을 간파했다. 새로운 왕조가 세워진 뒤, 이 왕조는 약 4세대 동안 지속되다가 무너지고 새로운 왕조로 대체된다. 그리고 이 순환이 반복된다.[17] 몇몇 왕조는 고작 3세대 동안 지속되고 다른 왕조는 5세대까지 이어지지만, 평균적으로 이븐 할둔의 순환 주기는 4세대인데, 이는 대략 100년에 해당한다. 이론에서 예측하는 것처럼 유럽의 순환보다 훨씬 짧다. 이븐 할둔의 순환을 중앙유라시아의 유목민 사회 같은 다른 일부다처 사회에서도 발견할 수 있는지 살펴보자.

적절한 비교 대상은 칭기즈 칸과 그의 직계 후계자들이 이끈 몽골의 정복이다. 13세기 전반기에 몽골이 정복한 광대한 영토에는 농민이 거주하는 네 개의 대규모 '문화 지역'이 들어 있었다. 동쪽에서 서쪽까지 우리의 연구 대상을 따라가보면 중국, 트란스옥시아나, 페르시아(메소포타미아 포함), 동유럽이다. 13세기 중반부터 이 네 지역은 각각 칭기즈 칸 왕조가 지배했다.[18] 우리의 이론에 따르면, 이 네 왕조는 이븐 할둔의 순환 주기에 따라 약 100년간 지속되어야 한다. 실제로 그렇게 되었다. 네 지역 모두에서 칭기즈 칸 왕조들은 14세기 중반에 붕괴했다.[19] '위기DB'를 정식으로 통계 분석해보면, 일부다처 엘리트를 보유한 사회들이 부상하고 몰락하는 순환 주기는 일부일처 사회보다 상당히 짧음이 확인된다.

전염과 역동적 동조화

복잡계를 연구하는 과학자들은 지나친 복잡화와 지나친 단순화라는 스킬라와 카리브디스 사이의 중간 항로를 헤쳐 나가야 한다. 한편으로 역사는 그저 안 좋은 일의 연속인 것은 아니다. 다른 한편으로 역사는 수학적으로 정밀한 순환 주기가 단순히 반복되는 것도 아니다.

이븐 할둔의 순환 주기에 관한 논의를 통해 우리는 각 사회가 호황과 불황의 순환을 거치는 시간 척도는 엘리트들 사이의 일부다처의 정도 같은 문화적 특징에 좌우됨을 보여주었다. 서로 '친애하는 적dear enemy'〔원래 동물행동학에서 나온 개념으로, 인접한 두 영역 동물이 일단 경계가 정해지면 서로 싸우지 않는 현상을 가리킨다.—옮긴이〕인 잉글랜드와 프랑스를 비교해보면 상황을 복잡하게 만드는 또 다른 요인이 나타난다. 지정학적 환경에 따라 순환 주기가 길어지거나 짧아질 수 있다는 것이다. 중세 말의 위기 시기에 잉글랜드는 프랑스로 불안정을 수출함으로써 고난의 시기에 들어서는 것을 미룰 수 있었다. 비선형 동역학, 그리고 좀 더 일반적으로 복잡성 과학의 틀이 역사를 이해하는 데 대단히 유익한 것은 이 때문이다. 이 과학은 상이한 요인들이 어떻게 상호작용해서 체계적 동역학을 창출하는지를 연구하기 위한 도구를 제공한다. 상대적으로 작은 일군의 메커니즘이 굉장히 복잡한 동역학을 창조할 수 있다. 이것이 복잡성 과학의 본질이다. 복잡한 동역학에 반드시 복잡한 원인들이 필요한 것은 아니다.

복잡성 과학은 다른 어떤 통찰들을 제공하는가? 한 가지 생산적 발상은 동역학적 동조 현상이다. 메트로놈 몇 개를 같은 받침대 위에 놓고 무작위로(서로 다르게) 흔들기 시작하면, 얼마 뒤 모두 완벽하게 동시에 흔들리기 시작한다.[20] 1665년 이 현상을 처음 관찰한 네덜란드의 물리학자 크리스티안 하위헌스는 이를 "이상한 공감odd sympathy"이라고 지칭했다.

동조 현상은 불안정의 물결이 종종 동시에 많은 사회를 강타하는 이유를 이해하는 데도 도움이 될 수 있다. 유라시아 차원의 현상이었던 17세기의 일반적 위기를 예로 들어보자. 왜 잉글랜드 내전과 러시아의 고난의 시기, 중국 명나라의 붕괴가 거의 같은 시기에 벌어진 걸까? 그리고 왜 18세기는 세 나라 모두에서 내적 평화와 제국 팽창의 시기였을까?

이런 동시성이 생길 수 있는 한 가지 이유는 외부의 강제다. 이 장 앞부분에서 우리는 궂은 날씨와 흉작이 몇 년간 계속된 결과 1315년에서 1317년 사이 서유럽에 대기근이 닥쳤음을 살펴보았다. 대기근은 태양 활동이 가장 적었던 울프 극소기Wolf Minimum(1280~1350)와 일치했다. 대다수 기후학자들은 태양 활동이 적으면 지구 온도가 내려간다는 데 동의한다. 알프스산맥 이북 유럽에서 흉작을 야기하는 주된 원인은 차고 습한 날씨인데, 이는 작물의 성숙을 지연시키고 수확하기 전에 썩을 가능성을 높인다. 슈퍼러 극소기Spörer Minimum(1460~1550), 마운더 극소기Maunder

Minimum(1645~1715) 등 태양 활동이 적었던 다른 시기들 또한 평균보다 낮은 기온 및 흉작 발생과 상관관계가 있다.

사회적 붕괴와 기후 변동의 연관성을 찾는 것은 붕괴학자collapsologist들이 선호하는 취미다. 하지만 기후 악화와 사회의 와해 사이에 직접적인 인과관계의 화살표를 그리는 것은 잘 되지 않는다. 지난 1,000년간 태양 활동 극소기가 해체 단계와 일치한 것은 몇 차례뿐이다. 울프 극소기의 궂은 날씨가 대기근의 원인이며, 다시 대기근은 중세 후기 유럽 각국 사회의 안정을 훼손했을 수 있다. 그 후의 마운더 극소기에도 대규모 기근이 발생해서 프랑스부터 스칸디나비아를 거쳐 러시아까지 북유럽에 영향을 미쳤다. 프랑스에서는 1694년에서 1703년 사이에 200만 명이 굶어 죽었다. 같은 시기에 러시아는 전체 인구 중 최대 10퍼센트를 기근으로 잃었을 것이다. 하지만 두 제국 모두―각각 '대왕' 루이 14세와 '대제' 표트르 1세가 통치했다― 회복력이 탄탄했다(왕의 별명에서도 알 수 있듯이). 두 기근은 막대한 인적 고통을 낳고 두 왕국에 엄청난 압박을 가했지만, 한계점을 넘어서까지 밀어붙이지는 않았다.

내가 볼 때, 기후 변동에 따른 외부의 강제는 사회의 와해를 야기하는 직접적 원인이 아니다. 그 효과는 쉽게 감지되지 않는다. 바로 여기서 이상한 공감 속에 흔들리는 메트로놈이 도움이 될 수 있다. 제국을 통합 단계와 해체 단계 사이에서 흔들리는 메트로놈이라고 생각해보자. 이제 유라시아의 각기 다른 지역에 있는 두 제국이 처음에 흔들리기 시작하는 시점이 다르다고 가정해보라. 하지만 둘 다 지구 기후의 똑같은 변동에 영향을 받는다. 기후가 좋은 시기라면 순환에서 '앞선' 제국이 좀 더 오래 지속되다가 결국 위기로 빠져든다. 반대로 기후가 나쁜 시기라면 뒤에 처진 제국이 더 일찍 위기에 빠져든다. 이런 기후 '넛지nudge'[미국의 행동경제학자 리처드 세일러와 법학자 캐스 선스타인의 2008년 저서 《넛지》를 통해 널리 알려진 개념. 원래 '팔꿈치로 슬쩍 찌르다'라는 뜻의 '넛지'는 '타인의 선택을 유도하는 부드러운 개입'을 의미한다.—옮긴이] 효과가 축적됨에 따라 두 제국은 마치 같은 받침대 위에 놓인 메트로놈 두 대처럼 점차 동조화될 것이다. 물론 제국의 호황–불황 순환은 흔들리는 메트로놈보다 훨씬 복잡하다. 하지만 두 종류의 진동자에서 일반적 원리가 비슷하게 작동한다. 외부의 힘이 주기적일 필요도 없다. 넛지는 무작위로 나타날 수 있다. 그 역할은 순환 자체를 야기하는 게 아니라 주기적 경향을 동조화하는 것이다. 순환은 각 제국에 내재하는 메커니즘에 의해 추동된다.

동조화하는 두 번째 힘인 전염은 외부의 강제보다 훨씬 강하다. 역사동역학 분석을 통해 우리는 주요 감염병과 팬데믹이 종종 대규모 사회정치적 불안정의 시기와 관련이 있음을 알 수 있다. 우리는 적어도 지난 2,000년간 안토니우스 역병(서기 2세기)과 유스티니아누스 역병(6세기)으로까지 거슬러 올라가는 이런 패턴을 관찰한다. 아프로–유라시아를 관통한 흑사병의 확산(14세기)은 중세 후기 위기의 필수적인 일부였다. 역병의 대규모 재발은 17세기의 일반적 위기와 시기적으로 일치했다. 그리고 가장 파괴적인 콜레라 팬데믹(19세기)은 혁명의 시대에 일어났다. 이런 상관관계의 밑바탕을 이루는 인과관계는 복잡하며 피드백 고리가 양방향으로 이어진다.[21] 100년 주기 순환의 단계가 주요 감염병이 발생할 확률에 어떤 영향을 미치는지 추적하는 식으로 이런 인과관계를 약간 파헤쳐보자.

이 책 앞부분에서 살펴본 것처럼, 각 100년 주기 순환은 통합 추세와 해체 추세로 이루어진다. 순환이 시작될 때, 인구가 최저에서 벗어나 증가하는데 아직 수용력의 한계(경작지 규모 및 현재의 농업 기술에 따라 해당 영토가 먹여 살릴 수 있는 전체 인구수)에는 한참 미치지 못한다. 그 결과 실질임금이 높고 노동 생산성도 높다. 토지가 아직 풍부하기 때문이다. 게다가 농업 잉여의 대부분을 생산자들이 소비해서 농민에게는 황금기가 된다.

하지만 인구 증가는 결국 맬서스의 한계에 맞닥뜨린다. 대중의 궁핍화가 심해짐에 따라 농민의 황금기는 끝이 나고, 사회는 엘리트의 황금기로 들어선다. 엘리트는 낮은 임금과 자신들이 소유한 토지 생산물의 높은 가격에서 이득을 보는 집단이다. 엘리트의 구매력이 증대하면 장인과 상인의 고용 기회가 생겨난다. 도시의 노동력(수공업과 상업뿐만 아니라 부유층을 위한 하인까지) 수요와 결합된 농촌의 실업 때문에 도시로 향하는 인구의 흐름이 생겨나는데, 이는 이 시기의 전반적 인구보다 훨씬 빠르게 증가한다. 엘리트의 사치품 수요가 장거리 교역을 추동한다.

이런 추세 때문에 새로운 질병이 등장하고 기존 질병의 확산 가능성이 높아진다. 첫째, 인구 증가는 '감염병의 임계점'—새로운 질병이 확산되기 시작하는 인구밀도—을 넘어서는 결과로 이어진다. 둘째, 대중의 궁핍화로 인한 생활수준 하락은 영양실조와 감염에 대한 신체의 방어력 약화로 이어진다. 셋째, 도시화란 점점 높은 비율의 인구가 도시로 몰려드는 것을 의미하는데, 산업화 이

전 시대에 도시는 건강에 유해한 장소로 악명 높았다. 넷째, 이주와 부랑의 증가는 상호작용 네트워크의 팽창으로 귀결되는데, 이를 통해 질병이 더 쉽게 확산된다. 다섯째, 장거리 교역은 멀리 떨어진 지역들을 연결하며 대륙 차원에서 질병 확산을 부추긴다.

그 결과, 위기에 다가가는 사회는 감염병의 습격을 받을 가능성이 높다. 하지만 인과성은 또한 반대 방향으로도 흐른다. 대규모 감염병은 사회적 안정을 훼손한다. 빈곤층이 엘리트보다 사망률이 높기 때문에 사회 피라미드의 상층부가 너무 무거워진다. 치명적 감염병은 또한 정부의 정당성을 해침으로써 사회적 협력을 훼손한다. 예전 시대에는 이런 대규모 재앙이 하느님이 통치자에게 등을 돌리거나 하늘이 천명을 거두었다는 징후로 여겨졌다. 오늘날 우리는 좀 더 유물론적으로 생각하는 경향이 있어서 감염병을 막기 위한 효과적인 조치를 취하지 못한 정부의 기능장애와 실패 탓으로 돌린다. 최종 결과는 똑같이 부정적인 영향을 미친다. 국가 기관에 대한 신뢰의 붕괴가 내적 평화와 질서를 유지하는 국가의 능력을 훼손하는 것이다. 감염병이나 기근 같은 대규모 인구 재앙은 종종 사회를 위기에 빠뜨리는 계기가 된다. 대중의 궁핍화(와 대중 동원의 잠재력)가 급증하고 국가의 정당성(과 내적 폭력을 진압하는 능력)이 곤두박질치는 결과로 이어지기 때문이다.

따라서 전염은 대륙 차원이나 심지어 세계 차원에서 여러 사회를 뒤덮는 불안정의 물결을 추동하는 중요한 메커니즘이다. 하지만 전염의 주체가 바이러스나 미생물일 필요는 없다. 생각도 전염을 일으킬 수 있다.

아랍의 봄을 떠올려보라.[22] 아랍의 봄은 과일 노점상 모하메드

74

부아지지Mohamed Bouazizi가 경찰의 부패와 과잉 단속에 항의하기 위해 자기 몸에 불을 붙인 다음 날인 2010년 12월 18일 튀니지에서 시작되었다. 이를 시작으로 알제리(2010년 12월 29일), 요르단(2011년 1월 14일), 오만(2011년 1월 17일), 사우디아라비아(2011년 1월 21일), 이집트(2011년 1월 25일), 시리아(2011년 1월 26일), 예멘(2011년 1월 27일), 수단(2011년 1월 30일)으로 확산되었다. 2월 말에 이르면 나머지 아랍 나라들까지 퍼져나갔다(이라크, 리비아, 쿠웨이트, 모로코, 레바논 등). 부아지지의 분신은 아랍의 봄을 일으킨 근본 원인이 아니었다. 그것은 일종의 방아쇠였다. 한 점 불꽃이 광야의 들불을 일으킨 것이다.[23] 큰불을 일으키는 데 필요한 구조적 조건이 아랍의 봄에 앞서 수십 년간 서서히 발전했다.[24] 하지만 아랍 세계에서 거의 동시에 반란과 혁명이 일어난 것은 전염—생각의 전염—때문이었다.

많은 정치 평론가들이 아랍의 봄을 일으킨 원인으로 최신 소셜 미디어를 꼽는다. 하지만 아랍의 봄이 인류 역사에서 유례가 없는 사건이었다고 생각하는 이들은 역사를 모르는 셈이다. 2010년 아랍의 봄 이전에 1848년 '민족들의 봄Springtime of Nations'이 있었다. '민족들의 봄'은 1월에 이탈리아에서 시작됐지만, 당시에는 거의 주목받지 않았다. 가장 영향력 있는 사건인 프랑스 2월 혁명은 3월에 독일과 덴마크, 스웨덴에서 봉기를 고무했다. 합스부르크 제국에서도 3월에 여러 반란이 일어났는데, 가장 주목할 만한 반란은 헝가리와 갈리치아에서 일어났다. 6월에는 1848년 혁명이 루마니아로 확산되었고, 7월에는 아일랜드까지 퍼졌다.[25]

1848년 유럽에는 인터넷이 없었지만, 신문을 통해 뉴스가 신속하게 퍼져나갔다. 방아쇠를 당긴 프랑스에서는 1848년 2월 22일에 혁명이 시작되었다. 3월 말에 이르면 유럽 대륙 대부분이 혼란에 빠졌다.

요약: 지금까지의 이야기

1부에서 인간 사회를 괴롭히는 반복적인 불안정의 물결을 낳는 원인에 관한 우리의 탐구는 현대의 미국에서 시작해서 시간을 거스르고 세계의 다른 지역들로 옮겨가면서 확대되었다. 2부에서는 다시 한 바퀴 돌아 미국으로 눈을 돌려 현재 우리가 사는 다툼의 시대를 모양 지은 '땅 밑의' 과정들을 더 깊숙이 캐보고자 한다. 방법론에 관해 한마디 하자면, 지금까지 내가 사용한 접근법은 위기로 빠져든 뒤 어떻게든 위기에 대처한 과거 사회의 특정한 사례들에 관한 역사동역학 분석에서 배운 교훈을 생생하게 보여주는 식이었다. 역사로부터 우리 앞에 펼쳐진 험한 바다를 헤쳐 나가는 데 필요한 지식을 갖출 수 있는 유용한 교훈을 끌어내기 위해서는 각 사회가 어떻게 작동하는지에 관한 우리의 언어적 관념을 수학모델로 변환할 필요가 있다. 그런 다음에 우리의 이론을 데이터와 통합하는 한편, 유리한 사례만 선별하는 함정을 피해야 한다. 역사적 데이터베이스를 구축하고 통계 분석해야 한다는 뜻이다. 역사동역학이 실제로 어떻게 작동하는지 더 많이 배우고 싶은 독자에게는 3장에 달려들기 전에 부록의 장들을 읽을 것을 권한다. 곧바로 본론으로 들어가고 싶은 독자는 순서대로 읽으면 된다.

2부
불안정을 추동하는 요인들

3장

"농민들은
혐오스럽다"

이제 사회 체계의 구조와 동역학을 비교할 수 있는 맥락을 갖추었으니 미국에 관한 질문으로 돌아가자. 가장 큰 이익집단인 노동계급에서 시작할 것이다. 전체적인 인간 행동에 관한 대규모 데이터 집합을 바탕으로 구축한 연구에서는 의외의 시도처럼 보일지도 모르나, 이 장과 이어지는 몇몇 장을 원형적 사례인 짧은 이야기로 열고자 한다. 비개인적인 사회적 힘들을 모델로 만들 때면 진짜 인간을 놓치기 쉽다는 우려 외에 유일한 변명은 이 이야기들 속에 담긴 모든 중요한 사실에 실제 세계의 풍부한 선례가 담겨 있다는 것이다.

스티브

"그러니까 11월에 트럼프를 찍겠다는 거지요?" 2016년 여름, 나는 스티브에게 물었다. "그 사람은 억만장자예요. 그자가 보통 사람에 관해 뭘 알죠? 관심이나 있을까요? 게다가 그는 그야말로 광대예요."

스티브는 말보로 한 개비를 뽑아서 불을 붙였다.

"트럼프를 찍겠다는 게 아네요. 문제는 진보 엘리트들이 이 위대한 나라를 땅바닥에 처박고 있다는 겁니다. 저 여자[당시 민주당 후보 힐러리 클린턴]는 은행가들의 재산을 지켜주는 데만 신경을 썼어요. 그러면서 나 같은 '한심한 사람들'이 문제라고 말하죠. 내가 '백인의 특권'을 누린다고요? 별 거지 같은 농담이라니. 진짜 백인 우월주의는 포춘 500대 기업 CEO들이죠. 공교롭게도 90퍼센트가 백인 남자고요. 그런데 무슨 일인지 대기업 언론은 누구나 알지만 말하기 꺼리는 문제를 주목하지 않아요. 난 민주당과 진보 언론이 하는 말을 안 믿어요. 최소한 트럼프는 우리 모두가 생각하는 걸 큰소리로 말하죠."

스티브는 뉴욕주 북부의 하위 중산층 가정에서 자랐다. 아버지는 고속도로 기반시설 제품을 만드는 공장에서 기계공으로 일했다. 이 일자리 덕분에 많지는 않아도 꾸준히 수입이 있어서 스티브 가족은 중산층 지위를 유지할 수 있었다. 어머니는 일을 하지 않았고, 자기 집에 살았으며, 스티브의 누나를 인근 대학에 보낼 수 있었다.

스티브는 대학 진학에 관심이 없었다. 고등학교 성적이 그렇게 뛰어나지 않았다. 게다가 누나가 교양학부 학사로 졸업했지만, 이 졸업장은 제안받는 일자리나 받는 임금에 가시적인 효과가 전혀 없었다. 대학을 마치고 2년 뒤, 누나와 매형은 노스캐롤라이나로 이사했다. 세금과 생활비가 싸고 매형이 취직할 전망이 더 좋았기 때문이다.

스티브는 대학 대신 군대에 자원입대해서 독일로 갔다. 하지만 한 차례의 복무 기간만 마쳤다. 당시 미국은 아프가니스탄이나 이라크 같은 곳에서 해외 전쟁을 잇달아 시작하려는 참이었다. 스티브는 별로 상관도 없는 전쟁에 목숨을 거는 위험을 무릅쓰고 싶지 않았다. 유감스럽게도 아버지가 비교적 이른 나이에 갑자기 심장마비로 세상을 떴고, 스티브는 이 어려운 시기에 어머니 곁을 지키고 싶었다. 집에 돌아왔을 때, 스티브는 아버지 세대와 달리 자신은 꾸준한 일자리를 기대할 수 없음을 깨달았다. 한동안 건설 현장에서 일했지만, 결국 자동차 정비공 교육을 받았다.

관리자 역할에는 어울리지 않지만 그는 손재주가 좋은 노동자이고, 상사들은 그의 자동차 수리 기술을 높이 친다. 그렇지만 실제 급여 수준은 아버지가 벌던 것보다 훨씬 적다. 게다가 고용 안정도 누리지 못한다. 항상 무슨 일이 생긴다. 정비소가 폐업한다든지, 수요가 적어서 인력을 감축해야 한다든지, 주인이 잔업수당을 주지 않으면서 추가 근무를 요구한다든지.

결국 스티브는 1, 2년 이상 계속 일하지 못하고 주기적으로 실업급여에 의지해야 한다. 실업급여를 신청하려면 시간도 걸리고 모욕적인 과정을 거쳐야 하는데, 스티브는 종종 몇 주 동안 아무 수입 없이 지낸다. 실업급여를 받으면 불리한 점은 자기가 가진 기술에 맞지 않는 저임금 일자리를 받아들이라는 압박을 심하게 받는다는 것이다. 그는 자신이 유능한 노동자라는 걸 알고, 전에 일하던 곳들에서는 시간당 무려 25달러를 벌었다. 왜 최저임금만 주는 일자리를 받아들여야 하는가? 세금을 제하고 나면 현재 받는 실업급여에도 미치지 못하는 수입을 벌게 된다. 스티브는 일하고 싶다. 차 수리하는 걸 좋아하고 잘한다. 하지만 그는 저임금 임시직에 취직하기를 꺼린다는 이유로 게으름뱅이라고 불리는 것에 분개한다. 그가 이 단어를 아는 건 아니지만 그는 '프레카리아트precariat'(2000년대 중반 이탈리아에서 처음 등장한 용어. 이탈리아어로 '불안정한'이라는 의미의 프레카리오precario와 무산 계급을 뜻하는 프롤레타리아트proletariat가 결합된 말로, 저임금 · 저숙련 노동에 시달리는 불안정 노동 무산계급을 가리킨다.—옮긴이)의 일원이다.[1]

어머니가 동네 월마트에 취직한 게 도움이 된다. 무례한 손님들을 상대하다 보면 기분이 좋지 않고, 임금도 낮다. 좋은 점은 통근 시간이 짧다. 또한 스티브와 어머니는 자기들 집이 있어서 행운이라고 생각한다. 그들이 사는 도시의 부동산 보유세는 만만치 않다. 1년에 5,000달러가 넘는다. 그래도 자기 집에 사는 게 아파트를 임대하는 것보다는 낫다. 또 하나 행운이 있다면, 재향군인인 스티브가 재향군인보건청VHA을 통해 무상 의료보험을 이용한다는 것이다.

또한 스티브가 만일의 경우에 대비해서 돈을 모아둘 만한 능력이 없었다는 점도 인정해야 한다. 잘나갈 때에도 항상 급여를 받은 다음 날이면 돈이 바닥나곤 했다.

스티브는 가정과 자녀를 갖기를 원했다. 하지만 여자친구가 몇 명 있었는데도 한 번도 오랜 관계로 발전하지 못했다. 그 자신은 문제가 뭔지 모르지만, 50줄에 접어든 지금 다 포기하고 자식 없는 인생을 받아들여야 한다고 생각한다.

스티브가 열정을 품는 두 가지는 자동차와 총이다. 자동차는 돈을 버는 데 도움이 되고, 총은 저축한 돈이 하나도 없는 이유 중 하나다. 그는 총기를 꽤 많이 수집했고, 정기적으로 사격장에 가서 총을 쏜다. 친구들도 대부분 군인 출신이고 그처럼 총기광이다. 그들에게 미국 헌법에서 가장 신성한 부분은 수정헌법 제2조, 즉 "국민이 총기를 소유하고 소지할 권리"다. 친구들을 통해 스티브는 오스키퍼스Oath Keepers[2009년 엘머 스튜어트 로즈가 결성한 미국의 극우 반정부 민병대. 미국 헌법을 수호하는 것을 신조로 삼아 적극적인 폭력 행동을 벌인다. 2023년 로즈는 1월 6일 의사당 습격 사건을 주도한 죄로 18년 징역형을 선고받았고, 또 다른 지도자 켈리 메그스도 12년 징역형을 선고받았다.—옮긴이]에 관해 들었다. 군인 출신인 그는 가입을 환영받았고, 수정헌법 제2조에 찬성하는 시위에도 몇 차례 참여했지만, 최근에 단체에서 떨어져 나왔다.

스티브의 정치적 견해를 형성한 바탕은 개인적 경험과 사회적 환경이다. 전반적으로 보면, 미국이 잘못된 방향으로 나아가고 있다는 게 분명했다. 조부모는 대공황과 제2차 세계대전 시절에 자랐다. 한동안 삶이 어려웠지만, 이후 미국이 전후 시대에 접어들면서 눈에 띄게 좋아졌다. 다음 세대인 베이비붐 세대 부모는 훨씬 잘살았다. 미국은 보통 사람들의 삶의 질이 세대마다 뚜렷하게 좋아지는 위대한 나라였다. 하지만 스티브와 그의 친구들은 그런 삶을 누리지 못했다. 어쩐 일인지 보통 사람들이 번영하는 시대는 끝이 났고 대신 불안정의 시대가 펼쳐졌다. 자식이 부모보다 못사는 건 정당한 게 아니다.

스티브의 말에 따르면, 설상가상으로 미국 국가를 지배하는

"코즈모폴리턴 엘리트들"은 사실상 자기 같은 사람들—대학 교육을 받지 못한 이성애자 남성—에게 전쟁을 선포하고 있다. 2016년 힐러리 클린턴이 말해서 유명해진 표현대로 그들은 "한심한 사람들"이다—'인종주의자, 성차별주의자, 동성애 혐오자, 외국인 혐오자, 이슬람 혐오자'. 특히 실직 상태일 때면 스티브는 자신이 미국에서 가장 무력한 사람인 듯한 느낌이 든다. 그와 친구들은 엘리트들이 자기들을 없애버리려고 안달한다고 믿는다. 진보 석학과 정치인들은 스티브 같은 사람들이 결국 '올바른' 유권자들에게 수에서 밀리게 되는 연도를 손꼽아 세고 있다. 우파 시사 평론가들에게 듣는 것처럼, 엘리트들은 이민자 유입을 부추기는 식으로 그날을 앞당기려고 적극적으로 행동한다.

아버지가 충실한 민주당 지지자인 것과 달리, 스티브는 2016년 전까지 굳이 투표를 하지 않았다. 주류 정치인 누구에게도 마음이 동하지 않았다. 그런데 2016년 도널드 트럼프의 인기가 하늘 높은 줄 모르고 치솟으면서 모든 게 바뀌었다. 트럼프는 결국 예상을 깨고 공화당 후보로 지명되었다. 스티브는 트럼프를 완전히 믿지는 않았지만, 그는 적어도 스티브와 친구들이 느끼는 감정을 말로 표현하고 있었다. 그는 고인 물을 빼고drain the swamp〔원래 1980년대부터 미국 정계에서 특수이익 집단과 로비 집단을 몰아내자는 의미로 많이 사용된 표현이다. 트럼프가 선거운동 중에 자주 입에 올려 다시 유명해졌다. 트럼프는 비대한 연방 정부와 부패한 기성 정치인이라는 적폐를 청산하자는 두루뭉술한 의미로 이 말을 내세웠다.—옮긴이〕 장벽을 세우겠다고 약속했다. 스티브는 트럼프가 이것 하나라도 제대로 해낼 수 있을지 회의적이었지만, 그래도 이 메시지에는 울림이 있었다. 어쨌든 트럼프가 할 수 있는지 여부는 중요한 게 아니었다. 스티브는 트럼프의 후보 출마가 워싱턴 엘리트들을 무찌르는 공성 망치라고 보며 환영했다. 엘리트들이 트럼프의 공격에 당혹스러워하는 것을 보는 게 여간 즐겁지 않았다.

스티브는 혁명가가 아니다. 국가를 무너뜨리고 사회를 개조하기를 원하지 않는다. 대신에 그가 바라는 것은 부모와 조부모 시절로 돌아가는 것이다. 트럼프가 외치는 슬로건 "미국을 다시 위대하게 만들자Make America Great Again"는 그런 뜻이라고 생각한다.

스티브는 주류 정치인들을 혐오하는 만큼이나, 아니 그보다 훨씬 더 주류 언론을 경멸한다. 그가 주류 언론 프로그램 중 유일하게 챙겨 보는 것은 폭스뉴스에서 하는 〈터커 칼슨 투나잇〉이다. 하지만 정보와 견해를 주로 얻는 원천은 자기 같은 군인 출신인 블로거와 유튜버들이다. 대기업 언론이 그의 뉴스 출처를 "가짜 뉴스"라고 부를 때면 웃음을 터뜨린다—그가 볼 때 가짜 뉴스 팔이를 하는 건 오히려 CNN 같은 채널이다. 스티브의 말에 따르면, 특히 가짜 뉴스에서 다루는 주제 하나는 감염병처럼 퍼진다는 총기 난사 사건이다. 그런 사건은 대부분 총기 규제 옹호론자들이 수정 헌법 제2조에 반대하는 여론을 조성하려는 목표로 조작하는 것이다. 이 문제에 대해서는 확고한 의견이 있다. 국가가 자기 총을 뺏어가려고 하면 최후의 선을 넘는 셈이다. 그는 총기 소지 권리를 지키기 위해 기꺼이 총을 사용하고자 한다. 친구 브래드가 걸핏하면 말하는 것처럼, "우리한테 총이 있는데도 이런 식으로 우리를 대하는데, 총을 뺏어가고 나서는 어떻게 하겠어?"

캐스린

도널드 트럼프가 대통령에 당선되어 세계를 깜짝 놀라게 하고 1~2년 뒤쯤 미국 정치 엘리트들이 여전히 이 충격적인 결과를 어떻게든 이해하려고 하던 때, 나는 그중 한 명과 흥미로운 대화를 나눴다. 상위 1퍼센트에 속하는 캐스린은 워싱턴DC에 살고 있으며, 부유한 박애주의자와 기성 정치인뿐만 아니라 신진 정치인들과도 폭넓은 연줄을 갖고 있다. 그녀는 종종 두 집단 사이에서 중개자 역할을 한다. 몇 년 전 어디선가 내가 미국이 조만간 불안정해질 것으로 예측하는 내용을 발표했다는 이야기를 들은 뒤, 그녀는 이런 예측에 어떤 근거가 있는지 알고 싶어 했다. 특히 왜 2016년에 그렇게 많은 사람들이 트럼프에게 표를 던졌는지에 관해 통찰을 얻고자 했다.

나는 사회적, 정치적 불안정을 추동하는 요인들에 관해 으레 떠벌이는 말들을 늘어놓기 시작했는데, 첫 번째 요인인 대중의 궁핍화에 관한 이야기를 채 마치지도 못했다. "무슨 궁핍화라고요?" 캐스린이 맞받아쳤다. "요즘보다 살기 좋은 때는 없어요!" 그러고는 스티븐 핑커Steven Pinker가 얼마 전에 출간한 《지금 다시 계몽Enlightenment Now》을 읽어보라고 권했다. 또한 맥스 로저Max Roser가 운영하는 웹사이트 '데이터로 보는 우리의 세계Our World in Data'에서 그래프를 살펴보라고도 했다. 두 자료의 내용을 전하면서 내 견해를 재고하라고 촉구했다. "데이터만 따라가보세요. 수명, 건강, 번영, 안전, 평화, 지식, 행복 전부 오름세라고요."[2] 진 지구적 빈곤은 감소하는 중이고, 아동 사망률도 감소하며, 폭력도 줄어들고 있다. 아프리카 최빈국에 사는 사람을 포함해서 모든 이가 스마트 폰이 있으며, 여기에는 이전 세대들과 비교할 때 기적과도 같은 높은 수준의 기술이 들어 있다.

어느 정도는 캐스린의 말이 맞다. 맥스 로저에 따르면[3], 1820년 에는 전 세계 인구의 4분의 3 이상이 극빈 상태로 산 반면, 현재는 10분의 1만이 이런 상태에서 산다. 지난 200년 동안 10년마다 측정한 전 지구적 빈곤이 감소했으며 1970년 이후의 감소율은 특히 인상적이다.

하지만 스티브는 1820년, 아니 심지어 1970년 이래 전 지구적 빈곤이 어떻게 바뀌었는지 관심이 없다. 어쨌든 1970년 이후 빈곤 감소의 대부분은 중국이 대규모로 이룬 경제성장 덕분이다. 그게 자신과 무슨 관계가 있단 말인가? 자기가 사하라 사막 이남 아프리카의 대다수 사람들보다 부유한 게 무슨 의미가 있는가? 그가 자신을 비교하는 대상은 차드의 수수 재배농이 아니라 자기 아버지다. 그는 아버지 세대보다 자기 세대가 경제적 형편이 나쁘다는 걸 너무도 잘 안다.

캐스린이 현재보다 더 잘산 적이 없다고 말할 때, 전 세계에서 벌어지는 일에만 근거한 게 아니다. 개인적 시각도 담겨 있다. 그녀와 그녀가 이야기를 나누는 사람들(상위 10퍼센트가 몇 명 섞여 있지만, 압도적으로 상위 1퍼센트)은 지난 몇십 년간 굉장히 잘살았다. 그녀 자신의 경험은 핑커와 로저가 인용하는 낙관적 통계와 일치한다. 하지만 스티브나 그가 속한 사회 환경에서 사는 이들의 개인적 경험은 그렇지 않다. 이 두 집단이 미국이 어느 방향으로 가고 있는지에 관해 의견이 갈리는 것도 전혀 이상하지 않다.

캐스린이 볼 때, 스티브가 겪는 문제는 대부분 그가 자초한 결과다. 오늘날의 지식 기반 경제에서 고등학교 졸업장으로는 충분하지 않다. 성공하려면 대학 교육을 받아야 한다. 또한 그는 씀씀이를 절제하고 돈 관리를 해야 한다. 남은 돈을 총기와 탄약에 쓰는 대신 개인 퇴직연금 계좌에 착실히 저금해야 한다.

그렇다면 누구의 생각이 옳은 걸까? 스티브의 경험은 얼마나 전형적이며, 미국이 잘못된 방향으로 나아가고 있다는 그의 생각은 정당한 걸까? 이런 질문들은 통계로만 답할 수 있다.

숫자 헤아리기

캐스린은 불평등이 문제라는 건 인정한다. 하지만 그녀가 볼 때, 불평등이 심해지는 것은 사실이지만, 시급한 행동이 필요한 문제라는 건 다소 과장된 평가다. 저소득층의 생활수준이 충분히 빠르게 향상되지는 않는다 하더라도, 그래도 향상되는 중이다. 자본주의와 자유시장에 근거한 경제 시스템은 성공적이다. 불평등을 해결하는 최선의 해법은 경제성장을 더욱 늘리는 것뿐이다.[4]

오늘날 미국인의 생활수준은 향상되고 있을까? 이 질문에 답하는 통상적인 방법은 가계 소득에 어떤 일이 벌어지고 있는지 살펴보는 것이다. 우리의 목표는 2016년에 트럼프가 승리한 이유를 파악하는 것이기 때문에 지난 40년간 소득이 어떻게 변화했는지 살펴보자. 1976년이 이런 비교를 위한 좋은 출발점이다. 이해에 스티브의 아버지는 이미 인정된 일자리를 갖고 있었기 때문이다. 아버지와 어머니는 새집으로 이사했고, 첫 번째 아이인 스티브의 누나가 태어나기를 기다리고 있었다. 흡족한 삶이었고, 더 좋아지고 있었다.

미국 인구조사국에 따르면[5], 평균 실질 가계소득(2020년 인플레이션 조정치)은 1976년 6만 1,896달러에서 2016년 8만 9,683달러로 증가했다. 45퍼센트 늘어난 이 수치는 꽤 좋아 보인다. 하지만 평균 소득은 우리가 살펴봐야 할 최선의 수치가 아니다. 평균이란 최저임금에 가까운 소득을 버는 외벌이 가장이 2만 달러를 집으로 가져오는 저소득층 가구와 대기업 최고경영자가 평균 1,660만 달러를 버는 부유층 가구 둘 다를 놓고 계산되기 때문이다.[6] 우리가 알고 싶은 것은 소득 분포의 양극단이 아니라 전형적인 가구에 어떤 일이 생겼는가 하는 것이다. 이를 위해서는 중위 소득을 살펴볼 필요가 있다. 소득 분포의 절반을 정확하게 가르는 선이다. 미국 인구조사국은 고맙게도 중위 소득에 관한 데이터를 제공한다. 1976년에서 2016년 사이에 중위 소득은 5만 2,621달러(2020년 달러 기준)에서 6만 3,683달러로 21퍼센트 증가했다. 45퍼센트만큼 좋지는 않지만 그래도 괜찮은 증가 수준이다. 그렇지 않은가?

하지만 이 가계 소득 통계를 임금에 나타난 변화와 비교해보자. 어쨌든 2016년 스티브와 어머니의 합계 소득은 1976년에 아버지가 벌었던 액수보다 많았는데, 이는 가계의 두 성원이 일한 덕분이다. 스티브의 어머니가 월마트에서 일하는 것은 이 일을 즐겨서가 아니라 자기도 벌어야 생활비를 감당할 수 있기 때문이다. 가계 소득이 증가하는 만큼 어머니의 삶의 질이 향상되지 않았다. 단지 뒤처지지 않게 해주었을 뿐이다.

임금을 살펴보면 이른바 경제 상태의 개선이 훨씬 더 희석된다.

1976년에서 2016년 사이에 중위 실질임금은 시간당 17.11달러에서 18.90달러로 증가했다. 10퍼센트 증가한 셈이다.[7] 이 수치를 인종별로 분류하면 흑인 노동자가 12퍼센트로 약간 더 증가했다. 하지만 흑인 노동자는 1976년에 더 낮은 수준에서 시작했기 때문에 2016년 중위 소득은 16.06달러에 불과했다. 이와 대조적으로, 히스패닉 노동자는 6퍼센트 증가했을 뿐이다. 임금 분포의 아래쪽 끝을 보면, 첫 번째 10분위수(임금이 가장 낮은 10퍼센트의 노동자) 또한 고작 6퍼센트 증가한 것을 알 수 있다.

수치를 파헤쳐보면, 경제성장이 미국인 대다수에게 얼마나 이득이 됐는지에 관한 장밋빛 그림은 조금 어두워진다. 40년에 걸친 10퍼센트 차이는 사실 그렇게 인상적인 게 아니다. 또한 이런 전반적인 변화가 결코 지속적이지도 않았다는 사실을 염두에 두어야 한다. 가령 1990년대에 전형적인 노동자는 점점 지반을 잃었다. 실제로 그들은 1970년대보다 소득이 적었다.

임금 분포의 상이한 부분들에서 실질임금이 어떻게 변화했는지를 추적하는 것은 유용하지만 유일한 접근법은 아니며 아마 최선의 접근법도 아닐 것이다. 각각의 10분위수 사이에 급격한 단절은 존재하지 않으며 분포는 완만하다. 다른 접근법은 상이한 노동자 집단들 사이에 임금이 어떻게 변화했는지를 살펴보는 것이다. 최근에 사회과학자들은 교육 수준이 경제적 복리에 어떻게 영향을 미치는지에 관심을 기울이기 시작했다.[8]

통계학자들은 교육 수준을 반영해서 미국인을 다섯 계층으로 분류한다. 고졸 미만(2016년 전체 인구의 9퍼센트), 고졸(2016년 26퍼센트), 전문대졸(2016년 29퍼센트), 4년제 대졸(2016년 23퍼센트), 석사 및 박사(2016년 13퍼센트).[9] 경제적 운에서 크게 갈라지는 곳은 모두가 지반을 잃은 앞의 세 계층(저학력 계층)과 앞서 나가는 뒤의 두 계층(고학력 계층) 사이다. 대졸 노동자의 평균 실질임금은 시간당 27.83달러에서 34.27달러로 증가했다. (앞서와 마찬가지로. 인플레이션을 조정한 달러 가치를 기준으로 1976년과 2016년을 비교한다.) 석사나 박사 학위를 가진 미국인은 33.18달러에서 43.92달러로 훨씬 성적이 좋았다. 하지만 고등학교만 졸업한 노동자들은 19.25달러에서 18.57달러로 임금이 감소했다. 고등학교도 마치지 않은 노동자들은 임금이 15.50달러에서 13.66달러로 줄어들었다. 각기 다른 인구 범주를 살펴보면, 이런 전반적인 양상을 중심으로 몇 가지 변이가 나타난다. 남성이 여성보다, 흑인이 백인이나 히스패닉보다 좋지 않았다.[10] 하지만 모든 범주에서 시간이 흐르면서 저학력 계층과 고학력 계층의 간극이 확대되고 있다.

이런 데이터에서 나오는 놀라운 결론은 4년제 대학 졸업장이 없는 미국인(전체 인구의 64퍼센트)이 절대적인 기준에서 지반을 잃고 있다는 것이다. 그들의 실질임금은 2016년 이전 40년에 걸쳐 줄어들었다. 하지만 아직 끝난 게 아니다. 지금까지 우리는 인플레이션을 조정한 임금, 즉 '실질임금'에만 초점을 맞추었다. 그런데 과연 무엇이 실질임금일까? 인플레이션을 감안해 임금을 조정한다는 것은 언뜻 생각하는 것만큼 간단한 일이 아니다. 지난 수십 년간 텔레비전과 장난감 같은 일부 제품은 값이 싸졌다. 신차 등 다른 제품의 가격은 현재 달러 가치로 크게 변동이 없었다. 결국 신차는 인플레이션을 조정한 달러 가치로 값이 싸진 셈이다. 하지만 다른 품목과 제품의 가격은 공식적인 인플레이션율보다 훨씬 빠르게 올랐다. 이런 속도를 측정하기 위해 정부 경제학자들은 한 바구니의 소비재를 정의한 뒤 그 비용이 해마다 어떻게 바뀌는지 계산해야 한다. 이 접근법에는 몇 가지 문제가 있다. 첫째, 스티브와 캐스린의 바구니는 전혀 다르다. 다시 말해, 각자 경험하는 인플레이션율이 다르다. 둘째, 소비재 바구니는 시간이 흐르면서 극적으로 바뀐다. 예를 들어, 1976년에 사람들은 스마트폰이 없었지만, 지금은 모두가 스마트폰을 쓴다. 이런 점을 어떻게 감안해야 할까?

정부 경제학자들이 소비재 바구니를 구성하고 조정하는 과정은 이해하기 쉽지 않으며, 일부 비판자들이 주장하는 것처럼, 쉽게 조작할 수 있다. 어쨌든 정부 기관들이 경제성장을 보고할 때, 인플레이션율을 과소평가하려는 유인이 강하다. 그렇게 하면 정부가 좋은 평가를 받기 때문이다. GDP는 미국에서 생산된 모든 재화와 서비스의 총액으로 계산된다. 이를 미국 인구로 나누면 1인당 GDP가 나온다. 마지막으로, 이를 소비재 바구니 가격에 맞춰 조정하면 1인당 실질 GDP가 된다. 인플레이션을 과소평가하면 1인당 실질 GDP가 증가해서 정부가 잘하는 것처럼 보인다. 일부 비판자들은 인플레이션을 평가하기 위한 나름의 접근법을 내놓고 있지만 주류 경제학자들은 대체로 이를 겉으로만 그럴싸하다고 무시한다. 누가 옳든 간에, 여기서 주된 논점은 인플레이션을 감안해서 임금을 조정하는 것은 쉬운 일이 아니며 우리가 사용하는 통계에 커다란 오류를 일으킬 수 있다는 것이다. 각기 다른 정부 기관마다 상이한 물가지수를 사용한다. 소비자 물가지수CPI와 개인소비지출 물가지수PCE가 대표적이다. 이 둘의 평균 차이는

0.5퍼센트다.[11] 크지 않은 차이처럼 보일지 몰라도 40년간 10퍼센트 변동(실질 중위 임금이 증가한 수치)이 매년 0.25퍼센트 변동에 해당한다는 것을 유념해야 한다. 소비자 물가지수와 개인소비지출 물가지수 간 차이의 절반이다.

그렇다 하더라도 2016년에 번 달러와 1976년에 번 달러가 다르다는 것은 분명하며, 우리는 이런 변화를 어떻게든 조정할 필요가 있다. 통상적인 방법은 정부 통계를 활용하는 것이다. 앞서 살펴본 것처럼, 이 계산에 따르면 실질 중위 임금은 지난 40년간 10퍼센트, 즉 연간 0.25퍼센트 증가했다. 이 수치도 꽤 빈약해 보인다. 또 다른 접근법은 바구니를 분해해서 다른 유형의 재화와 서비스를 각각 살펴보는 것이다. 예를 들어, 미국 중간계급의 삶의 질을 규정하는 가장 중요한 커다란 품목은 무엇일까? 하나는 분명 고등교육이다. 또 하나는 주택 소유다. 건강 유지도 포함해야 한다. 흥미롭게도, 이 주요 비용 세 가지 모두의 가격은 공식 인플레이션보다 훨씬 빠르게 상승했다.

이 메시지를 분명히 하기 위해 실질 달러(그만큼 실질적이지 않음이 밝혀졌다)를 잠시 잊어버리고 그냥 명목(현재) 달러를 사용해서 계산을 해보자. 인플레이션 조정 단계를 건너뛰는 것이다. 1976년에 공립 대학교에서 공부하는 평균 비용은 연간 617달러였다. 거의 비현실적인 액수로 들린다. 1976년에 중위 임금을 받는 노동자가 한해 대학교 학비를 벌려면 150시간을 일해야 했다. 2016년에는 공립 대학교 평균 학비가 8,804달러였다. 중위 임금 노동자가 이를 감당하려면 500시간을 일해야 했다. 세 배 더 많은 시간을 일하는 것이다. 중위 주택을 구입하는 경우에도 상황은 비슷하다.

중위 노동자는 1976년에 비해 2016년에 주택을 사기 위해 40퍼센트를 더 일해야 한다. 실질 중위 임금의 10퍼센트 증가가 전보다 한결 별 볼 일 없어 보인다.

설상가상으로, 중위 임금 대신 고졸 노동자 평균 임금—1976년에서 2016년 사이에 절대적 액수로 감소했음을 유념할 것—을 놓고 똑같은 계산을 해보면, 대학 학비를 내기 위해 일하는 노동 시간이 거의 네 배(정확히 말하면 3.85배)다. 2016년에 '노동계급'(저학력) 부모는 1976년에 비해 자녀를 대학에 보내기 위해 네 배 더 많은 시간을 일해야 했다. 결국 지난 몇십 년간 저학력 계층에서 고학력 계층으로 이동할 수 있는 능력이 대폭 잠식되었다는 뜻이다.

생물학적 복리

지금까지 미국 노동계급의 운의 변동을 조사하면서 우리는 복리의 경제적 차원만을 살펴보았다. 하지만 복리와 그 반대인 궁핍화에는 다른 차원들도 존재한다. 생물학적 차원과 사회적 차원이 그것이다. 첫 번째는 대체로 건강과 관련된 것인데, 여러 면에서 삶의 질을 한층 더 정직하게 보여주는 지표다. 우리는 건강에 관해 무엇을 이야기할 수 있을까?

생물학적 복리를 보여주는 가장 민감한 지표 중 하나는 인구 집단의 평균 신장이다.[12] 신체 발달은 생애 초 20년 동안의 영양 섭취와 환경이 유기체에 가하는 요구 사이의 균형에 의해 결정된다. 영양에서 가장 중요한 측면은 에너지 섭취이지만, 식사의 질(가령 신선한 채소 섭취) 또한 신장에 영향을 미친다. 성장을 방해할 수 있는 환경의 압력에는 높은 유행병 빈도(감염을 막으려면 에너지가 소요된다)와 고된 노동(특히 아동과 청소년 시기에) 등이 포함된다. 따라서 신장을 결정하는 많은 요소들은 가구의 경제적 지위에 영향을 받는다. 소득이 많으면 식품의 질과 양이 상승한다. 부는 또한 더 나은 의료 서비스를 안겨주고, 어린이가 공장 노동을 할 필요가 없게 해준다. 해변에서 휴가를 보내면 성장하는 신체가 비타민 D 저장량을 보충할 수 있다. 그리하여 한 인구 집단의 평균 신장은 실질임금 같은 순전히 경제적인 측정치를 무척 유용하게 교정하게 해준다. 유골을 통해 신뢰할 만한 신장 추정치를 얻을 수 있기 때문에 선사시대 인구 집단의 복리까지 추적할 수 있다.

18세기에 미국인은 세계에서 키가 가장 컸다.[13] 미국에서 태어난 사람들의 평균 신장은 1830년에 태어난 집단까지 계속 증가했다. 이후 70년 동안 평균 신장은 4센티미터 이상 감소했다. 또 다른 전환점인 1900년 이후 대략 70여 년간 다시 높은 증가 추세가 이어졌다. 이 시기 동안 평균 신장은 무려 9센티미터 커졌다. 그런데 무슨 일인가 생겼다. 1960년대에 태어난 아이들을 시작으로 신장 증가가 멈췄다. 이런 추세 변화는 미국에서만 나타났다. 다른 고소득 민주주의 국가들에서는 평균 신장이 계속 증가했고, 오늘날 지구상에서 가장 키가 큰 사람들은 네덜란드, 스웨덴, 독일 같은 나라들에서 산다. 하지만 미국은 아니다. 도대체 무슨 일이 벌어지고 있는 걸까?

15~20세의 청소년은 폭풍 성장기를 겪으면서 성인의 신장에 도달하고, 일단 20대 초가 되면 성장이 멈춘다(그리고 결국 아주 느리기는 해도 키가 줄기 시작한다). 따라서 1960년에 태어난 아동의

키는 1975년에서 1980년 사이에 경험한 환경 조건에 의해 어느 정도 정해졌다. 그리고 이 조건은 대체로 부모 세대가 받는 임금에 의해 결정되었다. 그 결과, 1970년대 말 전형적인 미국인의 실질임금이 증가를 멈췄을 때, 그 자녀들의 평균 신장도 증가를 멈췄다.[14]

생물학적 복리를 보여주는 또 다른 매우 유용한 지표는 기대수명이다. 이 지표는 먼 과거에 살았던 인구 집단들에 대해서는 추정하기 어렵다. 그렇다 하더라도 노벨상 수상자 로버트 포겔Robert Fogel을 비롯한 경제사학자들이 수행한 연구 덕분에 다행히 우리는 미국의 전체 역사에 대한 데이터를 갖고 있다.[15] 이 두 세기 동안 기대수명의 변화는 신장 데이터의 동학을 고스란히 반영했다.[16] 놀라울 게 없는 것이, 극단적으로 큰 키를 제외하면 개인 차원에서 기대수명과 신장 사이에 강한 정비례 관계가 존재하기 때문이다. 다시 말해, 이 두 측정치는 생물학적 복리에 대한 보완적 시각을 제공한다. 둘 다 감소하는 경우 이 인구 집단이 뭔가 잘못되어가고 있다는 주장이 강화된다.

오늘날 우리가 아주 자세한 데이터를 처리한 덕분에 사회과학자들은 사회 내부의 상이한 인구 계층에 대한 기대수명, 또는 사망률 추세를 재구축할 수 있다. 가령 미국에서 어떤 사람이 사망하면 사망 증명서가 발급되는데, 여기에는 교육 수준을 비롯해 망자에 관한 각종 데이터가 담겨 있다. 저명한 경제학자 앤 케이스Anne Case와 앵거스 디턴Angus Deaton은 최근에 이 통계를 활용해서 대단히 우려스러운 이 복리 측정치의 추세를 발견했다. 두 사람이 발견한 바에 따르면, 미국 백인의 출생 시 기대수명이 2013년에서

2014년 사이에 10분의 1년 감소했다. 다음 3년간 미국인 전체의 기대수명이 감소했다. 모든 연령에서 사망률이 증가했지만, 가장 빠르게 증가한 것은 중년 백인이었다. "기대수명이 감소하는 것은 무척 드문 일이다. 3년간 감소하는 것은 생소한 영역이다. 1933년 출생·사망 등록이 완료된 이래 미국인의 기대수명이 3년 연속 감소한 적은 **한 번도 없다.**"[17] 미국인의 기대수명의 감소는 코로나19 팬데믹을 앞둔 몇 년 전에 시작됐지만, 팬데믹이 큰 타격을 가했다. 2020년에 이르면 출생 시 기대수명이 2014년에 비해 1.6년 감소했다.[18]

케이스와 디턴의 책이 말해주는 이야기는 대체로 백인 노동계급 미국인에 관한 것이다. 비히스패닉 백인 미국인은 노동계급 인구의 62퍼센트를 차지하는데, 그들의 복리를 추적하는 것은 미국이 하나의 나라로서 어디로 가고 있는지를 이해하는 데 무척 중요하다. 하지만 언론에서 이따금 그러는 것처럼, 케이스와 디턴의 연구에 담긴 함의를 '성난 백인 남성'으로만 국한한다면 실수가 될 것이다. 노동자들에게 해를 끼치는 경제적, 사회적 힘들은 성별이나 인종, 종족과 상관없이 미국의 모든 노동계급에게 영향을 미쳤다. 하지만 삶에서 이런 힘들에 영향을 받는 시기는 뚜렷하게 다를 수 있다.

1980년 무렵 시작된 오늘날의 세계화 물결은 특히 도심에 거주하는 미국 흑인에게 큰 타격을 주었다. 고학력 미국 흑인은 안전한 동네나 교외로 떠났다. 도심에서는 혼인율이 하락했다. 범죄율과 폭력으로 인한 사망률은 높아졌다. 그리고 크랙 코카인과 에이즈라는 쌍둥이 유행병이 미국 흑인에게 압도적인 영향을 미쳤다. 따라서 1980년대 동안 미국의 노동계급 흑인에게 벌어진 일은 30년 뒤 미국 백인에게 영향을 미친 비슷한 상황의 미리 보기라고 할 수 있다. 미국 흑인의 사망률은 언제나 백인보다 높았고, 1990년대 초에는 백인의 두 배가 넘었다. 하지만 2000년 이후 백인 사망률이 높아지는 가운데 흑인 사망률은 급속하게 떨어져 양자의 격차가 20퍼센트로 좁혀졌다. 유감스럽게도 흑인의 기대수명 향상은 2013년에 중단되었다. 이런 추세 역전을 가져온 주된 요인은 2013년 이후 저학력 흑인의 '절망사'가 증가한 것이다.[19]

절망사

이 장 앞에서 우리는 지난 40년간 '고학력 계층credentialed class'(학사 이상의 학위를 보유한 미국인)과 '노동계급'(저학력)의 경제적 운이 절대적인 면에서 갈라졌음을 보았다. 고학력 계층의 임금은 증가한 반면, 저학력 계층의 임금은 감소했다. 복리의 다른 측면들은 어떠했을까? 케이스와 디턴이 수행한 대규모 연구 덕분에 우리는 그 답을 아는데, 예상대로 좋지 않다. 고학력 계층의 사망률은 장기적으로 감소했다. 반면 노동계급의 사망률은 증가했고 기대수명은 감소했다.

케이스와 디턴이 사망률 증가를 기록한 첫 번째 인구 집단은 45~55세의 노동계급 백인 남성이다. 이 집단의 추세가 역전된 것은 1990년대 말이다.[20] 사망률 증가를 추동한 요인은 케이스와 디턴이 "절망사"라고 뭉뚱그려 언급하는 원인들의 결합이다. 절망사는 자살, 알코올 중독, 약물 남용으로 인한 죽음이다. 모두 신체적,

심리적 고통을 회피하는 방법이다. 자살은 가장 빠른 탈출구이지만, 약물 과용과 알코올성 간경변으로 인한 사망도 마찬가지로 자초한 죽음이며 다만 시간이 좀 더 걸릴 뿐이다. 특히 인상적인 사실은 저학력 남성에게서 절망사가 네 배 증가한 반면, 고학력 남성의 경우 별로 변화가 없다는 것이다.[21]

하지만 절망사는 남성에게서만 나타나는 게 아니다. 케이스와 디턴의 말을 들어보자.

> 우리의 작업에 관한 초기 언론 보도는 종종 '성난' 백인 남성들의 죽음을 헤드라인으로 내걸었는데, 우리가 볼 때 이는 여성도 이런 식으로 자살할 수 있다는 걸 상상하지 못한 탓이다. 역사적으로 여성은 이런 자살을 하지 않았다. 하지만 이제 상황이 바뀌고 있다. 여성은 상대적으로 자살 가능성이 낮고─우리가 데이터를 가진 세계 모든 곳에서 이는 사실로 보인다. 심지어 원래 예외였던 중국에서도 그렇다─, 알코올성 간질환이나 약물 과용으로 사망할 가능성도 낮다. 하지만 그래프에서 알 수 있듯이, 이 감염병은 거의 똑같은 수로 남성과 여성에 영향을 미치고 있다. 각 요소─자살, 약물 과용, 알코올성 간질환─를 별도로 검토했을 때에도 마찬가지다. … 이 역병은 성별을 차별하지 않는다.

1990년대 초반에는 저학력 백인 여성과 고학력 백인 여성 모두 알코올 남용, 자살, 약물 과용으로 사망할 위험이 낮았다. 하지만 그 시점부터 남성과 마찬가지로 여성도 교육에 따라 궤적이 두 갈래로 갈라졌다.

그리고 2005년, 중년 이전 세대의 절망사가 증가하기 시작했다. 30대와 40대 미국인의 사망률은 부모 세대의 사망률보다 빠르게 높아졌다. 흔히 노령화 효과 때문에 정반대의 상황을 관찰하는 것과는 전혀 다르다. 나이 든 세대가 젊은 세대보다 사망률이 낮은 역설적인 상황이 발생했다. 케이스와 디턴의 말마따나 "부모가 성장한 자녀가 죽는 것을 지켜보아서는 안 된다. 이는 정상적인 질서가 뒤집힌 현상이다. 자녀가 부모를 매장해야 한다. 그 반대가 아니라".

앞서 2010년에 '격동의 20년대'가 올 것이라는 예측에 관해 이야기했을 때 나는 상대 임금 감소, 신장 감소(특히 저소득층의 경우), 사회적 차원의 복리 악화(이에 관해서는 뒤에서 좀 더 이야기하겠다) 등을 지적했다. 하지만 미국인의 기대수명은 비록 다른 부유한 민주주의 국가들에서 관찰되는 상승에는 미치지 못했어도 계속 증가했다. 당시에 나는 이런 식으로 설명했다. "우리는 궁핍화가 기대수명의 절대적 감소로 귀결될 것이라고 기대하기 힘든 포스트맬서스적 세계에 살고 있습니다." 이 말은 틀렸다. 2015년에 케이스와 디턴의 연구를 처음 접했을 때 나는 깜짝 놀랐다.

레이건 시대의 추세 역전

이 사실을 어떻게 이해해야 할까? 불평등 증대 같은 경제적 추세가 중요한 역할을 하지만, 불평등에서 궁핍화까지 직접적인 인과관계의 화살표를 그리는 것은 너무 조잡한 짓이다. 미국인의 기대수명 감소(와 전반적인 복리 감소)로 귀결된 원인들의 복합체를 재구성해보면 다음과 같다. 내가 내놓는 설명은 케이스와 디턴, 그리고 존 콤로스John Komlos 같은 경제학자들의 것과 일치한다.[22] 하지만 여기서는 과거로 더 거슬러 올라가서 역사동역학의 전반적 틀 안에 넣어보고자 한다.[23]

미국은 다른 모든 복잡한 사회와 마찬가지로 통합 단계와 해체 단계를 번갈아가며 거쳤다. 첫 번째 해체 단계는 1830년 무렵에 시작되어 1930년 무렵에 끝났다.[24] 그 시기 안에서 약 50년 간격으로 집단적 폭력이 급증한 순간이 두 차례 있었다. 남북전쟁(과 그 폭력적 여파)과 1920년 전후의 불안정의 고점이 그것이다. 미국에서 첫 번째 다툼의 시대가 끝났을 때, 그것이 가져온 정치적 폭력의 수준에 겁에 질린 지배 엘리트들은 하나로 뭉쳐서 첫 번째 다툼의 시대를 종식시키는 일련의 개혁에 합의할 수 있었다. 이 개혁은 1900년 무렵 개시된 진보의 시대Progressive Era에 시작되어 1930년대의 뉴딜 시기에 완결되었다. 가장 중요한 결과 중 하나로, 기업, 노동자, 국가 사이에 무언의 사회계약이 이루어져서 노동자에게 조직과 단체교섭의 권리를 부여하고, 경제성장의 과실을 공유하는 데 완전히 참여하는 것을 보장해주었다. 이 합의는 경제학을 넘어 폭넓게 이루어졌고, 사회의 각기 다른 부분들(역사동역학의 용어로 하면 평민, 엘리트, 국가) 사이의 사회적 협력 개념을 소중히 간직했다. 처음에는 일부 엘리트 집단들이 사회계약에 격렬하게 저항했지만,[25] 대공황에 이어 제2차 세계대전의 여파에 나라가 성공적으로 대처하자 소수의 주변 집단을 제외하고 모든 이들이 이 계약이 좋은 일이라고 확신하게 되었다.

우리는 이 사회계약에 참여한 노동계급이 백인 노동계급임을 잊어서는 안 된다. 미국 흑인은 무시당했다. (이 중요한 점에 관해서는 6장에서 다시 다루고자 한다.) 그리고 아이러니하게도, 부의 스펙트럼의 반대쪽 끝—슈퍼리치— 또한 패배한 쪽이었다. 삼자 합의가 부의 펌프를 차단하고 실제로 뒤집었기 때문이다. 광란의 20년대Roaring Twenties에 승승장구했던 백만장자의 절반 가까이가 대공황과 그 후 수십 년간 사라졌는데, 이 시기 동안 노동자 임금은 1인당 GDP보다 빠르게 증가했다. 1929년에서 1982년 사이에 미국 최상위 부의 규모는 실질적인 면으로나 노동자 중위 급여의 몇 배인지 측정했을 때나 지반을 상실했다.[26] 거대한 승자는 중간계급이었다.

하지만 이런 상황은 지속되지 않았다. 1970년대에 새로운 세대의 엘리트들이 '위대한 참여시민 세대great civic generation'를 대체하기 시작했다.[27] 앞선 다툼의 시대의 격동을 경험하지 않은 새로운 엘리트들은 그 교훈을 잊은 채 전후 번영의 시대의 토대가 된 기둥을 점차 해체하기 시작했다. 그전에는 주변부 경제학자들이 옹호하던 신고전파 경제학의 사고들이 이제 주류로 올라섰다.[28] 1980년대 레이건 집권기는 노동자와 기업의 협력이라는 관념을 포기하는 전환점이었다. 그 대신 우리는 "탐욕은 좋은 것greed is good"[올리버 스톤 감독의 1987년 영화 〈월스트리트〉의 주인공 고든 게코가 한 말. 무자비하게 부만 추구하는 월스트리트의 기업 사냥꾼이 자신의 행동을 정당화한 표현으로 유명해졌다.—옮긴이]의 시대에 들어섰다.

그와 동시에 노동자 임금은 노동력의 수요 공급의 균형을 뒤바꾸는 다양한 힘들로부터 압박을 받게 되었다. 노동력 공급을 부풀린 것은 일자리를 찾는 대규모 베이비붐 세대와 여성의 노동력 참여 증대, 큰 폭으로 증가한 이민이었다. 반면 기업들이 세계화에 대응해서 생산을 해외로 옮기고, 최근에는 생산의 자동화와 로봇화가 증대하면서 노동력 수요가 줄어들었다. 그 결과 노동력 수요에 비해 공급이 많아지면서 노동자 임금이 하방 압력을 받았다. 노동자를 보호하는 기관들이 점점 약해짐에 따라 임금이 이런 하방 압력에 저항할 수 없었다. 실질임금이 감소했다. 특히 신경제에서 수요가 줄어드는 기술을 가진 저학력 노동자들과, 이민자와 자동화, 오프쇼어링offshoring(생산의 해외 이전) 등으로 경쟁이 한층 치열해진 노동자들이 대졸 노동자보다 감소 폭이 컸다.[29]

노동력의 수요-공급 균형이 분명 강한 효과를 미치긴 했지만, 순전히 경제적인 요인들만으로는 1970년대 이래 전형적 노동자의 상대적 임금이 감소한 이유를 설명하지 못한다. 임금 데이터 통계 분석을 보면, 핵심적인 추가 요인이 비엘리트 노동자들에게 적절한 급여 수준이 무엇인지에 관한 문화적, 정치적 태도를 변화시켰음을 알 수 있다. 이런 '경제 외적' 요인을 보여주는 좋은 대용물은 실질 최저임금이다.[30] 뉴딜부터 위대한 사회Great Society에 이르기까지 이런 비시장적 힘들이 최저임금을 인플레이션보다 빠르게 끌어올렸다. 하지만 1970년대에는 정반대의 추세가 우위를 점하면서 인플레이션의 결과로 실질 최저임금이 감소하게 만들었다. 그런데 여기서 중요한 것은 최저임금이 전반적 임금에 직접적으로 미치는 효과가 아니다. 이 효과는 미국 노동력 가운데 작은 부분에만 영향을 미치기 때문에 크지 않다. 더욱이 많은 주가 연방 수준보다 최저임금을 높게 정한다. 이 변수의 주된 가치는 비시장적 힘들의 복합체에 대한 대용물이라는 점이다. 여기에는 단체교섭

에 대한 엘리트의 태도도 포함된다.[31]

경제학자들이 최근 내놓은 논문들은 미국 노동자의 임금 감소를 설명하는 데 비시장적 힘들이 중요함을 보여주는 강력한 증거를 제시한다. 애나 스탠스베리Anna Stansbury와 로런스 H. 서머스Lawrence H. Summers는 2020년의 분석에서 노동자의 힘의 감소가 제품 시장에서 기업의 힘의 증대('독점')나 노동시장에서 기업이 갖는 힘('수요 독점'), 기술 발전 등보다 더 중요한 요인임을 보여주는 다양한 증거를 제시했다.[32] 로런스 미셸Lawrence Mishel과 조시 바이번스Josh Bivens는 2021년 논문에서 1979년에서 2017년 사이의 임금 억제는 자동화와 기술 변화가 아니라 세력 균형의 변동 때문이라는 추가적 증거를 제시한다. 미셸과 바이번스는 다음의 요인들이 결합해서 생산성과 중위 시급 상승이 두 갈래로 갈라지게 만든 책임의 4분의 3을 차지함을 확인한다.

1. 인플레이션을 억제하는 데 필요한 것보다 더 크게 실업을 촉진하고, 불황에 충분히 대응하지 않은 긴축적 거시경제 정책.

2. 주로 다국적기업의 요청에 따르는 정책 선택으로 귀결된 대기업 중심의 세계화. 이런 정책 선택은 고졸 이하 노동자들의 임금과 고용 안정을 약화시키는 한편, 기업 경영자와 전문직의 이윤과 급여를 보호해주었다.

3. 의도적으로 약화된 단체교섭. 이는 사법적 결정과, 한층 더 공세적인 반노동조합적 기업 관행을 유도한 정책 선택의 결과다.

4. 최저임금 감소, 잠식된 추가 근로 보호, '임금 착취' 사례에 대한 단속 부족, 성별이나 인종 그리고/또는 종족에 근거한 차별 등

노동 기준 완화.

5. 퇴사 후 경쟁 업체에서 일하지 않으며 사적이고 개별적으로 고충을 중재한다는 데 동의할 것 등, 고용주가 강요하는 새로운 계약 조건.

6. 균열fissuring[경제학자 데이비드 와일이 2014년 저서 《균열 일터: The Fissured Workplace》에서 만들어낸 표현으로, 대기업이 이윤 극대화를 위해 경비와 청소, 제품 생산, 관리 인력 등 기존의 여러 내부 일자리를 외주화하거나 아웃소싱하면서 노동 현장에 균열을 낸다는 뜻이다. ─옮긴이](또는 국내 아웃소싱), 산업 규제 완화, 민영화, 공급 연쇄 전반에 영향을 미치는 구매자 우위 구조, 고용주 집중도 증가 등으로 귀결되는 대기업 구조의 변화.[33]

오늘날 중도좌파 경제학자들 사이에서는 1970년대부터 줄곧 비엘리트 노동자의 임금 인상을 억제하는 데서 불평등한 힘이 기술 변화보다 더 중요한 역할을 했다는 데 합의가 모아지고 있다.[34]

사회적, 심리적 복리

저학력 계층의 경제 여건의 악화는 그들의 삶과 공동체를 지탱하던 사회적 제도의 쇠퇴와 동반했다. 이 제도에는 가족, 교회, 노동조합, 공립학교, 학부모-교사연합회PTA, 그밖에 지역의 다양한 자발적 결사가 포함된다. 이 모든 제도가 쇠퇴했고, 공동체와 사회적 포용의 전반적인 수준도 떨어졌다.[35] 케이스와 디턴이 보여주는 것처럼, 절망사 확산은 경제 여건의 악화로는 부분적으로만 설명된다. 대단히 중요한 또 다른 현상은 사회적 연결성의 점진적 와해다.

경제적, 사회적 여건의 악화는 개인의 행복과 그 반대—비참—에 직접적인 영향을 미친다. 사회심리학자들은 단지 사람들에게 기분이 어떤지 체계적인 질문을 던지는 식으로 한 인구 집단의 행복 수준을 측정할 수 있음을 발견했다. 아주 간단한 이런 방법으로도 '주관적 복리'의 신뢰할 만한 측정치를 만들 수 있으며, 다른 방법으로도 (강한 상관관계가 있는) 비슷한 답을 얻는다. 케이스와 디턴의 연구에 고무받은 최근의 몇몇 연구는 지난 20년간 미국인의 주관적 복리의 수준이 감소했음을 보여준 바 있다. 예를 들어, 데이비드 블랜치플라워David Blanchflower와 앤드루 오즈월드Andrew Oswald는 질병통제예방센터CDC가 매달 수행한 조사를 활용해서 "극단적 괴로움" 수준을 측정했다.[36] 두 사람은 극단적 괴로움을 호소하는 미국인의 비율이 두 배 가까이 증가했음(1993년 3.6퍼센트에서 2019년 6.4퍼센트)을 발견했다. 가장 강한 상관관계는 백인 노동계급 미국인들에게서 관찰됐는데, 이는 케이스와 디턴의 연구 결과와 일치했다. 이 집단에서 극단적 괴로움—절망—은 같은 시기에 5퍼센트 이하에서 11퍼센트 이상으로 증가했다. 또 다른 연구에 따르면, 불행의 정도가 높아지는 것은 정치 행동에 예측 가능한 강한 영향을 미친다. 다른 데이터 집합(카운티별로 집계한 갤럽 일간 여론조사)을 사용한 조지 워드George Ward와 공저자들은 낮은 수준의 주관적인 복리는 불만의 강력한 지표이며 야당 후보에게 투표하는 행위와 밀접한 상관관계가 있음을 보여주었다. 특히 2016년에 이는 카운티별로 트럼프가 얻은 득표수의 가장 강력

한 예측 지표였다.[37]

지금 보는 것처럼, 이 설명에서 사회적, 문화적, 심리적 요인들이 매우 중요한 역할을 한다. 이런 비경제적 영향들에는 폭넓은 복리의 개선을 희생시키면서 경제적 효율과 시장 근본주의를 치켜세우는, 아인 랜드Ayn Rand의 객관주의Objectivism와 새로운 주류 경제학 같은 유해한 이데올로기들이 포함된다. 다소 예상치 못한 결과를 미치는 또 다른 상황은 능력주의의 부상이었다. 철학자 마이클 샌델은 이를 가장 잘 포착한다.

> 승자들은 자신의 성공을 스스로 이룬 일로, 자기 장점의 잣대로 여기도록—그리고 자신보다 불운한 이들을 깔보도록—장려받는다. 패자들은 시스템이 조작되어 있으며, 승자들이 속임수와 조작으로 꼭대기에 올라섰다고 불만을 토로할지 모른다. 또는 자신의 실패는 자초한 결과이고, 자신은 그저 재능과 성공하려는 욕심이 없다고 의기소침한 생각을 품을 수도 있다.[38]

그리하여 2016년에 이르러 미국인들은 두 사회계급으로 나뉜 상태였다. 고학력 계층과—《레미제라블》식으로—'비참한 이들'로. 마르크스에 따르면 이 둘은 계급이 아니다. 생산수단과의 관계로 정의되지 않기 때문이다. 또한 어느 쪽도 정치의 장에서 응집력 있는 행위자가 아니다. 특히 저학력의 '비참한 이들'은 인종 때문에 극심하게 갈라진다. (고학력 계층 내부의 분열에 관해서는 다음 장에서 이야기할 것이다.) 대신에 두 집단은 일군의 특징으로 뚜렷하게 구별된다. 심리적('극단적 괴로움' 수준이 높다/낮다), 사회적

(혼인율이 낮다/높다), 정치적(공화당/민주당에 투표하는 경향이 있다), 경제적(경제적 전망이 어둡다/밝다), 그리고 아마 가장 비극적으로 생물학적(기대수명이 내려간다/올라간다) 특징에 의해. 대학 학비가 걷잡을 수 없이 증가하는 탓에 두 계층을 가르는 구분 선을 건너기는 점점 어려워지고 있다.

두 계층 모두 내적 응집력이 없지만, 각각 상대 계층을 실제보다 더 똘똘 뭉쳐 있다고 여기는 경향이 있다. 각 계층은 또한 상대방이 미국을 그릇된 방향으로 이끌고 있다고 탓하는 경향이 있다.

다시, 부의 펌프에 관해

1장에서 상대 임금(1인당 GDP로 나눈 임금)을 소개한 바 있다. 인플레이션 조정 단계를 잘라내면 미국 보통 사람의 경제적 복리를 추적하는 오류가 적은 방법으로 귀결된다.

공화국의 탄생에서 현재까지 미국 상대 임금의 동학을 검토해보면, 데이터는 두 물결의 주목할 만한 양상을 보여준다. 1780년에서 1830년 사이에 상대 임금은 두 배 가까이 증가했다. 하지만 1830년 정점에 다다른 뒤 1860년에 이르면 증가분이 거의 사라졌다. 이렇게 낮은 수준을 오르락내리락하다가 1910년에 다시 지속적인 증가 시기가 시작되어 1960년까지 이어지면서 다시 두 배 가까이 상대 임금이 증가했다. 1970년을 시작으로 상대 임금이 감소했고, 이 장을 쓰는 지금까지 계속 감소 중이다. 1976년에서 2016년 사이에 상대 임금의 가치가 거의 30퍼센트 줄었다.

상대 임금의 동학은 우리 사회에 관해, 특히 외부와 내부의 충격에 견디는 우리 사회의 회복력에 관해 무엇을 말해줄까? 많은 이야기를 들려준다. 하위 10퍼센트부터 중위를 거쳐 상위 10퍼센트까지 미국 노동자 전체 10분위수의 상대 임금이 장기간 안정을 유지한다고 가정해보라. 이는 전체 노동자 임금이 경제 전반과 나란히 증가함을 의미한다. 존 F. 케네디가 1963년(상대 임금이 정점에 달한 때)에 말한 것처럼, 상승하는 조수潮水가 모든 배를 끌어올린다. 하지만 지난 40년간 상대 임금은 감소하고 있다. 상위 소득자들의 요트는 위로 솟구친 반면, 다른 모든 이들의 배는 가라앉았으며 하위 10퍼센트는 심연 속으로 곤두박질쳤다. 1830년에서 1860년 사이의 30년 이래로 상대 임금이 그렇게 지속적으로 감소한 적은 없다. 상대 임금과 더불어 신장과 기대수명 같은 복리의 생물학적 지표도 똑같이 두 거대한 순환을 통과했다.

공정과 형평을 기본적으로 고려해보면 상대 임금의 감소가 행복한 상태에 도움이 되지 않음을 알 수 있다. 왜 대다수 노동자가 경제성장의 과실을 공평하게 나눠 갖는 데서 배제되어야 할까? 저임금 일자리에 속한 사람들은 사회를 위해 대단히 중요한 작업을 수행한다. 사회가 더 부유해지는 가운데 그들의 임금이 올라가지 않는 것은 정당해 보이지 않는다. 케네디 시대 동안 미국 사회는 절대 근본적으로 평등하지 않았고 하물며 사회주의와는 거리가 멀었다. 미국은 부유층과 빈곤층의 부에 상당한 격차가 존재하는 자본주의 국가다. 하지만 제도에 대한 신뢰와 국가 정당성의 수준은 높았다. 빈곤층조차 자신들의 생활이 앞선 세대보다 눈에 띄게 향상되고 있음을 안 것도 한 이유였다. 1910년에서 1960년 사이에 상대 임금은 거의 두 배 증가했다. 이는 보통 사람들이 탄 배가 실제로 경제 전반보다 빠른 속도로 부상했음을 의미한다. 지반을 상실한 것은 부유층이었다. 하지만 이상하게도, 부유층과 권력층은 이런 상황에 불만을 품지 않았다. 그들은 1970년대에 불행해졌다. 엘리트의 반란에 관해서는 나중에 이야기하도록 하자.

하지만 독자 여러분, 어쩌면 당신은 빈곤층의 곤경에 동정심을 느끼지 않을지 모른다. 능력주의가 우리 사회의 으뜸가는 조직 원리여야 한다고 믿는 아주 훌륭한 사람들이 많다. 더 많이 기여하는 사람이 그만큼 많은 보상을 받아야 한다. 기업에 수억 달러의 수입을 안겨주는 최고경영자는 억만장자가 되어야 한다는 것이다. 뒤처지는 이들은 자세를 가다듬어야 한다. 제대로 된 기술을 습득하거나 더 열심히 똑똑하게 일해야 한다. 러시아의 풍자적 속담이 말하는 것처럼, "물에 빠진 사람을 구해주는 건 물에 빠진 사람 자신이 할 일이다".[39]

더욱이 당신은 저학력 계층의 많은 이들—총을 휴대하고 다니는 인종주의자, 백인 우월주의자, 성차별주의자, 동성애 혐오자, 트랜스 혐오자, 외국인 혐오자—에 대해 동정심을 느끼지 못할 수 있다. 힐러리 클린턴의 유명한 집계에 따르면, 트럼프를 찍은 유권자의 절반 정도가 이런 한심한 사람들이다. 대부분의 복잡한 인간 사회에서 상층계급은 하층계급을 어느 정도 경멸한다. "농민들은 혐오스럽다.The peasants are revolting"('peasants' revolt'는 중세 말부터 간헐적으로 발생한 농민 반란을 가리키는 단어로 유명하며 'revolting'은 '혐오스럽다' '역겹다'라는 뜻의 형용사다. 20세기 초부터 영미권에서 'revolt'의 이중적 의미를 활용한 농담이 꾸준하게 사용되었다. 신하가 왕에게 "농민들이 들고 일어나고 있습니다The peasants are

revolting"라고 아뢰면 왕은 "그래 농사꾼들은 혐오스럽지"라고 받아들이
는 식이다. 정확한 기원은 특정하기 어려우나 여러 용례가 있다. https://
quoteinvestigator.com/2017/06/03/revolt/ 참고.—옮긴이]

하지만 노동계급의 복리 하락이 좋지 않은 일인 매우 심각한 또
다른 이유를 생각해보아야 한다. 이는 우리 사회의 안정을 근본적
으로 훼손하기 때문이다. 무엇보다도 인구 대다수가 생활수준의
하락을 겪으면 이는 우리 제도의 정당성을 훼손하며, 국가를 약화
시킨다. 대중의 궁핍화는 대중 동원의 잠재력을 증가시킨다. 과거
에 농민들은 가난을 더 이상 참지 못할 때 반란을 일으켰다. 잉글
랜드의 농민 반란과 프랑스의 자크리의 난은 중세 말 위기 당시에
농민들이 벌인 이런 폭발적 행동이었다. 닉 하나우어 Nick Hanauer 같
이 앞을 내다보는 상위 0.01퍼센트는 극심한 불공평을 바로잡기
위해 뭐라도 하지 않으면 쇠스랑이 몰려올 것이라고 경고하고 있
다.[40]

이는 대단히 명백한 사실이다. 그만큼 명백하지 않은 것은 상
대 임금의 하락이 이른바 부의 펌프를 가동시킨다는 사실이다. 경
제성장의 과실은 어딘가로 가야만 한다. 만약 국가 세입이 GDP에
서 비교적 일정한 비율을 차지한다면, 경제성장의 과실은 최상위
소득자(가령 최고경영자와 대기업 변호사)와 자본 소유주들을 포함
한 경제 엘리트들이 거둬들일 것이다. 이는 시간이 걸리지만 결국
부가 평민들에게서 엘리트들에게로 펌프질되면 엘리트 과잉생산
과 엘리트 내부의 충돌, 그리고 제때 제어하지 않으면 국가 붕괴
와 사회 와해로 귀결된다. 사회 혁명의 결과가 보여주듯이, 아마
이런 사회적, 정치적 격동의 시기가 오면 부유층은 평민보다 훨씬

더 취약할 것이다.

이만큼 명백하지는 않지만 역사동역학이 제시하는 또 다른 통찰은 노동계급 복리가 전반적으로 악화되면 노동계급 성원들이 고학력 계층으로 탈출하려는 강력한 유인이 창출된다는 것이다. 물론 교육은 지금까지 이 장에서 논의한 문제들의 표준적인 처방이다. 19세기 미국에서 동부 연안의 궁핍한 대중에게 주어진 조언은 "서부로 가라, 젊은이여!"였다. 오늘날에는 "대학에 가라, 아니 그보다 전문직 학위를 받아라"다. 그리고 개인적 차원에서 보면, 불안정한 상태를 벗어나고자 하는 이들에게 이는 좋은 충고다. 하지만 엘리트 집단에 진입하려는 지망자 수가 엄청나게 많을 때, 집단적 차원에서는 어떤 일이 벌어질까?

우리가 구축하는 '위기DB'를 살펴보면, 대중의 궁핍화가 사회적, 정치적 격동을 낳는 주요한 요인이기는 하지만, 엘리트 과잉생산이 훨씬 더 위험함이 드러난다. 엘리트 과잉생산의 미시동역학을 파헤치는 것이 다음 장의 초점이다.

4장

혁명군

제인

경찰이 제인 바로 옆에 있던 '오큐파이 월스트리트Occupy Wall Street'
시위대 무리에 돌진해서 진압봉을 휘두르며 근거리에서 페퍼스프
레이를 직사했다. 경찰이 수갑을 채운 뒤 끌고 가는 동안 사람들이
고함을 지르며 땅바닥에서 경련을 일으켰다. 제인은 살면서 그런
폭력적인 광경은 처음 보았다. 보는 것만으로도 너무 끔찍했다.

제인은 맨해튼의 부유한 가정에서 자랐다. 아버지는 뉴욕에 있
는 법률회사의 시니어 파트너였다. 어머니는 사진가이자 미술 후
원자로 뉴욕현대미술관MoMA 이사로 일했다. 가족은 어퍼이스트사
이드의 넓은 복층 아파트에 살았고 여름이면 햄프턴스의 조용한
별장에서 지냈다.

제인의 부모는 그녀를 뉴욕 특권층만 다니는 사립학교에 보냈

다. 제인에게는 끔찍한 시절이었다. 사실 제인은 졸업 전 1년을 인생 최악의 시기였다고 생각한다. '타이거' 맘과 대드의 꼬드김에 빠진 학생들이 최고 성적을 받고 정규 교과 외의 포트폴리오를 쌓았다. 아이비리그의 최고 대학에 들어갈 수 있는 확률을 높이기 위해서였다. 학생 한 명이 프랑스어에서 A-를 받았을 때, 교사는 격분한 학생 어머니에게 40분간 장광설을 들어야 했다. 예상 가능한 결과겠지만, 학생은 평점 만점을 받고 졸업했다. 이런 성적을 받아야 한다는 압력은 엄청났다. 제인은 몇 달간 너무 불안하고 스트레스에 시달려 기력이 소진한 탓에 잠을 잘 수가 없었다. 담당 의사는 수면제를 처방해주었다.

그럼에도 불구하고 제인은 공부를 잘해서 컬럼비아에 입학했다. 하지만 아이비리그 대학에 들어가는 장애물 경주를 성공적으로 통과한 지금 그녀는 잘못된 길로 들어섰다고 느낀다. 무엇을 기대해야 했을까? 이후 4년의 대학 생활과 3년의 로스쿨—아버지는 딸이 자기 길을 따르기를 원했다—도 별로 다를 게 없을 것이다. 숨 막히는 무한 생존 경쟁이다. 그러고 나면 로펌에 초급 변호사junior associate로 들어가서 파트너로 승진한다는 전망도 불투명한 가운데 일주일에 70시간을 일해야 할 것이다. 무슨 의미가 있을까? 아버지가 거대 다국적 기업들을 위해 한 일은 그렇게 엄청난 노력을 기울일 만한 업무처럼 보이지 않았다. 대부분 상상도 못할 만큼 지루하고 때로는 사악한 일이었다. 한번은 광산 운영 때문에 상수원이 오염된 인도네시아 마을 사람들의 소송에 맞서 광산기업을 변호하기도 했다. 부유한 변호사나 최고경영자의 부인으로 사는 것도 매력적이지 않았다. 자기가 추상미술을 좋아하는지도

장담할 수 없었다.

제인은 역사학을 전공하기로 결정했고, 공부를 하면서 라틴아메리카의 역사와 정치에 매혹되었다. 이 지역의 역사는 대부분 미국이 라틴아메리카 각국 경제를 망친 암울한 이야기였다. 미국은 라틴아메리카 각국 국민에게 막대한 채무 부담을 강요하고, 파시스트 정권을 지지하거나 심지어 직접 세웠다. 하지만 반제국주의 저항이 성공한 밝은 부분도 있었다. 그녀는 니카라과의 산디니스타 민족해방전선과 베네수엘라의 차베스 사회주의자들, 멕시코 치아파스의 사파티스타와 마르코스 부사령관, 그리고 무엇보다도 쿠바에 관한 책을 읽었다. 수십 년간 미국의 파괴적인 금수조치에 시달리면서도 훨씬 부유하고 강력한 미국보다 국민의 기대수명이 더 긴 작은 나라였다.

에스파냐어 실력을 쌓기 위해 과테말라 농촌의 어학당에 등록한 제인은 석 달간 현지 가정에서 생활했다. 새로운 세상이 열리는 듯한 경험이었다. 하숙집 주인 부부는 극빈층이었다. 끼니는 거의 옥수수와 콩뿐이었고, 일주일에 한두 번 닭고기나 돼지고기를 약간씩 먹었다. 하지만 대체로 행복하고 따뜻했으며 항상 반갑게 맞아주었다. 그리고 얼마 안 되는 것도 항상 공짜로 제인과 나눠 먹었다. 그녀가 아는 다른 세계, 즉 스트레스에 찌들고 자기만 아는 슈퍼성취자들이 우글거리는 엘리트 사립학교와는 영 딴판이었다. 광적인 경쟁과 끝없는 허영의 세계와 대비되는, 누구나 길을 가다가도 멈춰 서서 잡담을 나눌 시간이 있는 연대와 협력의 세계였다.

과테말라에서 돌아온 뒤, 그녀는 컬럼비아에 있는 급진적 학생

단체에 가입했다. 다른 학생들은 이데올로기적 배경이 다양했다. 아나키스트와 트로츠키주의자, 친팔레스타인 활동가와 이라크 전쟁 반대론자 등이었다. 그들은 민주주의의 신화와 분열된 나라에서 사는 현실 등에 관해 이야기했다. 흑인은 억압받고 수많은 빈민이 금융 자본의 채무 노예 신세였다. 중산층의 특권에 둘러싸여 있으면서도 그녀는 자기를 에워싼 불의와 불공평을 알게 되었다. 변화를 일으키고 싶었다. 폭력과 억압을 멈추고, 정의롭고 평화로운 세계를 건설하기를 원했다.

그녀는 2011년 10월 주코티 공원에서 천막 농성을 벌이는 '오큐파이 월스트리트' 운동에 참여했다. 처음 경험한 공격은 뉴욕을 비롯해 애틀랜타와 포틀랜드 등의 도시에서 시위가 벌어진 지 며칠 뒤에 이루어졌다. 경찰은 평화적인 시위대에 최루가스와 섬광 수류탄, 고무총탄을 사용했다. 오클랜드에서는 경찰이 이라크 전쟁 참전군인인 스콧 올슨Scott Olsen의 얼굴에 고무총탄을 쏴서 두개골 골절상을 입혔다. 올슨은 다행히도 목숨을 건졌지만, 평생 불구로 살게 되었다. 경찰의 과잉 진압이 계속 이어졌고, 국가의 강압기구는 마침내 '오큐파이' 운동을 진압하고 제인을 비롯한 점거자들을 주코티 공원에서 쫓아냈다. 인생이 바뀌는 경험이었다. 그 전까지 그녀의 혁명적 이상은 다소 이상적이고 추상적이었다. 이제는 몸소 느껴졌다.

제인은 폭력적 인종주의 집단과 백인 우월주의 집단의 폭발적 성장세를 깊이 우려하게 되었다. 대안우파alt-right 운동의 급성장과 트럼프의 당선을 계기로 권위주의의 물결에 지형할 필요성을 한결 분명하게 깨달았다. 제인은 극우파의 부활에 맞선 반파시즘 운동에 적극적으로 나섰다.

그녀는 필요하면 폭력을 써서라도 권위주의자들을 저지해야 한다고 생각하게 되었다. 하지만 그녀는 파시스트에게 주먹을 날리고, 자동차를 태우고, 상점 유리창을 깨뜨리는 전선의 투사는 아니었다. 대신에 그녀가 맡은 역할은 사람들을 조직하고 자원을 관리하는 일이었다.

비록 본인은 이데올로기적 꼬리표를 혐오하기는 하지만, 현재 그녀의 견해는 아나키스트라고 규정할 수 있다. 트로츠키주의자 동지들과 함께 일하지만, 고전적 마르크스주의는 시대에 뒤떨어졌다고 생각한다. 노동계급과 유대감을 크게 느끼지도 않는다. 노동계급 가운데 많은 수가 인종주의자나 동성애 혐오자다. 노동계급이 '허위의식'에 사로잡혀 권위주의를 지지한다는 마르크스주의의 설명은 설득력이 없어 보인다. 폭력적인 극우파에 속한 이들은 종종 경찰과 협력해서 진보파를 탄압한다.

그러던 중에 그녀의 궤적이 급선회하게 되었다. 2020년 가을 우연히 제인을 만나서 그녀가 이미 예일대학교 로스쿨 2학년이라는 걸 알고 깜짝 놀랐다.

"아버님이 흡족해하시겠군요!" 그녀의 신경을 건드려보았다.

그녀가 웃음을 터뜨렸다. "그래도 기업 전문 변호사가 될 생각은 없어요." 제인은 안티파 운동에 약간 환멸을 느끼게 되었다고 설명했다. 국가가 적이지만, 인종주의자들과 몸싸움을 하고 경찰에게 돌멩이를 던지고 상점 유리창을 깨뜨린다고 어떤 성과가 나는 것 같지는 않았다. 또한 이제 트럼프가 워싱턴에서 내려왔지만, 똑같은 오랜 기성 엘리트들이 복귀한 상태였다. 극좌파는 "우리는 바이든을 원하지 않는다, 우리는 혁명을 원한다"라는 새로운 슬로건을 외쳐댔다.

법학 학위는 정치에 뛰어들기 위한 발판이다. 제인은 일단 로스쿨을 졸업하면 자유주의 좌파 성향 지역에서 출마할 계획이다—아마 지역검사나 시의회 의원으로. 선출직 공무원이 되면 인생의 야망을 발전시킬 실질적인 힘이 생길 것이다. 궁극적인 목표는 경찰과 교도소, 국가가 없는 세계를 건설하는 것이다. 하지만 그런 세계에 도달하려면 우선 기존의 권력 구조 안에서 활동할 필요가 있다.

마오쩌둥은 정치권력은 총구에서 나온다는 유명한 말을 한 적이 있다. 하지만 제인이 생각할 때, 21세기에 혁명은 투표함에서 자라날 것이다. 그녀는 적어도 그 답을 찾아낼 작정이다.

학위의 과잉생산

3장에서 우리는 저학력 계층과 고학력 계층의 운이 두 갈래로 갈라진 것을 살펴보았다. 첫 번째 집단의 복리는 지난 몇십 년간 하락한 반면, 두 번째 집단의 복리는 증대했다. 하지만 이 서사의 주요한 문제는 두 번째 집단을 마치 한 덩어리의 존재처럼 다룬다는 것이다. 물론 고학력 계층은 평균적으로 성공했지만, 그렇다고 해서 학위 보유자들이 모두 승자라는 이야기는 아니다. 1950년대와 1960년대에는 그랬지만 지금은 아니다. 천만의 말씀이다. 무엇이 바뀌었는지를 알기 위해 다시 지망자 게임을 해보자.

이 게임의 목표가 상위 10퍼센트가 되는 것이라고 해보자. (하지만 목표를 바꿔서 똑같은 게임을 할 수도 있음을 염두에 두자. 상위 1퍼센트나 0.1퍼센트에 진입하거나 억만장자나 연방 상원의원이 되는 것을 목표로 할 수도 있다.) 열 개의 의자가 이 목표를 나타낸다. 게임을 하려면 우선 입장권을 사야 한다. 등록금을 내고 4년을 투자해서 학사 학위를 따야 한다.

1950년대 초에 이 게임을 할 때에는 18~24세 인구의 15퍼센트 이하가 대학에 진학했다.[1] 그리하여 13~14명의 다른 지망자들과 경쟁해야 했다. 물론 의자 한두 개는 입장권을 사지 않았지만 특별히 똑똑하고 정력적인 노동계급 사람들이 움켜쥘 수 있었다. 다행히도 당신의 직접적 경쟁자들 가운데 상당수가 대학에서 중퇴하거나 다른 방식으로 실패했기 때문에 당신은 경로에서 이탈하지 않고 버티기만 하면 되었다. 좋은 성적에 학위를 받고, 교수와 상사들의 기대에 순응하기만 하면 되었다. 이런 규칙을 따르면 사실상 의자 하나를 보장받았다. 그리고 불운하게 자산 상위 10분위수에 들어가지 못한다 하더라도, 성적을 너무 망쳐서 두 번째 10분위수에도 진입하지 못할 정도만 아니면 되었다. 그러면 썩 괜찮은 복리 수준을 보장받았기 때문이다. 지금까지는 그래도 괜찮았다.

하지만 세월이 흐르면서 게임이 점점 어려워진다. 15년 뒤인 1966년에 경쟁에 참여하면, 30명의 지망자를 상대로 겨뤄야 한다. 1990년에는 또래 집단의 절반 이상이 게임에 참여한다. 의자는 여전히 열 개인데 지망자는 50명이다. 그리고 오늘날에는 18~24세 젊은이의 3분의 2가 대학에 진학한다.[2]

당신은 어떻게 할 수 있을까? 젊은이의 30퍼센트가 대학에 진학한 1966년으로 거슬러 올라가보자. 경쟁에서 앞서려면 열심히 노력해서 더 비싼 입장권을 사야 한다. 그러니까 대학을 졸업한 뒤 로스쿨이나 의과대학, 또는 다른 대학원에 가야 한다. 이제 당신을 비롯해 두세 개의 다른 고급 학위를 가진 이들이 의자를 쉽게 차지하고, 나머지만 평범한 대졸자들에게 돌아간다.

한동안은 상황이 아주 좋지만, 다른 이들이 금세 따라잡는다. 1960년에서 1970년 사이에 미국 대학교에서 수여된 박사학위의 수가 세 배 이상 늘었다. 1만 개 이하에서 3만 개로 증가한 것이다. 순식간에 우리는 다시 엘리트 과잉생산의 영역으로 들어선다. 다만 이번에는 입장권이 더 비싸졌다.

우리가 하는 이 게임에서는 의자 수가 정해져 있다. 물론 현실 세계에서는 엘리트 지위의 수가 항상 바뀐다. 1960년대와 1970년대에는 베이비붐 세대를 가르칠 교수들을 채용해야 하는 대학들의 박사학위 보유자들에 대한 수요가 무척 많았다. 내가 배운 교수들 중 한 명은 당시 대학들이 밑바닥까지 박박 긁어서 학위가 있는 누구든지 기꺼이 채용했다고 털어놓은 적이 있다. 그 교수는 내가 박사학위를 마무리하던 1985년에 이렇게 말했다. "나는 지금이라면 절대 채용되지 않았을 것이네." 대학 일자리를 찾아보기 시작했을 때, 나는 당시 새로 학위를 받은 박사들에게 시장이 만만치 않다고 생각했지만, 지금은 훨씬, 훨씬 상황이 안 좋다.

고급 학위가 필요한 다른 전문직들은 제2차 세계대전 시기에도 성장세를 경험했다. 스푸트니크는 미국 엘리트들에게 충격을 주었고, 다른 여러 요인과 나란히 과학 연구 자금 지원의 대대적 증가를 자극했다. 이 분야는 막대한 수의 박사들을 빨아들였다. 그와 동시에 미국의 경제적 세력권이 세계로 뻗어나가면서 다국적 기업들이 변호사 집단을 필요로 했다. (제인의 아버지가 황금 티켓을 손에 쥔 것도 이런 사정 덕분이었다.) 하지만 급증했던 고급 학위자 수요는 가라앉은 반면, 공급은 계속 급등했다. 가령 1955년에서 1975년 사이 로스쿨에 진학한 학생 수는 세 배 증가했다.

현재 엘리트 과잉생산 문제가 있는지를 판단하는 기준은 고급 학위를 보유한 젊은이의 공급과 그들에 대한 수요—그들의 기술이 필요한 일자리 숫자—의 균형이다. 잘 알려진 것처럼, 유감스럽게도 2000년대에 이르면 학위 보유자 수가 그들을 필요로 하는 지위를 크게 앞지르고 있었다.

이런 불균형은 사회과학에서 심하고 인문학에서는 훨씬 심하다. 하지만 미국은 STEM(과학, 기술, 공학, 수학) 학위에서도 과잉생산이 극심하다. 2021년 1월 블룸버그오피니언에 글을 쓴 인기 블로거이자 칼럼니스트인 노아 스미스Noah Smith는 박사학위 과잉생산은 미국에서 오래전부터 문제였다고 인정했다. 한편으로 교육 수준이 높은 인구가 많다는 건 일반적으로 좋은 일이다. 다른 한편 일단 박사과정생들은 졸업하면서 자신들이 배운 학문 분야의 일자리가 고갈되고 있음을 발견한다. "어떤 학문 분야—역사학, 인류학, 영어학—든 추세를 구글에서 검색해보면 전임 트랙의 교직 일자리가 감소하고 있음을 보여주는 무시무시한 수치를 발견할 가능성이 높다."

그리하여 많은 학자 지망자들은 저임금 비정규 노동의 황량한 생활에 처하게 된다. 할리우드 주변에서 웨이터로 시간을 보내며 성공의 기회를 기대하는 이들처럼, 많은 이들이 여러 해를 넘겨 포기하지 않고 기다리면서 의료보험도 없이 허름한 아파트에서 사는 동안, 학계 바깥에서 취직할 수 있는 자격은 점점 줄어든다. 하지만 그렇게 바라는 교수의 삶이 한층 더 멀어져 가는데도 이 나라는 점점 더 많은 박사학위를 남발하고 있다.[3]

승자와 패자

이른바 부유한 고학력 계층을 자세히 들여다보면, 우리가 흔히 생각했던 것처럼 그들의 삶이 아주 멋진 것만은 아님을 알게 된다. 멕시코의 인기 텔레노벨라〔텔레비전 소설이라는 뜻으로, 라틴아메리카에서 방영되는 일일 드라마.—옮긴이〕〈부자도 눈물을 흘린다Los ricos también lloran〉라는 제목이 모든 걸 말해준다. 오늘날 고급 학위는 불안정에 맞서는 완벽한, 아니 심지어 상당히 효과적인 방어물도 아니다. 실제로 **프레카리아트**라는 용어를 대중의 의식에 주입한 가이 스탠딩Guy Standing은 학위 보유자들을 프레카리아트 집단의 하나로 본다. 이 집단('진보파')에 관해 그는 다음과 같이 말한다.

이 집단은 부모와 교사, 정치인들에게서 경력을 확보하게 될 것이라는 약속을 받고 대학에 진학하는 이들로 이루어진다. 그들은 이내 복권을 산 것임을 깨달은 채 미래 없이 빚만 잔뜩 지고서 사회로 나온다. 이 파벌은 더 적극적인 의미로 위험하다. 그들은 포퓰리스트를 지지할 가능성이 낮다. 하지만 또한 낡은 보수주의 정당이나 사회민주주의 정당도 거부한다. 그들은 직관적으로 새로운 **낙원의 정치**를 추구한다. 낡은 정치 스펙트럼이나 노동조합 같은 조직에서는 이런 정치를 볼 수 없기 때문이다.[4]

역사(와 '위기DB')를 살펴보면, 고학력 프레카리아트(또는 역사 동역학의 용어로는 좌절한 엘리트 지망자 계급)가 사회 안정에 가장 위험한 계급임을 알 수 있다. 고급 학위를 가진 젊은이의 과잉생산은 1848년 혁명에서부터 2011년 아랍의 봄에 이르기까지 사회적 격변을 추동한 가장 중요한 요인이었다. 흥미롭게도, 전문직마다 혁명 지도자를 낳는 성향이 각각 다르다. 교사가 혁명가가 된다고 생각하기는 쉽지 않지만, 1장에서 만난 태평천국의 난의 홍수전은 마을 선생 출신으로 반란자가 되었다. 마오쩌둥도 마찬가지다.

하지만 가장 위험한 직업은 법률 전문직으로 보인다. 로베스피에르, 레닌, 카스트로는 변호사였다. 링컨과 간디도 마찬가지다. 미국에서는 법학 학위가 공직으로 진출하는 최선의 경로로 손꼽히기 때문에 정치적 야심이 있는 사람들은 대부분 로스쿨에 간다. 지난 몇십 년간 로스쿨 졸업생들에게 어떤 일이 있었는지 좀 더 자세히 살펴보자.[5]

여러 해 동안 전국법률가협회National Association for Law Placement, NALP는 로스쿨 졸업생의 초봉에 관한 데이터를 수집했다. 1991년 초봉 분포는 특별히 두드러지지 않았다. 가장 흔한 연봉을 반영하는 3만 달러가 최고점이었다. 분포의 왼쪽 '꼬리' 부분은 짧지만 2만 달러 이하는 없었다. 오른쪽 꼬리 부분은 더 긴데, 9만 달러가 최대였다. 빌프레도 파레토Vilfredo Pareto가 처음 언급한 것처럼, 소득 분포가 오른쪽 꼬리 부분이 긴 것은 무척 전형적인 현상이며, 연봉이 높아짐에 따라 그런 고소득자가 드물어짐을 나타낸다.

1996년, 오른쪽 꼬리 부분이 약간 튀어나왔지만, 분포 모양에는 양적 변화가 전혀 없었다. 곡선은 여전히 혹이 하나뿐이었다. 큰 변화는 2000년에 나타났다. 갑자기 주요 봉우리 오른쪽에 두 번째 봉우리가 생겨났다. 주요 봉우리는 약간 오른쪽으로 이동했지만, 4만 달러가 중심이었다. 이와 대조적으로, 새로운 봉우리는 오른쪽으로 멀리 이동했고 12만 5,000달러가 중심이었다. 10년 뒤, 왼쪽 봉우리가 약간 더 오른쪽으로 이동해서 5만 달러가 중심이었지만, 오른쪽 봉우리는 16만 달러로 훌쩍 멀어졌다. 2020년 졸업생은 왼쪽 혹이 약간 납작해지고 대다수가 4만 5,000~7만 5,000달러의 연봉을 보고해서 전체 연봉의 50퍼센트를 차지했다. 하지만 오른편 봉우리는 이제 19만 달러로, 전체 분포의 20퍼센트 이상이었다. 두 봉우리 사이에는 연봉 분포가 거의 없었다. 평균 연봉은 10만 달러였지만, 이 수치는 의미가 없다. 이 범주에 해당하는 로스쿨 졸업생은 2퍼센트도 되지 않았기 때문이다.

지망자 게임을 극단까지 밀어붙이면 이런 모양이 된다. 연봉이 19만 달러인 오른쪽 봉우리의 20퍼센트는 기성 엘리트층에 순조롭게 진입하는 중이다. 왼쪽 혹 부분에 있는 4만 5,000~7만 5,000달러 소득자들은 곤란한 상태다. 2020년 로스쿨 졸업생의 절반이 16만 달러 이상의 빚을 지고 있음(네 명 중 한 명은 20만 달러)을 감안하면, 이 개인들 가운데 엘리트 계층으로 진입할 수 있는 이는 거의 없다. 그 대신 대다수가 빚과 가차 없이 쌓이는 이자에 짓눌릴 것이다. 미국 로스쿨 졸업생 대다수가 프레카리아트 성원이라는 것은 이상하지만, 사실이 그렇다.

우리의 가상 인물 제인이 이 게임을 거부한 것은 현명한 선택이었을지 모른다.

바늘귀 통과하는 법

2004년 출간된 선견지명이 담긴 책《치팅컬처: 거짓과 편법을 부추기는 문화The Cheating Culture: Why More Americans Are Doing Wrong to Get Ahead》에서 데이비드 캘러헌David Callahan은 1980년대를 시작으로 무제한 경쟁과 폭발적 불평등, 승자독식 사고방식을 촉발한 문화적 전환이 낳은 결과를 분석한다. 그는 대기업 스캔들과 도핑을 하는 운동선수, 표절하는 언론인, 시험에서 부정행위를 하는 학생 등에 관해 서술한다. 부정행위가 만연하면서 도덕적 위기가 깊어졌다. "부정행위의 증가는 오늘날 미국에 퍼진 깊은 불안과 불안정, 심지어 절망감뿐만 아니라 부유층의 오만과 보통 사람들의 냉소까지 반영한다"는 그의 주장은 이 장에서 다룬 많은 요소들과 공명한다. 특히 엘리트 과잉생산의 잠식 효과에 관해 캘러헌은 다음과 같이 말한다.

지난 20년간 부유층이 증가함에 따라 교육에서 일상적으로 이득을 누리는 아이들의 수도 많아지고 있다. 경쟁이 치열해지면서 결국 더 많은 부모들이 자녀를 한층 더 유리하게 만들기 위해 더 많은 돈을 쓰고 더 많은 절차를 무시할 수밖에 없다. 미국 사회의 상층부에서 그야말로 대학의 군비 경쟁이 펼쳐지고 있다. 하지만

아무리 영웅적인—또는 지저분한—노력을 기울여도 압도적인 우위를 보장받지 못한다.[6]

2004년 이래 상황이 훨씬 암울해지고 있다. 2021년 4월 《애틀랜틱》에 〈정말로 역겨워지는 사립학교들〉이라는 논설을 쓴 케이틀린 플래너건Caitlin Flanagan은 사립학교와 그 학부모들의 관계를 연구하는 심리학자 로버트 에번스Robert Evans를 인터뷰했다. "지난 몇 년간 바뀐 것은 학부모들의 **무자비한 행태**"라고 에번스는 말했다. "대체로 그들은 학대하지 않습니다. 그냥 내버려두지 않을 뿐이지요. 많은 학부모가 어떤 식으로든 자녀가 뒤처질 거라는 두려움을 떨쳐버리지 못합니다." 자녀가 고학년으로 올라갈 무렵이면, 학부모는 교사와 코치, 상담교사들이 하버드가 도저히 물리치지 못하는 성적 증명서를 만드는 것을 도와주는 데 집중하기를 바란다. "이런 부모는 자신이 원하는 결과를 잘 압니다. 자기 직장 경험을 통해 알 수 있는 거지요." 에번스가 플래너건에게 한 말이다. "그 부모들은 직원들한테 둘러싸여 있어요. 일을 직원들에게 맡길 수 있지요." 이 부모들의 행동을 뒷받침하는 경제적 불안에 관해서 플래너건은 다음과 같이 말한다.

왜 이 부모들은 그렇게 안심하고 싶어 안달일까? 그들은 "자식이 바늘귀를 통과하는 게—유치원부터 대학교까지 최고의 학습 과정에 진입하는 게—점점 더 어려워진다는 걸 깨닫고 있다". 하지만 이뿐만이 아니다. 부모들은 자녀가 자신들에 비해 한층 더 황량한 풍경에 진입하게 되리라고 직감한다. 잔인한 승자독식 경제는 그들에게 닥치지 않을 것이다. 그들은 예외 적용을 받았기 때문이다. 하지만 그들은 자녀들에게 승자독식 경제가 닥칠 테고, 아무리 좋은 교육을 시켜도 전문직 커리어를 확보해주지 못할 것을 걱정한다.

2019년 대학 입학 뇌물 수수 스캔들이 스탠퍼드, 조지타운, 예일 등 최고 대학들을 집어삼켰다.[7]

여기서 드러나는 동학은 지망자 게임이 마지막 단계로 나아가면서 벌어지는 현상과 완전히 일치한다. 온건한 버전과 달리, 극단적 경쟁은 가장 뛰어난 후보, 그 지위에 가장 적합한 후보를 선별하는 결과로 이어지지 않는다. 오히려 게임의 규칙, 즉 사회가 어떻게 기능적인 방식으로 작동하는지를 다스리는 사회규범과 제도를 갉아먹는다. 이런 경쟁은 협력을 파괴한다. 그리고 능력주의의 어두운 면을 끄집어낸다. 또한 소수의 승자와 다수의 패자를 창출한다. 그리고 실패한 엘리트 지망자들 가운데 일부는 급진적인 반엘리트로 돌아서서 자신들을 길러낸 부당한 사회질서를 파괴하려고 한다. 그리하여 우리는 급진화라는 주제로 관심을 돌리게 된다.

이데올로기적 풍경의 파편화

지금까지 나는 사회 불안정을 야기하는 '구조적-인구학적' 힘들에 초점을 맞추면서 대중의 궁핍화와 엘리트 과잉생산을 강조했다. 이 힘들은 평민과 엘리트(또는 저학력 계층과 고학력 계층), 상이한 엘리트 집단들 사이의 구분 같은 사회구조와 관련이 있기 때문에 구조적인 요인들이다. 또한 우리가 상이한 인구 집단의 수와 복리상의 변화를 추적하기 때문에 인구학적 요인들이다. 구조적-인구학적 이론이 역사동역학의 중요한 부분인 것은 우리가 이를 통해 반란과 혁명과 내전을 이해할 수 있기 때문이다. 이 이론은 역사사회학자 잭 골드스톤Jack Goldstone이 처음 정식화했고, 이후 안드레이 코로타예프Andrey Korotayev와 나를 비롯한 동료들에 의해 발전하고 구체화되었다.[8]

하지만 혁명과 국가 와해에 관한 구조적 연구는 종종 이데올로기적, 문화적 요인들을 무시한다고 비판받았다.[9] 이와 대조적으로, 역사동역학이 추구하는 목표는 인구학적인 것이든, 경제적, 사회적, 문화적, 이데올로기적인 것이든 역사의 모든 중요한 힘들을 통합하는 것이다. 가령 우리는 결혼을 규제하는 사회규범(일부다처제인가 일부일처제인가) 같은 사회의 기본적 특징이 호황과 불황의 순환 중 특유한 주기에 근본적인 영향을 미친다는 것을 보았다(2장).

문제는 경쟁하는 엘리트 파벌들이 이데올로기를 '무기화'하는 오늘날의 분위기 속에서 이데올로기를 논의하는 순간 지뢰밭에 발을 내딛는 셈이 된다는 것이다. 이데올로기가 사회 와해에 어떤 역할을 하는지 연구하는 데서 좀 더 개념적인 곤란은 경쟁하는 엘리트 파벌들이 신봉하는 이데올로기들의 인지적 내용이 시간이 흐르면서, 그리고 세계의 상이한 지역들 사이에 크게 다르다는 것이다. 예를 들어, 16세기와 17세기 유럽에서 벌어진 내전 당시 이데올로기적 싸움을 규정하는 특징은 프랑스 종교전쟁에서 위그

노와 가톨릭이 맞붙은 것처럼 종교였다. 중국의 대규모 농민 반란 또한 종종 기독교와 중국의 민속종교의 요소들을 합친 태평천국 신앙(1장) 같은 종교 운동에 의해 고무되었다. 혁명의 시대부터 줄곧, 적어도 유럽에서는 급진 이데올로기가 종교적이기보다는 세속적이었다.

더욱이 혁명 운동이 오래 지속되면 그 이데올로기적 내용이 진화하는 경향이 있다. 잭 골드스톤은 혁명과 반란에 관한 선구적인 연구에서 이데올로기의 역할을 설명하는 데서 부딪히는 난점은 그것이 대단히 유동적이라는 사실이라고 지적한다. 골드스톤이 말하는 것처럼, 이데올로기는 "혁명 지도자들의 의도와 행동에 뚜렷한 지침"을 제공하지 못한다. "사실 혁명가들은 종종 상황 변화에 맞춰 자신의 입장을 바꾸기" 때문이다. "그리고 많은 경우에 혁명 투쟁의 왜곡과 전환이 예측하지 못한 결과를 낳는다. 잉글랜드 청교도들은 성자들의 공동체를 만들고자 했지만, 잉글랜드는 내전이 멈췄을 때 군인들이 지배하는 공동체가 되었다."[10] 또 다른 혁명 연구자인 시다 스코치폴Theda Skocpol도 비슷한 결론을 내린다. "이데올로기의 인지적 내용이 어떤 식으로든 혁명의 결과를 … 예측하는 열쇠를 제공한다고 … 주장할 수는 없다."[11]

골드스톤을 따라서 우리는 사회가 위기로 빠져들고 이후 빠져나오는 가운데 이데올로기가 진화하는 세 단계를 구분할 수 있다. 첫 번째 단계이자 국가 와해로 이어지는 시기인 위기 전 단계 동안 국가는 상이한 엘리트 파벌들이 제기하는 여러 이데올로기적 도전에 직면해서 통제권을 유지하기 위해 분투한다. 구체제가 완전히 정당성을 상실하는(흔히 국가 붕괴로 이어진다) 두 번째 단계에서는 새롭게 권위를 독점하고자 하는 수많은 경쟁자가 수위권을 놓고 다툰다. 한 집단이 적수들을 상대로 우위를 확보하고 국가에 대한 권위를 안정화하려고 움직이는 마지막 단계에서 이 집단은 재건된 정치, 종교, 사회 제도가 일상적으로 수용되는 데 초점을 맞춘다.

따라서 위기 전 시기의 거의 보편적인 특징은 이데올로기적 풍경의 파편화와 국가 제도에 대한 일상적 수용의 밑바탕을 이루는 엘리트의 이데올로기적 합의의 와해다. 지지자들을 모으는 몇몇 신조는 사회를 새롭고 더 나은 방식으로 개조하려 한다는 점에서 급진적이다. 다른 신조들은 전통주의적이어서 상상의 황금시대를 복원하기 위해 과거로 눈길을 돌린다. 하지만 이런 '보수적' 진단은 쉽게 급진적 행동을 자극할 수 있다.[12] 나라가 잘못된 방향으로 나아가고 있으며 사회가 대단히 불공정하고 너무도 불평등해졌다(평민과 엘리트 사이만이 아니라 엘리트 내부의 승자와 패자 사이에도)는 전반적인 인식이 존재하기 때문에 '사회정의'를 회복해서 상황을 바로잡아야 한다는 호소가 많은 인력偉力을 확보한다. 또 다른 전반적 특징은 분열적인―종파적이고 정체성주의적인― 이데올로기가 통합적 이데올로기보다 우위를 차지하면서 다툼의 시대를 가져온다는 것이다.

그리하여 이데올로기적 파편화와 정치적 양극화 과정은 양적 방법론 연구에 도전한다. 다행히도 정치학자들은 몇 가지 아주 유용한 접근법을 찾아내고 있다.[13] 키스 풀Keith Poole과 하워드 로젠설Howard Rosenthal, 그리고 나중에 합류한 놀런 매카티Nolan McCarty는 미국이 탄생한 시점부터 역대 모든 의원의 정치적 성향에 관한 방대한 데이터 집합을 수집했다. 그들은 양 끝에 보수주의자와 자유주의자가 자리하고 그 사이의 공간은 온건주의자가 차지하는 스펙트럼상의 위치를 각 의원에 부여했다. 정치적 양극화 정도는 각 의회에 대해(즉 2년마다) 계산한 두 주요 정당(오늘날에는 공화당과 민주당, 19세기에는 민주당과 휘그당)의 평균 점수 사이의 거리다.

이 분석의 결과를 도표로 표시해보면,[14] 미국에서 정치적 양극화의 장기적 동역학이 두 차례의 거대한 순환을 거쳤음이 드러난다. 첫 번째 정치적 양극화는 1800년 무렵 약간 높은 수준에서 1820년대에 아주 낮은 수준까지 감소했다. 당파적 악다구니의 이런 감소는 '우호관계의 시대Era of Good Feelings'라고 하며, 대략 제임스 먼로 대통령 시기(1817~1825)와 일치한다. 1830년 이후 양극화가 증대했는데, 1850년 무렵부터 1920년까지의 시기는 정치 엘리트들 사이의 파편화 수준이 매우 높아진 것이 특징이다. 하지만 1920년대와 1930년대에 정치 엘리트들이 하나로 뭉쳤고, 다시 양극화가 급격하게 감소했다. 뉴딜과 제2차 세계대전에 이어 양극화 정도가 다시 최저점에 도달했다. 따라서 전후 30년은 엘리트들이 상대적으로 통합된 것이 특징이다. 이 시기 동안 민주당과 공화당 의원들의 자유주의-보수주의 점수가 상당 정도로 중첩되었다. 1950년대는 미국에서 이데올로기적 합의가 정점에 달한 것이 특징이다. 이 합의에는 노동과 자본과 국가의 협력으로 특징 지어지는 '인간의 얼굴을 한' 자본주의에 대한 확고한 지지가 포함된다. 자유시장 경제학과 민주적 거버넌스에 대한 전반적 지지는 소련과의 냉전 갈등으로 공고해졌다. 문화적으로 동질적인 WASPHNM 엘리트(백인 앵글로색슨 프로테스탄트 이성애 규범 남성white Anglo-Saxon Protestant heteronormative male을 뜻하는 내가 만든 신조어
다)가 미국을 지배했다. 하지만 1970년대 동안 이런 중첩이 줄어
들고 양극화가 심화되었다. 2000년대 초반에 이르면, 공화당과 민
주당의 분포 사이에 거대한 간극이 생겨난 상태였다. 분명 이런
이데올로기적 균일성이 숨 막히게 느껴질 수 있으며, 많은 사람들
은 이런 WASPHNM이 지배하는 합의에서 무자비하게 배제되었
다. 더욱이 안정을 유지하는 것이 불의한 체제일 때에는 안정과
합의가 반드시 미덕은 아니다. 이 시기 동안 무시당하고 배제된
정체성 집단들에게 공감하지 못한다면 잔인한 일일 것이며, 지난
50년에 걸쳐 여러 중요한 전선에서 이루어진 진보를 인정하지 않
는다면 잘못일 것이다. 같은 이유로, 만약 당신이 얼마 전에 원주
민들을 쫓아낸 미국 남부의 비옥한 땅에서 자신의 의지와 무관하
게 노예 노동수용소에 갇힌 막노동자라면 1820년대의 낮은 양극
화도 위안이 되지 않는다. 하지만 여기서 주된 논점은 이런 추세
에 대해 가치 판단을 내리는 게 아니라 그저 주목하는 것이다.

전후의 이데올로기적 합의의 와해

매카티와 풀, 로젠설이 사용하는 방법은 미국의 모든 정치인을
단일한 보수주의-자유주의 스펙트럼 위에 놓는것이다. 하지만
2010년대에 이데올로기적 파편화 과정이 극단화됨에 따라 이제
이런 일차원적 분류로는 충분하지 않다. 2016년 트럼프가 당선되
자 공화당은 두 파벌로 갈라졌고, 보수파(아이러니하게도 '이름만 공
화당원Republicans in name only, RINOs'이라는 꼬리표가 붙었다)가 반트럼프

파벌을 이끌었다. 마찬가지로, 민주당 내에도 '중도파'와 '좌파' 사이에 거대한 단층선이 확대되고 있다.

이제 이데올로기적 파편화가 극심하게 진행된 나머지 어떤 분류표도 유용해 보이지 않는다. 정치적 파벌들을 움직이는 다양한 이념과 행동 제안들은 너무 거대하다. 이념들은 난잡하게 결합되고 재결합된다. 새로운 운동들—새로운 신우파, 대안우파, 대안유파alt-lite〔대안우파와 비슷한 성향이지만 폭력적 집회나 인종차별, 백인 민족주의에 반대한다. alt-light, new right라고도 한다. 이 용어가 언제, 어떻게 생겨났는지는 정확하지 않으나 대안우파에서 경멸적인 의미로 쓰기 시작했다고 한다. 스스로 '대안유파'라고 말하는 사람은 없다.—옮긴이〕—이 부상해서 잠깐 명성을 떨치다가 사라져간다.

더욱이 바야흐로 우리는 급진 이데올로기들이 지배하는 새로운 시대에 접어들고 있다. 대중적 정의에 따르면, **급진정치**라는 용어는 종종 사회적 변화나 구조적 변화, 혁명, 급진 개혁을 통해 한 사회나 정치 체계의 기본 원리를 바꾸거나 대체하려는 의도를 의미한다.[15] 오늘날의 이데올로기적 풍경을 이해하려면, 정반대, 즉 미국을 통치하는 엘리트들 사이에 주목할 만한 합의가 존재했던 '우호관계의 시대 II'에서 시작하는 게 유용하다. 이런 이데올로기적 합의를 '전후 합의Postwar Consensus'라고 지칭하고자 한다. 이 시대는 뉴딜이 공고해진 1937년부터 제2차 세계대전과 1950년대(최고점)를 거쳐 1960년대 초까지 약 30년간 지속되었다.

문화적 측면에서 보면, '전후 합의'의 다음과 같은 요소들을 확인할 수 있다.

- 규범적 가족은 남성과 여성에 어린이가 더해진 가족이었고, 남녀의 결합은 대체로 교회나 다른 종교 기관에서 축복을 받았다. '대안적 라이프스타일'을 실천하는 사람들은 대개 어두운 곳에서 이런 삶을 강요받았다.

- 남성은 생계부양자, 여성은 가정주부로 젠더 역할이 뚜렷하게 정의되었다.

- '전후 합의'는 '자연스러운 신체'를 인위적으로 바꾸려는 모든 시도에 눈살을 찌푸렸다. 타투나 피어싱 같은 온건한 형태에서 부터 전족이나 거세(내시를 만들기 위한) 같은 가혹한 형태에 이르기까지 대부분의 신체 변형은 '문명화되지 못한' 외국인들이나 하는 행위로 간주되었다. (이 규칙에는 한 가지 주요한 예외가 있어서 남성 할례—포경 수술—는 허용됐을 뿐만 아니라 규범이기도 했다.) 임신 중단은 대부분의 주에서 크게 비난받고 불법이었다.

- 남부 주들의 짐 크로Jim Crow 법을 비롯한 제도화된 인종차별은 근본적으로 흑인 미국인을 2등 시민으로 간주하면서 '전후 합의'의 과실 대부분을 그들에게서 앗아갔다.

- WASPHNM 엘리트는 압도적으로 개신교도이지만, 미국에 국가 종교란 존재하지 않았다. 하지만 교회나 시너고그(유대교 회당), 모스크, 그밖에 다른 교단에 속하는 것이 규범이었다. 이혼은 선출직 공무원에게 큰 문제가 되었고, 무신론자는 자격이 없었다.

- '전후 합의'의 세속적 이데올로기는 때로 '미국의 신조American Creed'라고 지칭된다. 이 이데올로기의 주요 요소는 민주주의

(그 원리는 헌법에 소중히 간직되어 있다)와 자유방임 경제, 미국 애국주의였다.

경제적 측면에서 보면, 비록 미국이 자칭 자본주의 국가이긴(그리고 공산당을 탄압하긴) 했지만, 실제로 이 나라는 북유럽 노선을 따르는 사회민주주의 또는 심지어 사회주의 국가였다. '전후 합의'에는 다음과 같은 경제적 요소들이 포함되었다.

- 강한 노동조합에 대한 지지.
- 최저임금을 인플레이션보다 빠르게 인상하려는 노력.
- 최고 소득 구간에 90퍼센트가 넘는 세금을 매기는 극단적 누진세.
- 보편적 퇴직연금(사회보장제), 실업보험, 장애가 있거나 어려운 어린이들을 위한 복지수당 등을 포함하는 복지 시스템.
- 노동자에게 유리하고 문화적 동질성을 장려하는 이민 억제 체제. (이 범주 안에서 경제적, 문화적 쟁점이 중첩된다.)

이 목록을 살펴보면, 이데올로기적 풍경이 얼마나 바뀌었는지 깜짝 놀라게 된다. 1960년대에 반전 운동과 민권 운동이 벌어진 결과로 문화적 확실성이 와해되기 시작했다. 1970년대를 시작으로 신자유주의 경제학이 맹공을 가하면서 경제적 기둥들이 무너져 내렸다. (다음 장에서 이 문제를 다시 다룰 것이다.) 하지만 2020년 현재, '전후 합의'는 엘리트와 국민의 절대 다수가 받아들일 정도로 비슷하게 응집력이 있는 어떤 합의로도 대체되지 않았다. 우리는 다양한 질문에 대한 미국인의 태도를 조사하는 사회학적 데이터를 활용해서 이데올로기 스펙트럼의 중간점—중간 입장—을 규정할 수 있지만, 그 주변에는 엄청난 변이가 존재한다.

더욱이 오늘날 이데올로기적 중간으로 통하는 모든 것에 이의를 제기하는 어떤 단일한 '급진적 신조'도 존재하지 않는다. 그보다는 역동적 다수의 급진 이념들이 존재하며, 고학력 젊은 층 내의 여러 다른 이데올로기 파벌들이 수용하는 이념들 사이에 엄청난 차이가 존재한다.

극좌파에는 헌신적 혁명가, 반파시스트, 아나키스트, 몇몇 구식 공산주의자들이 있다. 숫자로 보면 소규모 집단이지만, 극단주의자들과 그 옆의 훨씬 큰 범주 사이에 뚜렷한 경계선은 없다. 도시 폭동의 폭력과 거리를 두면서도 극단주의자들이 추구하는 목표를 어느 정도 지지하거나 전부는 아닐지라도 몇몇 진보좌파의 대의를 지지하는 활동가들이 있다. 그들은 대규모 반정부 시위에 참여하며, 경찰에 연행된 안티파 활동가에게 보석금을 내주는 등 극좌파의 대의에 후원금을 낸다. 결국 이 집단은 좌파의 대의에 특별히 또는 전혀 이끌리지 않지만 이를 인정하려 하지 않고 따라서 공개적으로 그 대의를 지지하는 다음 범주로 흡수된다.

2020년 대통령 선거 결과로 판단할 때, 대학생의 80퍼센트 이상이 바이든에게 투표했는데,[16] 이를 통해 좌파이거나 좌파 성향인 비율을 대략적으로 추산할 수 있다. 나머지 학생들의 경우 대부분은 특별히 정치적이지 않아 보이고 캠퍼스에서 눈에 띄지 않는 경향이 있다. 마지막으로 대학교의 다양한 공화당 클럽에 속한 우파 극단주의자들로 이루어진 소규모 집단이 있다. 좌파의 대의에 목소리 높여 반대하는 이들이다.

이런 스펙트럼은 고학력 젊은 층 사이에 문화적 쟁점들에 관한 다양한 이데올로기적 입장을 보여주는 (기껏해야) 대략적인 근사치다. 좌파 극단주의자들은 사회를 '전후 합의'에서 지금까지 이동한 것보다 훨씬 더 멀리 밀어붙이기를 원한다. 오른쪽의 전통주의자들과 보수주의자들은 이 합의로 돌아가기를 원하는데, 많은 쟁점의 경우에 현재 좌파가 선동하는 것보다 더 급진적인 제안이다. 또한 좌파와 우파 모두 굉장히 파편화되어 있으며, 각 세력 안에서 좌파/우파 충돌의 강도를 넘어서는 문화 전쟁이 벌어진다는 것도 유념해야 한다.

여러 경제적 쟁점을 둘러싸고 각기 다른 집단들이 제휴하면서 상황이 한층 복잡해진다. 우리의 허구적 인물인 제인은 혁명을 일으켜 억압적이고 부당한 미국 체제를 쓸어버리기를 원했다. 한동안 트럼프 진영에서 주요 이데올로그였던 스티브 배넌 또한 자신을 혁명가로 여긴다. "나는 모든 걸 깨부수고 현 체제를 전부 무너뜨리기를 원한다."[17] 혁명가와는 거리가 먼 상원의원 버니 샌더스Bernie Sanders는 민주당 기득권층이 노동계급에 등을 돌린다고 비난하면서 민주당에 "경로를 대대적으로 수정"해서 미국 노동계급을 위한 투쟁에 초점을 맞추고 "강력한 대기업의 이해관계"에 맞서라고 호소한다.[18] 극우파(의 일부)와 극좌파(의 일부)가 이처럼 경제 문제에서 하나로 수렴하는 것은 미국에만 있는 독특한 현상이 아니다. 프랑스에서는 마린 르펜Marine Le Pen과 장뤼크 멜랑숑Jean-Luc Mélenchon이 굉장히 비슷한 언어로 노동계급에 관해 이야기한다.

정치 사업가들인 반엘리트

우파 활동가들은 캠퍼스에서 불리한 경향이 있다. 좌파 극단주의자와 최소한 수동적으로 좌파의 대의를 지지하는 대다수 학생들보다 압도적으로 수가 적기 때문이다. 하지만 일단 대학을 졸업하면 우파 사람들이 상당한 우위를 확보한다. 이런 우위는 노동계급(저학력) 유권자들 사이에서 지지를 결집할 수 있는 능력 덕분이다. 위기 시기에 공통된 상황은 엘리트 정치 사업가들이 비엘리트 국민들의 대중 동원 잠재력을 활용해서 자신들의 이데올로기적 의제와 정치 경력을 내세운다는 것이다. 훌륭한 역사적 사례인 티베리우스와 가이우스 그라쿠스 형제는 로마 공화정 후기에 포퓰리스트 당파(라틴어로 포풀라레스polulares)를 만들었다. 물론 도널드 트럼프도 포퓰리즘 전략을 활용해서 2016년 대통령에 올랐다. 2022년 가장 생생한 사례는 조지아주 출신 연방 하원의원 마저리 테일러 그린Marjorie Taylor Greene이다. MTG로 흔히 불리는데, 2016년 트럼프가 구사한 전략에서 배운 교훈을 내면화한 게 분명하다. 보아하니 그녀는 제아무리 기이한 것도 극우 음모론이라면 무엇이든 지지한다. 그녀는 하원의원들의 표결로 각종 위원회에서 맡은 모든 역할에서 배제되었고, 개인 트위터 계정도 폐쇄되었다.[19] 하지만 그녀는 자신을 '캔슬'하려는 이런 시도 덕분에 오히려 승승장구하는 듯 보이며, 하원보다 더 높은 목표를 노리고 있음이 분명하다.

이 장 서두에 등장한 우리의 허구적 인물 제인은 미국의 고학력 젊은 층의 '전형적인' 성원은 아니다. 이데올로기로나 '직업적으로

나'(법학 학위를 받으려고 공부하고 있지만 그래도 헌신적 혁명가다) 극좌파에 속한다. 그럼에도 불구하고 그녀의 삶의 궤적도 다른 고학력 젊은 층(심지어 그리고 특히 우파 활동가들)과 똑같은 사회적 힘들에 의해 규정되었다. 그녀의 삶의 궤적이 또한 흥미로운 것은 과거와 다른 나라들의 여러 유명한 혁명가들과 극단주의자들의 발자국을 그대로 따르고 있기 때문이다. 그녀의 직접적 선조들은 버나딘 돈Bernardine Dohrn, 캐시 부딘Kathy Boudin, 수전 로젠버그Susan Rosenberg 같은 웨더언더그라운드Weather Underground[1969년에 활동을 시작한 극좌파 마르크스주의 단체. '민주사회를 위한 학생 모임SDS' 전국 지도부의 한 파벌로 시작됐으며, 제국주의 집단인 미국 정부를 타도하기 위한 혁명 정당을 창설하는 것을 목표로 삼았다.—옮긴이] 성원들이었다.[20] 하지만 1970년대 미국 극단주의자들은 그들이 그토록 바란 혁명을 촉발하는 데 결국 실패했다. 혁명을 일으킬 만한 구조적 조건이 존재하지 않았기 때문이다. 로젠버그는 회고록에서 이를 인정한다.

다른 유명한 반엘리트 혁명가들—로베스피에르, 홍수전, 레닌, 로자 룩셈부르크, 마오쩌둥, 카스트로—은 혁명을 일으키는 데 성공했다. 어쩌면 그들은 적절한 시기에 적절한 장소에 있었다는 점에서 그저 운이 좋았을지 모른다. 불안정을 추동하는 구조적 요인들이 전속력으로 내달리는 나라에서 살았던 것이다. 어쨌든 모든 레닌에게는 볼셰비키당이 있어야 했다. 그리고 볼셰비키는 다른 급진적 집단들—아나키스트, 멘셰비키, 분트Bund, 사회혁명당 등—이 서식하는 생태계의 일부였다. 무엇보다도 이 모든 급진적 집단들은 물속의 물고기처럼 우호적인 사회적 환경 안에서 헤엄쳤다. 러시아 아나키스트 베라 자술리치Vera Zasulich[21]가 1878년 상트페테르부르크 지사에게 총격을 가했을 때 그녀는 진보적 인텔리겐치아들 사이에서 영웅이 되었다. 그녀의 행동에 공감한 배심원단은 그녀를 무죄 방면했다. 50년 전에 웨더언더그라운드는 그정도로 대중적 지지를 받지 못했다. 하지만 오늘날 미국의 구조적조건은 매우 다르다. 1970년대 미국보다는 19세기 말 러시아 같은 혁명 전 사회와 훨씬 유사하다.

자기 자식을 잡아먹는 혁명

실제 가두 투쟁을 포함해서 가장 가시적인 싸움은 우파와 좌파 양쪽의 극단주의자들 사이에서 벌어지지만, 좌파와 우파 각각의 내부에서도 분열과 내분이 극심한 탓에 이런 폭넓은 분류를 응집력있는 당파로 간주하기는 어렵다. 어쨌든 각 신조의 인지적 내용은중요하지 않다. 중요한 것은 분열과 갈등이다.

2022년 현재 우리는 분명 국가가 다수의 반엘리트 도전자 집단에 직면해서 이데올로기적 풍경을 계속 통제하려고 분투하는 위기 전 단계로부터 수많은 경쟁자들이 우위를 차지하기 위해 다투는 다음 단계로 이행하는 중이다. 여전히 중용과 엘리트 간 협력을 강조하는 구체제의 가치를 고수하는 정치인들은 은퇴하거나더 극단적 견해를 지닌 도전자들에게 선거에서 패배하고 있다. 오늘날 이데올로기적 중심은 텍사스의 시골길과 비슷한 모습이다. 노란색 차선 표시와 아르마딜로 사체 말고는 거의 버려진 도로 말이다. 중심이 붕괴한 결과 이데올로기적 내분이 구체제에 맞서는

(또는 구체제를 방어하는) 투쟁에서 상이한 엘리트 파벌들 사이의 투쟁으로 바뀌고 있다. 오늘날 이데올로기적 차이는 엘리트 내부 충돌에서 무기로 활용된다. 기성 엘리트 성원들을 무너뜨리기 위해서만이 아니라 경쟁하는 지망자들을 앞지르기 위해서도.

많은 전문가들이 어느 순간 느닷없이 출현한 것처럼 보이는 '캔슬 컬처'의 강도에 깜짝 놀랐다. 하지만 이런 사나운 이데올로기 투쟁은 어떤 혁명에서든 공통으로 나타나는 단계다. 불운하게도 한 번이 아니라 두 번이나 혁명을 직접 겪은(1782년 고향인 주네브에서, 그리고 1789년 프랑스에서) 자크 말레 뒤 팡Jacques Mallet du Pan은 이런 관찰을 하나의 격언으로 정식화했다. "사투르누스처럼 혁명은 자기 자식을 잡아먹는다." 이는 반란과 혁명, 내전을 추동하는 가장 중요한 요인인 엘리트 과잉생산에서 이어지는 필연적 결과, 사실상 수학적 확실성이다. 다시 안정을 찾기 위해서는 어떤 식으로든 엘리트 과잉생산을 해결해야 한다. 역사적으로 전형적인 방식은 대량 학살이나 투옥, 국외 이주, 강제적 또는 자발적인 하향 사회 이동을 통해 잉여 엘리트들을 제거하는 것이다. 오늘날 미국에서는 적어도 지금까지는 패자들을 상대적으로 온건한 방식으로 처리했다.

WASPHNM 엘리트들이 지배하는 구체제의 정당성은 크게 줄어들고 있다. 지금 우리가 접어들고 있는 듯 보이는 이데올로기 투쟁의 두 번째 단계의 사회적 논리는 더욱더 급진화를 추동한다. 경쟁 파벌들이 벌이는 투쟁에서 기꺼이 비난을 고조하려는 세력이 온건한 세력에 승리를 거둔다. 패자들이 옆으로 밀려나는 가운데 전장이 이동한다. 몇 년 전만 해도 급진적으로 보였던 이념이 이후의 이데올로기 투쟁을 위한 전장이 된다. 이데올로기 스펙트럼의 좌파와 우파 양쪽 끝 모두에서 동일한 논리가 작동한다.

《공산당 선언》은 "프롤레타리아는 족쇄 말고 잃을 것이 없다"고 선언한다. 하지만 예전의 마르크스는 틀렸음이 입증되었다. 궁핍해진 프롤레타리아는 성공적 혁명을 작동시키는 주체가 아니다. 정말로 위험한 혁명가는 좌절한 엘리트 지망자들로, 그들은 자신이 가진 특권과 교육, 연줄 덕분에 충분히 많은 영향력을 행사할 수 있다. 연봉 19만 달러를 받는 로스쿨 졸업생의 20퍼센트처럼, 곧바로 엘리트 지위에 오르는 소수의 새로운 고학력 젊은 층조차 행복하게 살지 못한다. 전반적인 불안정을 느끼기 때문이다. 고학력 프레카리아트로 전락할 운명인 고학력 젊은 층의 점점 많은 이들이야말로 불안정성 말고는 잃을 것이 없는 집단이다.

5장

지배계급

앤디와 클라라

클라라가 앤디를 만난 건 IT 잡지에 실릴 인터뷰를 하면서였다. 당시 그는 젊은 사업가였고, 처음 10억 달러를 벌기 몇 년 전이었다. 두 사람은 사귀다가 동거했고 결국 결혼했다. 앤디는 수학과 공학에 뛰어났고, 클라라는 사교술과 판단력이 좋아서 둘은 훌륭한 팀이 되었다.

클라라의 부모는 중앙아메리카에서 미국으로 온 가난한 이민자였다. 부부는 열심히 일해서 레스토랑을 차린 다음 성공적으로 확장했다. 클라라는 어렸을 때 종종 주방 일이나 테이블 시중 일을 도왔다. 고등학교를 졸업한 그녀는 UCLA에 진학해서 언론학을 공부했다.

앤디는 중유럽에서 자랐다. 부모는 둘 다 과학자로, 아버지는 물리학자, 어머니는 생물학자였다. 이른 나이부터 그는 수학에 대단한 소질을 보였다. 대학에 진학할 무렵 그는 목표를 높게 잡았고, MIT, 캘리포니아공과대학(캘테크), 스탠퍼드 등 미국 최고 대학 몇 곳에 지원서를 넣었다. 스탠퍼드를 선택한 것은 장학금을 주겠다고 하기도 했고 음울한 겨울 날씨에서 벗어나기를 갈망했기 때문이다.

부모의 전철을 밟지 않기로 마음먹은 그는 사업가가 되기로 선택했다. 스탠퍼드 동창들과 함께 처음 만든 스타트업은 그가 최우등생으로 졸업하기 전부터 이미 운영 중이었다. 앤디는 실리콘밸리 기업 두 곳에서 최고기술책임자CTO로 일한 시기 사이사이에 다른 스타트업들도 세웠다. 두 기업은 큰 성공을 거둬서 그는 큰돈을 벌었다. 지금 그는 스타트업 한 곳의 최고경영자인데, 이제 막 대기업으로 성장하고 있다.

부에는 책임이 따른다. 몇 년 전 클라라와 앤디는 자선 재단을 출범해서 꽤 큰돈을 내놓고 있다. 이 재단은 다양한 진보적 대의를 지원한다. 부부가 열정을 느끼는 대의는 이민이다. 클라라의 부모와 앤디는 아메리칸드림을 찾아서 미국에 왔고, 모험은 대성공이었다. 두 사람은 큰 꿈을 품고 열심히 일하는 다른 사람들도 성공하기를 바란다. 여기에는 약간 이기적인 동기도 있다. 앤디의 회사는 좋은 교육을 받은 똑똑한 노동자를 꾸준히 공급받아야 한다. 앤디가 볼 때, 미국인은 대체로 기대에 미치지 못한다. 까놓고 말해서, 미국인은 십중팔구 무지하고 게으르며, 자기가 하는 일에 비해 너무 많은 급여를 받으려고 한다. 물론 미국의 교육 체계가 유럽이나 중국보다 한참 뒤처지는 것이 젊은이들의 잘못은 아니다. 하지만 그게 현실이며, 따라서 앤디의 회사는 동아시아와 인도, 동유럽에서 오는 노동자를 많이 고용한다. 그들은 훈련이 잘 돼 있고, 기꺼이 장시간 일을 하며, 합리적인 급여에 만족한다.

클라라에게도 숨은 동기, 적어도 생각에 영향을 받은 게 있다. 오랜 친구들의 거의 대다수가 속한 LA의 보헤미아적 환경에서 자란 그녀는 저렴한 이민 노동력이 없으면 자신들 대다수가 생활수준을 유지할 수 없다는 걸 안다. 연봉이 그렇게 높지 않고, 언제든 불황이 닥칠 수 있다. 그녀의 동료 인텔리겐치아들이 젠트리처럼 살 수 있는 건 저렴한 출장 가정 청소와 돌보미, 우버 운전사, 배달 노동자 덕분이다. 그녀나 앤디는 모르는 사람한테는 이런 요인들을 선뜻 인정하지 않는다. 그리고 어쨌든 인간은 복잡한 존재이며, 이상주의적 동기와 물질적 동기가 합쳐져서 두 사람이 느슨한 이민법을 지지하는 밑바탕이 된다.

앤디와 클라라는 또한 정치 캠페인에도 넉넉하게 기부한다. 두 사람은 전략적으로 기부를 하며 고향 주에만 기부를 국한하지 않는다. 앤디 회사의 주요 고객은 미국 정부로, 회사 수입의 90퍼센트 가까이가 연방 정부 계약에서 나온다. 그는 자신과 생각이 비슷한 워싱턴 의원들이 수익성 좋은 계약을 경쟁자보다 자기 회사에 주도록 손 써주기를 기대한다. 부부는 민주당과 공화당에 똑같이 기부한다. 민주당의 진보적 의제를 좋아하지만, 공화당의 경제 정책, 특히 세금 인하 입장을 높이 평가한다. 둘 다 여기에 강하게 동조한다. 두 사람은 땡전 한 푼 없이 미국에 왔고 순전히 자신의 노력으로 아메리칸드림을 이뤘다. 왜 정부가 자신들의 돈에 탐욕스러운 손을 뻗어야 하는가? 어쨌든 그들이 내는 세금은 대부분

부패 때문에 낭비될 것이다. 두 사람은 부패와 일 못하는 공무원들이 자기들 돈을 낭비하게 하는 대신 재단을 통해 적절한 대의에 직접 기부하는 쪽을 선호한다. 트럼프만큼이나 세금 낭비를 혐오하는 그들은 썩 내키지는 않아도 트럼프가 2017년 통과된 세금 감면 및 일자리 법안Tax Cuts and Jobs Act을 추진한 공로는 인정한다. 이 법으로 부부의 세금이 눈에 띄게 줄었다. 하지만 트럼프가 백악관에서 나간 건 다행이다. 조 바이든은 정상적 정치로 돌아가고 있다는 신호이며, 선거운동 중에 어떤 말을 했든 간에 그도 부부의 세금을 올리지는 않을 것이다. 어떻게 하는 게 자기에게 유리한지 알기 때문이다. 그리고 민주당 좌파가 어떻게 해서든 부자에게 세금을 물리는 법안을 상정한다 하더라도 공화당이 끝까지 필리버스터를 벌일 것으로 믿는다.

역사 속 지배계급과 오늘날의 지배계급

앤디와 클라라 둘 다 공직을 가진 적은 없지만, 그래도 둘은 미국 지배계급의 일원이다. 이런 건 고등학교 시민교육 시간에 배우지 않는 내용이다. 하지만 증거로 볼 때, 미국을 금권정치plutocracy, 또는 부유층이 지배하는 사회라고 부르는 게 더없이 공정하다는 걱정이 든다. 이것은 음모론이 아니라 권력의 흐름을 연구하는 사회과학자들이 대부분 받아들이는 정확한 진술이다.[1] 하지만 미국에서 권력 내부의 작동을 들여다보기 전에 우선 한 걸음 물러나서 사회 권력 일반에 관해 이야기해보자.

일반적 원리에서 시작해보자. 모든 대규모의 복잡한 인간 사회에는 지배계급이 존재한다. 민주주의 국가인지 귀족정 국가인지는 중요하지 않다. 언제나 사회 권력의 압도적 비중을 자신들의 수중에 집중하는 소규모 집단이 존재한다. 하지만 1장에서 살펴본 것처럼, 지배 엘리트가 권력의 어떤 원천을 강조하는지, 그리고 엘리트가 어떻게 '재생산'되는지—여기서 재생산이란 생물학적 재생산만이 아니라 평민으로부터의 충원도 포함된다—에 관한 과거와 현재의 각기 다른 나라들마다 많은 가변성이 존재한다.

초기 국가들은 대개 단순한 무력을 사회 권력의 주요 원천으로 삼는 군사정치militocracy로 통치되었다. 이는 사회 진화에서 가장 중요한 한 원리, 즉 "전쟁이 국가를 만들고 국가가 전쟁을 만들었다"는 원리가 낳은 결과였다.[2] 초기 국가들은 단순히 인구 증가를 통해 또는 평화적으로 영토를 흡수해서 커진 게 아니다. 이 국가들은 격렬하게 전쟁을 벌이는 환경에서 발생했으며, 정복이나 군사 동맹을 통해 점차 응집력을 키우고 중앙집권화해서 마침내 국가로 변신하면서 팽창했다.[3]

하지만 노골적인 폭력은 특히 평화의 시기에는 나라를 다스리는 효율적인 방법이 아니다. 알 카포네가 한 말이라고 (부정확하게) 널리 알려진 총과 친절한 말에 관한 격언을 떠올려보라. 역사 속 국가들의 실제 경험을 보면 이 격언을 뒤집어야 함을 알 수 있다. "그냥 총만 들이대는 것보다는 친절한 말을 곁들이면 더 많은 걸 얻을 수 있다." 정당한 폭력은 그냥 폭력만 쓸 때보다 더 잘 작동한다. 사람들을 설득해서 당신이 원하는 일을 하게 만들 수 있다면, 돈을 지불하거나 강제로 일을 시킬 필요가 없을 테니까.

이를 이해한 초기 전사 엘리트들은 스스로 사제가 되거나 종교

전문가들을 철저하게 통제함으로써 이데올로기적 권력을 통제하고자 했다. 많은 초기 국가들은 사제-왕, 또는 심지어 신-왕이 통치했다. 가령 이집트의 파라오는 신으로 숭배되었다. 초기 국가의 통치자들은 또한 이 혼합체에 경제 권력을 추가했다. 산업화 이전 사회에서 주요 생산수단은 토지—식량과 섬유를 생산할 식물을 재배하고 가축을 기르기 위해—였기 때문에 그들은 지주 행세를 하면서 농민이나 농노, 노예를 활용해서 땅을 경작했다. 마침내 자신들의 영역이 점점 넓어지고 인구가 많아지자 그들은 직접 통치의 한계에 부딪혔고, 마지못해 행정 전문가들, 즉 관리들과 권력을 공유해야 했다. 역사적 사회들의 전 세계적인 표본을 분석함으로써 우리는 최대 몇 십만 명에 이르는 인구를 가진 정치체는 군장과 그 종자들이 상임 행정관 없이 통치할 수 있음을 확인했다.[4] 하지만 일단 신민이 100만 명이 넘는 경우 관료 집단을 확보하지 않으면 비효율에 시달리다가 결국 정치체가 조만간 붕괴한다. 또는 관료제 제국과의 경쟁에서 패배한다. 그 결과, 전사 귀족정으로 출발한 정치체는 군사적 용맹을 계속 강조할 수 있겠지만 실제로는 모든 권력 원천을 장악하는 지배계급으로 진화한다. 다변화에 실패한 엘리트들은 내부의 적이나 외부의 적에게 전복되었다.

군사정치 국가 이집트

군사정치(군사 엘리트들이 통치하는 국가)의 현대적 사례는 이집트 아랍공화국이다. 이집트는 비록 허울뿐인 목적으로 선거를 실시하기는 하지만 군사독재다. 이런 형태의 거버넌스의 뿌리는 여러 세기를 거슬러 올라간다. 결국 이 글을 쓰는 현재 이집트 통치자인 압델 파타 알시시Abdel Fattah al-Sisi로 귀결된 제도적 틀의 발전을 추적하기 위해서 잠깐 역사를 우회해보자. 세계의 여러 상이한 지역이 혁명이나 국가 붕괴 같은 심각한 동요를 겪은 뒤에도 어떤 종류의 제도적 편제로 돌아가는지에 영향을 미치는 주목할 만한 문화적 관성이 존재한다.

아마 세계 역사에서 가장 유명한 쿠르드인일 살라딘, 정식 이름으로는 알나시르 살라흐 알딘 유수프 이븐 아유브Al-Nasir Salah al-Din Yusuf ibn Ayyub(1137~1193)를 생각해보라. 살라딘은 팔레스타인에서 십자군에 맞서 싸웠는데, 그의 최고 업적은 예루살렘에서 십자군을 몰아낸 것이었다. 통치 기간 말에 그는 이집트와 시리아, 팔레스타인, 그리고 아라비아 반도의 서부 변두리를 아우르는 광대한 제국을 건설했다. 하지만 그의 후계자들은 점차 군사력의 통제권을 맘루크 장군들에게 내주었다. 맘루크들은 노예 시장에서 구입해서 병사로 훈련시킨 전사 카스트였다. 1250년, 맘루크들은 아유브 왕조(살라딘의 아버지 이름을 딴 것이다)의 마지막 상속자를 무너뜨리고 오랜 이집트 통치를 시작했다. 아유브 왕조는 채 한 세기를 지속하지 못했다. (앞서 살펴본 것처럼, 이렇게 짧은 정치적 순환은 일부다처 엘리트들을 보유한 사회에서 전형적으로 나타난다. 이런 사회는 일부일처 엘리트를 보유한 사회보다 엘리트 지망자를 훨씬 빠르게 과잉생산하기 때문이다.)

놀랍게도, 맘루크 왕조는 3세기 가까이 이집트 지배를 유지했다. 그들이 이런 업적을 이룬 것은 맘루크의 아들들이 아버지의 지위를 상속받는 것을 금지했기 때문이다. 대신에 그들은 계속해서 노예 시장에서 중앙아시아와 캅카스 지역 출신의 소년들을 구입해서 병사와 장교, 궁극적으로 통치자로 훈련시켰다. 의도적인 것이든 아니든 간에, 엘리트 과잉생산을 피함으로써 맘루크 체제는 특히 안정을 유지했다. 맘루크 왕조가 얼마나 효과적이었는지 알려면 그들이 몽골인들을 저지한(1260년 아인 잘루트 전투) 유일한 군사 세력이었다는 사실을 생각해보라.

맘루크 왕조로서는 유감스럽게도, 그들은 군대를 현대화하는 데 실패했다. 맘루크 기병대는 훌륭했지만, 화약 무기를 도입하는 데 뒤처졌다. 그 결과 1517년, 이집트는 가장 가까운 '화약 제국'—오스만 제국—에 정복되었다. 그럼에도 불구하고 맘루크 왕조는 이스탄불의 봉신들로서 계속 이집트를 통치했다. 3세기 뒤에 마침내 그들의 권력을 무너뜨린 것은 나폴레옹이 이끄는 프랑스 원정대가 철수한 뒤인 1805년 오스만 제국이 이집트를 되찾기 위해 보낸 알바니아 군사령관 무함마드 알리 장군이었다. 무함마드 알리는 엘리트 과잉생산을 원상복구하기 위해 다소 극단적인 방법을 실행했다. 맘루크 지도자들을 환영식에 초대한 다음 대학살을 벌임으로써 이집트에 대한 절대권력을 확보했다. 그가 수립한 왕조 아래서 이집트는 처음에는 실질적으로, 다음에는 법적으로 오스만 제국으로부터 독립했다(역사의 일부 시기에는 영국의 보호령이 되긴 했지만). 무함마드 알리 왕조는 150년 가까이 지속되었다. 마지막 후계자인 파루크 왕은 1952년 군사 쿠데타로 전복되었다.

아마 독자 여러분은 여기서 일반적인 양상을 볼 수 있을 것이다. 12세기부터 일련의 군사 엘리트들이 이집트를 통치했다. 지배 엘리트가 군사력에 대한 통제권을 잃자마자 또 다른 일군의 전사들로 대체되었다. 이런 양상은 오늘날의 이집트를 이해하는 데 어떻게 도움이 될까? 1952년 혁명 이후 모하메드 나기브, 가말 압델 나세르, 안와르 사다트, 호스니 무바라크 등 장군들이 잇따라 이집트를 통치했다. 노예 시장에서 신병을 구입하는 대신 이집트 국민들 가운데 군대를 모집했다는 점을 제외하면, 맘루크 지배로 복귀한 셈이다.

그리고 아랍의 봄이 찾아왔다. 독자 여러분은 당연히 2011년 이집트 혁명이 경찰의 과잉 폭력, 시민적 자유와 표현의 자유의 부재, 부패, 높은 실업률, 식료품 가격 상승, 저임금 등에 맞선 대규모 대중 시위의 결과라고 생각할 것이다.[5] 어느 정도는 사실이다. 하지만 러시아의 아랍 연구자이자 역사동역학자인 안드레이 코로타예프가 이집트 혁명을 구조적-인구학적으로 분석한 결과를 보면, 사태의 표면 아래에서 작동한 심층적인 사회적 힘들에 관한 여러 다른 통찰을 얻을 수 있다.[6]

1990년대 이전에는 이집트 젊은이 가운데 소수 일부만이 고학력 계층에 진입했다.[7] 그후 무바라크 정권은 나라를 현대화한다는 목표 아래 대학 교육을 대대적으로 확대했다. 그 결과 1990년대 동안 2년제와 4년제 대학에 입학하는 인구 비율이 두 배 이상 증가했다. 이와 같이 대학 교육이 확대됨과 동시에 '청년 팽창youth bulge'이 이루어졌다. 1995년에서 2010년 사이에 20대 인구수가 60퍼센트 증가했다. 그와 동시에 이런 학위를 보유한 젊은이를 위한 지위 수는 거의 변동이 없었다. 그 결과, 엘리트 과잉생산 문제가 급속도로 심각해졌다. 대규모 반체제 시위에 혁명군을 제공한 것은 바로 이런 일자리 없는 대졸자들이었다.

마찬가지로 중요한 것은 지배 엘리트 내부의 분열이었다. 무바라크는 통상적인 방식으로 권력을 획득했다. 우선 군대에서 차근차근 지위를 올라간 뒤 전임자인 안와르 사다트의 차기 후계자가 된 것이다. 하지만 일단 집권하자 그는 아들인 가말 무바라크를 후계자로 훈련시키기 시작하면서 승계 규칙을 깨뜨렸다. 가말은 군대에서 권력으로 올라가는 대신 MBA를 취득해서 이집트에서 새로운 경제 엘리트들의 지도자가 되었다. 가말이 아버지를 승계해서 이집트 통치자가 됐다면, 옛 군사 엘리트를 새로운 경제 엘리트로 교체하는 일대 사회혁명이 이루어졌을 것이다. 그러나 군 장교들은 권력 상실에 감격하지 않은 게 분명했다. 코로타예프가 혁명(과 그 후의 반혁명)의 밑바탕이 된 엘리트 내부의 충돌을 재구성한 바에 따르면, 2011년 대규모 시위가 폭발했을 때, 군부는 무바라크 정권이 무너지는 것을 수수방관했다. 하지만 무바라크를 권력에서 몰아낸 연합은 무척 이질적인 세력들의 결합이었다. 연합 내부의 두 주요 집단은 도시화된 고학력 계층 출신의 자유주의적, 세속적 혁명가들과, 주로 농촌 지역에서 지지를 받는 이슬람주의 무슬림형제단이었다. 이집트가 어디로 가야 하는지에 대해 정반대되는 전망을 지닌 두 집단은 무바라크를 전복하자마자 곧바로 분열되었다. 무슬림형제단이 투표에서 승리한 결과 무함마드 무르시가 대통령이 되었다. 그러자 자유주의 시위대가 다시 타흐리르 광장에 나와서 이슬람주의자들이 이끄는 정부에 항의했다. 한층 의미심장하게도, 경제 엘리트들(그들과 군부의 갈등이 혁명의 근원에 있었다)은 이제 이집트가 자유와 점점 멀어진다고 느끼면서 공포에 사로잡혔다. 군부가 무르시를 전복하자 경제 엘리트들은 군부–경제 연합에 하위 파트너로 복귀했다. 2011~2014년 위기의 최종 결과로, 이집트는 전통적인—적어도 이집트로서는—권력 구성으로 복귀했다. 최소한 1,000년간 자리를 지킨 권력 구성이었다. 군부 엘리트들이 다시 집권했다.

잠시 이집트 역사를 살펴보면서 우리는 무엇을 배우는가? 우선 엘리트 과잉생산의 역할을 비롯한 불안정을 야기하는 힘들을 이해하기 위해서는 우리가 관심을 기울이는 나라의 제도적 틀 안에 이 힘들을 배치해야 한다. 이 제도적 틀과 그것을 떠받치는 정치 문화는 지역에 따라 크게 다를 수 있다. 하지만 각 나라의 제도적 틀과 정치 문화는 심지어 아주 강한 충격을 받은 뒤에도 종종 저절로 재구성되고 시간이 흐르면서 많은 회복력을 보여준다.

다른 사례인 중국을 살펴보자. 이집트(나 미국)와 달리 2,000여 년 동안 중국을 통치한 엘리트 집단은 권력의 주요 원천이 행정이었다. 다시 말해 관료 기구였다. 중국의 지배계급은 지방과 제국의 과거시험이라는 정교한 체계를 통해 충원되었다. 신임 관리들이 성공하기 위해서는 중국 고전을 집중적으로 익혀야 했다. 그 결과, 중국 관리들은 유학자이기도 했고, 따라서 행정 권력과 이데올로기 권력을 결합시켰다. 군과 경제의 엘리트들은 긴밀하게 통제되었고 국정 문제에 대한 발언권이 많지 않았다. 가장 최근에 이 체계에 가해진 충격은 공산주의 혁명이다. 그런데 오늘날 중국은 어디에 있을까? 지난 2,000년간 지킨 자리와 무척 흡사하다. 중국은 관료들로 이루어진 지배계급이 통치한다. 중국공산당Communist Party of China의 약칭인 CPC는 중국유교당Confucian Party of China의 약칭이라고 해도 무방하다. 동역학적 순환 이론의 관점에서 보면, 오늘날 중국은 청조의 후계자가 통치하고 있으며, 이를 '붉은 왕조Red dynasty'라고 불러도 무방하다. 각 왕조가 완수해야 하는 문화적 과제는 앞선 왕조의 최종적 역사를 쓰는 것이다. 2002년 중화인민공화국은 '청나라의 역사'를 완성하겠다고 발표함으로써 자신의 왕조 지위를 공식화했다.

중국 제국의 역사 내내 고위 관료들은 상인 계층을 엄격하게 통제했는데, 이는 '붉은 왕조'의 경우도 마찬가지다. 2021년 8월 17일, 중국의 현 통치자인 시진핑은 주요 연설을 하면서 함께 잘 살자고(공동부유) 호소하는 동시에 지나친 고소득 지반을 규제할 필요성을 강조했다. 서방 언론은 이를 부유층에 대한 공격으로 해석했다.[8] 하지만 이 선언은 새로울 게 전혀 없으며, 고위 관료들이 억만장자들에게 지금 중국의 지배자가 누구인지를 (다시) 상기시킬 뿐이다.

중국은 관료 제국의 원형적 사례이며 지난 2,000년 동안 관료 제국이었다. 하지만 군사화된 지배계급에서 행정적 지배계급으로 전환하는 것은 역사에서 적어도 규모가 큰 국가의 일반적 규칙이다. 엘리트 집단 권력의 주요 원천이 이데올로기나 경제에 있는 경우는 어떨까? 그런 국가들도 역사에서 발견되지만, 상대적으로 드물었다. 역사 속 신정神政 국가의 한 사례는 교황령이다. 오늘날 가장 적절한 신정 국가의 사례는 이란이슬람공화국으로, 이 나라에서는 궁극적 권력이 최고 지도자에게 주어지는데, 이 지도자는 원로 회의에서 선정되는 시아파 이슬람 성직자다.

금권정치 또한 역사에서 드물었다. 유명한 역사적 사례들로는 베네치아와 제노바 같은 이탈리아 상인 공화국들과 더불어 네덜란드공화국이 포함된다. 오늘날 가장 두드러진 금권정치의 사례는 미국이다.

미국 지배계급의 형성

우리는 한 사회가 어디에서 생겨났는지를 알지 못하면 어떤 시점에서도 그 사회를 이해할 수 없다. 이런 이유로 미국 지배계급에 관한 나의 설명은 그 기원으로 거슬러 올라가야 한다. 다행히도 우리는 시간을 아주 많이 되돌릴 필요 없이 남북전쟁 직후까지만 가보면 된다.

앞서 살펴본 것처럼, 남북전쟁 이전에 미국을 지배한 것은 남부의 노예주들과 북동부 상인 귀족들의 연합이었다. 남북전쟁에서 남부가 패배하면서 이 지배계급이 파괴되었다.[9] 남부에서 군입대 연령 남성의 4분의 1이 전쟁터에서 목숨을 잃었다. 더 지속적인 효과로 보면, 노예가 된 인간에 많은 비율로 투자했던 남부의 부가 노예 해방으로 파괴되었다. 더욱이, 남부인들의 재산이 전시에 피해를 입고, 남부연합이 발행한 전쟁 채권과 채무 증서가 전부 지불 거부를 당하면서 남은 자산의 상당 부분이 사라졌다. 정치 영역에서 보면, 남부연합이 패배하면서 공화당이 장기간 지배하기 시작했다. 1860년에서 1932년 사이에 민주당(오랫동안 백인 우월주의 남부의 당이었다)이 대통령을 배출한 것은 1884년과 1892년, 1912년 세 번뿐이었다.

영향력 있는 어느 역사학파는 남북전쟁과 그 여파인 남부 재건을 2차 미국혁명으로 간주하며 다만 미완의 혁명일 뿐이라고 본다. 남북전쟁은 노예를 해방시켰지만 인종 평등을 이루는 데는 완전히 실패했다. 따라서 이 전쟁의 주된 효과는 상층부에서 이루어진 혁명, 즉 엘리트 집단의 교체였다. 연방 정부에 대한 남부 노예주 엘리트들의 권력이 결정적으로 깨진 뒤, 그들 대신 북부 기업가들이 지배하는 새로운 지배계급이 등장했다.

케빈 필립스가 《부와 민주주의: 미국 부유층의 정치사Wealth and Democracy: A Political History of the American Rich》에서 말한 것처럼, 남북전쟁은 남부의 부를 파괴한 것과 동시에 북부 자본가들에게 막대한 부를 안겨주었다. 북부연방의 전쟁 채권은 수익성이 대단히 좋았다. 북부연방의 전쟁 체제에 물자를 공급하는 것은 훨씬 돈벌이가 쏠쏠했다. "19세기 말 엄청난 수의 상업, 금융 거물들—J. P. 모건, 존 D. 록펠러, 앤드루 카네기, 제이 굴드, 마셜 필드, 필립 아머, 콜리스 헌팅턴, 그밖에 몇몇 철도 재벌—은 대개 돈 주고 대리인을 사서 군 복무를 피한 다음 전쟁에 편승해서 미래의 성공으로 가는 사다리를 성큼성큼 올라선 젊은 북부인들이었다."[10] 1860년부터 1870년까지 불과 10년 만에 미국 백만장자의 수가 41명에서 545명으로 폭증했다.

새로운 지배계급의 부상은 미국의 정치-경제 관계에서 뚜렷한 변화를 가져왔다. 우리는 링컨 행정부 구성에 반영된 이런 경제적 전환을 볼 수 있다. 링컨의 경력에 담긴 이런 측면은 널리 강조되지 않지만, 그는 수많은 기업법을 실행하면서 중서부의 몇몇 철도, 특히 일리노이센트럴 철도와 협력했다. 링컨 행정부의 많은 성원들이 철도나 금융계와 확고한 연계가 있었다. 철도 장려책으로 서부 주들에서 활동하는 여러 철도 콘체른에 대규모의 토지가 양도된 것은 놀랄 일이 아니다. 철도 재벌들의 정치적 영향력은 연방 대법원 판사 선정에까지 확대되었다. 그 결과 "1876년에 이르면 철도 산업은 미국의 지배적인 정치-경제 세력으로 뚜렷하게 등장한 상태였다".[11]

링컨 행정부가 개시한 다른 입법도 북부 산업계의 지배를 반영했다. 북부 산업들은 높은 관세로 보호받았고, 전국 금융 시스템이 확립되었다. 태평양철도법은 정부 채권과 철도 기업들에 대한 광대한 토지 양도를 승인하면서 이런 국내 발전을 선호하지 않은 이전 정책을 뒤집었다. 링컨 대통령 재임기에 이루어진 입법의 상당수가 새로운 경제 엘리트의 요구에 따라 생겨났지만, 링컨은 또한 1860년 집권하는 데 결정적으로 기여한 다른 유권자들에게도 보상을 주었다. 급진적 노예 폐지론자들은 1863년 노예해방령을 얻어냈고, 2년 뒤에는 헌법 수정조항 제13조(노예제 폐지)가 뒤를 이었다. 노예 해방은 또한 북부 자본가들에게 이익이 되었다. 간접적이기는 해도, 남부 엘리트들이 빈곤에 빠지고 연방 차원에서 정책에 영향을 미칠 힘이 감소했기 때문이다.

이와 대조적으로, 1862년 자영농지법Homestead Act은 자유농민들에게 이득이 되었다. 이 법 덕분에 잉여 노동력이 서부에 남아도는 미개간 토지로 이동할 수 있었다. 2차적인 효과는 동부의 노동력 공급을 줄여서 임금을 끌어올린 것이다. 이런 탐탁지 않은 결과(물론 사업가들에게. 노동자들은 임금 인상을 환영했다)에 대응하기 위해 공화당이 지배하는 의회는 1864년 이민법을 통과시켰다. 자타가 공인하듯 입법 취지는 충분한 노동 공급을 보장한다는 것이었고, 이 법에 따라 유럽으로부터 노동자 수입을 촉진하는 이민국이 만들어졌다. 1864년 공화당 강령은 이런 조치의 중요성을 다음과 같이 설명했다. "과거에 수많은 부를 더해준 외국인 이민 유입과 자원 개발, 이 나라—모든 나라에서 억압받는 이들의 피난처—의 힘의 증대 등을 자유주의적이고 정의로운 정책으로 조성하고 장려해야 한다."[12]

남북전쟁 이후 엘리트들이 통합된 정도를 과장해서는 안 된다. 일단 낡은 지배계급이 '바람과 함께 사라지자', 새로운 지배계급 사이에서 곧바로 엘리트 내부의 충돌이 벌어졌다. 1870년에서 1900년 사이의 이른바 도금시대는 미국 역사에서 극히 혼란스럽고 말썽 많은 시기였다. 더욱이 1870년에 새로운 지배계급은 후에 공통의 정체성 인식을 단련하고, 엘리트들의 집단행동을 조정해서 이를 마르크스주의 용어를 빌리자면 "대자적 계급class for itself"으로 변신시키는 데 기여할 수 있는 제도가 아직 부족했다.

도금시대에 발전한 일련의 상층계급 제도는 엘리트들 사이의 소통을 향상시키는 동시에 엘리트와 평민을 가르는 분명한 경계선을 창조하는 이중의 기능을 갖고 있었다. 이른바 상류사회 성원들의 목록을 담은 명사인명록Social Register은 일종의 귀족 특허가 되었다. 엘리트 사교클럽과 아무나 들어갈 수 없는 여름 휴양지도 비슷한 기능을 했다. 엘리트 가정의 자녀들은 대부분 이 시기에 개교된 명문 기숙학교에 이어 아이비리그 대학에 다니면서 자기 계급으로 사회화되었다.

정치 경제 면에서도 비슷한 상황이 전개되었다. 도금시대 후반으로 가면서 존 D. 록펠러나 J. P. 모건 같은 거물을 포함해서 기업 지도자들이 제한 없는 경쟁은 모든 참가자에게 해가 된다는 생각을 점점 자주 입에 올렸다.[13] 그 결과로 생겨난 무질서에 대한 혐오와 예측 가능성의 추구는 1895~1904년의 대합병 운동Great Merger Movement 으로 귀결되었다. 대부분의 경우 이런 세기 전환기의 기업 연합체는 거의 곧바로 등장한 새로운 경쟁자들보다 경제적 효율이 떨어졌다. 하지만 이 연합체들이 누린 주요 이점은 경제적 효율의 증가가 아니라 기업의 정치권력 증대에 있었다. 1901년 제철 및 철강 공장들이 통합된 뒤《뱅커스매거진The Bankers' Magazine》 편집부는 통합에 관해 이례적으로 허심탄회하게 평했다.

기업가들이 개별 단위로서 각자 남들과 상관없이 필사적으로 경쟁하며 성공을 모색할 때는 정치 조직을 장악한 이들이 최고 권위를 누렸다. 그들은 법을 만들고 과세 수입을 활용해서 자기네 조직의 힘을 증강했다. 하지만 기업들이 결속의 힘을 알게 되면서 기업들은 점차 정치인의 권력을 전복하고 정치인을 기업들의 목적에 복종하게 만들고 있다. 입법부와 정부의 행정 권한이 점점 더 조직된 기업들의 요구에 귀를 기울일 수밖에 없다. 입법부와 행정부가 기업들의 완전한 통제를 받지 않는 것은 기업들의 결속이 아직 완전한 단계에 도달하지 못했기 때문이다. 최근 이루어진 제철과 철강 산업의 통합은 힘의 집중이 가능함을 보여주는 조짐이다. 모든 형태의 산업이 비슷하게 통합을 이룰 수 있는데, 만약 다른 산업들이 제철 및 철강과 관련된 사례를 모방한다면, 모든 생산 세력이 소집되어 몇몇 지도자들의 통제 아래 훈련받는 나라의 정부가 결국 이 세력들의 도구에 불과한 존재가 되

어야 함을 쉽게 알 수 있다.[14]

나중에(1920년 무렵) 벌어진 또 다른 발전은 정치학자 G. 윌리엄 돔호프G. William Domhoff가 '정책 기획 네트워크'라고 이름붙인 연합, 즉 대기업 지도자들과 상층계급 성원들이 나서서 미국의 정책 논쟁을 모양 지은 비영리기구들의 네트워크였다. 이렇게 서로 맞물린 재단, 싱크탱크, 정책 토론 그룹 등은 기업계로부터 자금을 받았고, 기업 인사들이 각 기구 이사회를 장악하면서 메시지를 통제했다. 대부분의 돈은 경제 엘리트 집단의 세 사람 손에서 나왔다. 철강왕 앤드루 카네기, 석유 재벌 존 D. 록펠러, 세인트루이스의 부자 상인 로버트 브루킹스가 그 주인공이었다.[15]

남북전쟁이 끝난 뒤 50년 동안 북부의 재계와 정계 엘리트들은 이런 식으로 진정한 국가적 상층계급으로 통합되었다. 좌파 성향 역사학자 가브리엘 콜코가 《보수주의의 승리The Triumph of Conservatism》에서 말한 것처럼, "재계와 정계 엘리트들은 서로 아는 사이였고, 같은 학교를 다녔으며, 똑같은 클럽에 속하고, 같은 부류의 집안과 결혼했으며, 동일한 가치관을 공유했다—사실상 최근에 '기득권 체제'라고 명명된 현상을 형성했다".[16]

오늘날 미국의 금권정치

미국의 대통령과 사회과학자, 공적 지식인 등이 미국이 금권정치 국가라는 생각을 표현한 바 있다.[17] 나도 그런 말을 했다. 하지만 나는 이 용어를 중립적 의미로, 즉 단지 경제 엘리트들이 지배하는 국가의 약칭으로 사용한다. (**금권정치**라는 말 자체는 '부의 지배'라는 의미다.) 그런데 이 용어에 숨은 의미는 무엇일까?

간단히 말해서, 미국에서 권력 피라미드의 꼭대기에 대기업 공동체가 존재한다는 것이다. 대기업, 은행, 로펌 등 대규모 소득을 창출하는 자산의 소유주와 경영자들이 그 주인공이다.[18] 몇몇 대기업 부문은 공공정책에 미치는 영향력과 응집력이 너무 큰 탓에 지난 시기에 군산복합체military-industrial complex나 FIRE(금융finance, 보험insurance, 부동산real estate) 부문, 에너지(석유와 가스, 전기) 부문, 실리콘밸리, 대규모 식품회사Big Food, 대규모 제약회사Big Pharma, 의산복합체medical-industrial complex, 교산복합체education-industrial complex 등 갖가지 별칭을 얻었다. 비당파적인 연구 그룹 오픈시크리츠OpenSecrets에 따르면, 2021년 로비스트 1만 2,000명이 37억 달러를 쓰면서 연방 차원의 정책에 영향력을 행사했다.[19] 로비 활동에 수억 달러를 쏟아붓는 최상위 세 산업은 제약, 전자, 보험이다.[20] 다른 산업들도 바짝 뒤를 쫓는다.

이 '계급 지배' 이론에 따르면, 대기업 공동체가 미국을 간접적으로 지배한다.[21] 대기업 공동체는 자신이 가진 '구조적 경제 권력' 덕분에 로비, 선거운동 자금 지원, 기업인의 선출직 공직 출마, 대기업 지도자의 핵심 공직 임명, '회전문'(정부와 산업 직책을 오가는 개인들의 이동) 등을 통해 정치 계급을 지배할 수 있다. 사실 경제와 행정의 두 권력 네트워크는 아주 철저한 방식으로 일심동체를 이루지만, 경제 네트워크가 지배적인 관계다.

대기업 공동체는 또한 매스미디어 대기업과 민간 재단, 싱크탱크, 정책 토론 그룹 등으로 구성된 정책 기획 네트워크를 소유함으로써 권력의 이데올로기적 토대를 통제한다. 사회 권력의 나머지 원천인 군대는 미국사를 통틀어 정치 네트워크에 철저하게 종속되었다. 미래의 장교들은 그들을 지휘하는 정치 지도자들에게 복종하는 문화를 주입받으며, 최고위급에서 장군과 제독들은 후한 보상을 받는 은퇴 후 지위, 즉 정부 계약에 의지하는 기업들의 이사회 자리를 차지하는 걸 기대한다.

음모론 대 과학

미국이 금권정치 국가라고 규정하는 것은 분명 음모론이 아니다. 그것은 과학적 이론이다. 무슨 차이일까?

첫째, 몇몇 음모론은 사실임을 인정하도록 하자. 역사에는 다른 집단이나 사회 전체를 희생시키면서 자신들의 이익과 목표를 추구하기 위해 은밀하게 음모를 꾸민 집단의 사례가 많다. 가이 포크스와 동료 음모자들은 실제로 1605년 의사당을 날려버리려는 계획을 짰다. 제임스 1세를 가톨릭 군주로 교체하기를 원했기 때문이다. 리처드 닉슨 행정부는 실제로 정치적 반대파의 사무실을 도청하고 정치인과 활동가를 괴롭히는 등 다양한 불법 행동을 벌이고 그 후 이를 은폐하려고 시도했다. 때로 진짜 음모를 폭로하려는 사람들이 음모론자로 무시당하거나 심지어 정신질환자로 몰리기도 한다. '워터게이트의 카산드라' 마사 미첼Martha Mitchell에게 이런 일이 벌어졌다.[22] 따라서 아래의 논의는 음모가 아니라 음모론에 관한 내용이다.

음험하고 사악한 동기를 지닌 집단이 미국 정부를 통제한다거나 억압적인 글로벌 국가를 만들려고 한다는 음모론이 숱하다. 이런 '그림자 정부'와 '새로운 세계 질서' 이론들은 중앙은행이나 조직화된 유대인, 프리메이슨, 일루미나티, 예수회, CIA, 유엔, 세계경제포럼 등이 현실의 정치권력을 잡고 있다고 가정한다. 과거에는 소련 공산주의자들이 흔히 등장하는 귀신이었지만, 소련이 붕괴한 뒤 음모 판타지의 초점이 중국 공산주의자들(우파의 경우)과 블라디미르 푸틴의 러시아(좌파의 경우)로 옮겨갔다. 가령 오스키퍼스 창립자인 스튜어트 로즈는 '중공 세력Chicoms'이 미국 정부에 전면 침투해 있다고 믿는 반면,[23] MSNBC의 〈레이철 매도 쇼The Rachel Maddow Show〉는 2017년 러시아 정부가 트럼프 대통령을 배후 조종한다고 거듭 주장하면서 엄청난 시청률을 기록했다.[24]

음모론이 과학 이론과 구별되는 특징은 무엇일까?[25] 우선, 음모론은 배후 지도자들이 품은 동기를 모호하게 설명하거나 현실성 없는 동기를 부여한다. 둘째, 음모론은 그 지도자들이 대단히 영리하고 식견이 있다고 가정한다. 셋째, 강력한 한 지도자나 소수 도당의 수중에 권력을 부여한다. 마지막으로, 불법적 계획을 무한히 긴 시기 동안 계속 비밀에 부칠 수 있다고 가정한다. 과학 이론은 계급 지배 이론과 마찬가지로 무척 다르다. 이 네 가지 지점을 순서대로 검토해보자.

첫째, 부의 소유자들이 품은 동기는 매우 투명하다. 그들이 자신이 가진 부를 줄이는 것보다는 늘리기를 원한다는 점을 이해하기 위해서 독심술사가 될 필요는 없다. 이는 물론 굉장한 단순화다. 인간은 여러 가지 중첩된 동기를 추구하는 복잡한 존재다. 서로 다른 사람들은 물질주의적이고 이상주의적인 목표가 각기 다르게 뒤섞인 동기를 추구한다. 하지만 부의 소유자들이 하나의 계급으로서 공유하는 한 동기는 대체로 자신이 가진 부를 지키고 늘리려는 욕망이다. 모든 이론(과 모델)은 어지러운 현실을 지나치게 단순화하지만, 이런 가정은 훌륭한 근사치다.

둘째, 계급 지배 이론은 또한 대기업 계급이 정치 계급을 지배하는, 경험적으로 입증 가능한 메커니즘을 보여준다. 이 메커니즘은 대형 정치활동위원회PACs(미국에서는 기업이나 노동조합 등의 이익집단이 후보자, 정당을 직접 후원하는 것이 법으로 금지되어 있기 때문에 정치활동위원회를 설립해서 정치자금을 기부한다.—옮긴이)를 설립하고, 로비스트에게 자금을 지원하고, 후보에게 선거운동 기부금을 내고, 계급 성원들이 직접 공직에 출마하는 식으로 이루어진다. 또한 공직 보유자는 주류 미디어를 통해 더욱 영향을 받는데, 이 미디어는 일반적으로 경제 엘리트들의 소유물이며 무엇이 '뉴스'가 되는지에 관해 전반적인 이해를 공유한다. 입법의 세부 내용은 종종 싱크탱크와 로비스트들이 작성하는데, 이들 역시 경제 엘리트들이 통제한다.

셋째, 중심은 존재하지 않는다. 경제 엘리트들은 정교한 지휘통제 위계와 한 명의 최고 사령관을 둔 군대와는 매우 다른 방식으로 조직된다. 그 대신 특권층 사립 고등학교와 대학교, 컨트리클럽과 골프장에서 자기들끼리 어울리는 권력 네트워크 성원들이 집단행동을 가능하게 만든다. 그들은 대기업 이사회에서 같이 일하고, 상공회의소나 산업협회, 글로벌 회합(다보스 포럼 등) 같은 다양한 전문직 그룹과 모임에 참여한다. 구체적인 정책은 서로 맞물린 싱크탱크, 기관, 자선 재단의 정책 기획 네트워크에서 협의해서 만든다. 다시 말하지만, 중심은 존재하지 않는다. 최고 지도자도, 소수 내부 도당도 없다. 그 대신 수천 명의 개인들로 이루어진 비위계적 네트워크 안에서 권력이 분산된다. 그리고 네트워크를 이루는 각기 다른 마디 사이에 견해차와 심지어 충돌도 존재한다. 지배계급 내의 통일과 응집의 정도는 동적인 양이다. 시간에 따라 바뀐다. 이 점에 관해서는 뒤에서 다시 이야기할 것이다.

마지막으로, 비밀주의와 투명성이라는 반대되는 특징이 있다. 물론 지배계급 성원들은 종종 자신들의 부정한 행위를 대중이 눈치채지 못하게 하려고 노력한다. 그들은 빗장 단지gated community에서 거주하며 평민들은 들어갈 수 없는 비공개 클럽에서 서로 어울린다. 하지만 사회학자들이 지배계급의 내부 작동을 연구하기 위해 사용하는 데이터는 공식 기록의 문제다. 오픈시크리츠 같은 단체들은 미국의 정치와 정책에 돈이 어떤 영향을 미치는지에 관한 방대한 양의 데이터를 축적하고 있다.[26] 사회학자들은 미국 파워 엘리트의 네트워크를 공들여 재구성하고 있다. 돔호프가 만든 인터넷 자료방인 후룰스아메리카닷넷whorulesamerica.net에서 이를 볼 수 있다.[27]

음모론과 과학 이론의 가장 중요하고 정말로 결정적인 차이는 후자는 데이터로 검증할 수 있는 새로운 예측을 내놓는다는 것이다. 계급 지배 이론은 돔호프가 50년 전에 처음 제안했으며, 그 이래로 다른 사회과학자들이 그 예측을 검증할 수 있는 많은 시간이 있었다.

부와 영향력

미국 국가가 어떻게 기능하는지에 관해 학교에서 가르치는 이론은 에이브러햄 링컨이 정부를 두고 한 말로 깔끔하게 요약된다. "국민의, 국민에 의한, 국민을 위한." 사회학자들은 이런 거버넌스 개념을 '다수결 선거 민주주의'라고 부른다. 이 이론은 보통 시민들의 집단적 의지가 민주적 선거 과정을 거쳐 전달되어 정부 정책을 결정한다고 가정한다. 또한 의회가 새로운 입법을 채택하는 등의 정책 변화는 주로 전형적인 시민, 또는 '중간 유권자'의 선호를 반영할 것이라고 예상한다. 이와 대조적으로, 계급 지배 이론은 정책 변화가 경제 엘리트의 선호만을 반영할 것으로 예상한다. 그렇다면 무엇이 정답일까?

정치학자 마틴 길런스Martin Gilens는 소규모 연구 조교들의 도움을 받아 방대한 데이터 집합을 수집했다. 1981년에서 2002년 사이에 2,000건에 육박하는 정책적 쟁점이었다. 각 사례마다 제안된 정책 변화와 그 제안에 관한 찬반을 묻는 국민 여론조사를 연결시켰다. 가공되지 않은 여론조사 데이터가 제공한 정보 덕분에 길런스는 빈곤층(소득 분포에서 최하위 10분위수)과 전형적인 계층(소득 분포의 중위)의 선호를 부유층(상위 10퍼센트)의 선호와 분리할 수 있었다.[28]

이 주목할 만한 데이터 집합을 통계 분석한 결과, 빈곤층의 선호가 정책 변화에 아무런 영향도 미치지 못함이 드러났다. 전혀 예상하지 못한 결과는 아니다. 놀라운 것은 평균적 유권자 효과가 전혀—무無, 0— 없었다는 것이다. 정책 변화의 방향에 주로 영향을 미치는 것은 부유층의 정책 선호였다. 이익집단이 추가로 영향을 미치기도 했는데, 기업 중심 로비가 가장 영향력이 컸다. 통계 모델에 상위 10퍼센트와 이익집단의 선호를 포함시키면, 보통 사람의 영향력은 통계적으로 0과 구별할 수 없다.

그렇다고 해서 일반 시민들이 언제나 지는 쪽이라는 말은 아니다. 일반 시민들이 부유층과 견해를 같이하는 정책 쟁점이 많이 있으며, 이런 정책 변화는 쉽게 실행된다. 하지만 증거로 볼 때, 보통 사람과 경제 엘리트의 견해가 갈리는 쟁점들은 언제나—**언제나**—엘리트에게 유리하게 해결된다. 바로 이런 게 금권정치다.

다수결 선거 민주주의 이론 이야기는 여기서 그만하기로 하자. 다만 이 분석이 지닌 몇 가지 특징이 실제로 계급 지배 이론에 불리하게 결과를 기울였다는 점은 덧붙여야겠다. 우리는 사실 상위 10퍼센트의 선호와 상위 1퍼센트의 선호(그리고 더 나아가 상위 0.01퍼센트의 선호)의 영향력을 구분하기를 원한다. 어쨌든 돔호프가 확인한 권력 네트워크에 속한 성원들은 인구의 극소수 일부를 구성한다. 하지만 길런스와 그의 연구팀이 접근할 수 있었던 데이터를 가지고는 이렇게 미묘한 구분을 할 수 없었다. 또 다른 고려할 점은 이 분석이 정치학자들이 말하는 이른바 '권력의 첫 번째 측면', 즉 이론의 여지가 있는 쟁점에 대해 정책적 결과를 모양 지을 수 있는 시민의 능력만을 다루었다는 것이다. 하지만 정책 결정권자들이 검토하는 쟁점들의 의제를 모양 짓는 '권력의 두 번째 측면'은 엘리트들이 자신이 원하는 바를 얻을 수 있는 미묘하면서도 대단히 강력한 방법이다. 마지막으로, '권력의 세 번째 측면'은 대중의 선호를 모양 지을 수 있는 이데올로기적 엘리트들의 능력이다.

세 번째 측면은 가장 미묘하고, 어쩌면 거의 은밀한 종류의 권력이다. 그 유효성을 보여주는 사례로 내가 선호하는 것은 '사망세' 밈이다. 한 싱크탱크의 똑똑한, 아니 거의 사악한 선전가가 최상위 부유층에 대한 상속세를 없애기 위해 고안한 것이다. 보통 사람들은 제안된 이 세금이 슈퍼리치에게만 영향을 미칠 것임을 분명히 깨닫지 못한 채 "내가 자녀에게 남기는 내 돈을 노리는 그 더러운 발톱을 거두라"고 정부에 반대하는 목소리를 높인다.[29]

길런스가 수행한 탁월한 연구는 과학이 어떻게 작동하는지를 보여주는 훌륭한 사례다. 과학자들은 두 개 이상의 경쟁 이론들(이 경우에는 계급 지배 이론과 다수결 선거 민주주의 이론)을 골라 각각에서 특정한 예측을 끌어낸 뒤, 데이터를 모아서 어떤 이론이 정확한지 살펴본다. 다수결 선거 민주주의는 아름다운 이론이지만 유감스럽게도 추악한 사실들로 난도질당한다.[30]

이민

미국에서 권력이 어떻게 작동하는지를 더 잘 이해하게 되었으므로 이제 이를 활용해서 미국 민주주의에 관한 수수께끼 하나를 고찰해보자. 논쟁을 일으키는 이민의 정치가 그것이다. 여러 여론조사에 따르면, 미국인들은 불법 이민에 강하게 반대한다.[31] 기업들이 채용 희망자의 신분을 파악할 수 있는 국토안보부 웹사이트 E베리파이E-Verify가 있기는 하지만, 연방 정부 차원에서 고용주들이 이를 활용할 것을 요구하지는 않는다. 많은 이들은 신분 확인을 법적 요건으로 만드는 게 현재의 시스템보다 불법 이민을 줄이기 위한 훨씬 효과적이고 인도적인 방식이라고 믿는다. 분명 이 복잡한 문제에는 여러 측면이 존재한다. 하지만 국경 보안과 이민자 구금에 수십억 달러를 쏟아부어야 하는 해법을 시행하는 반면— 최소한으로 말해서, 완전한 성과도 얻지 못한 채—애당초 이민자들을 이 나라로 끌어들이는 돈을 차단할 수 있는 해법은 한 번도 시도하지 않았다면, 의문을 품어야 한다. 로마인들이 흔히 말한 것처럼, 그 범행으로 누가 이익을 얻는가Cui bono?

앤절라 네이글Angela Nagle은 〈개방된 국경에 대한 좌파의 반론The Left Case Against Open Borders〉에서 이렇게 말한다. "이민을 둘러싼 미국의 대중적 논쟁에서 감정이 고조된 가운데 단순한 도덕적, 정치적 이분법이 지배한다."[32] "'이민에 반대'하는 쪽은 '우파'이고 '이민에 찬성'하는 쪽은 '좌파'다. 하지만 이민의 경제학은 다른 이야기를 들려준다." 물론 경제학은 이민에 관한 공공정책에 영향을 미치는 여러 고려 사항 중 하나일 뿐이다. 이민은 굉장히 감정적인 쟁점이 되고 있다. 네이글이 덧붙이는 것처럼,

이민국에 범죄자로 쫓기는 저임금 이민자들, 지중해에서 익사하는 이민자들, 세계 곳곳에서 우려스러울 정도로 높아지는 반이민 정서 등의 불쾌한 이미지들이 등장하면서 좌파가 불법 이민자들이 단속의 표적이자 희생양이 되는 데 맞서 그들을 옹호하고자 하는 이유를 알기란 어렵지 않다. 마땅히 그래야 한다. 하지만 이민자들의 인간적 존엄을 옹호하려는 올바른 도덕적 충동을 바탕으로 행동하는 좌파는 결국 전선을 너무 뒤로 잡아당기면서 사실

상 이주의 착취 시스템 자체를 옹호하고 있다.

네이글을 따라 표면 아래에 있는 구조적 쟁점을 주목해보자. 경제학만이 아니라 한층 심층적으로 권력까지 주목해야 한다.

경제적 주장은 아주 분명하다. 대규모 이민 유입은 노동력 공급을 늘리고, 이는 다시 노동력 비용, 다시 말해 노동자 임금을 떨어뜨린다. 분명 이런 상황 전개는 노동력의 소비자(고용주 또는 '자본가')들에게 유리하고 노동자에게 불리하다.

물론 3장에서 살펴본 것처럼, 이민은 임금에 영향을 미치는 많은 요인 가운데 하나일 뿐이다. 장기 데이터 추세를 통계 분석해보면 지난 수십 년간 미국에서 특히 고졸 이하 노동자들에게 이민 유입이 임금 정체/감소를 낳은 유일한 요인은 아닐지라도 중요한 요인이었음이 드러난다.[33] 미국 역사에서 19세기 말 이민이 가장 크게 급증한 시기가 첫 번째 도금시대와 일치한 데에는 이유가 있다. 도금시대는 우리 시대와 맞먹는 유례없는 극단적 소득 불평등과 대중 궁핍화의 시기였다. 물론 한 사회 체계에 이런 외적 투입이 가해지면 여러 영향이 생겨난다. 도금시대에 미국으로 온 이민자들은 이 나라에 막대한 부를 안겨주었고 오늘날의 이민자들도 마찬가지다. 하지만 이민자들은 또한 힘의 균형이 노동자로부터 소유주 쪽으로 기울게 만들면서 부의 펌프를 가속화했다. 노동자 임금을 보호하는 강력한 제도가 없다면, 노동력의 과잉 공급은 임금을 떨어뜨릴 것이다. 수요공급의 법칙이 작동하기 때문이다. 하버드의 경제학자 조지 보르하스George Borjas(그 자신이 이민자다)는 2016년 저서 《우리는 노동자를 원했다: 이민 서사를 파헤치다We

Wanted Workers: Unraveling the Immigration Narrative》에서 이민 유입의 주요 효과는 경제에 유익한 것인지 장애물인지 여부가 아니라고 설명한다. (약간 긍정적인 효과를 발휘한다.) 그보다 주된 효과는 승자와 패자를 창출한다는 것이다. 미숙련 이민자가 대규모로 유입되면 저학력 토박이 노동자의 임금이 떨어진다. 대학 교육을 받지 못한 흑인 미국인 같은 이미 불리한 공동체가 특히 심각하게 영향을 받는다. 하지만 그들의 임금 감소는 이민자를 고용하는 이들—기업 소유주와 경영자—의 수익 증대로 바뀐다.[34]

네이글이 지적하는 것처럼, 카를 마르크스는 분명히 이렇게 생각했다. 그는 "저임금 아일랜드 노동자들이 잉글랜드로 유입되면 잉글랜드 노동자들과 적대적 경쟁으로 내몰릴 수밖에 없다"고 주장했다. 그는 이를 노동계급을 분할하고 식민지 체계의 확대를 나타내는 착취 체계의 일부로 보았다. 부정적인 영향을 받는 이들—노동자들과 그들의 조직—도 이런 영향을 분명히 알았다.

1882년 첫 번째 이민 제한법에서부터 1969년 고용주들이 불법 이민자를 활용하고 부추기는 데 항의한 세사르 차베스Cesar Chavez 와 저 유명한 다종족 노동조합인 전미농장노동자연합United Farm Workers에 이르기까지 노동조합들은 종종 대규모 이민에 반대했다. 그들은 불법적인 저임금 노동자를 고의적으로 수입하는 것은 노동자들의 교섭력을 약화시키는 수단이자 착취의 한 형태라고 보았다. 노동조합의 힘은 정의상 노동력 공급을 제한하고 중단하는 그들의 능력에 좌우되며, 전체 노동력을 쉽고 값싸게 대체할 수 있게 되면 이런 능력이 불가능해진다는 사실을 회피할 수는 없다. 열린 국경과 대규모 이민 유입은 사장들의 승리다.

당연한 얘기지만, 미국의 경제 엘리트들 또한 이민 유입이 지속되면 노동자 임금을 떨어뜨리고 자신들의 자본 수익을 증대할 수 있음을 잘 알았다. 1886년, 앤드루 카네기는 이민 유입을 "해마다 나라로 흘러드는 황금 개울"에 비유했다.[35] 19세기에 대기업 공동체는 종종 미국 국가를 활용해서 이런 '황금 개울'이 계속 흐르도록 보장했다. 1864년(링컨 행정부 시기)에 의회가 이민장려법을 통과시킨 것을 생각해보라. 그 조항 가운데 하나는 연방이민국을 설립하는 것이었는데, 이 부서를 만든 공공연한 의도는 '**잉여**[강조는 지은이] 노동력을 개발하는 것'이었다. 오늘날 기업 지도자들은 훨씬 더 신중하다.

네이글의 주요 논점의 본질을 파헤쳐보면, 지배 엘리트들이 세계화를 휘두르는 것은 비엘리트들을 희생시키면서 자신들의 권력을 증대시키기 위해서다. 이런 또 다른 부의 펌프는 노동자들의 것을 빼앗아 '사장들'에게 안겨준다. 이는 또한 글로벌한 부의 펌프로, 부를 개발도상국들에서 부유한 지역으로 이전시킨다. 이렇게 추가된 부의 일부는 대기업들을 위한 더 큰 정치권력으로 전환된다. 더 나아가, 토박이 노동자와 이민 노동자의 적대적 관계는 그들의 조직화 능력을 좀먹는다. 네이글이 주장하는 것처럼, 그 결과,

선한 의도로 무장한 오늘날의 활동가들은 대기업이 유용하게 써먹는 바보들이 되고 있다. 그들이 '열린 국경' 옹호론—과 어떤

식으로든 이주를 제한하는 것을 이루 말할 수 없는 악으로 간주하는 격렬한 도덕적 절대주의—을 채택하면서 대규모 이주의 착취 체계에 대한 어떤 비판도 사실상 신성모독이 된다.

'현실'과 '이상'

누가 미국을 지배하는가라는 구체적인 질문에서 물러나보면, 과학—과 인생—에서 '현실'과 '이상'을 구별하고 후자가 전자를 덮어버리지 않게 하는 것이 중요하다. 우리의 민주주의가 시민 교과목에서 가르치는 것만큼 그렇게 민주적이지 않음을 입증한 돔호프와 길런스 같은 사회과학자들은 반민주적이지 않다. 오히려 정반대다. 그들은 우리 사회가 더 잘 작동하도록 만들려는 열망으로 움직인다. 그리고 우리가 상황을 개선하는 유일한 방법은 현실이 어떻게 작동해야 하는지를 예단하고 그런 예상을 강요하는 것이 아니라 실제로 어떻게 작동하는지를 이해하는 것이다. 너무도 분명한 사실이라 말할 필요도 없다. 하지만 우리가 소리 높여 말해야 하는 것은 불쾌한 발견을 한 과학자들이 박해를 받았기 때문이다. 갈릴레오는 자신의 의견을 철회해야 했고, 조르다노 브루노는 화형당했다. 오늘날 대중의 구미에 맞지 않는 진실을 발견하는 과학자는 '혐오스러운 사실'을 공급하는 장사꾼이라는 꼬리표가 붙을지도 모른다. 우리가 논하는 주제로 좁혀보면, 지배계급의 작동을 폭로하는 이들은 '계급 전사'라고 비난받는 위험을 무릅쓰는 셈이다.

6장

왜 미국은
금권정치인가?

미국 예외주의

미국에서 경제 엘리트들이 정부를 지배하는 정도는 다른 서방 민주주의 국가들에 비해 대단히 이례적이다. 덴마크나 오스트리아 같은 나라들의 지배계급은 국민의 바람에 상당히 관심을 보이고 반응한다. 전후 시기에 이 나라들은 사회민주당이나 사회당 같은 강력한 중도좌파 정당이 통치했다. 중도좌파 정당과 중도우파 정당이 번갈아 권력을 잡았지만, 서유럽 민주주의 국가들의 지배 엘리트들은 복지 국가에 찬성하는 강력한 합의를 폭넓게 공유했다. 자국 시민에게 높은 수준의 삶의 질을 제공할 수 있는 능력을 기준으로 유엔 회원국 순위를 매겨보면, 덴마크나 오스트리아 같은 나라들이 대체로 최상위권을 차지한다. 최근까지 이 나라들은 대부분 경제적 불평등이 증대하는 전 세계적 추세에 저항했다. 삶의 질의 여러 지표(기대수명, 평등, 교육)에서 미국은 서방 세계에서 아웃라이어다. 왜 그럴까?

그 이유는 역사와 지리가 미치는 효과에 있다.[1] 지정학적 환경과 인종/종족이라는 두 주요 요인이 특히 중요하다.

미국 금권주의의 역사적, 지리적 기원을 이해하기 위해 잠시 샛길로 빠져 지난 5세기 동안의 서유럽 역사에서 출발해보자. 1500년 이전에 유럽에는 500개가 넘는 국가와 소국이 존재했는데, 그중 일부는 제국의 자유도시나 독립적 공국처럼 무척 작았다. 신정국가(교황령) 한 곳을 제외하면, 이 정치체들은 군사정치나 금권정치로 통치되었다. 금권정치는 이탈리아부터 라인강 유역까지, 그리고 발트해 연안 지역을 따라 이어지면서 유럽 한가운데를 길게 관통하는 도시화된 지역에서 특히 흔했다. 전형적인 사례로는 이탈리아 북부의 도시 공화국들과 발트해 무역을 장악한 한자동맹 회원국들을 들 수 있다.

이후 4세기 동안, 이런 지정학적 풍경이 완전히 개조되었다. 첫째, 유럽의 전체 국가 수가 500개 이상에서 고작 30여 개로 대폭 줄어들었다. 둘째, 대부분의 금권정치 국가가 사라지고 군사정치에 흡수되었다. 그 이유는 무엇일까? '군사혁명'이라는 한 단어로 요약할 수 있다.[2]

15세기 동안 화약 무기가 급속하게 발전하면서 1500년에 이르면 전쟁의 성격 자체가 바뀌었다. 또 다른 중요한 기술적 진전은 원양선의 발달로 새로운 화약 제국들의 지리적 범위가 극적으로 확대된 것이다.[3] 유럽은 이런 발전의 선구자였는데, 이는 유럽이 북아메리카의 사촌인 미국과 나란히 1900년 무렵 전 세계를 지배했던 이유를 설명해준다. 격렬한 전쟁이 벌어지는 조건은 더 크고 응집력이 높은 국가들에 유리하다. 소규모 공국과 도시국가들은 이제 더는 성벽 뒤로 숨을 수 없었다. 대포로 쉽게 성벽을 뚫을 수 있었기 때문이다. 유럽 국가들 사이에 격렬한 군사적 경쟁이 벌어지면서 대규모 군대를 모으고, 머스킷총과 대포를 대량으로 생산하고, 대포 공격을 버틸 수 있는 값비싼 현대적 요새를 건설하지 못하는 국가들은 제거되었다. '군사혁명'은 또한 거버넌스와 재정에서도 혁명을 촉발했다. 성공적인 국가는 인구로부터 부를 효율적으로 뽑아내서 활용하는 법을 배워야 했기 때문이다. 2,000년 전에 로마인들이 즐겨 말한 것처럼, "돈은 전쟁의 힘줄이다".[4] 그 결과, 중세 군사정치는 점차 군사 기능과 행정 기능을 결합하는 지배계급으로 발전했다.

대부분의 금권정치 국가는 빠르게 사멸했지만, 일부는 다른 국가들보다 오래 살아남았다. 석호로 보호받는 섬들에 자리한 베네치아 공화국은 이탈리아의 다른 도시국가들보다 오래 지속되었다. 네덜란드는 21세기까지 살아남았는데, 수로와 운하 덕분에 공격 작전이 어려웠던 탓도 있다.

가장 흥미로운 사례는 잉글랜드다. 잉글랜드는 1066년 이후 노르만족의 지배 아래 전형적인 중세 군사정치 국가로 등장했다. 하지만 브리튼 제도에서 보호받는 위치 덕분에 일단 잉글랜드가 다른 모든 섬을 정복하자 상비군 없이도 유지될 수 있었고 실제로도 그랬다(적어도 잉글랜드 자체 안에서는). 군사 계급으로 출발한 대지주 계급squirearchy은 점차 군사적 성격을 상실하고 단순한 지주 계급이 되었고, 여기서 영국 의원들이 선출되었다. 대상인 계급이 발전한 것은 영국이 구축한 세계 제국 덕분이었다. 유럽의 다른 강대국들이 대부분의 자원을 지상군에 투입하지 않으면 정복당할 수밖에 없었던 것과 달리, 대영 제국은 자원을 해군에 쏟아부었다. 그 결과, 영국은 경제 기능과 행정 기능을 결합한 엘리트의 지배를 받게 되었다.

미국 남북전쟁 전의 지배계급은 잉글랜드 지주 계급의 직접적인 파생물이었다. 버지니아와 남북 캐롤라이나, 조지아에 정착한 이들은 잉글랜드 내전에서 패배한 찰스 1세를 지지하는 파벌인 왕당파Cavaliers였다. 그들은 귀족적 생활방식과 계약하인indentured servants[주인이 유럽에서 아메리카로 가는 경비와 숙식을 제공해주는 대신에 정해진 기간 동안(주로 4~5년) 하인으로 봉사하는 제도로, 아메리카 개척 초기인 17세기에 유행했다.—옮긴이]을 함께 들여왔다. 얼마 지나지 않아 계약하인은 수입된 아프리카인, 즉 평생 노예가 된 이들로 대체되었다. 대영 제국에 맞선 혁명전쟁에서 승리한 뒤, 승자들은 독자적인 국가를 세우기 시작했다. 남부 농장주들과 북부 상인들은 대체로 자신들에게 익숙한 문화적 형태의 거버넌스를 베꼈다. 초기 아메리카공화국은 군주(그 시점에 이르러 군주는 대영 제국에서도 어쨌든 명목상의 인물로 전락하는 중이었다)가 없기는 했지만 영국을 본뜬 과두제였다. 그 결과 미국은 금권정치를 '문화적 유전자형'의 일부로 물려받았다.

물론 미국은 넋 놓고 있다가 갑자기 거대한 영토국가가 된 게 아니다. 17세기에 처음 유럽 식민지들이 세워진 때부터 19세기 말까지 영토 확장은 격렬한 종족 말살로 치달은 충돌 속에 아메리카 원주민들을 희생시키면서 이루어졌다. 아메리카는 또한 영국인들

에 맞서 싸웠다(미국혁명과 1812년 미영전쟁에서). 멕시코-미국전쟁
(1846~1848)에서 미국은 멕시코의 절반을 집어삼켰다.

　하지만 대기업 금권정치가 남북전쟁에서 전쟁 전 지배계급
을 무너뜨렸을 때, 이런 대륙 팽창 과정이 거의 완성되었다. (변
경frontier은 과거지사라고 선언되었고, 1890년에 이르면 아메리카 원주민
은 사실상 전부 보호구역에 갇혔다.) 멕시코나 캐나다는 미국에 전혀
위협이 되지 않았다. 북아메리카는 거대한 두 해자―대서양과 태
평양―에 의해 어떤 잠재적 위협으로부터도 보호받는 거대한 섬
이다. 미국에 존재했던 군사정치는 남북전쟁으로 파괴되었다. 남
북전쟁 당시 미국 직업군인 장교의 압도적 다수가 패자 쪽에서 싸
웠기 때문이다. 1914년 전에 관료 기구는 사라져가는 소수로서,
GDP에서 연방 정부가 점유하는 비중은 2퍼센트에 불과했다. 어
쨌든 변변치 않은 수준의 행정 기구는 금권정치가 철저하게 지배
했다. 1828년에서 1900년 사이에 악명 높은 '엽관제' 덕분에 대부
분의 연방 관리들(지방 우체국장에 이르기까지!)이 선거에서 승리한
당에 의해 교체되었다.

　남북전쟁 이후 금권정치가 형성되는 시기에 이 체제에는 내부
나 외부에 어떤 중대한 경쟁자도 없었다. 일단 금권정치가 자리를
잡자 사회혁명 없이 그것을 몰아내기는 극도로 어려워졌다. 그리
하여 미국 금권정치의 부상은 대부분 그 역사적 선조들과 지리적
환경으로 설명할 수 있다. 하지만 금권정치가 계속 생존하고 21세
기에 개화한 것은 대체로 두 번째 원인, 인종과 종족 때문이다.

그리고 그는 짐 크로 법을 먹어치웠다

이런 주장을 구체적으로 설명하기 위해 미국과 덴마크를 비교해보자. 19세기 동안 덴마크의 산업화는 다른 유럽 나라들과 마찬가지로 대공장에 집중된 노동계급의 탄생으로 귀결되었고, 이로써 노동자 조직이 한층 효율적으로 바뀌었다. 첫 번째 사회민주당은 1871년 코펜하겐에서 루이스 피오Louis Pio, 하랄 브릭스Harald Brix, 파울 겔레프Paul Geleff가 창설했는데, 세 사람은 후에 덴마크 노동운동의 성삼위일체로 알려지게 된다. 모두 비엘리트 출신이었다. 피오는 소작농의 아들이었고, 다른 둘은 '소부르주아'였다. 하지만 그들은 좋은 교육을 받고 마르크스의 저작을 많이 읽었으며, 편집인과 출판인으로 일했다. 사회민주당은 1884년에 처음 덴마크 의회에 진출했다. 1924년 당은 37퍼센트를 득표해서 덴마크 최대 정당이 되었다. 지도자인 토르발 스타우닝Thorvald Stauning(노동계급출신)은 총리가 되었다. 사회민주당은 한 차례 임기만 통치하고 자유주의자들에게 정권을 내주었지만, 1929년에 다시 집권했다. 그리하여 덴마크 사회민주당이 반엘리트에서 기성 엘리트로 변신하는 데 60년이 걸렸다.

피오와 브릭스, 겔레프는 성급한 극단주의자였던 반면, 스타우닝은 대화의 기술을 완성하면서 급진 이념과 자유주의 이념을 뒤섞고 야당과 타협을 이루었다. 1933년 스타우닝은 칸슬레르가데 협정Kanslergade Agreement을 교섭했다. 훗날 북유럽 모델로 알려지게 되는 합의의 토대를 닦은 협정이었다. 북유럽 모델의 핵심 특징은 노동, 기업, 정부가 공익을 위해 함께 노력하는 삼자 협력이다. 각각의 북유럽 나라는 사회민주주의로 나아가는 독특한 경로를 따랐지만, 덴마크는 다른 나라들에 청사진과 영감을 제공했다.[5] 북유럽 모델은 사회가 구성원들에게 높은 수준의 삶의 질을 제공할 수 있는 대단히 성공적인 길임이 입증되었다. 최근 미국에서는 중도우파 지식인(가령 프랜시스 후쿠야마)과 진보좌파 정치인(가령 버니 샌더스)이 공히 모방할 만한 모델로 덴마크를 거론하고 있다.

한동안 미국도 비슷한 궤적을 따랐다. 1890년대에 미국에서 생겨난 포퓰리스트당Populist Party과 사회주의 정당들은 집권에 이르지는 못했지만, 주류 미국 정치에 영향을 미쳤음은 부정할 수 없다. 주류 정당 중 하나인 민주당은 프랭클린 루스벨트의 지도 아래 거의 사회민주주의 정당이 되었다. 진보의 시대와 뉴딜 시기에 개혁 정책을 채택한 결과, 미국은 여러 면에서 '북유럽 나라'가 되었다. 이런 궤적에 관해서는 이 장 뒷부분에서 자세히 논하겠지만, 여기서는 덴마크와 미국이 걸은 궤적이 20세기 후반기에 갈라진 이유에 관해서 이야기해보자.

그 답의 많은 부분은 인종이다. 인종은 미국이 탄생한 때부터 오늘날에 이르기까지 미국 정치에서 가장 중요한 쟁점으로 손꼽혔다. 그 중요성 때문에 인종은 대단히 정치화, 이데올로기화되었다. 조금 전에 말한 것처럼, FDR(프랭클린 D. 루스벨트) 시기의 민주당은 노동계급의 당이라고 생각할 수 있지만, 한 가지 중요한 단서를 덧붙여야 한다. 민주당은 백인 노동계급의 당이었다. FDR은 자신의 의제를 밀어붙이기 위해 남부 엘리트들과 악마의 거래를 해야 했다. 이로써 남부는 사실상 FDR 행정부가 구축한 노동, 기업, 정부 삼자 교섭의 예외가 되었다. 특히 남부의 인종

분리주의 체제는 고스란히 남았다. 더욱이 남부의 흑인 노동자들은 뉴딜의 사회계약에서 배제되었다. 헤더 콕스 리처드슨Heather Cox Richardson이 《남부는 어떻게 남북전쟁에서 승리했나?How the South Won the Civil War》에서 말하는 것처럼 말이다.

그리하여 불평등에 바탕을 둔 자유라는 미국의 독창적인 역설이 다시 확립되었다. 이런 복원으로 유색인들은 불평등으로 추락했지만, 또한 민주주의를 파괴할 수 있는 과두 지배자들의 능력도 약화되었다. 흑인과 황인이 종속된 탓에 부유층 남성들은 그들이 정부를 등에 업고 부를 재분배하고 자유를 파괴한다고 설득력 있게 주장할 수 없었다. 그런 주장이 힘이 빠지자 백인 미국인들은 정부를 활용해서 부와 권력을 억제했다. 1900년대 초 시어도어 루스벨트 대통령부터 30년 뒤 프랭클린 루스벨트 대통령에 이르기까지 진보주의자들이 경제를 규제하고, 사회복지를 보호하고, 국가 기반시설을 확충했다. 하지만 이런 정부의 적극적 행동은 여성과 유색인보다 백인 남성에게 특권을 주었다. 빈곤층을 절망 상태에서 구하고 폭주하는 자본주의를 제어하기 위해 만들어진 대공황 시기의 뉴딜 프로그램조차 여성과 남성, 흑인 및 황인과 백인 사이의 구분을 꼼꼼하게 유지했다.[6]

제2차 세계대전 이후 20년간 이런 상황이 바뀌기 시작했다. 탄탄한 경제성장으로 번영을 구가하면서 모든 이들을 끌어올릴 수 있었다. 국민적 일체감은 유색인 배제에 반박했고, 냉전의 적수들이 벌이는 이데올로기 경쟁은 또 다른 추진력을 제공했다. (소련이 선전을 통해 미국에 인종주의가 만연했다는 사실을 거듭 환기시킨 것은 당혹스러운 일이었다.) 이런 상황에 힘입은 민권 운동은 사회 변화를 요구하는 저항할 수 없는 세력이 되었다.

하지만 흑인 노동자까지 포함하는 식으로 사회계약이 점진적으로 확대되자 금권정치인들이 미국이 거의 북유럽 국가가 되어 다른 두 이익집단, 즉 노동자와 국가가 자신들의 권력을 제약한다고 불만을 품으면서 활약할 여지가 생겨났다. 그들은 공화당을 활용해서 자신들의 의제를 밀어붙이면서 노동자 보호를 해체하고 부유층에 대한 세금을 인하하고자 했다. 이런 의제는 처음에는 배리 골드워터Barry Goldwater와 리처드 닉슨 같은 정치인들의 행동으로 전환되었고, 나중에는 로널드 레이건의 '남부 전략'으로 바뀌었다. 남부 전략의 목표는 인종주의적 쟁점을 공공연하게, 또는 암묵적으로 활용해 남부의 백인 유권자들에게 호소함으로써 공화당을 옛 남부연합 주들에서 지배적 정당으로 만드는 것이었다.

인종적, 문화적으로 균일한 나라인 덴마크에서는 이런 전략이 통하지 않았다. 하지만 미국에서는 노동계급을 인종—백인, 흑인, 황인—으로 분할할 수 있었고, 실제로 그런 분할이 이루어졌다. 저 옛날 로마인들이 말한 것처럼, 분할해서 통치한 것이다divide et impera. 헤더 맥기Heather McGhee는 《우리의 총합The Sum of Us》에서 다음과 같이 말한다.

> 미국 산업노동의 200년 역사에서 단체교섭에 맞서는 가장 거대한 수단은 노동자를 성별, 인종, 출신 국가 등으로 분할해서 집단들 사이에 의심과 경쟁을 부추기는 고용주들의 능력이었다. 원리

는 간단하다. 당신네 사장이 당신보다 더 저렴한 다른 이를 고용하거나 그렇게 하겠다는 위협을 하면, 당신의 교섭력은 떨어진다. 19세기에 고용주들이 흑인 노동자에게 백인보다 낮은 임금을 지불할 수 있었던 탓에 백인들은 흑인 자유민을 자신들의 생계를 위협하는 존재로 여겼다. 20세기 초에는 이런 경쟁의 동학에 신규 이민자들이 추가되었고, 그 결과는 제로섬 게임이었다. 사장은 더 많은 수익을 번 반면, 한 집단이 더 나쁜 일을 새로 얻으면 다른 집단이 일자리를 잃었다. 전쟁 시기에 남성들은 여성 고용에 항의했다. 인구 집단들을 가로지르는 경쟁이 미국 노동시장을 규정하는 특징이었지만, 이런 계층화는 고용주에게만 도움이 되었다.

미국 최초의 대중적 노동자 조직인 노동기사단Knights of Labor 같은 초창기 노동 조직자들은 노동계급의 연대를 위협하는 이런 잠재적 약점을 잘 알았다.

노동기사단이 남북전쟁 후 어수선했던 재건기에 조직 활동을 시작했을 때, 그들은 피부색에 상관없이 조합원을 받아들였다. 어떤 인종 집단이나 종족 집단이라도 배제하는 것은 고용주들의 손에 놀아나는 셈이라고 믿었기 때문이다. 1880년 노동기사단 공식 기관지는 이런 질문을 던졌다. "왜 노동자들이 고용주가 임금을 깎아내리는 도구로 활용할 수 있는 이들을 조직에서 배제해야 하는가?" 백인 노동자들은 흑인 노동자들을 조합에 참여시켜 사장에게서 임금을 깎거나 파업을 깨뜨리는 데 활용할 수 있는 집단을 빼앗음으로써 이득을 얻었다. 그와 동시에 흑인 노동자들은 노동조합이 쟁취할 수 있는 성과를 위해 일하고 그 혜택을 누림으로써 이득을 얻었다. 노동기사단은 여성도 조합원으로 받아들였다. 1886년 사우스캐롤라이나주 찰스턴의 한 언론인은 노동기사단이 도시에서 조합원을 조직하는 데 성공을 거뒀다고 보도했다. "다른 모든 이들이 실패할 때, 빈곤의 유대는 백인과 유색인 기계공과 막노동자를 단결시켰다."7

노동기사단은 19세기의 마지막 10년간 미국의 금권정치에 도전한 거대한 포퓰리즘 운동의 일부였다. 토머스 프랭크Thomas Frank가 최근 저서 《민중은 안 된다: 반포퓰리즘의 짧은 역사The People, No: A Brief History of Anti-Populism》에서 기록하는 것처럼, 포퓰리즘 운동의 이상은 계급에 바탕을 두고 인종적 구분선을 가로지르는 정치 행동이었다. 하지만 이 운동은 대중적 민주주의 운동으로서 실패했다. 그 이유가 무엇일까? 이 질문에 대한 한 가지 답은 마틴 루서 킹 주니어가 내놓았다. 1965년 앨라배마주 셀마에서 몽고메리까지 행진을 마무리하면서 한 연설에서 킹은 함께 행진한 이들에게 역사 속의 짤막한 교훈을 알려주었다. 그는 인민당People's Party이 어떻게 백인 빈곤 대중과 전前 흑인 노예를 지배계급의 이익을 위협하는 유권자 집단으로 단합하려 했는지에 관해 이야기했다. 하지만 금권정치인들은 "세계를 장악하고 가난한 백인 남성에게 짐 크로법을 주었다".

그리고 가난한 백인 남성의 쪼그라든 배가 텅 빈 주머니로 살 수 없는 음식을 달라고 외치자, (네 주인님) 그는 짐 크로 법을 먹어치웠다. 짐 크로 법은 그가 아무리 쪼들려도 적어도 흑인 남자보다는 형편이 나은 백인 남자라고 말해주는 마음속의 새였다. (물론입죠, 주인님) 그리고 그는 짐 크로 법을 먹어치웠다. (그렇고 말고요.)[8]

진보의 시대의 추세 역전

이 모든 사실이 누가 미국을 지배하는지에 관한 우리의 조사 결과를 해석하는 데 어떻게 도움이 될까? 첫째, 부유층을 비난하는 건 피하도록 하자. 경제 엘리트들은 악이 아니다—또는 적어도 그들 가운데 악한 사람의 비율은 나머지 인구 중에서 악한 사람의 비율과 크게 다르지 않다. 그들은 이기심에 따라 움직이지만, 지배계급 가운데에 없는 마더 테레사 같은 인간은 전체 인구에서도 무척 드물다. 더욱이, 우리는 상위 1퍼센트에 속한 많은 이들이 단기적인 이기심에 따라서만 움직이지 않는다는 걸 안다. 닉 하나우어는 유일한 사례가 아니다. 한 무리의 부유한 '애국적 백만장자들Patriotic Millionaires'이 2010년 이래 최부유층 세금을 인상하기 위한 캠페인을 벌이고 있다.[9] 그리고 거의 모든 억만장자가 자신이 생각하는 가치 있는 대의에 기부한다(물론 그런 기부에는 의도하지 않은 결과가 따르는데, 이에 관해서는 나중에 이야기하자). 마지막으로, 역사에는 이기적 엘리트들이 자기가 지배하는 나라를 망쳐버린 사례가 넘쳐나지만, 위기를 극복하고 사회적 협력을 재건한 친사회적 엘리트들의 사례도 존재한다. 여기 사례가 하나 있다.

남북전쟁 이래 대기업 엘리트들이 미국의 정치 시스템을 지배했지만, 몇몇 역사적 시기에는 엘리트들이 주로 자기 이익을 위해 일한 반면, 다른 시기에는 자신들의 단기적 이득을 희생하면서까지 사회 전체에 이익이 되는 정책을 시행했다. 경제적 불평등이 급속도로 증대한 도금시대의 경우처럼, 부유층과 권력층이 정치 의제를 자신들의 이익에 맞게 주무른 시기들을 이해하기는 상대적으로 쉽다. 하지만 소득과 부의 불평등이 감소한, 대략 1930년대부터 1970년대에 이르는 '대압착' 시대의 정책을 어떻게 설명할수 있을까? 무엇이 도금시대를 끝장내고 '대압착' 시대를 인도한 역전을 야기했을까?

역사적 사례연구들을 조사해보면, 정치 불안정이 지속되었던 오랜 시기들이 이런 추세 역전에서 핵심적 역할을 했음을 알 수 있다. 때로 이런 시기들은 사회혁명이나 국가 붕괴, 유혈적 내전으로 끝이 났다. 하지만 다른 경우에는 엘리트들이 결국 끊임없는 폭력과 무질서에 경각심을 갖게 되었다. 그들은 힘을 모아 자신들 내부의 경쟁을 억누르고, 보다 협력적인 통치 방식으로 전환할 필요가 있음을 깨달았다.

1920년을 전후로 한 20년은 미국에서 굉장히 소란스러운 시기였다.[10] 폭력적인 노동 분쟁이 도금시대 이래 더욱 유혈적으로 바뀌고 빈번해졌으며 '폭력적인 1910년대violent teens'와 1920년대 초에 정점에 달했다. 1919년, 400만에 가까운 노동자들(전체 노동자의 21퍼센트)이 고용주들이 노동조합을 인정하고 교섭에 나서도록 강제하기 위해 노동자 파업을 비롯한 파괴적 행위에 참여했다. 미국 노동사에서 최악의 사건은 블레어마운틴 전투Battle of Blair

Mountain(1921)였다. 이 사건은 노동 분쟁으로 시작되었지만 결국 남북전쟁을 제외하고 미국사에서 가장 규모가 큰 무장 항쟁으로 발전했다. 1만~1만 5,000명의 광부가 소총으로 무장한 채 로건 수비대Logan Defenders라고 불리는 수천 명의 파업파괴자 및 보안관보들과 싸웠다. 항쟁은 미 육군이 출동하고 나서야 끝이 났다.

인종 문제가 노동 문제와 뒤얽혔는데, 이 시기에 벌어진 여러 정치적 폭력 사건들의 경우 양자를 구분하는 게 불가능하다. 1917년 이스트세인트루이스 폭동에서는 최소한 150명이 살해되었다. 인종 문제 때문에 발생한 폭동 또한 1920년 무렵에 정점에 달했다. 가장 심각한 사건 두 가지는 1919년의 '붉은 여름Red Summer'과 1921년의 '툴사 인종 학살Tulsa Race Massacre'이다. '붉은 여름' 당시 미국 전역 20개가 넘는 도시에서 폭동이 벌어져서 1,000명 가까운 사망자가 발생했다. 1921년의 툴사 폭동은 사실상 대규모 린치 사태로 300명의 목숨을 앗아갔는데, 내전의 성격을 띠었다. 흑인과 백인 미국인 수천 명이 총기로 무장한 채 거리에서 싸웠는데, 잘사는 흑인 동네인 그린우드 지구 대부분이 파괴되었다.

마지막으로, 1910년대는 급진적 노동자들과 아나키스트들의 테러 활동이 정점에 달했다. 이탈리아계 아나키스트들이 벌인 폭탄 공격은 38명의 사망자를 낳은 1920년 월스트리트 폭발 사건에서 최고조에 달했다. 곧이어 이보다 훨씬 심한 사건인 1927년 배스 스쿨Bath School 참사가 벌어져서 초중학생 38명을 포함한 45명이 국내 테러리스트에게 살해되었다.

이만큼 폭력적이지는 않지만 궁극적으로 한층 위협적인 상황은 급성장하는 사회주의 운동과 포퓰리즘 운동이 국내 선거에서 지배계급에게 도전할 뿐만 아니라 유럽에서 공산주의와 파시즘이 부상한 결과로 외부의 위협이 커진 것이었다. 경제 엘리트들은 러시아 10월 혁명의 승리와 소련의 창건에서 가장 심각한 위협을 감지했다. 소련으로 대표되는 전투적인 보편화 이데올로기는 미국 정치 질서의 토대에 직접 문제를 제기했다. 미국 반엘리트(노동 조직가, 아나키스트, 사회주의자, 공산주의자)의 대다수가 남유럽과 동유럽에서 최근 이민 온 사람들이라는 사실은 도움이 되지 않았다. 1919년부터 1921년까지 나라를 휩쓴 첫 번째 빨갱이 소동은 볼셰비키 혁명이 미국에 임박했다는 엘리트의 공포가 반영된 현상이었다.

앞서 살펴본 것처럼, 1920년에 이르면 미국의 경제, 정치 엘리트들은 진정한 상층계급으로 공고히 뭉쳤고, 응집력 있는 정치 행동을 장려하는 많은 기관(엘리트 기숙학교, 아이비리그 대학교, 배타적인 컨트리클럽, 그리고 무엇보다도 정책 기획 네트워크)을 확보한 상태였다. 점차 많은 미국 지도자들이 불안정을 줄이기 위해서는 정치 체계의 균형을 다시 맞추는 조치를 취해야 하며, 아래로부터의 혁명보다는 위로부터 개혁을 통과시키는 식으로 이를 달성하는 게 낫다는 사실을 깨닫게 되었다.

19세기 동안 미국 자본가들은 노동계급의 복리에 어떤 관심도 보이지 않았다. 사회다윈주의나 오늘날의 표현대로 하면 시장 근본주의 이념이 지적 풍경을 지배했다. 1900년 이후와 진보의 시대, 그리고 1910년대 말에 이르러 대기업이 사회적 책임을 다하는 방식으로 행동해야 한다는 사고가 자리 잡기 시작했다. 예를 들어,

이 시기에 몇몇 대기업이 우리사주제employee stock plans를 도입했다.

부의 펌프를 멈춰 세운 핵심적 계기는 1921년과 1924년 이민법 통과였다. 이 법률의 이면에 도사린 근접 동기의 많은 부분은 이탈리아 아나키스트나 동유럽 사회주의자 같은 '위험한 외국인'을 배제하려는 것이었지만, 법률이 실제로 광범위하게 미친 효과는 노동 과잉 공급의 감축이었고, 대기업 엘리트들도 이를 잘 알았다. 이민 유입을 중단하자 노동자 공급이 줄었고, 향후 수십 년간 실질임금을 끌어올리는 강력한 추진력이 생겨났다.

이런 추세는 진보의 시대에 시작됐지만, 대공황으로 야기된 경제적, 사회적 격동의 도움을 받아 뉴딜 시기에 성숙했다. 특히 새로운 입법으로 노동조합을 통한 단체교섭이 합법화되고, 최저임금이 도입됐으며, 사회보장제가 확립되었다. 미국 엘리트들은 사실상 노동계급과의 '허약한 불문 협약'에 들어갔다. 이런 암묵적 협약에는 경제성장의 과실을 노동자와 기업주 공히 좀 더 공평하게 분배한다는 약속도 포함되었다. 그 대가로 노동계급은 정치-경제 시스템의 기본 토대에 도전하지 않기로 했다. 혁명을 피하는 것이 이 협약의 (유일하지는 않더라도) 가장 중요한 이유 중 하나였다. 전미자동차노동조합United Auto Workers 위원장 더글러스 프레이저Douglas Fraser는 이 협약을 막 포기하려던 시점인 1978년 노동자-경영자그룹Labor-Management Group에서 사임하면서 신랄한 서한을 남겼다. "지금까지 노동운동이 인정받은 것은 기업계가 다른 대안을 두려워했기 때문이다."[11]

이 설명에서 미국의 권력 엘리트들이 단합한 정도를 지나치게 강조하지 않는 게 중요하다. 자본가들의 숨은 음모 같은 건 없었고, 진정으로 한 덩어리인 지배계급도 없었다. 돔호프와 웨버는 뉴딜 개혁의 기원과 실행을 분석하면서 뉴딜 입법을 결정하는 데 참여한 눈에 띄는 권력 네트워크가 적어도 여섯 개 있었다고 강조한다.[12] 다양한 개혁의 성공 여부를 결정한 것은 이 권력 행위자들이 복잡한 양상으로 벌인 갈등과 협력이었고, 상이한 동맹들이 각기 다른 입법을 지지할 수 있었다.

진보의 시대의 추세 역전은 경제적 불평등이 감소하는 장기간의 시기인 '대압착'을 가져왔다. 하지만 이런 '양적' 불평등은 감소한 반면, 이 합의에는 이면이 있었다. 사회계약은 백인 노동계급과 WASP 엘리트가 맺은 것이었다. 흑인 미국인, 유대인, 가톨릭교인, 외국인 등은 '협력 진영'에서 배제되고 극심한 차별을 받았다. 이런 '범주 차원의 불평등'은 더욱 악화되었지만 애당초 이 협약 덕분에 전반적인 경제적 불평등은 크게 줄어들었다.

지금까지 살펴본 것처럼, 흑인 미국인을 협약에서 배제한 것은 FDR 행정부의 전술적 선택이었다. 노동계급에게 조금도 양보하면 안 된다며 단호한 입장을 고수하는 보수적인 대기업 엘리트들(전미제조업협회 National Association of Manufacturers)의 저항에 맞서 입법을 밀어붙이기 위해 남부의 표가 필요했기 때문이다. 지금 와서 보면, 흑인 노동자를 포기한 이 결정 덕분에 존 F. 케네디와 로버트 케네디, 린든 존슨 같은 다음 세대의 지도자들이 새로운 민권 운동 시대를 열 수 있었다. 이 시대는 마침내 남부 엘리트들이 남북 전쟁과 남부 재건의 실패 직후에 세운 아파르트헤이트 국가를 쓸어버렸다.

대압착

협력에는 비용이 발생한다. 공공재를 생산하기 위해 협력자들은 자기 이익을 어느 정도 희생해야 한다. 진보의 시대와 뉴딜 시기의 친사회적 정책은 비용을 치러야 했고, 그 비용은 미국의 지배계급이 부담했다. 경제 엘리트들이 뉴딜을 작동하기 위해 얼마나 많은 것을 포기했는지는 제대로 평가받지 못했다. 1929년에서 1970년대 사이에 최상위의 자산은 상대적 기준(중위 자산과의 비교)만이 아니라 절대적 기준(인플레이션 감안)에서도 감소했다.

케빈 필립스는 부유층의 자산이 아메리카공화국을 거치면서 어떻게 바뀌었는지를 시각적으로 깔끔하게 보여주는 방법을 고안했다.[13] 미국사의 다른 시기들에 관해서 그는 최고 부자가 얼마나 많은 재산을 보유했는지에 관한 데이터를 발견하고 이를 미국 노동자의 전형적인 연간 임금으로 나누었다. 1790년, 최고 부자인 일라이어스 더비의 재산은 100만 달러 정도였다. 전형적인 미국 노동자는 1년에 40달러를 벌었는데, 괜찮은 임금이었다. (당시에 평범한 미국인이 높은 생활수준을 누려서 지구상에서 키가 가장 컸음을 기억하라.) 그렇다면 최고 부자의 재산은 노동자 2만 5,000명의 연봉에 맞먹는 액수였다. 1912년에 이르면 이 지표가 첫 번째 정점에 다다랐는데, 최고 부자의 재산은 10억 달러였고 운 좋은 주인공은 존 D. 록펠러였다. 이는 260만 노동자의 연봉에 맞먹는 액수로, 두 자릿수($\times$100)가 늘어난 셈이었다! 19세기의 대불황은 노동계급에게 엄청난 규모의 빈곤을 강요한 반면 최상위 자산이 승승장구하는 데는 장기적 영향을 전혀 미치지 않았다.

하지만 진보의 시대와 뉴딜 시기에 상황이 바뀌었다. 1929년 뉴욕증권거래소 붕괴로 촉발된 대공황은 연방준비제도이사회에 속한 최대 규모 은행의 3분의 1과 소규모 은행의 절반 가까이를 쓸어버렸다. 전미제조업협회 회원 수는 1920년대 초 5,000명 이상에서 1933년 1,500명으로 급감했다. 하룻밤 새에 기업 지도자 수천 명이 평민 계급으로 몰락했다. (그리고 일부는 말 그대로 죽음으로 내몰려서 업무용 빌딩 꼭대기 층 사무실에서 뛰어내렸다.) 1925년에 백만장자가 1,600명 있었는데, 1950년에 이르면 900명이 채 되지 않았다. 최상위 자산의 규모는 수십 년간 10억 달러에 멈춰 있었다. 1962년, 최고 부자인 J. 폴 게티J. Paul Getty의 재산 10억 달러는 50년 전 록펠러의 재산과 명목 가치로는 같았지만, 이 10억 달러의 실질 가치는 인플레이션 때문에 상당히 작았다. 1982년에 이르러 인플레이션이 달러 가치를 훨씬 더 잠식했을 때, 미국의 최고 부자인 대니얼 루드위그Daniel Ludwig의 재산 20억 달러는 '겨우' 노동자 9만 3,000명의 연봉에 맞먹는 액수였다.[14]

엘리트 과잉생산의 이런 역전은 규모 면에서 남북전쟁 직후에 벌어진 현상과 비슷한데, 전혀 폭력적이지 않은 수단을 통해 달성되었다. 이는 어떤 사회혁명의 결과도 아니었다. 지배계급 스스로가 그렇게 한 것이다. 또는 적어도 지배계급 내의 친사회적 파벌이 나머지 엘리트들에게 개혁의 필요성을 설득하게 해주었다. 이런 사실을 이해하기 위해 최고 소득에 매기는 세율의 궤적을 따라가보자. 1913년 연방 조세 체계가 만들어졌을 때, 최고 소득 구간의 세율은 7퍼센트에 불과했다. 제1차 세계대전 시기에 77퍼센트로 급증했지만, 1929년에 이르면 24퍼센트로 줄어들었다. 대공황 시기에 63퍼센트로 높아졌고 제2차 세계대전이 끝날 즈음에는 94퍼센트로 급등했다. 이런 세율 인상은 국가적 비상 시기에 필요한 희생이라고 정당화되었다. 하지만 전쟁이 끝난 뒤에도 1964년까지 최고 세율은 줄곧 90퍼센트를 상회했다. 이에 관해 생각해보라—제2차 세계대전 이후 평화로운 20년 동안 최고 부유층은 자기 소득의 90퍼센트를 정부에 내주었다!

프랑스 경제학자 토마 피케티는 가장 유명한 저서 《21세기 자본》에서 장기적으로 보면, 자본 수익률이 대체로 경제성장률보다 높으며, 이는 경제적 불평등이 증대하고 엘리트의 수중에 부가 집중되는 결과로 이어진다고 주장한다.[15] 훌륭한 동료이자 친구인 발터 샤이델Walter Scheidel이 쓴 《불평등의 역사The Great Leveler》는 불평등을 줄이는 정반대의 과정에 관한 내용이다. 수많은 역사적 사례를 모은 그는 "죽음은 거대한 평등주의자"라고 주장한다.[16] 대체로 부의 불평등을 줄이기 위해서는 대대적인 동요가 필요한데, 이런 동요는 대개 사회혁명이나 국가 붕괴, 대규모 동원 전쟁, 대규모 감염병 등의 형태를 띤다. 9장에서 '위기DB'의 처음 100개 사례 결과를 검토하면서 살펴볼 것처럼, 샤이델의 비관론은 90퍼센트만 옳다.

미국의 '대압착'은 이례적이고 희망찬 사례들 가운데 하나다. 유혈 혁명이나 국가 붕괴, 파괴적인 감염병이 전혀 없었고, 제2차 세계대전은 순전히 해외에서 벌어졌다. 내부 혁명과 외부 경쟁—제2차 세계대전 중에는 나치 정권에 맞서, 뒤이은 냉전 중에는 소련에 맞서—의 위협은 분명 미국 지배계급이 올바른 조합의 개혁을 채택하는 문제에 집중하게 만드는 데 기여했다. 이런 개혁은 부의 펌프를 중단하고 불평등의 추세를 뒤집었다. 하지만 진보의 시대부터 뉴딜을 거쳐 '위대한 사회'에 이르기까지 미국 지도자들을 움직인 유일한 동기가 공포였다고 생각한다면 부당한 판단일 것이다. 전후 시기에 이르러, 대다수 엘리트들은 —엘리트들 사이의, 그리고 엘리트와 보통 사람들 사이의— 사회 협력을 장려하는 가치들을 내면화한 상태였다.

역사학자 킴 필립스-파인Kim Phillips-Fein이 《보이지 않는 손Invisible Hands》에서 말한 것처럼, 대다수 대기업 중역과 주주들은 비록 처음에는 노사 관계를 규제하는 뉴딜 정책에 저항했지만, 1950년대에 이르면 새로운 질서와 화해를 이루었다. 그들은 정기적으로 회사에서 노동조합과 교섭을 했다. 또한 재정 정책과 정부 조치를 활용해서 국가가 경기 하락에 대처하는 것을 옹호했다. 그리고 국가가 경제생활을 인도하는 데서 일정한 역할을 한다는 사고를 받아들였다. 미국 상공회의소 소장은 1943년에 성원들에게 이렇게 말했다. "오직 일부러 눈을 감는 사람만이 막 총을 쏴대는 원시적인 시기의 구식 자본주의가 영원히 끝났다는 걸 알지 못한다." 넓은 안목에서 말하자면, 오늘날 상공회의소는 신자유주의적 시장 근본주의의 가장 극단적 형태를 밀어붙이는 경제 엘리트의 조직들 중 하나다. 드와이트 아이젠하워 대통령은 형에게 보낸 편지에서 이렇게 썼다.

어떤 정당이든 사회보장제와 실업보험을 폐지하고, 노동법과 농가 지원 프로그램을 없앤다면, 우리의 정치사에서 다시는 그 당의 이름을 들을 일이 없을 겁니다. 물론 이런 일을 할 수 있다고 믿는 소수 분리 집단이 있지요. H. L. 헌트H. L. Hunt를 비롯한 … 텍사스의 석유 백만장자 몇 명, 그리고 다른 지역 출신의 비전업 정치인이나 사업가들이 그런 이들입니다. 무시할 만한 숫자의 그들은 어리석은 집단입니다.

아이젠하워가 공화당원이었다는 말을 해야 할까?

배리 골드워터는 1964년 세금 인하와 반노동조합 구호를 공약으로 내걸고 린든 존슨을 상대로 출마했다. 하지만 오늘날의 기준으로 보면 골드워터는 온건 보수주의자로, 가령 빌 클린턴의 정책과 크게 다르지 않은 정책을 내세웠다. 하지만 그는 위험한 극단주의자로 여겨졌고, 기업 지도자들은 그의 선거운동을 포기하고 존슨의 편에 섰다. 골드워터는 압도적인 표차로 패배했다.[17]

복잡한 사회의 취약성

앞서 살펴본 것처럼, 아메리카공화국은 두 차례의 혁명적 상황을 겪었다. 1850년대에 전개된 첫 번째 상황은 일종의 사회혁명인 남북전쟁으로 해결되었다. 남북전쟁으로 전쟁 전 지배 엘리트가 새로운 대기업 지배계급으로 대체되었다. 1920년대에 정점에 달한 두 번째 상황은 진보의 시대와 뉴딜 시기에 개혁이 도입되면서 해결되었다. 오늘날 우리는 세 번째 혁명적 상황에 처해 있다. 이 상황은 어떻게 해결될까?—내전이나 개혁, 또는 이 둘이 어떤 식으로든 결합된 방식으로? 이 문제에 관해서는 8장에서 다시 논의할 것이다. 하지만 여기서는 오늘날의 다툼의 시대를 이해하기 위해

'구조동역학적' 분석(이 분석에 관한 자세한 설명으로는 부록 A3을 보라)이 어떤 교훈을 줄 수 있는지에 관해 이야기해보자.

이 분석의 구조적 부분은 매우 비관적으로 보인다. 부의 펌프는 지배 엘리트들에게 워낙 수익성이 좋기 때문에 이 펌프를 중단하려면 폭력 혁명이 필요할 것처럼 보인다. 하지만 분석의 동역학적 부분으로 이동해보면, 희망이 조금 생겨난다. 지배계급 자체—또는 더 정확히 말해서 그 내부의 친사회적 파벌—가 비교적 평화로운 방식으로 부의 펌프를 멈추고 엘리트 과잉생산을 뒤집기 위해 체계의 균형을 다시 잡을 수 있다. (이와 같은 다른 희망적 사례들에 관해서는 9장에서 논의할 것이다.) 하지만 이런 결과를 이루려면 친사회적 세력이 경제 엘리트들을 설득해서 임박한 위기를 방지하기 위해 그들의 자기 이익을 거스르는 개혁을 견디게 해야 한다. 우리는 아직 여기에 이르지 못했다.

5장의 문을 연 허구적 인물들인 앤디와 클라라는 좋은 사람들이지만 자신들이 그토록 많은 이득을 보는 사회질서의 기둥을 약화시키는 일을 한다. 두 가지 방식이 있는데, 그들은 세금 인하를 옹호하는 정치인들을 지지하면서 국가가 기능하는 데 필요한 세입을 고갈시킨다. 두 사람의 재단은 선의의 대의를 지지하면서 사회정의와 평등을 위해 활동한다. 하지만 우리 사회는 복잡한 체계로서, 체계를 구성하는 상이한 부분이 얽히고설킨 방식으로 연결되어 있다. 선의의 행동은 의도하지 않은 결과를 낳을 수 있다. 또 클라라와 앤디의 재단은 급진좌파의 대의에 자금을 지원함으로써 의도치 않게 사회적 불화의 수준을 높이며 사회 양극화를 심화한다. 이는 원래 의도와 정반대의 결과로 이어질 수 있다.

미국에서 가장 최근의 사회적, 정치적 격변의 시기였던 1960년대는 역사적 기준에서 보면 아주 온건한 시기였기 때문에 오늘날 미국인들은 우리가 사는 복잡한 사회의 취약성을 크게 과소평가한다. 하지만 역사에서 배운 중요한 교훈은 이전의 위기 전 시대에 산 사람들도 마찬가지로 자신의 사회가 갑자기 허물어질 수 있다고 생각하지 못했다는 것이다.

혁명 전 러시아에서 부유한 산업자본가로 손꼽힌 사바 모로조프Savva Morozov[18] 또한 이런 재앙적 결과를 상상할 수 없었다. 그는 유명한 자선가이자 예술 후원자였다. 호화로운 도시 저택(모스크바에서 가장 비싼 저택으로 명성이 자자했다)에서 그와 부인 지나이다는 러시아 최고의 인텔리겐치아—유명 작가, 작곡가, 과학자—를 접대했다. 모로조프는 또한 자신의 섬유 공장에 고용된 노동자들의 복리에 진심으로 관심을 기울였다. 그는 임신한 여성 노동자를 위한 유급휴가와 기술학교에서 공부하는 학생(해외 유학생 포함)을 위한 장학금을 도입했다. 노동자를 위한 병원과 극장도 한 곳씩 지었다. 전반적으로 그는 언론과 결사의 자유, 보편적 평등, 국가 예산의 공적 통제 등 입헌 개혁을 옹호했다. 또한 임금 인상과 노동조건 개선을 위해 노동조합에 가입하고 파업을 할 수 있는 노동자의 권리에 찬성했다.[19]

모로조프는 또한 볼셰비키를 포함한 급진 정당을 지지했다. 훗날의 여러 보도에 따르면, 그는 수십만 루블(당시에는 엄청난 액수였다)을 혁명가들에게 주었다. 불법화된 사회민주당(후에 러시아 공산당으로 발전했다)이 출간하는 지하 신문인《이스크라(불꽃)》가행 비용을 혼자서 댔다. 모로조프가 혁명가들을 지원한 동기는 국가 붕괴에 이어 수년간 유혈적 내전을 초래하고 볼셰비키 독재를 수립하려는 게 아니었다. 필시 그는 극단주의자들을 차르 체제를 때리는 공성 망치로 활용해서 러시아를 좋은 쪽으로 변화시키는 진정한 개혁을 강제하기를 원했다.

1905년 1월 첫 번째 혁명이 발발했을 때, 모로조프는 급진적 폭력과 국가 억압의 나선형 소용돌이에 충격을 받았다. 사태에 영향을 미칠 수 없었던 모로조프는 신경쇠약에 걸리고 우울증에 빠졌다. 의사들과 가족의 조언에 따라 그는 정신과 치료를 받기 위해 부인과 함께 프랑스 리비에라 지방으로 여행을 갔다. 하지만 칸의 호텔에 입실한 뒤 권총으로 쏴서 자살을 한 게 분명했는데, 후에 그가 실은 살해당했으며 자살로 위장된 것이라는 소문이 끊이지 않았다. 부인 지나이다는 러시아로 돌아와서 남편이 남긴 막대한 재산을 계속 누렸다. 하지만 1917년 두 번째 혁명이 일어나면서 좋은 삶은 끝이 났다. 볼셰비키는 지나이다의 재산을 전부 몰수해서 빈털터리로 만들었다. 그녀는 극빈으로 내몰리지 않기 위해 그나마 남은 보석 몇 점을 팔러 다녀야 했다. 마지막으로 아이러니한 반전으로, 그녀의 호화로운 시골 사유지인 고르키Gorki(언덕)는 프롤레타리아 혁명의 지도자인 블라디미르 레닌의 주요 주거지가 되었다. 지금은 박물관인 레닌의 고르키(고르키 레닌스키예)가 만들어져서 소련의 첫 번째 통치자의 많은 소지품을 비롯한 여러 기념품이 전시되어 있다.

국가 와해의 사례들을 차례로 검토해보면, 모든 사례에서 위기 전 엘리트—남북전쟁 전 노예정치에 속한 이들이든, 프랑스 앙시앵레짐의 귀족이든, 1900년 무렵의 러시아 인텔리겐치아든—의 압도적 다수가 이제 막 자신들을 집어삼키려 하는 재앙을 눈치조차 채지 못했음이 드러난다. 그들은 스스로 국가의 토대를 뒤흔들고는 국가가 허물어지자 깜짝 놀랐다. 이제 오랜 역사와 최근 역사에서 벌어진 국가 와해에 관해 이야기해보자.

3부
위기와 여파

7장

국가의 와해

홀로 깨어난 네로

서기 68년 어느 여름밤, 로마 제국의 통치자 네로 클라우디우스 카이사르 아우구스투스 게르마니쿠스는 로마의 황궁에서 잠에서 깨어 근위병들이 전부 사라진 것을 발견했다. 네로는 황궁에서 자신의 지지자들이 사용하던 방을 돌면서 그들을 찾았지만 모두 사라지고 없었다. 침실로 돌아온 그는 나머지 하인들도 도망쳤음을 발견했다. 수에토니우스가 네로 전기에서 말한 대로 "심지어 침구와 독약 상자까지 챙겨서" 도망간 것이었다. 네로는 이제 삶을 끝낼 때가 됐음을 깨달았지만, 하인들이 고통 없이 자살하는 데 필요한 독약을 훔쳐 도망간 터였고 칼로 자살할 용기가 나지 않았다.

국가는 다양한 방식으로 죽는다. 어떤 국가는 폭력 사태 속에 사라지고 어떤 국가는 조용히 허물어지다가 신음 소리로 명이 끊긴다. 기원전 27년부터 서기 68년까지 로마를 지배한 율리우스-클라우디우스 왕조는 네로가 중얼거리면서 끝이 났다. "내 안의 훌륭한 예술가가 죽는구나!"

공적 지식인과 정치인, 물론 국민 일반도 종종 통치자들의 권력을 굉장히 과대평가한다. 이는 "사담 후세인은 자국민을 독가스로 죽였다" 같이 흔히 사용되는 언어에 반영된다. 후세인이 직접 전투기를 조종해서 쿠르드족 마을에 화학폭탄을 떨어뜨렸나?[1] 이는 기껏해야 게으른 언어 구사이고, 최악의 경우에는 나쁜 사회학이다. 정치인들이 권력자 개인이 한 층위로 포함된 권력 네트워크를 이해하려 하는 대신 통치자 개인의 동기에 집착할 때 나오는 불가피한 결과처럼, 이런 나쁜 사회학은 나쁜 정책으로 이어질 수 있다. 네로의 사례에서 드러나듯, 강력한 제국의 황제는 권력 네트워크가 그를 포기하는 순간 곧바로 별 볼 일 없는 존재로 전락한다.

네로의 경우 그의 권력은 단계적으로 쇠퇴했다. 처음에는 멀리 떨어진 팔레스티나 속주와 뒤이어 본국에 가까운 갈리아와 히스파니아(에스파냐) 속주에서 반란이 일어났다. 게르마니아의 군단들은 자신들의 사령관을 황제로 선포하려고 했지만, 그가 거부했다. 히스파니아에서 황위를 노리는 자가 다시 등장하자 황제 직속 근위대가 황제에게 등을 돌리고 그에게 충성했다. 네로는 동부 속주로 도망치려 했지만 군 장교들이 그의 명령을 따르기를 거부했다. 수에토니우스는 네로가 도망칠 수 있도록 군함을 이용하게 해달라고 요구하자 장교들이 답한 말을 전한다. "죽는 게 그렇게 무섭단 말이오?" 네로가 품위 있게 물러날 때라는 것을 암시하는 이상의 의미가 담긴 말이었다. 네로는 궁전으로 돌아갔지만 한밤중에 깨어나 시종을 비롯해서 모든 이들이 자신을 저버렸음을 깨달았다. 마침내 네로는 운명을 받아들이고 용기를 내어 단검으로 목을 찌르고 피를 흘리며 죽었다.

중앙 권력이 갑자기 파국적으로 해체되는 국가 붕괴는 역사에서 빈번히 일어나는 현상이다. 최근의 생생한 사례는 쿠바 혁명인데, 독재자 풀헨시오 바티스타Fulgencio Batista가 비행기를 타고 도미니카공화국으로 도망친 1959년 1월 1일에 기정사실이 되었다. 혁명군이 아바나에 입성했지만 어떤 저항도 없었다. 같은 식으로 권력이 내파內破된 최근의 사례(최소한 이 책을 쓰는 시점에서)는 2021년 8월 15일 아프가니스탄 이슬람공화국이 붕괴한 것이다. 대통령부터 고위 관리들이 모조리 도망쳤다. 경찰은 근무지를 이탈했고, 카불에서 약탈자들을 저지하는 이가 한 명도 없었다. 쿠바 혁명의 경우처럼, 탈레반 군대가 카불에 무혈입성하면서 곧바로 중심부의 공백이 메워졌다.

이 이야기의 아이러니한 반전은 당시 아프가니스탄 대통령인 아슈라프 가니Ashraf Ghani가 원래 국가 붕괴와 국가 건설을 연구하는 학자로 출발했다는 것이다. 심지어 2008년에 클레어 록하트Clare Lockhart와 함께 이 주제에 관한 책《실패 국가 고치기Fixing Failed States》를 쓰기도 했다. 공교롭게도 당시 나는 과학 저널《네이처》에 이 책 서평을 쓰기도 했다.[2] 유감스럽게도, 이런 전문성은 아프가니스탄을 고치는 데 도움이 되지 않았고, 다만 그가 이 과정에서 굉장한 부자가 되었을 뿐이다. 가니가 통치한 국가의 문제는 그것이 도둑정치kleptocracy의 극단적 사례, 또는 도둑들이 통치하는 국가였다는 것이다. 아프가니스탄은 국가 기구 자체가 국제

원조의 유입을 통해서만 지탱되었는데, 이 원조의 대부분이 부패한 국가 관리와 그 패거리들의 주머니로 들어갔다. 순수한 도둑정치는 굉장히 허약하기 때문에 흔하지 않다. CIA가 미군이 철수하고 몇 달 안에 카불이 함락될 것으로 예상한 것처럼, 가니 정권이 허약하다는 건 주지의 사실이었다. 하지만 이 도둑정치가 순식간에 허물어지자 미국 지도자들도 깜짝 놀랐다. 국가가 붕괴한 다음날, 조 바이든 대통령은 "우리가 예상한 것보다 빠르게 이런 상황이 펼쳐졌다"고 언급했다.[3]

바티스타와 가니가 직접 경험한 것처럼, 갑작스럽게 국가가 내파하는 '네로의 순간'은 5,000년 전 최초의 국가들이 진화한 이래 줄곧 존재했고, 다시 생길 게 분명하다. 북아메리카와 서유럽의 성숙한 민주주의 국가들에 이런 일이 절대 벌어지지 않을 것이라고 생각한다면 오산이다.

네트워크 건설자 스탈린

네로의 운명을 아마 20세기의 가장 성공적인 독재자인 이오시프 스탈린의 운명과 대조해보라. 스탈린은 권력의 자리에 오른 뒤 자신에게 충성하는 사람들을 꼼꼼하게 요직에 앉히는 식으로 통치했다. 그러고는 첫 번째 집단을 감시하기 위해 또 다른 일련의 충성파를 임명했다. 그리고 정기적으로 핵심 부하들을 탄압하고 야심 찬 하급자들로 교체했다. 스탈린이 볼셰비키당에 가입했을 때 러시아는 엄청난 규모의 엘리트 과잉생산 문제를 겪고 있었다. 1905년과 1917년 러시아 혁명을 낳은 근본적인 원인이었다.[4] 소련이 제2차 세계대전에 참전한 1941년에 이르러 스탈린은 이 '잉여' 엘리트들을 무자비하게 절멸시키는 식으로 이 문제를 처리한 상태였다. 그는 사실상 엘리트에 진입해서 상층부로 올라선 뒤 처형되거나 노동수용소로 보내지는 야심 찬 지망자들을 위한 송유관을 만든 셈이다.

스탈린은 이런 신중한 균형 잡기 행위를 완벽하게 실행했다. 하지만 공포와 이기심만으로는 충분하지 않았다. 스탈린은 또한 추종자들을 고무하기 위해 "일국에서 사회주의를 건설하자"는 슬로건 같은 '거대한 이념'을 활용했다. 이 슬로건이 실제로 의미한 것은 러시아 제국을 소련이라는 외피를 뒤집어쓴 강대국으로 복원하는 것이었다. 스탈린은 또한 1930년대에 성공적인 산업화를 진두지휘함으로써 자신이 유능한 관리자임을 입증했다. 그런 산업 기반이 없었다면 소련은 제1차 세계대전에서처럼 제2차 세계대전에서 패배했을 것이다. 스탈린은 겸손한 성품이었다. 성공하지 못한 다른 독재자들과 달리, 그는 복장이나 여성 동반자로 과시하는 것을 피했다. 무바라크(를 비롯한 수많은 다른 독재자들)와 달리, 그는 아들 바실리에게 권력을 넘겨주는 식으로 왕조를 창설하려 하지 않았다. 장남 야코프가 독일군에 포로로 잡혔을 때, 그는 아들과의 포로 교환을 거부했다. 야코프는 독일 수용소에서 사망했다. 스탈린의 개인적 이익을 포함해서 모든 게 국가의 요구에 종속되었다.

스탈린은 30년간 소련을 통치하며 제2차 세계대전에서 승리하고 초강대국 지위에 오르도록 이끌었다. 1953년 그가 사망하자 진심에서 우러난 대중의 비통이 분출했다. 스탈린이 이 모든 것을 이룬 것은 네로와 달리 그가 자신을 중심으로 권력 네트워크를 건설하고 유지하는 거장이었기 때문이다. 그의 거대한 권력은 엘리트와 보통 사람들에 대한 그의 영향력에서 나왔다. 하지만 훨씬 더 중요한 점은 구조적 힘들이 그의 편이었다는 것이다. 경제학자들이 새롭게 연구한 결과, 스탈린 산업화의 잔인무도함에도 불구하고 1930년대에 보통 사람들의 삶이 실제로 나아졌음이 밝혀졌다. 물론 대규모 농업 집단화 이후 벌어진 기근으로 수백만 명이 사망한 것을 간과하기는 어렵지만 말이다.[5] 제2차 세계대전으로 파괴적 충격을 입은 뒤, 다시 생활이 개선되기 시작했다. 1960년대와 70년대에 내가 소련에서 성장할 때, 눈에 띄게 생활이 개선되었다. 우리 가족은 방 하나(침실 하나가 아니라 방 하나다!)짜리에서 두 개짜리 아파트로 이사했고, 다시 세 개짜리로 이사했다. 우리는 확실히 미국인에 비하면 여전히 가난했지만, 복리의 추세가 상승했다. 대중의 궁핍화는 감소하는 중이었고, 엘리트 과잉생산은 혁명의 용광로와 뒤이은 숙청 속에서 일찍이 처리되었다.[6]

스탈린의 공산당이 세운 국가는 상당히 건실한 것으로 입증되어 두 세대의 통치자를 거치면서 지속되었다(흐루쇼프 시대와 브레즈네프 시대). 1977년 내가 소련을 떠날 때 이 나라는 앞으로 몇 세기 동안 지속될 거대한 괴물처럼 보였다. 하지만 내 판단이 틀렸다. 소련은 1991년에 허물어지면서 붕괴했다. 1992년에 소련을 떠난 뒤 처음으로 방문했을 때 이 나라를 알아보지 못할 정도였다. 실패 국가처럼 보였고, 실제로 실패 국가였다. 1990년대 동안 러시아는 해체의 궤적을 계속 밟았다. 1993년 대통령 지지자들이 의회 지지 세력과 거리에서 싸웠고, 탱크가 의사당에 포격을 가했다. 이듬해 1차 체첸 전쟁이 시작되었다.

사회의 와해: 사회학적 방법과 심리학적 방법

이로써 우리는 이 장의 핵심 질문들로 접어든다. 사회의 와해는 어떻게 설명해야 하는가? 국가는 왜 붕괴하는가? 내전은 어떻게 시작되는가?

이런 질문들에 접근하는 정반대되는 두 가지 방식이 있다. 사회학적 방법은 개인을 무시하고 오로지 사회를 와해로 밀어붙이는 비개인적인 사회적 힘들에 초점을 맞추는 것이다. 하지만 많은 사람들(사회학자가 아닌 사람들)은 이 방법에 만족하지 못한다. 그들은 누구의 책임인지를 알고 싶어 한다. 프랑스 혁명은 누구의 잘못인가? 루이 16세인가? 마리 앙투아네트? 아니면 로베스피에르인가?

그렇다면 사회학적 방법의 대안은 루이 16세나 네로, 고르바초프 같은 지도자들이 무엇을 잘못했는지 분석하는 것이다. 이 견해는 19세기에 특히 인기 있었고 여전히 석학과 정치인, 일반 대중이 역사를 바라보는 기본 시각인 위인 중심 역사 이론에 뿌리를 둔다.

이런 방법의 극단적 형태인 역사심리학psychohistory 분야는 프로이트의 정신분석학을 활용해서 지도자들의 행동의 정서적 기원을 이해한다. 이 '역사프로이트주의clio-Freudianism'는 유사과학이다. 과학은 이론을 내놓고 데이터를 수집해서 이를 검증한다. 유사과학은 이 방법을 뒤집는다. 역사학자 휴 트레버-로퍼Hugh Trevor-Roper가

월터 랭어Walter Langer의 《아돌프 히틀러의 마음The Mind of Adolf Hitler》을 비판하면서 말한 것처럼, "역사심리학자들은 정반대의 방향으로 움직인다. 그들은 자신들의 이론에서 사실을 연역해낸다. 따라서 실제로 사실이 이론에 휘둘리고, 이론과 일치하는 정도에 따라 선별되고 평가되며, 심지어 이론을 뒷받침하기 위해 날조된다".[8]

다른 사람의 마음은 일종의 수수께끼다. 특정한 방식으로 행동하는 그의 동기와 의도, 이유는 대개 헤아리기 어렵다. 우리는 종종 우리 자신의 동기도 이해하지 못한다. 그런데 어떻게 다른 사람의 동기를 확신할 수 있겠는가? 따라서 내가 역사프로이트주의에 심각한 결함이 있음을 발견한다고 해도 독자들은 크게 놀랄 필요가 없다. 이 책에서 내가 거듭 주장하는 것처럼, 사회의 권력 구조가 어떻게 작동하는지를 우선 해부하지 않고서는 사회의 궤적을 이해할 수 없다.

그와 동시에 나는 지도자가 중요할 수 있다는 데 동의한다. 통치자들은 그들이 속한 사회구조에 크게 제약을 받지만, 특히 공동의 목표를 향해 움직이는 응집력 있는 권력 네트워크의 지지를 받는 경우에 자신이 이끄는 국가의 궤적을 슬쩍 움직일 수 있는 재량이 있다. 개인의 역할에 관해서는 나중에, 특히 마지막 장에서 '성공담'—혁명적 상황에 빠졌다가 큰 유혈 사태 없이 빠져나올 수 있었던 사회들의 사례—몇 가지를 검토하면서 더 자세히 이야기할 것이다. 친사회적 지도자들의 긍정적인 역할은 그들이 국가라는 배를 거친 바다를 헤쳐 나가게 조종하는 데 성공했을 때 특히 가시적으로 드러날 수 있다.

하지만 지금 당장은 사회학적 시각을 계속 견지해보자. 지도자들의 내면세계를 이해하기보다는 그들이 맞서 겨뤄야 하는 사회적 힘들을 이해하는 게 더 중요하기 때문이다. 그리고 역사동역학을 통해서든, 재능 있는 정치인이 사회동역학을 직관적으로 파악한 결과든 간에 이런 이해가 없다면, 우리 자신이 위기를 헤쳐 나갈 수 없을 것이다.

지난 몇십 년간 사회과학자들은 내전의 원인과 전제 조건을 연구하는 데 많은 노력을 기울였다. 그들은 굉장히 과학적인 방식으로 이 연구 분야에 접근한다. 방대한 데이터 집합을 수집해서 통계 분석을 하는 식이다. 이런 유형의 연구를 하는 중요한 두 중심지가 북유럽 나라들에 있다. 노르웨이 오슬로의 평화연구소Peace Research Institute와 스웨덴 웁살라 대학교의 평화·갈등연구학부Department of Peace and Conflict Research가 그곳이다. 미국에서 가장 영향력 있는 연구 프로젝트는 정치불안정연구단Political Instability Task Force, PITF이다. CIA가 자금을 지원하는 이 프로젝트는 메릴랜드 대학교의 테드 로버트 거Ted Robert Gurr와 조지메이슨의 잭 골드스톤을 비롯한 20여 명의 학자들이 시작했다. (골드스톤은 이 책의 기둥을 이루는 구조적-인구학적 이론의 창시자 중 하나다.) 이 연구단의 성원 중 한 명인 바버라 월터Barbara Walter는 샌디에이고 캘리포니아 대학교의 정치학자로, 2022년《내전은 어떻게 일어나는가: 그리고 어떻게 저지할 수 있는가How Civil Wars Start: And How to Stop Them》라는 책을 출간했다. 여기서 그녀는 정치불안정연구단 프로젝트에서 나온 여러 통찰을 요약, 소개하면서 이런 통찰이 미국에 갖는 의미를 설명한다. 이 연구가 국가 붕괴와 내전에 관한 우리의 이해를 위해 어떤 종류의 통찰을 던져주는지 살펴보자.

내전은 어떻게 일어나는가

한 나라가 이듬해에 폭력적인 내분을 경험할지를 보여주는 최선의 예측 변수는 올해 이미 분쟁 중인지 여부다. 이런 '예측'은 단순히 내전이 여러 해 동안 지속되는 경향이 있다는 관찰 결과에서 나오며, 왜 내전이 시작되는지(그리고 어떻게 끝나는지)에 대해서는 어떤 이해도 제공하지 않는다. 따라서 정책 결정권자들의 시각에서 볼 때 흥미로운 질문은 내전의 개시를, 이를테면 2년 전에 예측할 수 있는가 하는 것이다. 현재 평화로운 어떤 특정한 나라의 경우에 지금부터 2년 동안 여전히 평화로울 확률은 어느 정도이고, 내전으로 빠져들 확률은 어느 정도일까?

이 질문에 답하기 위해 정치불안정연구단 프로젝트는 1955년부터 2003년까지 세계 모든 나라에서 정치 불안정의 개시에 관한 데이터를 수집하고, 나라별 특징과 각국에서 내전이 시작될 확률을 연결하는 통계 모델을 개발했다. 이 연구의 결과는 2010년 골드스톤과 공저자들이 발표했다.[9] 그들은 이 모델을 이용하면 80퍼센트의 정확도로 불안정의 시작을 예측할 수 있음을 발견했다. 놀라운 것은 연구자들이 30개의 다양한 지표를 시험했음에도 불구하고 이 모델에는 서너 개의 국가적 특징을 알기만 하면 이런 수준의 정확도를 달성할 수 있었다는 점이다.

첫째이자 가장 중요한 것은 '체제 유형'이다. 여기서 정치불안정연구단의 연구자들은 각 나라를 독재-민주주의 스펙트럼에 배치하는 정치체 IV^Polity IV 프로젝트에 의지했다. 정치 침여와 행징부 충원의 경쟁성이나 대통령에 대한 제약 같은 지표를 이용하는 스펙트럼의 범위는 −10점부터 10점까지였다.[10] 연도별-나라(가령 1980년의 짐바브웨)는 완전한 민주주의(10점에 가까움), 완전한 독재(-10점에 가까움), 부분적 독재(-10~0점), 부분적 민주주의(0~10점) 등으로 분류된다.[11] 정치불안정연구단 프로젝트는 더 나아가 부분적 민주주의를 파벌주의가 있는 나라와 없는 나라로 나누었다. 파벌주의는 '국가적 차원에서 편협한 이익을 추구하는 블록들끼리 벌이는, 극심하게 양극화된 비타협적 경쟁'이다. 이런 승자독식 정치 방식은 종종 2000년대 초 베네수엘라나 2006년 군사 쿠데타 이전에 태국에서 벌어진 것과 같은 대결적인 대중 동원과 선거 경쟁에 대한 위협이나 조작을 동반한다.[12] 파벌주의가 있는 부분적 민주주의는 대단히 불안정한 정치 체제인데, 이런 나라들은 내전으로 빠져들 가능성이 가장 높았다. 부분적 독재는 안정성 면에서 중간이며, 나머지 체제 등급(파벌주의가 없는 부분적 민주주의, 완전한 민주주의, 완전한 독재)은 상대적으로 안정적이었다.

정치불안정연구단의 분석에 따르면, 내전 발발 가능성을 높이는 다른 요인들로는 높은 유아 사망률, 인접 국가들의 무력 충돌, 소수 집단에 대한 국가 주도의 억압 등이 있다.

《내전은 어떻게 일어나는가》에서 월터는 정치 불안정을 일으키는 일련의 비슷한 원인들을 설명한다. 2010년 연구에서와 마찬가지로, 월터가 제시하는 첫 번째 요인은 정치 체제의 유형이다. "어떤 나라가 내전을 겪게 될지 여부를 예측하는 가장 좋은 지표는 그 나라가 민주주의를 향해, 또는 민주주의에서 벗어나 움직이고 있는지 여부다." 월터는 완전한 독재와 완전한 민주주의의 중간에 있는 이런 체제를 '아노크라시'라고 지칭한다. 두 번째 요인은 다시 파벌주의, 특히 종족적 또는 종교적 정체성에 바탕을 둔 파벌주의다. 더 나아가 한 종족 파벌이 스스로—경제적, 문화적으로, 또는 지위상— 패자라고 여길 때 폭력이 발발할 위험성이 특히 높아진다. 정부가 소수 집단을 억압하면 소수 집단이 무력에 의지할 가능성이 한층 높아진다. 월터의 원인 목록에서 마지막 요인은 인터넷의 등장, 대중적인 스마트폰 사용, 소셜미디어의 부상이다. 월터가 볼 때, 소셜미디어의 알고리즘은 끝없는 위기감, 고조되는 절망감, 온건파가 실패했다는 인식 등을 부추기면서 폭력의 '촉진제'로 작용한다. "바로 이 순간 폭력 사태가 벌어진다. 시민들이 전통적 수단으로는 문제를 해결할 희망이 없다고 확신하게 되는 때다."[13]

정치불안정연구단 그룹이 주창하는 방법과 북유럽 연구자들이 구축한 폭력 데이터 집합을 활용하는 비슷한 분석들에는 많은 장점이 있다. 하지만 중요한 한계도 있다. 불안정을 보여주는 단기적(2년 앞선) 예측 지표가 아노크라시, 파벌주의, 국가 억압인 것은 인정한다. 그런데 이런 종류의 기능장애가 왜 생겨날까? 아노크라시를 낳는 가장 흔한 원인은 독재가 엘리트 내부의 충돌이나 대중의 동원이라는 압력 아래서 스스로 민주화하려 하거나 비슷한 이유—엘리트 합의의 붕괴와 포퓰리즘의 부상—로 민주주의가 독재로 후퇴하는 것이다. 하지만 이는 해당 국가가 이미 곤경에 빠져 있음을 의미한다. 내전의 다른 두 전조—파벌주의와 국가 억압—도 마찬가지로(그리고 분명히) 구조적 불안정의 징후다. 다시 말해, 정치불안정연구단의 모델은 내전을 예측하기 위해 근접 지표들에 의지하지만, 왜 어떤 특정한 나라가 내전의 발발에 취약한 분열적이고 역기능적인 정치를 발전시키는지는 말해주지 않는다.

또 다른 문제는 정치불안정연구단 그룹이 분석하는 데이터의 역사적 시간(고작 1955년까지 거슬러 올라간다)이 충분히 심층적이지 않다는 것이다. 정치불안정연구단이 이용하는 데이터의 상당 부분이 나오는 20세기 후반기는 여러 면에서 이례적인 시기였다. 무엇보다도 이 시기는 200년 정도마다 되풀이되는 경향이 있는 정치 불안정의 주요한 물결의 사이에 해당한다. 2장에서 살펴본 것처럼, 복잡한 인간 사회는 대체로 통합 단계와 해체 단계를 번갈아 겪는다. 중세 성기 다음에 중세 후기가 나타났고, 르네상스 다음에는 17세기의 일반적 위기가, 계몽주의 다음에는 혁명의 시대가 나타났으며, 혁명의 시대는 결국 20세기 초에 끝이 났다. 우리가 속한 다툼의 시대는 이제 막 시작했을 뿐이다. 정치불안정연구단 데이터가 다루는 시기는 따라서 상대적으로 고요한 시기다. 혁명의 시대와 우리가 속한 다툼의 시대 사이에 해당하기 때문이다. 내전과 반란이 숱하게 일어났고, 심지어 제노사이드도 몇 차례 벌어졌지만, 세계의 저발전 지역—상대적으로 최근에 국가 건설이 시작되고 국민적 일체감이 전혀 형성되지 않은 지역—이 주요 무대였다. 한 사례로, 오늘날 사하라 사막 이남 아프리카는 유럽의 식민화 물결이 물러간 뒤에 등장한 인위적 국가들로 분할돼 있다. 이 나라들 대부분은 여러 종족 집단이 무질서하게 모여 있다. 설상가상으로 많은 종족 집단이 여러 국가들에 갈라져 있다. 마찬가지로, 중동에서도 이보다 덜 위험하기는 하지만 가령 쿠르디스탄(쿠르드족 거주 지역)처럼 네 개 나라에 걸쳐 있는 상황이 발견된다. 그러므로 지난 50~60년간 상이한 종족 집단 사이에 가장 빈번하게 내전이 벌어지고, 종족민족주의가 경쟁하는 당파들을 움직이는 이데올로기인 것도 놀랄 일은 아니다. 정치불안정연구단 데이터에 존재하는 이런 편향 때문에 월터는 충돌을 추동하는 주요 요인으로서 종족 정체성의 중요성을 매우 과대평가한다.

우리의 데이터가 커버하는 역사적 시기들을 확장하면('위기DB'에서 하는 식으로) 내전에서 싸우는 전투원들의 동기가 상이한 역사적 시대와 세계의 다른 지역마다 한층 다양함을 알 수 있다. 중세 후기 위기 당시, 유럽에서 벌어진 대부분의 충돌은 왕조 간 싸움이었다—랭커스터가 대 요크가, 오를레앙가 대 부르고뉴가 등등. (이 내전들은 기본적으로 〈왕좌의 게임〉이었다.) 이와 대조적으로, 17세기의 일반적 위기에서는 종교가 가장 두드러진 이데올로기였다—위그노 대 가톨릭교도, 청교도 대 성공회 등등. 혁명의 시대에는 자유주의와 마르크스주의 같은 근대 이데올로기들이 부상했다. 그와 동시에 포퓰리즘과 계급투쟁이 순전히 근대의 발명품이라고 해서는 안 된다. 2,000년 전 로마 공화국 후기에 경쟁한 주요 당파는 포풀라레스(평민당)와 옵티마테스(지배계급의 당)였다. 마찬가지로, 종족 간 충돌도 근대 시기에 국한되지 않는다. 고대 세계에도 존재했기 때문이다(가령 1세기와 2세기의 로마–유대 전쟁). 결론을 말하자면, 내전 전투원들의 구체적인 이데올로기와 동기는 시간과 공간에 따라 무척 다양하다. 이런 이데올로기와 동기는 또한 매우 유동적이어서 충돌이 장기화됨에 따라 변하기 쉽다(4장에서 논의한 것처럼). 그리하여 지난 60년의 역사에만 근거해서 예측 모델을 만드는 것은 잘못된 결론으로 이어질 가능성이 높다. 지금 우리는 가장 최근의 글로벌 불안정 물결의 시작점에 살고 있으며, 전후 세계의 교훈은 가까운 중간 미래medium future에 무엇을 기대할 수 있는지와 관련해서 좋은 길잡이가 되지 못할 것이다.

실제로 이미 이런 우려가 사실로 밝혀지는 중이다. 정치불안정 연구단 모델은 미래의 충돌을 예측하는 능력을 상실했다. 방금 말한 것처럼, 이 프로젝트에서 2010년에 발표한 연구는 정치불안정 연구단 모델이 내전의 개시를 80퍼센트 정확도로 예측할 수 있음을 보여주었다. 어떻게 이런 결과가 나온 걸까? 정치불안정연구단 그룹은 우선 1955~1994년의 데이터를 사용해서 통계 모델을 구축한 다음, 모델의 예측을 지난 10년간(1995~2004) 벌어진 일과 비교했다. 이 모델이 '표본 외 예측out-of-sample prediction'을 얼마나 잘할 수 있는지를 보여준다는 점에서 이는 타당한 과학적 접근법이다. 사실상 연구자들은 1994년으로 돌아가서 자신들의 모델이 예측되는 데이터(향후 10년)를 전혀 알지 못하게 했다.

지금까지는 좋았다. 하지만 10년 뒤 또 다른 일군의 연구자들이 정치불안정연구단의 연구를 그대로 되풀이하면서 이 모델을 사용해 2005~2014년을 예측했다. 유감스럽게도 정치불안정연구단 모델의 예측은 형편없었다. 특히 이 모델은 2011년 이집트 혁명 같은 아랍의 봄 봉기를 전혀 예측하지 못했다(5장을 보라). 무엇보다도 2011년 심각한 정치 폭력이 발발해서 나라가 뒤집힌 이집트를 비롯한 아랍 국가들은 전부 독재 국가였다(정치불안정연구단 모델이 예측한 것처럼 아노크라시 국가가 아니라). 더욱이, 경쟁하는 집단들이 전부 수니파 아랍인이었던 이집트 혁명에서는 종족이 아무런 역할도 하지 못했다. (이집트에서 소수 종족인 콥트 기독교도가 있지만, 그들은 이따금 이슬람주의자들의 희생양이 된 경우를 제외하고는 혁명에서 아무런 역할도 하지 않았다.) 다시 말해, 2005년 이전에 불안정의 선행 지표들로 잘 작동한 요인들이 그 이후에는 좋은 예측 지표가 되지 못했다는 것이다.

2017년 발표한 폭력 예측에 관한 한 논문―〈무력 충돌 예측하기: 우리의 예상을 조정할 때인가?Predicting armed conflict: Time to adjust our expectations?〉―에서 라르스-에리크 세데르만Lars-Erik Cederman과 닐스 B. 바이트만Nils b. Weidmann은 다음과 같이 말한다.

> 빅데이터가 이론과 무관한 '무차별 대입brute force'을 통해 어떤 식으로든 타당한 예상을 내놓을 것이라는 기대가 결국 정치 폭력 영역에 잘못 적용된다. 소셜미디어에 기반한 웹스크래핑Web scraping〔인터넷 웹 페이지에 나타나는 데이터 중에서 필요한 데이터만 추출하도록 만들어진 프로그램.―옮긴이〕이나 신호 탐지 같은 자동화된 데이터 추출 알고리즘으로 정치적 긴장의 고조를 잡아낼 수는 있겠지만, 그렇다고 해서 이런 알고리즘으로 확률이 낮은 충돌 사태를 시간적, 공간적으로 높은 정확도로 예측할 수 있는 것은 아니다.[14]

그리하여 우리는 이론과 무관한 알고리즘에 근거한 접근법의 가장 중요한 결함에 마주하게 된다. 이 책 전체에서 주장하는 것처럼, 우리는 사회 내부의 권력 구조를 심층적으로 분석하지 않고서는 사회의 와해를 이해할 수 없다. 영향력 있는 이익집단이 누구인가? 그들이 내세우는 의제는 무엇인가? 그들이 가진 사회 권력의 원천은 무엇이며, 그들은 자신들의 의제를 진척시키기 위해 얼마나 많은 권력을 휘두르는가? 그들은 얼마나 응집력이 있고 잘 조직되어 있는가? 사회의 회복력, 그리고 그 정반대인 사회의 취약성을 이해하고자 한다면, 이런 핵심적 질문들을 던지고 답을 찾아야 한다. 바버라 월터가 《내전은 어떻게 일어나는가?》에서 내놓는 분석은 바로 이 지점에서 종종 한심할 정도로 불충분하며 때로는 적나라하게 순진하다. 1917년 러시아 혁명에 관한 월터의 설명을 예로 들어보자. 월터는 "노동계급, 농노, 병사들이 세계 최초의 사회주의 국가를 창건하기 위해 군주정에 맞서 봉기한 러시아 혁명도 심각한 정치적, 경제적 불평등 때문에 일어났다"고 주장한다. (우선 한 가지 지적하자면, 1917년 러시아에는 농노가 존재하지 않았다. 러시아의 개혁과 혁명의 시기에 관한 나의 논의는 9장을 보라.) 또는 우크라이나의 유로마이단 혁명Euromadian Revolution에 관한, 좀 더 긴 월터의 분석을 예로 들어보자. 월터에 따르면, 이 혁명은 "유럽 성향의 우크라이나 서부 지역 출신 젊은이가 다수"인 "시민들"이 유럽연합이 아니라 러시아와 경제적 유대를 강화하고자 하는 빅토르 야누코비치Viktor Yanukovych에 맞서 일으킨 봉기였다.

이 서술에 무엇이 잘못된 걸까? '민중'이나 '시민'이 국가를 전복하고 새로운 국가를 창건하는 게 아니다. 오직 '조직화된 민중'만이 긍정적인 것이든 부정적인 것이든 사회 변화를 이룰 수 있다. 다시 말해, 어떤 혁명이 왜 성공을 거두었는지(또는 거두지 못했는지)를 이해하려면, 경쟁하는 이익집단들이 누구인지, 각 집단이 얼마나 많은 권력을 휘두르는지, 그들은 얼마나 내적 응집력이 있는지, 그리고 집단행동을 어떻게 조직하는지를 이해할 필요가 있다. 이것이 구조동역학 접근법의 본질이다(이에 관해서는 A3장에서 설명한다).

국가 와해(또는 와해되지 않음)를 이해하는 데 이런 권력 분석이 필요함을 보여주기 위해 1991년 소련이 붕괴하면서 탄생한 세 나라, 러시아, 우크라이나, 벨라루스의 각기 다른 궤적을 검토해보자. 실제로 소련의 해체는 이 (구)소련 공화국들의 세 지도자가 이룬 합의―벨로베즈 협정Belovezh Accords―가 낳은 결과였다. 동슬라브의 이 세 나라는 무척 비슷한 문화를 공유한다. 더욱이 정치불안정연구단의 기준에 따르면, 1991년 세 나라는 아주 비슷했다. 각각 아노크라시 국가로서 독재에서 민주주의로 이동 중이었다. 또한 세 나라 모두 종족 분할이라는 특징을 갖고 있었고, 2000년 이후 인터넷과 소셜미디어가 부상한 결과로 동일한 불안정의 '촉진제'에 시달렸다. 하지만 이런 유사성에도 불구하고 세 나라가 그린 궤적은 달랐다. 우크라이나는 2000년 이후 한 번도 아니고 두 번이나 혁명에 성공했다. 러시아와 벨라루스는 각각 반정부 시위의 거대한 물결을 겪었지만(러시아는 2011년 의회 선거 이후, 벨라루스는 2020년 대통령 선거 이후), 어느 쪽도 국가 붕괴로 귀결되지는 않았다. 이렇게 갈라진 궤적을 어떻게 설명해야 할까?

소련 해체 이후의 슬라브 국가들

소련은 사실 국가가 부를 생산하는 자산(또는 마르크스의 용어로 하면 '생산수단')을 소유한 거대한 대기업이었다. 1991년 소련이 붕괴했을 때, 대기업 관리자들―고위 당 간부, 공장 책임자, 그리고 그들의 패거리―이 거대한 자본을 신속하게 민영화(사유화)했다(아래에서 살펴보겠지만 벨라루스는 예외였다). 민영화는 믿을 수 없을 정도로 부패하고 폭력적인 과정이어서 승자들이 말 그대로 불운한 경쟁자들의 주검을 짓밟았다. 음울하면서도 재미난 한 일화를 보면, 러시아에서 손꼽히는 유력한 올리가르히^{oligarch}인 베레좁스키와 구신스키가 만난 자리에서 한 명이 상대에게 질문을 던졌다. "왜 나를 죽이려고 살인청부업자를 고용한 거요?" 상대가 뭐라고 대답했을까? "아니오, 당신이 나를 죽이려고 살인청부업자를 고용한 거요!" 알고 보니 각자 상대를 제거하려고 암살자를 고용한 상태였다.

부의 대부분이 열 명도 되지 않는 올리가르히의 수중에 집중되자 99퍼센트의 복리가 붕괴했다. 러시아인들은 절망사로 그야말로 떼죽음을 당했다. 1996년에 이르면, 대중의 불만이 격렬해진 나머지 현 대통령인 보리스 옐친이 재선에서 승리할 가망이 없음이 분명했다—그의 지지율은 한 자릿수였다. 주요 도전자는 공산당의 겐나디 주가노프^{Gennady Zyuganov}였다. 올리가르히들은 공산당이 승리하면 자신들이 계속 나라를 약탈하는 게 어려워지리라고 우려하게 되었다. 베레좁스키와 구신스키가 이끄는 가장 유력한 올리가르히 그룹이 옐친과 거래를 했다. 옐친이 국유기업의 민영화를 보장하는 대가로 그들은 선거운동 자금을 대고 자신들이 보유한 미디어 자원을 쏟아붓기로 한 것이다(그 시점에 이르면 그들이 매스미디어를 전부 장악한 상태였다). 그들은 또한 미국 정치캠페인 컨설턴트들(악명 높은 딕 모리스^{Dick Morris} 포함)로 이루어진 팀을 고용해 옐친의 재선을 관리했다. 그 정도로도 부족해 결국 그들은 옐친을 재선시키기 위해 대규모 부정선거에 의지해야 했다.

이런 식으로 러시아는 1996년에 극단적인 금권정치로 변모했다. 올리가르히들은 국가 관리에 거의 관심이 없었기 때문에 해체 과정의 속도가 빨라졌다. 공장주들은 노동자 임금 지급을 중단했고, 선거 이후 가을 동안 노동자 파업의 물결이 일었다. 체첸에서는 유혈 전쟁의 불길이 다시 타올랐다. 그리고 1998년 심각한 금융 위기가 나라를 강타해서 결국 루블화가 평가절하되고 국가 부채 디폴트가 선언되었다.

바로 이 순간 러시아에서 두 주요 권력 네트워크가 형성되었다. 지배 파벌인 경제 엘리트(올리가르히)는 모든 주요 매스미디어를 소유함으로써 이데올로기적 엘리트들을 통제했다. 두 번째 집단에는 행정 엘리트(관료 집단)와 군사 엘리트(국가안보기관과 군 장교들을 포함하는 이른바 실로비키siloviki)가 포함된다. 이어진 권력 투쟁에서 블라디미르 푸틴이 이끄는 행정/군사 엘리트 동맹이 금권정치인들을 물리쳤다. 갑작스러운 혁명 같은 건 없었다. 그보다 이 과정은 점진적이어서 올리가르히들이 잇따라 망명길에 오르거나(베레좁스키와 구신스키), 투옥된 뒤 망명하거나(호도르콥스키), 권력 위계에서 종속적인 지위로 좌천되었다(포타닌). 올리가르히들이 패배한 것은 응집력 있는 지배계급이 되지 못한 채 자신들의 집단적 이해관계를 증진시키는 대신 서로 싸우느라 에너지를 소진했기 때문이다. 그들은 또한 강압 기구를 통제하는 것이 중요함을 과소평가했다. 마지막으로, 그들에게는 어떤 정당성도 없었고, 국민들이 그들의 도둑정치 방식을 진심으로 혐오했다.

행정/군사 엘리트들의 승리는 최소한 15세기 이래 러시아의 권력관계를 특징지은 역사적 양상으로 회귀함을 의미했다. 다른 역사적 사례들(가령 이집트와 중국)에서 살펴본 것처럼, 정치 문화는 대체로 회복력이 있으며 주요한 교란이 생긴 이후에도 저절로 재건되는 경향이 있다.

러시아의 새로운(또는 복원된) 지배계급은 부패와 족벌주의가 심한 것으로 드러났다. 그 구성원들은 올리가르히들로부터 부를 생산하는 자산을 빼앗고 국가 지출의 큰 비중을 자신들의 주머니로 돌리는 식으로 막대한 부를 쌓았다. 다소 놀랍게도, 러시아 지배계급에게 도둑정치적 측면이 강함에도 불구하고 그들의 국가 경영은 이전의 올리가르히들보다는 그래도 기능장애가 심하지 않았다. 푸틴 정권은 특히 집권 후 처음 10년간 수많은 성과를 누렸다. 체첸 내전을 끝내고, 국가 재정을 건전한 토대 위에 올려놓았으며, 경제 발전까지 가능케 했다(또는 어쩌면 간섭하지 않았다). 특히 1998~2008년 10년간 경제성장이 빠른 속도로 이루어져서 국민 복리의 극적인 개선으로 이어졌다. 2008년 이후, 경제성장 속도가 저하되고 심지어 몇 차례 마이너스 성장도 경험했다. 하지만 기대수명 증가와 살인율 감소 같은 삶의 질의 다른 지표들은 계속 개선되었다.

2011년에 시작되어 2013년까지 지속된 대중 시위는 푸틴 정권을 흔드는 데 실패했다. 시위대 대부분은 최대 도시 두 곳인 모스크바와 상트페테르부르크에 집중된 반면, 나머지 지역에서는 시위를 지지하지 않았다. 무엇보다도 지배계급의 핵심(실로비키)이 어떠한 균열도 없이 푸틴을 지지했다.

벨라루스에서는 올리가르히들이 권력을 잡은 적이 없다. 공화국이 새로 생기고 처음 3년간, 전 국영농장 관리자이자 반부패 십자군인 젊은이(30대) 알렉산드르 루카셴코가 빠르게 인기를 얻어서 1994년 대통령 선거에서 압도적인 표차로 승리했다(득표율 80퍼센트). 루카셴코 정권은 민영화 잔치에 빠지지 않았기 때문에 국가가 주요 산업 대기업의 소유권을 계속 보유하고서 올리가르히의 등장을 막았다. 그 결과, 벨라루스에는 《포브스》 명단에 오른 억만장자가 한 명도 없다. (벨라루스인이 몇 명 명단에 있기는 하지만 모두 러시아에서 부를 쌓은 인물이다.)

2020년 8월 대통령 선거 이후 민스크를 비롯한 대도시에서 루카셴코 정권에 반대하는 대중 시위의 불길이 타올랐다. 한동안 (외부 관찰자들 눈에는) 정권이 무너지는 듯 보였다. 하지만 이후 벌어진 사태들로 이런 예상이 틀렸음이 입증되었다. 루카셴코가 군사 엘리트들과 탄탄한 연계를 구축했음이 분명해졌다. (나는 '군사'라는 용어를 일반적인 의미로 사용한다. 여기에는 군대만이 아니라 국내 보안기구까지 포함된다.) 루카셴코의 권력 네트워크에서는 변절자가 없었고, 정권은 살아남았다. 몇몇 야당 지도자가 선거 전부터 투옥되었고, 다른 이들은 쫓기듯 망명길에 올랐다. 정권이 시위의 요구에 굽히지 않는다고 결심한 데다가 시위대의 다수가 체포, 구금되면서 시위에 참여하려는 사람들의 의지가 점차 꺾였다. 게다가 수도 바깥에서는 루카셴코에 대한 지지가 여전히 강했다. 그 결과 시위는 점차 수그러졌고 2021년 3월을 마지막으로 끝이 났다.

우크라이나: 금권정치

이제 우크라이나로 고개를 돌려보자. 1990년대 동안 우크라이나의 정치경제는 러시아와 비슷했다. 한 무리의 올리가르히들이 국가 소유 생산수단을 민영화하면서 집권했다. 하지만 1999년 이후 두 나라가 걸은 궤적이 갈라졌다. 우크라이나에서는 올리가르히들이 전혀 타도되지 않았다. 대신에 경제 엘리트들이 절대권력을 잡았다.

올리가르히의 통치는 우크라이나 보통 사람들의 복리에 어떤 영향을 미쳤을까? 2014년 혁명 직전에 우크라이나의 1인당 GDP를 한번 살펴보자. CIA의 《월드 팩트북World Factbook》에 따르면, 2013년 우크라이나의 1인당 GDP(구매력평가PPP)는 7,400달러였다. 헝가리(1만 9,800달러)나 폴란드(2만 1,100달러), 슬로바키아(2만 4,700달러)에 비하면 한참 아래다. 우크라이나보다 2.5배 더 큰 러시아(1만 8,100달러)보다도 한참 뒤진다. 소련이 붕괴하기 전에 우크라이나가 러시아―또는 벨라루스―보다 1인당 지역 GDP가 더 높았던 사실을 감안하면, 특히 인상적인 결과다.

아마 러시아가 가장 좋은 비교 대상은 아닐 것이다. 러시아는 석유와 가스 등 광대한 광물 자원을 보유한 나라이기 때문이다. 러시아 같은 광물 자원이 없을 뿐만 아니라 우크라이나 같은 온화한 기후와 풍요로운 '흑토 지대'도 없는 벨라루스와 비교하는 게 더 낫다. 그렇다 하더라도 2013년 벨라루스의 1인당 GDP는 1만 6,100달러로 상당한 규모이며 우크라이나의 두 배가 넘는다. 더욱이 벨라루스에는 억만장자가 전혀 없었기 때문에 벨라루스의 중위 소득은 우크라이나(또는 러시아)와 비교하면 훨씬 높았다. 부의 분배가 공평할수록 언제나 중위 소득이 높아지기 때문이다.

우크라이나의 올리가르히들은 내부의 다른 어떤 견제도 받지 않은 채 나라를 통치했음에도 응집력 있는 지배계급이 되지 못했다. 대신 그들은 몇몇 파벌을 결성해서 선거 정치와 반ⁿ합법적 자산 압류, 심지어 투옥 등까지 무기로 활용하면서 서로 싸웠다. 2010년 집권한 야누코비치는 '가스 공주'로 대중적으로 알려진 올리가르히인 경쟁자 율리아 티모셴코Yulia Tymoshenko를 투옥했다. 올리가르히들끼리 내분을 벌이면서 우크라이나 민주주의는 조롱거리가 되었다. 우크라이나인들이 누구를 선출하든 간에 공직자들은 보통 사람을 위해 아무 일도 하지 않았고, 대신에 패배한 올리가르히들로부터 부와 권력을 빼앗는 데 집중했다. 우크라이나가 어떤 방향으로 나아가야 하는지에 관해 정반대로 대립되는 생각을 가진 양대 진영으로 유권자들이 분열되면서 국가의 전반적인 기능장애가 한층 심해졌다. (이런 현실은 벨라루스와 러시아도 어느 정도 마찬가지인데, 이 두 나라에도 서방 지향적 소수집단이 많이 있다.) 우크라이나의 서부 절반은 유럽연합과 나토NATO (북대서양조약기구)에 가입하기를 원했다. 동부 절반은 러시아와의 문화적, 경제적 연계를 유지하고 심화하기를 바랐고, 나토 가입에 단호히 반대했다. 상이한 올리가르히 파벌들이 이런 유권자들의 어느 한쪽에 호소했지만, 사실 그들은 전부 서방 지향적이었다. 재산을 서방 은행에 맡겨두고, 자녀는 옥스퍼드나 스탠퍼드에서 교육시키며, 런던이나 코트다쥐르에서 부동산을 구매하고, 다보스에서 글로벌 엘리트들과 어울렸기 때문이다.

불안정을 추동하는 네 가지 구조적 요인에 관한 논의(2장)에서 나는 역사적 거대제국과 미국이나 중국 같은 현대의 가장 강력한 국가들에 관한 우리의 역사동역학 모델에서 마지막 요인인 지정학적 압력은 보통 간결한 정리를 위해 무시할 수 있음을 지적했다. 하지만 우크라이나 같은 중간 규모 국가에서는 이런 요인들이 종종 대단히 중요할 수 있기 때문에 분석에 포함해야 한다. 우크라이나가 특히 외부 압력에 취약한 다른 두 가지 이유도 있다.

첫째, 우크라이나는 미국의 이익권sphere of interest (사실상 나토)과 러시아의 이익권(러시아어로 흔히 말하는 '가까운 해외') 사이의 지정학적 단층선에 자리한다. 실제로 이 단층선은 우크라이나 중앙을 관통해서 서쪽 절반은 나토로 기울고 동쪽 절반은 러시아로 기운다. 미국의 저명한 전략가 즈비그뉴 브레진스키Zbigniew Brzenzinski는 독립국 우크라이나를 "유라시아 체스판에서 새로운 중요한 공간이자 … 지정학적 축"이라고 여겼다. "독립국으로서의 존재 자체가 러시아를 변모시키는 데 기여하기 때문이다. 우크라이나가 없으면 러시아는 유라시아 제국이 될 수 없다."[15] 미국 대외정책 제도권의 영향력 있는 한 집단은 약화됐으면서도 여전히 강한 러시아의 지속적 존재가 미국의 지배권에 가장 중요한 위협(중국의 부상보다도 훨씬 큰 위협)이라고 여긴다.[16] 브레진스키에 이어 이 집단은 나토를 러시아까지 확대하는 것을 밀어붙였으며, 2014년에 이르러 우크라이나가 나토 동맹에 추가되는 차례가 돌아왔다.

둘째, 우크라이나 올리가르히들은 서방의 이해관계에 통제를 받는 데 특히 취약했다. 이 금권정치인들은 서방 은행들에 자산의 상당량을 보관했기 때문에 이 자산이 동결되거나 심지어 압류당할 수 있었다.[17] 2022년에 러시아 올리가르히들은 바로 이런 상황에 처했다.[18] 훨씬 더 직접적인 위협은 한 올리가르히를 미국에 송환해 재판정에 세우기 위한 법적 절차에 들어간 것이다. 드미트로 피르타시Dmytro Firtash(우크라이나 올리가르히 중 도네츠크 파벌의 저명한 성원으로 2014년 전에는 야누코비치가 이끄는 지역당의 유력 지지자였다)는 현재(2022년) 빈에서 가택연금 상태인데, 미국의 범죄인 인도 절차에 맞서 싸우는 중이다[2024년 3월 현재에도 미국에 송환되지 않은 채 법적 공방을 계속하고 있다.—옮긴이].

2014년에 이르러 베테랑 외교관 빅토리아 눌런드 같은 미국의 '식민지 총독proconsul'들은 우크라이나 금권정치인들에 대해 상당한 정도의 힘을 확보한 상태였다. 비용이 적게 든 것은 아니었다. 눌런드는 국무부가 우크라이나 지배계급에 대한 영향력을 확대하는 데 50억 달러를 투자했다고 자랑스럽게 밝혔다.[19] 이 과정에서 미국 요원들은 올리가르히들끼리 서로 경쟁하면서 분열하게 만드는 그들 내부의 깊은 적대감을 톡톡히 활용했다. 올리가르히들은 자기들끼리 합의를 이루지 못했기 때문에 공동 의제를 만들 외부 관리자가 필요했다. 2014년 '존엄의 혁명Revolution of Dignity' 당시 전화 통화 녹취록에서 알 수 있듯이, 눌런드와 우크라이나 주재 미국 대사 제프리 파이어트는 다양한 국가 직위(대통령, 장관 등)에 누구를 임명할지 결정을 내렸다.[20]

우크라이나가 독립한 이래 30년 동안 국가 권력 구조는 국민, 올리가르히, 미국의 식민지 총독들이라는 세 층위의 구성으로 발전했다. 우크라이나 시민의 다수는 정기적인 선거에서 투표했지만, 누구를 뽑든 간에 유권자들의 바람과 상관없이 자신들의 사적 이익을 추구했다(대중의 바람이 올리가르히들의 욕망과 일치했을 때를 제외하면). 그 결과 모든 행정부는 선출되자마자 대중의 지지를 잃고 스캔들에 휘말렸다. 초기의 한 명(쿠치마)을 제외하면, 어떤 대통령도 연임에 성공하지 못했다. 다음 선거에서 좌절한 유권자들은 기존의 패거리를 내쫓고 다른 패거리를 선출했다. 2004년과 2014년 두 차례 혁명이 있었다. 하지만 새로운 정치인들 또한 올리가르히들 자신이나 그들이 긴밀하게 통제하는 사람들 가운데에서 뽑혔다. 변한 거라곤 다른 한 무리의 올리가르히들이 여물통 앞에서 배를 채운다는 것뿐이었다.

권력을 다투는 올리가르히 파벌들은 상당히 유동적이어서 상황에 따라 개별 올리가르히들이 연합에 가담하고 연합을 바꾸기도 한다. 하지만 연구자들은 출신지에 바탕을 둔 네 개의 주요 네트워크, 또는 '패거리'를 확인했다. 남동부의 드니프로(예전 이름은 드니프로페트롭스크)와 도네츠크, 중부의 키이우, 서부의 볼히니아가 각 중심지다. 2010년 야누코비치가 대통령에 당선되고 그가 이끄는 지역당이 의회 최다 의석을 확보한 것은 도네츠크 패거리의 승리를 나타냈다.

야누코비치는 도네츠크 주지사로 정치 경력을 시작했다. 야누코비치와 지역당의 주요 후원자인 리나트 아흐메토프Rinat Akhmetov는 우크라이나에서 가장 부유한 올리가르히이자 도네츠크 패거리의 수장이다. 그는 지역당 의원 후보 중 60명을 자신에게 개인적으로 충성하는 사람들로 채웠다. 두 번째 지원자인 피르타시는 30명을 골랐다.[21] 대통령이 된 야누코비치는 곧바로 자신의 지위를 활용해서 후원자들(물론 자기 자신도)의 부를 불려줄 것으로 기대되었다. 하지만 관습적인 도둑정치의 테두리 안에 머무르는 대신 그는 자기 가족에게 유리하게 부를 재분배하기 위한 전면적인 프로그램에 착수했다. 특히 그의 아들이 막대한 부를 누린 수

혜자였다. 얼마 지나지 않아 올리가르히들은 야누코비치가 "가족Family"이라고 부르는 새로운 올리가르히 패거리를 만들려고 한다는 것을 분명히 깨달았다. 이런 행동을 계속하게 내버려두면 야누코비치는 금세 아흐메토프와 피르타시의 지지가 필요 없게 될 것이었다. 두 사람은 야누코비치와 결별해야 한다는 결론에 다다르고는 대안을 찾기 시작했다. 2014년 2월 크리스티안 니프Christian Neef가 보도한 것처럼, "가령 아흐메토프는 피르타시와 대조적으로 율리아 티모셴코와 항상 좋은 사이를 유지했고, 티모셴코가 투옥됐을 때 그녀의 조국동맹 지도권을 넘겨받은 아르세니 야체뉴크Arseniy Yatsenyuk를 지지하기 시작했다. 한편 피르타시는 비탈리 클리츠코Vitali Klitschko의 우다르당UDAR을 지지했다."22 그 결과 이미 다른 올리가르히들의 반발을 산 야누코비치는 도네츠크 패거리의 지지를 상실했다. 야누코비치는 당시에 이런 사실을 깨닫지 못했겠지만, 모종의 계기만 생기면 그를 끌어내리는 것은 식은 죽 먹기였다.

미국의 언론인 에런 마테Aaron Maté는 유로마이단 혁명으로 이어지는 사태를 요약하면서 다음과 같이 말한다.

마이단 시위를 일으킨 불꽃은 빅토르 야누코비치 대통령이 유럽연합이 제시한 무역 거래 약속을 저버린 결정이었다. 종래의 서사는 야누코비치가 모스크바의 주요 후원자에게 협박을 받았다는 것이다. 사실을 말하자면, 야누코비치는 유럽과의 유대를 발전시키기를 희망했고, 당시 로이터 통신이 보도한 깃처럼, "러시아와 긴밀한 유대를 강화하도록 우크라이나를 압박하는 이들을 구워삶고 을러댔다". 하지만 우크라이나 대통령은 유럽연합 거래의 세부 항목을 읽고 나자 덜컥 겁이 났다. 우크라이나는 러시아와의 깊은 문화적, 경제적 유대를 억제해야 할 뿐만 아니라 '은퇴 연령을 높이고 연금과 임금을 동결하는' 등의 가혹한 긴축 조치를 수용해야 했다. 이런 요구들은 우크라이나 보통 사람들의 생활을 개선하기는커녕 빈곤과 야누코비치의 정치적 사망 선고를 확실히 굳혔을 것이다.[23]

봉기는 정부의 부패에 반대하고 유럽 통합에 찬성하기 위해 수만 명이 키이우의 마이단 광장에서 시위를 벌이면서 시작되었다. 야누코비치에 반대하는 볼히니아 패거리의 일원이던 올리가르히 페트로 포로셴코Petro Poroshenko는 후에 한 인터뷰에서 이렇게 말했다. "처음부터 나는 마이단의 조직자들 중 한 명이었습니다. 내가 소유한 TV 채널(채널5)이 엄청나게 중요한 역할을 했지요."[24]

당시에 야누코비치는 여전히 상당한 정도의 대중적 지지를 유지했지만, 그의 지지자들은 전부 우크라이나 동부에 있었던 반면, 수도의 인구는 서방 지향적인 나라의 절반에 속해 있었다. 어쨌든 이 그룹은 대부분 앞선 선거에서 야누코비치 반대쪽에 표를 던진 이들이었다. 훨씬 더 중요한 점은 극우 극단주의 세력의 대규모 파견대를 포함한 우크라이나 서부의 수만 명이 키이우로 와서 평화적으로 진행되던 운동을 폭력적인 정권 교체 운동으로 바꿔놓았다는 점이다.

폭력 사태가 최고조에 달하자 아흐메토프와 피르타시는 가라앉는 배를 포기해야 한다는 것을 깨달았다. 말 그대로 하룻밤 새에 그들이 지배하는 TV 채널인 우크라이나Ukraina와 인테르Inter가 반정부 세력 지지로 입장을 바꿨다. 의회에서는 아흐메토프와 피르타시가 임명한 집권 지역당 의원들이 당의 위계를 깨뜨리고 야당에 합류했다. 극우 극단주의자들과 싸우던 보안기관은 야누코비치에게 배신당할 것을 두려워하며 마이단 광장에서 철수했다. (나중에 벌어진 사태로 볼 때 그들의 판단이 옳았다.)

야누코비치의 네로의 순간이었다. 갑자기 그에 대한 지지가 눈 녹듯 사라졌고, 그는 혼자서 성난 시위대와 마주해야 했다. 그가 다른 올리가르히들과 우크라이나 국민으로부터 약탈한 수십억 재산은 그를 보호해주지 못했다(그리고 신정권이 집권하면서 그의 가족들로부터 몰수했다). 야누코비치가 네로식의 종말을 피한 것은 러시아 남부로 도망칠 수 있었기 때문이다. 현재 그는 그곳에서 망명 생활을 하고 있다.

민중이 승리했고, 민주주의가 복원되었다. 적어도 대기업 미디어에서는 유로마이단 혁명을 이런 식으로 묘사했다. 실제로 2014년 우크라이나 혁명은 역사상 다른 어떤 혁명만큼이나 민중 혁명이 아니었다. 이 책에서 논의한 바로 그 힘들, 대중의 궁핍화와 엘리트 과잉생산에 의해 추동된 혁명이었다. 민중은 이 혁명의 결과로 혜택을 받지 못했다. 우크라이나 정치는 전과 똑같이 계속 부패했다. 민중의 삶의 질은 눈에 띄게 향상되지 않았다. 페트로 포로셴코가 대통령으로 선출되었지만, 그의 행정부는 급속하게 대중의 지지를 상실했다. 다음 신거(2019)에서 그에게 표를 던진 유권자는 25퍼센트가 되지 않았다.

2014년 혁명의 가장 파국적인 결과는 돈바스의 두 지역인 도네츠크와 루한스크에서 벌어진 격렬한 내전이었다. 러시아의 지원을 받은 돈바스 민병대가 우크라이나군과 아조우 연대Azov Regiment처럼 공공연하게 네오나치를 표방하는 지원병 여단에 맞서 싸웠다.[25] 2022년 2월 24일 러시아군이 우크라이나를 침공할 때쯤이면 돈바스 전쟁으로 이미 1만 4,000명이 전사한 상태였다.[26] 이 전쟁이 어떻게 끝날지 말하기는 아직 너무 이르다. 하지만 역사적 기록을 보면 이 충돌이 어떤 식으로든 우크라이나 금권정치의 종말이 될 것으로 보인다. 대다수 올리가르히들은 경제 붕괴의 결과로, 그리고 전쟁으로 파괴된 결과로 부의 상당 부분을 상실했다.[27] 훨씬 더 중요한 점은 올리가르히들이 전쟁을 거치면서 정치적으로 배제되고 있다는 것이다. 현 우크라이나 대통령 볼로디미르 젤렌스키가 정계에 진출한 것은 양대 올리가르히인 포로셴코(2014년에서 2019년까지 우크라이나 대통령)와, 그에게 대항할 후보가 필요했던 이호르 콜로모이스키Ihor Kolomoisky(드니프로페트롭스크 올리가르히 패거리)가 경쟁한 결과였다.[28] 하지만 충돌이 2월 24일 전면전으로 확대되자 젤렌스키는 재빨리 전시 대통령으로 변신한 뒤 승전할 때까지 싸우겠다고 공언하고 있다. 우크라이나는 지금 엄중한 선택에 직면해 있다. 침몰하는 국가가 될 것인지, 군사정치로 변신할 것인지의 선택이다. 시간이 흐르면 어떤 미래가 현실이 될지 알게 될 것이다.

주된 교훈

소련 붕괴로 형성된 동슬라브의 세 공화국 가운데 가장 민주적인 우크라이나가 가장 가난하고 불안정한 나라가 된 반면, 가장 독재적인 벨라루스가 상대적으로 번영과 안정을 누리는 것을 보면 아이러니하다. 이런 관찰 결과가 갖는 함의는 무엇일까? 명백한 함의 하나는 독재가 민주주의보다 더 잘 작동한다는 것이다. 이는 또한 틀린 말이기도 하다. 국민들이 가난한 기능장애의 독재 국가도 많이 있으며, 그런 국가의 다수가 과거에 붕괴했다. 그리고 덴마크나 오스트리아처럼 인구의 절대 다수가 높은 수준의 복리를 누리며 잘 통치되는 나라들은 민주주의인 경우가 많다.

더 나은 결론은 민주주의의 장식물을 걸친 모든 국가가 대다수 인구 집단을 위해 운영되지 않는다는 것이다. 국가 관리들이 어떤 정당이 선거에 참여하고 누가 승리할지를 결정하는 경우처럼, 이와 같은 몇몇 유사민주주의 국가는 쉽게 발견된다. 하지만 우크라이나는 그런 경우가 아니었다. 정치인과 국가 관리들이 통제자가 아니었다. 그 대신 올리가르히들과 그들의 사적 이익에 의해 긴밀하게 통제되었다.

국가 붕괴의 과거 사례들에 대한 이 분석에서 우리가 얻어야 할 주된 교훈은 무엇일까? 복잡한 인간 사회를 통치하는 정치적 권위는 피상적으로 힐끗 보이는 것보다 훨씬 더 취약하다. 한 사회를 통치하는 권력 네트워크가 갑작스럽게 해체되는 국가 붕괴는 역사 속에서나 현대 세계에서나 빈번하게 발생한다. 지배계급은 종종 전쟁이나 전투에서 압도적인 세력에 패배한 결과로 물러난다(그리고 때로는 몰살당한다). 칭기즈 칸의 몽골인들이 들이닥쳐 그들을 전부 죽이고 해골을 피라미드 모양으로 쌓은 때처럼 외부의 침공이 성공할 때가 이런 경우다. 또는 조직적인 혁명가 집단이나 정부 전복 세력 집단이 공격하는 방식으로 나타날 수도 있다. 칠레 대통령 살바도르 아옌데는 대통령궁을 습격한 피노체트 장군의 군대에 맞서 총탄이 빗발치는 가운데 돌격소총을 손에 쥐고 죽을 때까지 싸웠다. 하지만 (외부 침공의 결과가 아니라) 국가가 붕괴하는 가장 빈번한 원인은 지배 네트워크가 내파하는 것이다. 이 장 서두를 장식한 네로의 순간이 아마 가장 생생한 사례일 것이다. 쿠바 혁명과 2021년 아프가니스탄 붕괴의 경우에는 경쟁하는 권력 네트워크의 압박이 있었지만, 지배 네트워크는 반란자들이 수도에 진입하기도 전에 해체되었다. 그건 그렇고, 러시아의 1917년 10월 혁명도 똑같은 시나리오에 따라 전개되었다. 소련의 프로파간다는 겨울궁전 습격을 결정적인 전환점으로 미화했지만, 이미 군대의 대다수가 임시정부를 포기한 상태였고, 정부 수반인 알렉산드르 케렌스키는 볼셰비키 군대가 궁전에 진입하기 전에 이미 도망쳤다. 마지막으로, 2014년 우크라이나의 경우처럼 대규모 대중 시위의 압력 아래 정치 체제가 붕괴할 수 있다.

우크라이나에서 성공한 2014년 혁명과 벨라루스에서 실패한 2021년 봉기를 대조해보면 특히 교훈적이다. 이렇게 갈라진 결과를 설명해주는 주요 요인은 지배 집단의 성격이다. 우크라이나의 경우에 서로를 혐오하고, 상대를 겨냥해 음모를 꾸미고, 언제든 가라앉는 배를 포기하려 한 경제 엘리트들의 집합체가 주요 요인이다. 벨라루스의 경우에는 어떤 틈새도 보이지 않은 채 대중적 시위를 무사히 헤쳐 나간, 응집력 있는 행정-군사 엘리트 집단이 주요 요인이다. 결국 이 두 동슬라브 국가의 차이는 2014년과 2021년의 혁명적 상황 이전 20년간 두 나라가 겪은, 상이한 정치-경제적 궤적에서 나온다. 우크라이나에서는 국유 기업의 대규모 민영화로 생겨난 부의 펌프가 올리가르히들의 과잉생산과 올리가르히 간 충돌, 거듭된 국가 붕괴로 이어졌다. 벨라루스에서는 부의 펌프와 올리가르히, 엘리트 간 충돌, 국가 붕괴 등이 존재하지 않았다.

　모든 복잡한 사회는 엘리트 과잉생산이라는 해체적 힘에 취약하며, 이런 사회가 모두 정기적인 사회 와해를 겪는 것도 이 때문이다. 하지만 다소 극단적인 사례인(과거에도?) 우크라이나에서와 같은 금권정치는 특히 취약하다. 주된 문제는 자신의 개인적 이익에 따라 행동하는 금권정치인들이 부의 펌프가 작동하는 데 유리한 제도적 체계를 창조하는 경향이 있다는 것이다. 부의 펌프는 한편으로는 대중의 궁핍화를, 다른 한편으로는 엘리트 과잉생산(더 많은 부유한 금권정치인을 창조함으로써)을 증대한다. 다시 말해, 부의 펌프는 인류가 아는 한 가장 안정을 해치는 사회적 메커니즘으로 손꼽힌다. 물론 미국은 우크라이나가 아니다. 미국의 지배계급은 5장에서 논의한 것처럼 중첩되는 일련의 제도에 의해 통일되고 조직화되어 있다. 그리고 이 지배계급은 진보의 시대와 뉴딜 시기에 공통의 복리를 위해 자신들의 협소하고 이기적인 이익을 거슬러 행동할 수 있음을 보여주었다. 하지만 그들은 '격동의 20년대'를 어떻게 헤쳐나갈 수 있을까? 미국이 향후 수십 년간 따르게 될 궤적은 무엇일까? 다음 장에서 이 문제를 이야기하도록 하자.

8장

근미래의
역사들

전환점을 지나

멀찍이서 지난 10년간 벌어진 사태를 지켜보는 사람—가령 외계인이나 미래의 역사학자—이라면 분명 지구상에서 가장 강력한 나라에 사는 인간들이 얼마나 철저하게 자기네 사회를 망치는지를 보고 깊은 인상을 받을 것이다. 주목할 만한 과학적 진보와 이례적인 기술 변화, 인상적인 경제성장에도 불구하고, 대다수 미국인의 복리는 쇠퇴하고 있다. 그리고 승자의 대다수조차 성공을 자녀에게 물려줄 수 있을지 깊이 걱정하고 있다.

지금까지 살펴본 것처럼, 인간 사회는 예측 가능한 궤적을 따라 혁명적 상황에 빠져든다. 그런데 이런 위기들은 어떻게 해소될까? 미국은 현재 위기에 처해 있기 때문에 우리는 다음에 어떤 일이 생길지 알고 싶다. 미래를 아주 정확하게 예측할 수 없다는 건 이해한다. 혁명적 상황에 빠진 사회 체계를 정확하게 예측하기는 특히 어렵다. 신체적 비유를 사용해서 이를 설명할 수 있다.

위기로 가는 길을 가파른 벽으로 둘러싸인 골짜기라고 생각해 보라. 위기에 접근하는 사회는 이 골짜기로 굴러가는 금속 공과 같다. 그 궤적은 경사에 의해 제한되므로 상당히 예측 가능하다. 하지만 공이 골짜기 입구에서 빠져나오는 순간, 전환점(혁명적 상황)에 서게 되며 여러 잠재적 경로가 펼쳐진다. 공을 살짝 밀기만 해도(이익집단 또는 심지어 영향력 있는 개인의 행동) 이후의 궤적을 비교적 순조로운 방향이나 완전히 파국적인 방향으로 돌릴 수 있다. 전환점 이후에 어떤 일이 벌어질지 예측하기가 어려운 것은 이 때문이다.

하지만 언뜻 비관적으로 보이는 이 결론에 밝은 희망이 내비친다. 비교적 작은 힘을 들이기만 해도 궤적을 긍정적인 방향으로 돌릴 수 있다. 비결은 어디를 밀어야 할지를 아는 것이다. 어쨌든 언뜻 명백해 보이는 개입이 예상치 못한 파국적인 결과로 귀결될 수 있다. 바로 이 지점에서 말로 하는 추론이 전혀 부적절해진다. 이상적으로 보면, 어떤 식으로 밀면 어떤 종류의 결과가 나오는지를 말해줄 수 있는 형식적(수학적) 모델이 필요하다. 이 모델을 21세기 말까지 돌려보면, 그 국가의 이익집단, 특히 가장 강력한 집단인 지배 엘리트가 고를 수 있는 다양한 선택지에서 귀결되는 상이한 여러 시나리오를 탐구할 수 있을 것이다. 이를 따라 우리는 어떤 집단적 선택이 이루어지는지, 그리고 이 모델이 이런 선택들의 장기적 결과를 정확하게 예측할 수 있는지를 관찰하고자 한다.

다경로 예측

역사동역학은 아직 이런 모델링의 위업을 달성할 만큼 발전하지는 못했다. 하지만 지난 몇 년간 동료들과 나는 이 노선을 따라 탐구하는 중이다. 우리는 이런 접근법을 다경로 예측multipath forecasting, MPF이라고 부른다.[1] 완전히 작동하는 MPF 엔진은 채택할 수 있는 다양한 정책이나 개혁을 인풋으로 받아들여 이런 개입의 결과로 미래의 궤적이 어떻게 바뀔지 예측할 것이다. 이런 도구를 만들려면 많은 작업과 자원을 결합해야 하는데, 최근에 나는 이 방법이 어떻게 작동할 수 있는지를 보여주는 '원형'을 개발했다. 전문 분야에 식견이 있는 사람들은 학술 출판물에서 세부 내용을 볼 수 있지만,[2] 다음 몇 페이지에서 말로 설명해보고자 한다(방정식 없이). 내가 이 원형의 내부 작동을 철저하게 파헤치려는 숨은 동기는 이 책에서 설명한 일반 이론이 구체적인 사례에서 어떻게 작동할 수 있는지를 보여주기 위해서다. 모델을 구성하는 모든 사람이 아는 한 가지는 말로 된 이론을 일련의 수학적 방정식으로 전환하는 것은 그 안에 숨은 모든 가정을 찾아내서 드러내는 놀라운 방법이라는 사실이다.

내부의 모든 움직이는 부분에 추동력을 제공하는 엔진인 MPF 모델의 핵심은 부의 펌프다. 부의 펌프는 어떻게 작동할까? 첫째, 이 모델은 얼마나 많은 노동자가 일자리를 찾고 있는지를 추적한다. 노동 공급은 인구 증가의 결과로 증가한다(노동력에 진입하는 신규 노동자와 은퇴하는 기존 노동자의 균형). 신규 노동자의 또 다른 중요한 원천은 이민 유입이다. 모델은 또한 여성이 노동력에 대규모로 진입하는 결과로 이어지는, 노동을 둘러싼 사회적 태도의 변화를 고려할 필요가 있다. (1955년에서 2000년 사이에 미국 여성의 노동력 참여는 35퍼센트에서 60퍼센트로 증가했다.) 둘째, 모델은 세계화(일자리가 나라 밖으로 빠져나가게 만든다)와 로봇화/자동화(일부 일자리를 사람에서 기계로 전환하지만 또한 새로운 경제 부문에서 다른 일자리를 창출한다) 같은 요인들에 영향을 받는 일자리 공급을 추적한다.

지난 50~60년간의 전반적인 노동력 추세는 노동자 과잉공급으로 귀결되었는데, 이는 노동자 임금을 억누르는 경향이 있다. 그와 동시에 이런 경제적 효과를 상쇄할 수 있는 제도적 요인들이 점점 약해지고 있다. 노동조합에 속한 노동자 비율이 감소했으며, 연방 정부에서 강제하는 실질 최저임금도 감소했다. 그 결과 특히 저숙련 노동자뿐만 아니라 중위('전형적') 노동자의 상대 임금(1인당 GDP 대비 임금)도 감소했다. 한편 3장에서 살펴본 것처럼, 상대 임금의 감소는 부의 펌프를 추동해서 노동계급으로부터 경제 엘리트들로 소득을 재분배했다.

이런 구조동역학적 접근법의 장점(부록 A3에서 더 자세히 설명한다)은 이 덕분에 사회 체계의 한 부분에서 벌어지는 변화가 다른 부분들의 동역학에 어떤 식으로 영향을 미치는지 이해할 수 있다는 것이다. 부의 펌프는 평민 구역(궁핍화를 야기하면서)만이 아니라 엘리트 구역에도 대대적인 영향을 미친다. 엘리트 수는 인구 변동(출생률과 사망률의 차이)의 결과로 변화하지만, 이는 우리에게 상대적으로 사소한 요인이다. 미국에서 엘리트와 평민의 인구통계학적 비율이 그렇게 다르지 않기 때문이다. (이 비율은 일부다처 엘리트가 존재하는 사회에서 주요한 요인이었다.) 더 중요한 과정은 사회적 이동성, 즉 평민이 엘리트 구역으로 옮겨가는 상향 이동과 엘리트가 평민 구역으로 옮겨가는 하향 이동이다. 그리고 순이동net mobility이 상향인지 여부는 부의 펌프에 좌우된다.

그 작동 방식은 간단하다. 대기업 간부들이 노동자 임금의 증가 속도를 기업 수입의 증가 속도보다 느리게 유지하면, 이 잉여를 활용해서 자신들이 고임금과 수익성 좋은 스톡옵션 등을 챙길 수 있다. 이런 기업의 최고경영자는 '황금 낙하산'을 타고 은퇴하는 즉시 새롭게 억만장자나 심지어 10억만장자가 된다. 같은 이유로 자본 소유자들은 더 높은 자본 수익을 얻는다. 초부유층의 숫자가 늘어난다.

이 동역학은 거꾸로 작동할 수도 있다. 노동자 임금이 1인당 GDP보다 빠르게 증가하면(즉 상대 임금이 증가하면), 새로운 슈퍼리치의 창출이 중단된다. 몇몇 예외적 개인들이 계속 새로운 부를 창출하지만, 그들의 숫자는 적다. 한편 오래된 부는 파산과 인플레이션, 다수 상속자들 사이의 재산 분할의 결과로 서서히 소멸한다. 이런 조건에서는 초부자 계급의 규모가 점차 줄어든다.

하지만 이렇게 점진적이고 부드럽게 감소하려면 사회 체계가 안정을 유지해야 한다. '위기DB'의 역사적 사례들을 분석해보면, 엘리트 과잉생산을 종식시키는 하향 사회 이동의 시나리오 가운데 훨씬 빈번한 것은 높은 사회정치적 불안정의 시기, 즉 '다툼의 시대'와 관련된다. 이런 사례들에서는 하향 이동이 급속하게 진행되고 대개 폭력과 연결된다. 정치적 불안정과 내전은 다양한 방식으로 엘리트 숫자를 쳐낸다. 일부 엘리트 개인들은 내전에서 살해되거나, 또는 암살당한다. 다른 엘리트들은 자기 파벌이 내전에서 패배하면서 엘리트 지위를 상실한다. 마지막으로, 전반적인 폭력 상태와 성공의 부족 때문에 많은 '잉여' 엘리트 지망자들이 엘리트 지위를 계속 추구하지 못하며, 결국 하향 이동을 받아들인다. MPF 엔진은 불안정이 높아지면 엘리트 개인이 평민으로 변신하는 속도가 빨라진다고 일반적으로 가정하는 식으로 이런 과정을 모델화한다.

그리하여 MPF 모델의 핵심은 상대 임금과 이를 동력으로 삼아 작동하는 부의 펌프다. 상대 임금이 감소하면 결국 궁핍화와 엘리트 과잉생산으로 이어진다. 이제 우리가 아는 것처럼, 이 두 가지는 사회적, 정치적 불안정을 야기하는 가장 중요한 추동 요인이다. 하지만 불안정의 발발—폭력적 반정부 시위와 파업, 도시 폭동, 테러리즘, 농촌 봉기, 그리고 상황이 정말 악화되는 경우에 국가 붕괴와 전면적 내전—은 개인들의 행동이 낳는 결과다. 이 모델은 구조적 추동 요인들과 각 개인의 동기를 어떻게 연결할까? 이 모델에서 우리는 이 모든 사태에서 핵심적 역할을 하는 것은 극단주의자들이라고 가정한다. 급진화되어 공격에 나설 준비가 된 사람들이다. 이런 극단주의자들이 나머지 인구에 비해 소수라면, 그들은 체제 안정에 심각한 위협이 되지 못한다. 쉽게 고립되어 경찰에 진압되기 때문이다. 하지만 그들이 다수가 되면, 극단주의 조직으로 뭉치기 시작해서 지배계급에 확실하게 도전할 수 있다. 따라서 전체 인구 대비 극단주의자 수는 MPF 모델이 추적해야 하는 핵심 변수다.

급진화 과정은 질병처럼 작동한다. 서서히 퍼지면서 사람들의 행동을 바꾸고 폭력적인 방식으로 행동하게 만드는 것이다. 따라서 구조적 추동 요인들을 소요와 연결하는 MPF 엔진의 구역은 사회적 전염의 이런 동역학을 모델화할 필요가 있다. 역학자들이 — 가령 코로나 바이러스 발발의 동역학을 예측하는 데서 — 사용하는 방정식과 무척 흡사하다.

이 모델은 세 종류의 개인을 추적한다. 첫 번째인 '순진한' 유형은 역학 체계에서 쉽게 감염되는 사람들에 해당한다. 개인이 성인이 되면 이 부류에 포함된다. (모델은 활동적인 성인인 개인들만을 추적한다. 어린이와 은퇴한 노인은 모델에 포함되지 않는다. 이 동역학에 어떤 영향도 미치지 못한다고 가정되기 때문이다.) 순진한 개인들은 급진적 유형의 개인(질병 모델에서 전염성 개인에 해당)들에게 노출되면서 '급진화'될 수 있다. 인구 집단에 급진적인 사람들이 많을수록 순진한 개인이 '극단주의 바이러스'에 감염될 가능성이 더욱 높아진다.[3]

인구의 높은 비율이 급진화되면, 사회정치적 불안정도 높아진다. 폭동이 쉽게 촉발되고 곧바로 확산된다. 테러 집단과 혁명적 집단이 번성하고 막대한 수의 동조자들로부터 지지를 받는다. 사회는 내전의 발발에 무척 취약하다. 하지만 급진화 정도와 정치적 폭력의 전반적인 수준(가령 살해당하는 사람의 숫자로 측정되는) 사이의 관계는 직선적이지 않다. 인구 집단에서 극단주의자의 비율이 높아짐에 따라 그들이 혁명 정당의 폭발적 성장으로 이어질 잠재력이 있는 연계와 조직을 이루기가 점점 쉬워진다. 문지방 효과도 존재한다. 혁명적 집단의 힘이 국가의 강제기구의 힘보다 작은 한, 전반적인 폭력 수준이 낮은 수준으로 억제될 수 있다. 하지만 앞 장에서 국가 붕괴의 수많은 사례를 통해 살펴본 것처럼, 힘의 균형이 극단주의자들에게 유리하게 바뀌면, 체제를 이루는 힘들이 갑자기 내파할 수 있다.

지금까지 우리는 '극단주의자들'이 마치 하나의 이익집단인 것처럼 이야기했다. 하지만 그렇게 생각해서는 안 된다. 사실 극단주의자들이 모두 단일한 급진 정당에 속하지는 않는다. 정치적 불안정이 심각한 시기에 전체 인구와 엘리트를 가르는 많은 쟁점이 존재한다. (우리는 4장에서 이와 같은 이데올로기적 풍경의 파편화를 논의한 바 있다.) 따라서 여러 파벌의 극단주의자들이 존재하며, 상이한 이데올로기에 따라 움직이는 각 파벌이 서로 전쟁을 벌인다. 일부는 좌익 극단주의자가 되고, 다른 이들은 우익 조직에 가세한다. 또 다른 이들은 종족적, 또는 종교적 극단주의자가 된다. 좌파만이 아니라 심지어 우파 안에서도 급진 집단들이 갈라져서 이데올로기 스펙트럼의 반대쪽 극단과의 싸움보다 내부 투쟁에 더 집중할 수 있다.

일반적으로 말해서, 정치적 폭력의 발발은 동역학적으로 들불이나 지진과 비슷하다. 마오쩌둥의 유명한 말처럼, 불씨 하나가 들불을 일으킬 수 있다. 하지만 대부분의 불꽃은 작은 불을 일으키며, 이 불은 큰불로 퍼지기 전에 꺼진다. 극소수의 불꽃만이 초원 전체를 휩쓰는 들불을 일으킨다. 복잡성 과학자들은 해당 사건의 통계적 분포가 '멱법칙'〔지수 함수 형태로 증가하거나 감소하는 경향을 나타내는 법칙.—옮긴이〕을 따르는 과정에 많은 관심을 기울여 왔다. 우리가 이런 과정을 불탄 초원의 제곱킬로미터로 수량화하든, 리히터 규모의 지진의 강도로—또는 살해된 사람의 숫자로 측정한 정치적 폭력 사건의 심각성으로— 수량화하든 간에 이 과정은 모두 같은 유형의 동역학을 갖고 있다.[4] 들불의 경우 처음에 불씨 하나로 붙은 불이 퍼져나가는지 여부는 가까운 거리에 연소성 물질이 얼마나 많은지, 그리고 불이 한 군데의 마른 풀밭에서 다른 풀밭까지 번질 수 있는지에 좌우된다. 혁명에서 체제에 맞선 초기 항쟁이 확산될지 여부는 극단주의자(연소성 물질과 유사하다)의 숫자, 그리고 그들이 얼마나 잘 연결되어 있는지, 또는 얼마나 빨리 반란의 네트워크를 확장할 수 있는지에 좌우된다. 이런 자가 촉매적, 자기추동적 동역학의 결과로, 초기의 작은 사건은 예상치 못하게 보기 드문 대규모 재앙—'블랙 스완'이나 '드래건 킹'—으로 확대될 수 있다.

급진화 몫quotient과 그 결과로 나오는 정치적 폭력의 규모 사이의 관계는 멱법칙을 따르기 때문에 통상적인 통계학(가령 평균적인 폭력 수준)이 잘 작동하지 않으며, MPF 모델은 미국 남북전쟁이나 태평천국의 난과 같은 실제로 심각한 사건들의 확률을 평가하는 식으로 가능한 결과를 포착한다. 이런 극단적 사건이 일어날 확률은 아주 높지 않을 테지만, 그래도 걱정할 필요가 있다. 상상할 수 없는 인간의 고난을 야기할 잠재력이 있기 때문이다. 제2의 남북전쟁이 일어날 확률이 10퍼센트라면 높은 걸까 낮은 걸까? 개인적인 차원에서 말해보자. 만약 당신이 사멸할 확률이 10퍼센트라면 이 내기에 응할 것인가? 나라면 엄청난 보상을 준다고 해도 응하고 싶지 않다. 보상이 얼마나 크든 간에 일단 살아서 보상을 누려야 하니 말이다.

MPF 모델로 돌아가보자. 이 모델에 추가되는 한 요소는 순진한 개인이 급진화되는 것은 다른 극단주의자들과 접촉을 통해서만이 아니라 급진적 행동에서 생겨나는 폭력에 노출되는 것이 원인이 되기도 한다는 점이다. 예를 들어, 누군가 우익 극단주의자들이 저지른 테러 행위 때문에 친척이나 친구가 죽었다면 그 사람은 좌익 혁명 집단에 가담할 수 있다. 이 두 번째 급진화 경로 또한 일종의 사회적 전염이다(하지만 급진 이데올로기가 아니라 폭력으로 중개된다).

이 모델에서 순진한 사람과 극단주의자 이외에 세 번째 유형의 개인은 '온건주의자'(감염병 모델에서 '회복된 사람'에 해당)다. 이 집단은 급진주의와 폭력에 환멸을 느끼고 사회 성원들이 협력해서 차이를 극복해야 한다는 결론에 이른 옛 극단주의자들로 구성된다. 온건주의자는 무엇보다도 평화와 질서를 소중히 여기며 이를 이루기 위해 적극적으로 일한다는 점에서 순진한 사람과 다르다. 다시 말해, 순진한 개인들은 능동적인 정치 프로그램이 없고, 극단주의자는 불안정을 증대하기 위해 적극적으로 활동하며, 온건주의자는 상황을 진정시키기 위해 적극적으로 활동한다.

요약하자면, 순진한 사람이 이미 급진화된 사람을 만나거나 폭력에 노출될 때 새로운 극단주의자가 탄생한다. 극단주의자가 많을수록(따라서 폭력의 비율이 높을수록) 순진한 개인이 급진화되기가 쉽다. 하지만 온건주의자들 또한 역할이 있다. 온건주의자의 숫자가 늘어나고 그들이 불안정을 억제하는 중도적 영향력을 행사하면 급진주의에 의한 '감염'이 감소한다.

하지만 극단주의자의 수가 무한정 증기하지는 않는다. 폭력의 수준이 증대됨에 따라 일부 극단주의자는 극단주의를 외면하고 온건주의자로 전향한다. 극단주의자가 급진주의를 역겨워하면서 온건주의자로 전환할 확률은 전반적인 폭력 수준과 나란히 높아지지만, 시간적 지체가 존재한다. 높은 수준의 정치적 폭력이 곧바로 폭력을 혐오하고 내적 평화를 열망하는 사회적 분위기로 전환되지 않기 때문이다. 폭력은 누적적 방식으로 작동한다. 몇 년간 불안정이 고조되거나 전면적인 내전이 벌어진 뒤에야 인구의 대다수가 진지하게 질서를 갈망하기 시작한다.

MPF 엔진의 사회적 전염 모듈은 따라서 급진화 과정과 온건화 과정을 추적한다. 이제 이 모듈은 불안정의 구조적 추동 요인들의 동역학과 연결되어야 한다. 이는 궁핍화의 강도와 엘리트 과잉생산을 결합하는 '정치적 스트레스 지수Political Stress Index, PSI'를 통해 이루어진다.[5] 대중의 궁핍화는 역逆상대 소득(1인당 GDP로 나눈 중위 가구 소득)으로 측정된다. 그리하여 일반적인 소득이 경제성장과 나란히 증가하지 않으면, 이 요인은 PSI를 높인다. 엘리트 내부의 과잉생산/경쟁은 전체 인구 대비 엘리트(엘리트 지망자 포함)의 숫자로 측정된다. PSI는 순진한 개인이 급진화될 확률을 '조정'한다. 구조적 조건이 불안정을 향한 높은 사회적 압력으로 귀결되면, 급진적 사상이 비옥한 토양에 떨어져서 곧바로 뿌리를 내린다. 또는 PSI가 낮은 경우 순진한 사람과 극단주의자의 만남(또는 순진한 사람이 정치적 폭력 사태를 경험하는 것)이 급진화로 귀결될 가능성이 낮다.

이제 우리에게 MPF 엔진이 있으므로 이를 활용해서 미국 사회체계가 2020년대 이후 어떤 궤적을 따라갈지 조사해보도록 하자. 이것은 하나의 모델(심지어 시험적 모델)이며 이 예측은 어느 정도

회의적으로 받아들여야 한다는 점을 염두에 두자. 목표는 미래를 예측하는 게 아니라 모델을 활용해서 어떤 가능한 행동들이 다른 미래를 만들 수 있는지를 이해하는 것이다. MPF 엔진은 수백 곳의 전통 사회에 존재하는 이야기의 모티프인 친절한 소녀와 쌀쌀맞은 소녀의 이야기 같은 일종의 '교훈담'이다.

우리는 1960년에 엔진을 시작해서 확정된 60년간의 역사에 대해 처음 가동한다. MPF의 관점에서 보면, 이 시기 동안 가장 중요한 추세는 상대 임금의 감소다. 상대 임금의 감소는 부의 펌프를 작동시키며, 엘리트 수가 점점 빠른 속도로 증가하기 시작한다. 2020년에 이르면 궁핍화와 엘리트 과잉생산으로 인해 PSI가 매우 높은 수준에 다다른다. 0에 가까운 저점을 유지하던, 극단주의자 수를 따라가는 급진화 곡선은 2010년 이후 높아지기 시작해서 2020년대 동안 말 그대로 폭발한다. 정치적 폭력도 마찬가지다. 모델의 예측에 따르면, 2020년대의 어느 시점에서 불안정이 너무 높아져서 엘리트 수가 줄어들기 시작할 지경이 된다. MPF가 하나의 모델이며, 따라서 현실을 수학적 방정식으로 추상화한다는 점을 기억하라. 하지만 현실 세계에서 엘리트 수의 감소를 야기하는 불안정은 전혀 추상이 아니다. 남북전쟁의 결과로 엄청난 수의 남부 엘리트 남성이 전쟁터에서 죽고 나머지는 엘리트 지위를 박탈당했을 때, 미국에서 무슨 일이 벌어졌는지 생각해보라.

모델에 따르면, 2020년대에 격변이 일어나 엘리트 숫자가 줄어들고, 이는 PSI의 감소로 귀결된다. 또한 폭력이 높은 수준에 다다라서 대다수 극단주의자들이 온건주의자로 변신하는 과정이 가속화된다. 급진화 곡선은 상승한 것만큼이나 가파르게 하강하며

2030년 이후 어느 시점에서 최저 수준에 도달한다. 극단주의자들은 폭력을 추동하는 주역이기 때문에 불안정 또한 감소한다. 사회 체계가 다시 안정을 찾는다. 하지만 이런 관성적 시나리오에서 불안정을 낳은 근본 원인―부의 펌프―은 계속 작동한다. 점차 엘리트 수가 증가하기 시작한다. 한편 2020년대에 폭력의 정점을 억누른 온건주의자들이 서서히 은퇴하고 사망한다. 불안한 평화는 다음 세대 동안 지속되지만(25~30년) 이후 50년 뒤에 2020년대가 반복된다.[6]

관성 시나리오는 따라서 다소 암울한 미래를 예측한다. 2020년대에 심각한 폭력이 발발하고, 부의 펌프를 차단하기 위해 무언가 하지 않는다면 50~60년마다 이런 사태가 반복된다. 그렇다면 대안은 무엇일까?

독자 여러분이 비현실적이라고 느낄 법한 한 가지 가정은 극단주의자의 많은 숫자가 전면적인 내전으로 다소 쉽게〔온건주의자로〕 전환된다는 것이다. 어쨌든 미국 국가의 강압 기구는 무척 잘 기능하며 무너질 기미가 전혀 보이지 않는다. 높은 수준의 급진화로 내전이 촉발되지 않는다면 어떤 일이 벌어질까? 어떻게 보면 미래가 그렇게 암울하지 않다. 아무튼 내전을 피하기 때문이다. 하지만 그 대신 벌어지는 상황 또한 특별히 밝아 보이지 않는다. 부의 펌프는 계속 작동하며, 궁핍화와 엘리트 과잉생산 둘 다 높은 수준에 도달해서 PSI가 높아진다. 국민 대다수가 급진화되고, 급진화 곡선이 하향하지 않는다. 극단주의자를 온건주의자로 변신하게 만드는 것은 내전이라는 조건이기 때문이다. 사회 체계는 높은 궁핍화와 엘리트 간 충돌, 급진화 상태에 무한정 갇히게 된다.

체계를 긍정적 균형으로 이끌기 위해서는 부의 펌프를 차단해야 한다. 평민과 엘리트 사이의 상향, 하향 이동률이 균형을 맞추는 시점까지 상대 임금을 밀어 올리는 식으로(그리고 노동자 임금이 전반적인 경제성장과 나란히 증대하도록 보장해서 이 수준을 유지하는 식으로) 이를 모델화할 수 있다. 결국 드러나는 것처럼, 이렇게 개입해도 2020년대의 고점에 미치는 영향을 제거하지 못하거나 심지어 영향이 더 커진다. 사회 체계에는 너무 많은 관성이 존재한다. 더욱이 이 개입은 엘리트 과잉생산을 악화시키는 달갑지 않은 효과를 발휘한다. 부의 펌프를 차단하면 엘리트의 소득이 줄어들지만, 그 숫자는 감소하지 않는다. 이는 엘리트의 상당 부분을 반엘리트로 변모시키는 처방이며, 이로써 내전이 훨씬 유혈적이고 격렬해질 가능성이 높아진다. 하지만 고통스럽고 폭력적인 10년이 지난 뒤, 체계는 빠르게 균형을 달성한다. PSI는 최저치에 도달하고, 급진화되는 인구 비율이 감소하며, 잉여 엘리트들은 제거된다. '2020년대의 격동'이 남기는 유일한 기억은 높은 비율의 온건주의자들에게만 있을 터인데, 그들은 2070년대로 향해가면서 점차 사라질 것이다. 최종 결과는 '급격한 단기적 고통, 장기적 이득'이 될 것이다.

MPF 엔진을 활용해서 다른 시나리오들을 탐구할 수도 있다. 예를 들어, 상대 임금을 아주 점진적으로(가령 20년 동안에 걸쳐) 증대시키면 '격동의 20년대'는 사라지지 않아도 엘리트의 급격한 빈곤은 피할 수 있다.

MPF 모델에서 나오는 가장 중요한 통찰은 아마 현재 우리가 당면한 위기를 피하기에는 너무 늦었다는 사실일 것이다. 하지만 상대 임금을 균형 상태로 맞춰서(그리하여 엘리트 과잉생산을 차단해서) 유지하기 위해 신속하게 행동한다면, 21세기 후반기의 다음 사회 와해 시기를 피할 수 있다.

미국의 혁명적 상황

MPF 모델은 미국이 2020년대와 그 이후에 어떤 궤적을 따를지를 폭넓게 관망하는 조감도를 제공한다. 이 모델은 매우 추상적이며, 궁핍화, 엘리트 지망자의 잉여, 급진화 같은 집계 변수를 따른다. 이제 현실로 돌아와서 이 모델이 미국에서 서로 다투는 이익집단들의 권력의 동역학에 관해 어떤 통찰을 줄 수 있는지 살펴보도록 하자. 이를 위해서는 모델에서 얻은 이론적 통찰을 현대 미국 사회에 관한 한층 더 구체적인 구조동역학적 분석과 통합해야 한다.

5장에서 발견한 것처럼, 미국의 지배계급은 최상위 부자(상위 1퍼센트)와 최고 학위 소유자(상위 10퍼센트)의 연합이다. 이 집단의 모든 성원이 미국을 통치하는 데 적극적으로 참여하는 것은 아니다. 많은 부유한 사교계 명사들(상위 1퍼센트 중)은 그저 사회적 상층계급, 즉 '유한계급'의 성원으로서 자신의 부와 지위를 향유한다. 학위 보유자들의 경우, 우파 평론가들은 걸핏하면 '자유주의자 교수들'이 사악한 영향력을 미친다고 맹렬히 비난하지만, 사실 그들의 99퍼센트는 어떤 발언권도 없다. 좋은 대학의 정년 보장 교수는 은퇴하는 순간 10퍼센트에 들어갈 가능성이 높다. 하지만 고학력자의 대다수는 상어 기생충이나 선태식물(선태식물이 무엇인지 안다면 축하한다)의 계통 같은 것들을 공부한다. 정치나 권력과 아무 관계가 없는 이해하기 어려운 주제들이다. 학생들은 기말시험을 치르고 한 달 뒤면 교수가 가르친 내용을 깡그리 잊어버릴 것이다. 그리고 물론 고급 학위를 가진 이들의 다수는 10퍼센트의 일부도 되지 않는다. 양분된 분포에서 아래쪽 집단에 속하는 법학 학위 보유자들을 기억하라. 지배 연합의 능동적인 일부—주요 대기업의 최고경영자와 이사(앤디의 경우), 대규모 투자자, 대기업 변호사(제인의 아버지의 경우), 고위 선출직 공무원과 관료, 정책 기획 네트워크의 성원들—가 지배의 주체다.

5장에서 우리는 이 지배계급이 어떻게 서로 맞물린 기관들의 네트워크를 획득해서 (상당히) 응집력 있는 협력 집단으로 행동할 수 있게 됐는지를 살펴보았다. 지배계급은 뉴딜 시대의 분열을 극복하고 제2차 세계대전과 냉전을 거치며 나라를 초강대국의 지위로 이끌었다. 또한 일련의 개혁을 채택해서 경제성장의 이득이 비교적 공정하게 분배되도록 보장했고, 이는—인간 종의 진화사에서— 전례 없이 폭넓은 기반 위에 번영을 구가하는 결과로 이어졌다. 1960년대 동안 지배 엘리트들은 심지어 미국 사회에서 불공평—노예제와 인종주의의 역사에서 기인한다—의 가장 큰 원천을 극복하는 데 의미심장한 진전을 이루었다. 하지만 1980년 이후 사회 분위기가 폭넓은 기반의 협력과 장기적 목표에서 벗어나 단기적이고 협소한 이기적 이해관계로 옮겨갔다. 부의 펌프가 점점 정신없는 속도로 돌아가게 되었다.

노동계급으로부터 경제 엘리트들로 부가 쇄도하자 엘리트 수가 늘어나 엘리트 과잉생산으로 귀결되면서 엘리트 내부의 경쟁과 갈등이 높아졌다. 그리하여 지배 연합의 통일성과 응집력이 손상되기 시작했다. 마크 미즈러키Mark Mizruchi는 2013년 저서 《미국 대기업 엘리트의 균열The Fracturing of the American Corporate Elite》에서 전후 시대에 통일되고 중도적, 실용적이었던 대기업 엘리트들(포춘 선정 500대 기업의 고위 중역과 이사)이 최근 수십 년간 파편화되고 있다고 말한다. 경제 지도자들은 중도에서 멀어지고 공동선에 기여하려는 의지가 줄었다. 이런 현상이 "미국 민주주의의 현재적 위기를 낳은 중요한 원천이며 21세기 미국이 처하게 된 곤경의 주요한 원인"이 되었다.

기업 공동체 내부의 양극화를 보여주는 점차 가시적인 징후 하나는 극단적 이데올로기 의제를 밀어붙이는 자선 재단의 부상이다. 스펙트럼의 한쪽 끝에는 초보수주의 재단들이 있다. 찰스 코크Charles Koch, 머서 일가, 세라 스케이프Sarah Scaife 등이 대표적이다. 돔호프는 이 재단들을 "정책 방해 네트워크"라고 부른다. 주류 싱크탱크들이 정책 제안을 개발하고 입법 과정을 통과하도록 조력하는 것과 달리, 정책 방해 네트워크가 추구하는 목표는 "모든 정부 프로그램을 공격하고 정부 공무원들의 동기를 모조리 의심하는 것"이다.[7] 돔호프가 다소 길게 설명하는 한 사례는 하트랜드연구소Heartland Institute 같은 기후위기 부정 단체들이다. 이 연구소의 목표는 기후변화의 과학적 토대에 의심의 씨앗을 뿌리고, 지구 온난화를 초래하고 극단적 기상 현상(5등급 허리케인 같은)이 점점 늘어나게 만드는 화석연료의 역할에 관해 생겨나는 합의를 손상시키는 것이다. 또 다른 사례는 '사망세' 밈을 만들어서 퍼뜨리는 것이다(5장). 결국 이 정책 방해 네트워크는 미국 사회에서 공공기관과 사회적 협력에 대한 신뢰가 하락하는 데 이바지한다.

대법관을 비롯한 연방 판사 임명은 '급진적 억만장자들' 사이의 또 다른 전쟁터가 되고 있다. 수십 년 동안 초보수적 재단들은 연방주의자협회Federalist Society에 수백만 달러를 기부했는데, 이 협회는 "연방 사법 체계의 직위에 임명된 판사 수백 명을 훈련시키는 식으로 연방 사법부를 근본적으로 개조"하고 있다.[8] 최근에 조지 소로스는 미국 전역에서 지역검사 경선에 나선 진보적 후보 수십 명에게 2,000만 달러에 육박하는 자금을 지원했다.[9] 캘리포니아 북부의 부유한 기부자들이 자금을 대는 스마트저스티스캘리포니아Smart Justice California는 2017년 이래 사법제도 주민투표 및 연합한 후보자들에 수천만 달러를 쏟아부어서 개혁주의자 지역검사 조지 개스콘George Gascón(로스앤젤레스)과 체서 부딘Chesa Boudin(샌프란시스코)을 당선시켰다.[10] 2020년 '흑인의 생명도 소중하다Black Lives Matter' 시위 직후에 다른 몇몇 대도시에서도 개혁주의적 지역검사들이 당선되었다. 하지만 의도하지 않은 결과로 진보적 지역검사들과 보수적 경찰서 사이에 갈등이 고조되고 있다. 이번에도 역시 부유한 자선 사업가들의 좋은 의도의 기획으로 양극화가 심해지면서 사회적 협력이 훼손되고 있다. (언제나 그렇듯, 이는 기획들의 상대적 가치에 대한 가치 판단이 아니다. 체계에 미치는 영향에 관한 분석이다.)

미즈러키의 주장으로 돌아가보면, 그는 대기업 엘리트들이 "자신들을 위해 재정을 고갈시키고 막대한 자원을 축적함으로써 우리를 앞선 로마와 네덜란드, 합스부르크 에스파냐 제국들의 운명으로 이끌고 있다"고 결론짓는다. "그 성원들은 진즉에 딩장 어느 정도나마 계몽된 이기심을 행사했어야 한다."[11] 지금까지는 괜찮다. 하지만 미즈러키는 결국 현재의 대기업 엘리트들이 "전례 없는 부와 정치적 영향력을 갖고 있으면서도 중요한 문제들을 다루려 하지 않는 무능한 집단"이 되었다고 그 정도를 과장한다. 정반대로, 우리가 앞선 몇 문단에서 논의한 이데올로기적 균열에도 불구하고 미국 지배계급은 여전히 자신의 협소하고 단기적이며 편협한 이익을 증진하는 데 매우 유능하다. 조세 입법의 모든 조항과 더불어 세법은 점점 더 역진적으로 바뀌고 있다. 오늘날 대기업과 억만장자에 매겨지는 유효 세금은 1920년대 이래 최저 수준이다. 대기업들은 돈이 '표현의 자유'라고 성공적으로 주장함으로써 부를 활용해서 미국 정치를 주무르는 것에 대한 각종 제약을 대거 해체하고 있다. 인플레이션이 1980년대 이래 경험하지 못한 수준으로 치닫는 가운데서도 연방 최저임금은 실질 가치가 계속 감소한다.[12]

지배계급 내에서 보수주의자와 진보주의자 사이에 견해차가 드러나는 것은 거의 전적으로 문화적 쟁점들과 관련된다. 미국 정치체를 지배하는 경제 엘리트들은 자신들의 집단적인 경제적 이익을 증진하는(자신들의 세금과 노동자 임금을 낮게 유지하는) 데 관한 합의가 탄탄하게 지켜지는 한 이런 쟁점들에 관해 굉장히 다양한 견해를 용인할 수 있다.

그렇다면 이 분석에서 나오는 결론은 적어도 가까운 장래에 현 지배계급의 존망에 관한 도전이 내부에서부터 생겨나지는 않는다는 것이다. 그러면 어떤 이익집단이 현 체제에 맞서는 믿을 만한 위협이 될 수 있을까?

사회적 행동에는 조직이 필요하다

우리는 구조-동역학적 분석을 통해 자신들의 복리가 쇠퇴하고, 그에 따라 대중 동원의 잠재력이 커지고 있는 주요 집단 두 개가 존재함을 보여준 바 있다. 첫 번째 집단은 전문 자격증이 없는 궁핍해진 노동계급이다. 두 번째 집단은 고학력 계층 내부의 좌절한 엘리트 지망자들이다. 주류 대기업 미디어의 대다수 석학들에 따르면, 오늘날의 미국에서 현재 상태를 위협하는 가장 큰 세력은 대학 교육을 받지 못한 백인 미국인들이다. 여기 2022년 호평을 받은 《다음 내전: 미국의 미래에서 보내는 속보The Next Civil War: Dispatches from the American Future》의 저자 스티븐 마시Stephen Marche가 발표한 전형적인 소집 명령이 하나 있다.

> 2022년이나 2024년에 누가 당선되든 간에 이제 막 시작된 정통성 위기가 진행 중이다. 버지니아 대학교의 인구 변동 예측 분석에 따르면, 2040년에 이르면 인구의 30퍼센트가 상원의 68퍼센트를 장악할 것이다. 여덟 개 주에 전체 인구의 절반이 살 것이다. 상원 의원 정수의 불균형〔인구 규모와 상관없이 각 주당 두 명씩 선출하는 제도의 불균형을 가리킨다.―옮긴이〕 때문에 대학 교육을 받지 않은 백인 유권자가 압도적으로 유리하다. 가까운 미래에 민주당 후보가 일반 투표에서 수백만 표차로 승리하고도 결국 패배할 수 있다. 계산을 해보라. 연방 시스템은 이제 더는 미국인의 의지를 대표하지 못한다.
>
> 우파는 법질서의 와해를 대비하고 있으면서도 또한 법질서의 힘

을 앞지르는 중이다. 강경 우파 단체들이 현재 수많은 경찰기관에 침투해 있는 탓에—연줄이 수백 명에 달한다— 국내 테러리즘에 맞선 싸움에서 믿음직한 동맹 세력이 되지 못한다.

… 미국의 백인 우월주의자들은 주변부 세력이 아니다. 이미 국가 기관 안에 들어와 있다.[13]

하지만 혁명이 성공하려면 대중의 심대한 지지를 받는 응집력 있게 조직화된 혁명 정당이 필요하다. 중국 국공 내전 시기의 마오쩌둥의 공산당을 생각해보라. 미국에는 그런 조직이 전무하며, 연방 경찰이 멀쩡히 존재하는 한 그런 조직을 만들 수 없다. 국가의 감시와 강압 기구는 너무도 강하다. 볼셰비키식 권력의 경로— 그들은 차르의 비밀경찰에 맞서 런던과 취리히에 자신들의 조직을 숨겼다—도 역시 불가능하다. 급진 좌파 정당이 어디에서 은신처를 찾을 수 있겠는가. 중국? 러시아? 다른 어떤 나라가 미국에서 테러리스트로 지정된 인물을 나서서 숨겨줄 거라고 생각하기는 어렵다. 더욱이 급진 좌파는 가망 없이 분열되어 있다. 통일성이 부족하고 효과적인 대규모 조직이 부재한 까닭에 급진 좌파는 유의미한 존재가 되지 못한다.

급진 우파 역시 급진 좌파만큼이나 분열되어 있고 무능하다. 백인 우월주의자, 네오나치, KKK단, 대안우파, 대안유파, 대안백인alt-white 등은 모두 생겨났다 사라지는 소규모 분파 그룹이다. 극우 극단주의자들을 추적하는 양대 단체인 명예훼손방지연맹Anti-Defamation League, ADL 과 남부빈곤법률센터Southern Poverty Law Center, SPLC 에 따르면, 오늘날 KKK단은 서로 경쟁하는 독립적 지부 수십 개로 이루어져 있다. 지난 수십 년간 대중의 궁핍화가 증대되면서 점점 늘어난 저학력 남성들이 급진화되어 극우 단체들에 가담하고 있다. 이런 단체들의 숫자 또한 늘어나며 그와 더불어 테러 행위도 증가하고 있다.[14] 하지만 극우파는 분열돼 있을 뿐만 아니라 혁명 행동을 조직하기 위한 수단으로 기능하는 대규모 조직도 부재하다. 극우파는 체제에 전혀 확실한 위협이 되지 못한다. 미시건 주지사 그레첸 휘트머Gretchen Whitmer를 납치하려 한 음모를 생각해보라.

이 음모의 지도자로 여겨지는 애덤 폭스Adam Fox는 진공청소기 대리점 백색Vac Shack의 계약직 노동자로 일하면서 간신히 생계를 유지했다. 여자친구 집에서 쫓겨났을 때, 그는 아파트를 구할 돈도 없어서 백색 대리점 지하에서 살았다. 그는 이런 궁핍화를 야기한 부패한 체제를 전복하는 혁명을 개시하기를 원했다. 《뉴욕타임스》가 보도한 것처럼, 그는 연방수사국FBI 정보원에게 이렇게 말했다. "나는 세상에 불을 지를 거야, 짜샤. 세상을 전부 무너뜨릴 거라고, 짜샤."[15] 하지만 그가 가입할 혁명 정당이 없었다. 대신에 연방수사국이 그와 친구들의 모임에 침투했다. 결국 미시건 주지사를 납치하자고 제안한 것은 연방수사국 요원이었다. 휘트머 주지사를 납치해서 재판에 회부하고 처형하려고 계획한 준군사 집단의 절반 가까이가 연방수사국 요원이나 정보원이었다. 극우파의 조직적 공백 상태가 너무 심해서 연방수사국이 이 극우파 테러 집단을 조직해야 했다는 점은 참으로 아이러니하다.

우리의 희극적 '한심한 사람'인 스티브는 그래도 머리가 좋아서 이런 음모에 가담하지는 않는다. 그는 내게 말했다. "이봐요, 음모에 세 명이 가담하면 그중 한 명은 FBI 정보원이라니까." 스티브는 오스키퍼스에 가입했지만, 그의 주된 동기는 헌법 수정조항 제2조에 규정된 자신의 권리를 보호하려는 것이었다. 그는 2021년 1월 6일 워싱턴DC에 가지 않았는데, 국가의 권력을 감안할 때 이런 시위는 모두 쓸데없는 짓이라고 느꼈기 때문이다. 오스키퍼스 창립자인 스튜어트 로즈가 체포되어 1월 6일 의사당 습격에서 한 역할에 대해 소요 음모 혐의로 기소되었다는 뉴스를 보았을 때,[16] 스티브는 차로 가서 범퍼에 붙여놓은 오스키퍼스 스티커를 긁어냈다. 유능한 조직이 없으면 궁핍화된 노동계급 백인 대중은 믿음직한 위협이 되지 못한다.

체제 불만 세력

정치적으로 적극적인 미국인을 전통적인 좌파-우파 스펙트럼에 따라 정렬하면, 중앙에는 지배계급과 그들에게 충실하게 봉사하는 정치인들이 자리한다. 양극단에 있는 좌파와 우파 극단주의자들은 통치 체제의 전복을 꿈꿀지 모르지만 수와 조직이 부족한 탓에 체제에 대한 확실한 위협이 되지 못한다. 하지만 극단주의자들과 중도 사이에는 체제에 비판적이면서도 폭력적/불법적 수단을 써서 체제를 바꾸는 것은 꺼리는 이들이 존재한다. 이 사람들을 '체제 불만 세력dissidents'이라고 부르도록 하자. 좌파 체제 불만 세력에는 현재(이 책을 쓰는 시점에서) 버니 샌더스 상원의원(버몬트)과 엘리자베스 워런 상원의원(매사추세츠) 같은 민주당 정치인들이 포함된다. 샌더스는 2016년과 2020년에 민주당 대통령 후보로 지명될 가능성이 있었지만, 지배계급이 선호하는 후보들의 편을 드는 민주당에 의해 배제되었다. 샌더스를 비롯한 좌파 체제 불만 세력은 연방 최저임금 인상과 부자 증세 같은 포퓰리즘 정책을 옹호한다. 기성 민주당원들 사이에서 다소 독특하게 샌더스는 열린 국경에 반대하고 있다. 2015년 《복스Vox》에서 에즈라 클라인Ezra Klein과 한 인터뷰에서 "우리가 허용하는 이민 수준을 열린 국경 수준으로까지 급격하게 올리는 것"에 찬성하는지 질문을 받았을 때, 샌더스는 단호하게 반대 의사를 밝혔다. "그건 코크 형제〔미국 최대 규모의 비상장 기업인 코크 인더스트리를 소유한 찰스 코크Charles Koch 와 데이비트 코크 David Koch 형제를 가리킨다. 공화당 보수 강경파의 든든한 후원자로 유명하다.—옮긴이〕의 제안입니다." 샌더스는 계속 말을 이었다.

> 이 나라의 우파 사람들이 사랑하는 건 열린 국경 정책입니다. 온 갖 부류의 사람들을 들여와서 시간당 2달러나 3달러에 일을 시키면 그 사람들한테 좋겠지요. 저는 그렇게 생각하지 않습니다.[17]

같은 해에 한 다른 인터뷰에서 샌더스는 이 주제를 다시 입에 올렸다.

> 이 나라에 사는 히스패닉 젊은이들의 36퍼센트가 일자리를 찾지 못하는데, 다수의 미숙련 노동자를 들여오면, 현재 실업 상태인 그 36퍼센트의 젊은이들한테 어떤 일이 벌어질까요? 아프리카계 미국인 젊은이 51퍼센트한테는요?[18]

민주당이 노동계급을 포기하고, 이런 사실이 민주당의 빌 클린 턴 대통령 시절(1993~2001)에 확고한 현실이 되자 당내의 좌파 포퓰리스트들은 이제 민주당의 정치에 어떤 영향력도 미치지 못 했다. 계속되는 추론에 따르면, 선거에서 지지 않기 위해서는 당 이 중도로 이동할 필요가 있다. 물론 '중도'는 지배계급이 선호하 는 정책이다.

이데올로기 전선에서 좌파 체제 불만 세력은 그들이 제기하는 비판의 내용에 따라 아주 다른 대접을 받는다. 좌파의 문화적 쟁 점—인종, 종족, LGBTQ+, 교차성—이 대기업 미디어의 광범위 한 영역을 차지한다. 그에 비하면 포퓰리즘적 경제 쟁점, 그리고 특히 미국 군사주의 비판은 한결 덜하다. 이를 생생하게 보여주는 사례는 지배계급이 미국 체제 불만 세력의 최장수 인물로 손꼽히 는 노엄 촘스키를 다루는 방식이다. 그들은 그를 그냥 무시해버린 다. 촘스키의 저서를 금지하거나 캠퍼스 강연을 금지하지는 않지 만(그가 소련의 체제 불만 세력이었다면 이렇게 됐을 것이다), 대기업 미디어에서는 그에게 절대 출연 요청을 하지 않는다. 그 결과 이 런 좌파 지식인들은 미국의 이데올로기적, 정치적 풍경에서 여전 히 주변적 인물이다.[19]

우파의 체제 불만 세력의 경우에는 상황이 다르다. 2016년 전 에 공화당은 지배계급의 요새로서 상위 1퍼센트를 위한 수단이었 다. 하지만 이 책을 쓰고 있는 오늘날, 공화당은 진정한 혁명 정당 으로 변모하는 이행을 이루는 중이다. (이 이행이 성공하는지 실패하 는지는 향후 몇 년 안에 밝혀질 것이다.) 이행은 도널드 트럼프의 예 상치 못한 승리와 함께 시작되었다. 물론 트럼프는 혁명가가 아니다. 그는 전형적인 정치 사업가로, 대중의 불만, 특히 고졸 이하 백인 미국인들의 불만을 활용해서 권력의 자리에 올랐다. 하지만 일단 집권하자 그는 선거 당시에 한 약속을 지키려고 노력했다(기성 정치인들과는 무척 다른 모습이었는데, 이는 그가 기성 정치인이 아니라는 또 다른 증거가 된다.) 그가 제안한 모든 기획이 지배계급의 이익에 반하는 것은 아니다. 그리하여 트럼프의 조세 입법이 성공을 거두어 세법의 누진적 성격이 한층 약화되었다. 그는 또한 보수 성향 대법관들을 임명함으로써 다른 이익집단들 가운데서도 보수적 금권정치인들을 흡족하게 만들었다. 하지만 다른 전선에서 트럼프는 경제 엘리트들의 우선순위를 정면으로 거슬렀다. 그가 가장 커다란 분노를 일으킨 행동은 앞서 살펴본 것처럼 반이민 정책이었다.

트럼프가 추진한 다른 기획들로는 산업 정책을 위해 공화당의 전통적인 자유시장 이데올로기를 거부한 것도 있다. 다만 이 시도는 특별히 성공을 거두지 못했다. 좌파 성향의 경제정책연구소Economic Policy Institute는 "변덕스럽고 자기중심적이며 일관성 없는 트럼프의 무역 정책"은 제조업 일자리를 국내로 다시 가져오는 데서 "어떤 가시적인 진전도 이루지 못했다"고 지적했다.[20] 마지막으로, 트럼프의 나토 회의론과 새로운 해외 모험(사고)에 나서지 않으려는 태도는 지배 엘리트들이 폭넓게 공유하는 '강인한' 대외 정책 목표에 관한 합의에 위배되었다. 트럼프는 새로운 전쟁을 시작하지 않은 최근의 유일한 대통령이었다.

트럼프는 극단주의자를 자처하지 않지만, 그의 팀 성원 중 하나인 수석 전략가 스티브 배넌은 혁명가임을 공언한다(1장에서 논의한 것처럼). 배넌은 "모든 것을 무너뜨리고 오늘날의 모든 기성 제도를 파괴"하고자 하는 "레닌주의자"를 자처한다.[21] 《영원의 전쟁: 전통주의의 복귀와 우파 포퓰리즘War for Eternity: Inside Bannon's Far-Right Circle of Global Power Brokers》에서 벤저민 타이텔바움Benjamin Teitelbaum은 다음과 같이 전한다.

> 배넌이 내게 말한 것처럼, "미국을 다시 위대하게 만들기 위해서는 … 우선 파괴하고 그다음에 재건해야 한다". 배넌이 볼 때, 도널드 트럼프는 '교란자'다. 나는 그가 '파괴자'라고 말하는 것도 들은 적이 있다. 어쨌든 스티브는 그렇게 생각한다. 그는 일부 언론이 그가 《네 번째 전환The Fourth Turning》[윌리엄 스트라우스William Strauss와 닐 하우Neil Howe가 1997년에 펴낸 책으로, 미국사의 역사적 세대를 검토하면서 세대별로 비슷한 분위기의 시대가 반복적으로 등장한다는 순환론을 제기했다.—옮긴이]을 읽었다는 보도를 한 뒤인 2017년 4월 백악관에서 이 주제에 관해 트럼프와 잠깐 이야기를 나눈 때를 떠올린다. 대통령은 유쾌한 기분이 아니었다. 그는 자신의 역할을 파괴자보다는 건설자로 생각했고, 파멸과 파괴와 붕괴에 관한 기이한 대화를 내켜 하지 않았다. 그저 간단한 대화 자리였다. 게다가 트럼프가 자신처럼 세계를 바라보게 만들 필요도 없었다.[22]

트럼프는 자신을 건설자로 생각했을지 모르지만, 이후 혼돈으로 점철된 그의 집권기(그리고 훨씬 더 큰 혼돈을 낳은 퇴임기)의 경로를 보면, 배넌이 2017년 트럼프를 '교란자'로 규정한 게 적절해

보였다.

트럼프와 배넌은 둘 다 반엘리트이지만, 반체제 전사가 되는 트럼프의 진화는 부의 경로를 따른 반면, 배넌의 진화는 학력 경로를 따랐다. 배넌은 버지니아의 노동계급 가정에서 자라 해군에서 복무했다. 해군으로 복무하는 동안 조지타운대학교에서 석사 학위를 받은 뒤 하버드 경영대학원에서 MBA를 받았다. 그리하여 골드만삭스에서 투자은행가 자리를 얻은 뒤 직접 투자은행을 창립해서 엔터테인먼트와 미디어에도 진출했다. 하지만 그는 지배계급과 동화되는 대신 급진화되었다. (그는 인생의 이 국면 당시의 자신을 '아웃사이더'라고 묘사한다.) 지배 엘리트에 대한 혐오와 그들을 무너뜨리려는 열망은 그들 사이에서 생활하고 일하면서 겪은 경험에 뿌리를 둔 것으로 보인다.[23] 2014년 바티칸 연설에서 그는 이렇게 말했다.

> 골드만삭스에서 일하면서 이런 사실을 볼 수 있었습니다. 뉴욕에는 자신이 캔자스나 콜로라도 사람들보다 런던이나 베를린 사람들과 더 가깝다고 느끼는 사람들이 있지요. 이 사람들은 이런 엘리트 사고방식에 찌들어 있어서 세상을 어떻게 운영해야 하는지에 관해 자신이 모든 사람에게 지시를 한다고 생각합니다. 내 장담하건대, 유럽과 아시아, 미국과 라틴아메리카의 일하는 사람들은 그렇게 생각하지 않아요. 그들은 자기 삶에서 어떻게 처신하는 게 최선일지 안다고 생각합니다.

2012년 배넌은 극우 온라인 뉴스 사이트인 브라이트바트뉴스Breitbart News 회장이 되었다. "브라이트바트에서 일할 때 배넌은 인기 있는 라디오 전화 상담 프로그램을 진행하면서 주류 공화당원들을 겨냥해 강속구 같은 공격을 퍼부었는데 그 대신 초보수 성향 인물들로 비주류 출연진을 구성했다. 트럼프도 그중 하나였는데 프로그램 단골 게스트였다. 두 사람이 맺은 관계 덕분에 결국 배넌은 트럼프의 포퓰리즘 오락물이 백악관까지 진출하는 과정을 진두지휘하게 되었다."[24]

하지만 백악관 집무실에 들어간 것이 두 사람이 이룬 업적의 최고봉이었다.[25] 선거운동 중에 약속한 것과 달리, 둘 다 '고인 물을 뺄 만한' 능력이나 자질이 없었다. 트럼프는 체계적인 개혁 프로그램을 실행하지 못했을 뿐만 아니라 그저 나라를 다스리는 데도 무척 서투르다는 사실이 드러났다. 다만 공정하게 말해서 그가 지배계급의 이익에 반해서 시도한 모든 것이 바로 그 계급의 대대적인 방해 공작에 부딪혔다. 이 이야기는 잘 알려져 있어서 지저분한 세부 증거를 나열할 필요가 없다. 적어도 배넌이 트럼프와 그의 가족에 대해 곱지 않은 발언을 한 일이 일부 작용해서 둘의 사이가 벌어졌다고 말하는 것으로 충분하다.

배넌은 스캔들 때문에 행정부를 그만둔 트럼프의 많은 동료 중 하나에 불과하다. 실제로 트럼프 팀(변변치는 않지만)의 대다수가 트럼프의 눈 밖에 나서 행정부를 그만둔 것으로 보인다. 많은 이들이 기소되었고 일부는 복역까지 했다. 트럼프는 응집력 있고 잘 작동하는 권력 네트워크를 세우는 것보다는 사람들을 자르는 데 훨씬 유능함이 드러났다. 트럼프가 독재자 행세를 하려고 했다고 비난하는 비방자들조차 그가 독재 업무에는 상당히 무능함이 드러났다고 인정한다. 2020년, 기득권 체제는 '반란 진압 작전'을 운영해서 이 거슬리는 인간을 정치체에서 제거하는 데 성공했다. 2021년 1월 6일 의사당 습격 사건은 이 싸움에서 가장 최근에 벌어진 소동이었다.[26] 다만 세계사적 기준에서 보면, 이 '반란'은 그렇게 거대하지 않다. 분명 바스티유나 겨울궁전 습격과는 거리가 멀다.

하지만 이 사건이 2024년에 대해 갖는 함의에 비춰볼 때, 공화당은 상위 1퍼센트의 당에서 우파 포퓰리즘의 당으로 점차 진화하는 것 같다. 주류 공화당원들(즉 지배계급의 충실한 지지자들)이 떼를 지어 당을 떠나고 있다. 일부는 조기 은퇴를 하고 다른 이들은 '트럼프와 닮은꼴인' 후보들에게 도전을 받아 패배한다. 이런 전환이 얼마나 성공적일지는 두고 볼 일이다. 배넌이 원하는 것처럼, 공화당이 지배계급을 타도하는 것을 목표로 하는 혁명 조직이 될까? 지배계급으로서는 확실히 큰 우려를 느끼는 대상이다.

급진우파는 계속 분열하며 공통의 이데올로기가 부족하다. 트럼프 자신은 통일을 이루는 인물과 거리가 멀고, '트럼프주의'는 응집력 있는 이데올로기가 아니라 한 사람을 다시 집권시키기를 열망하는 프로그램에 가깝다. 일부 정치인들은 순전히 문화 전사culture warrior인 반면, 다른 이들은 포퓰리즘 쟁점에 초점을 맞춘다. 결정화로 이어질 중핵일지 아닐지는 알 수 없지만, 현재 가장 흥미로운 현상은 터커 칼슨Tucker Carlson〔폭스뉴스 앵커 출신으로 트럼프 2기 행정부의 '막후실세'로 알려져 있다. ─옮긴이〕이다. 칼슨이 흥미로운 것은 그가 대기업 미디어 안에서 활동하는, 입이 거칠기로 내로라하는 반제도권 비평가이기 때문이다. CNN이나 MSNBC,

《뉴욕타임스》, 《워싱턴포스트》 같은 언론들이 일반 국민(그리고 특히 저학력 미국인) 사이에서 신뢰를 상실하는 반면, 칼슨은 어느 때보다도 더 인기를 끌고 있다. 현재 그는 미국에서 가장 많은 청취자를 거느리는 정치 평론가다. 그가 흥미로운 또 다른 이유는 명쾌하게 정식화되고 응집력 있는 이데올로기를 갖고 있다는 것이다. 2018년 저서 《바보들의 배: 이기적인 지배계급이 어떻게 미국을 혁명 직전으로 몰아가고 있는가Ship of Fools: How a Selfish Ruling Class Is Bringing America to the Brink of Revolution》에서 그는 이 이데올로기를 솜씨 좋게 펼쳐 보였다.

책의 서두에서 칼슨은 질문을 던진다. "미국은 왜 도널드 트럼프를 뽑았는가?" 그러고는 곧바로 답을 내놓는다.

> 트럼프의 당선은 트럼프와 관련된 게 아니었다. 그의 당선은 미국 지배계급의 얼굴에 가운뎃손가락을 치켜세운 사건이었다. 경멸의 몸짓이자 분노의 고함, 이기적이고 무지한 지도자들이 수십 년간 이기적이고 무지한 결정을 내린 최종 결과였다. 행복한 나라라면 도널드 트럼프를 대통령으로 뽑지 않는다. 절망에 빠진 나라만이 할 수 있는 일이다.

일종의 진단이기도 한 이 답이 책 전체의 기조가 된다. 미국은 고난에 빠져 있다. 그 근본 원인은 무엇일까? 미국 지배계급에 대한 그의 비판은 여러 면에서 미국을 벼랑 끝으로 몰고 가는 사회적 요인들에 대한 우리의 분석과 비슷하다. 반드시 같은 용어를 사용하지는 않지만, 그의 책은 사회적 협력의 해체("3억 3,000만 명의 나라를 하나로 묶어줄 만큼 튼튼한 아교"), 대중의 궁핍화("중간계급의 쇠퇴"), 이기적 엘리트들(맞다. "이기적 엘리트들")에 관한 이야기다. 하지만 그는 불안정을 추동하는 핵심 요인—엘리트 과잉생산—을 빼먹으며 문화적 쟁점들에 몰두한다. 내가 이 책에서 논의한 다양한 사회적 요인들의 중요성을 직관적으로 이해하는 것과, 각각의 부위(코, 엄니, 굵은 다리)가 어떻게 하나로 연결되어 코끼리를 이루는지를 파악하는 것은 다른 문제다.[27]

칼슨은 '신우파'의 공통적 이데올로기에 가장 가까운 것을 제공하기 때문에 《바보들의 배》를 조감도의 시각에서 훑어볼 만한 가치가 있다. 이 책에 담긴 주요한 발상은 다음과 같다.

- 민주당은 원래 노동계급의 정당이었다. 하지만 2000년에 이르러 부자들의 당이 되었다. 미국을 통치하는 양당은 하나로 수렴하고 있다. "시장 자본주의와 진보적인 사회적 가치의 결합은 미국의 경제사에서 가장 파괴적인 조합일지 모른다. … 다양성 의제에 굴복하는 게 임금을 올리는 것보다 싸게 먹힌다."
- 상공회의소(기업주들의 이익을 증진하는 조직)는 언제나 대규모 이민을 지지했다. 이와 대조적으로, '저숙련' 이민 노동자가 대규모로 유입되면 미국 노동자, 특히 저학력 노동자의 임금이 줄어든다는 것을 의심한 민주당원은 없다. 하지만 2016년에 이르러 "좌파 쪽에는 사실상 이민 회의론자가 남아 있지 않았다. … 이런 변화는 순전히 정치적 계산이 낳은 결과였다. 민주당은 이민자 유권자의 압도적 다수가 민주당에 표를 던진다는 것을 알았다".

- 이제 공화당과 민주당은 "걸핏하면 해외 군사 개입을 한다는 지혜로 똘똘 뭉쳐 있다. … 그 결과 미국은 거의 영구적인 전쟁 상태에 있다". 이라크, 아프가니스탄, 리비아, 시리아—개입할 때마다 정부는 부패한 독재를 활기찬 민주주의로 대체한다는 등의 고귀한 목표를 추구한다고 국민을 설득했다. 하지만 최종 결과는 난파한 국가들의 연속이었다.
- "헌법 수정조항 제1조가 식견 있는 미국인들의 세속적 성서였던 시절이 있었다." 이제 천만의 말씀이다. 현재 지배계급의 좌파와 우파 모두 정반대의 견해가 자신들의 권력에 위협이 된다고 여긴다. "견해차는 반란으로 나아가는 첫 번째 단계다." 캠퍼스와 실리콘밸리, 언론에서 표현의 자유를 거부하고 있다. "언론인들은 권력의 시녀가 된 지 오래다."
- "왜 자본에 노동자 세율보다 절반의 세금을 매기는가?" 왜 노동자들이 더 일찍 죽는가? 이런 질문을 던지는 것은 지배계급에게 불편하다. 사람들이 지배 엘리트를 비난하는 대신 "당신들은 사람들이 서로를 비난하기를 원한다. … 국민을 통제하는 가장 빠른 방법은 서로를 적으로 만드는 것이다. … 정체성 정치는 그렇게 하기 위한 손쉬운 길이다".

터커 칼슨은 아주 위험한 인물이다. 기성 엘리트들이 그를 아주 심각하게 받아들인다는 분명한 징후 하나는 《뉴욕타임스》가 2022년 4월에 내보낸 3회 연속 기사다.[28] 《뉴욕타임스》 연구자들은 이 연속 기사를 위해 참으로 방대한 조사를 했다. 2016년 11월 (처음 방송된 시점)부터 2021년까지 〈터커 칼슨 투나잇〉의 1,150회

방송을 전부 보거나 대본을 읽은 것이다. 《뉴욕타임스》의 분석에 따르면, 칼슨이 거듭해서 이야기하는 주요 주제는 세 가지다. 그중 두 개는 이 책에서 논의한 질문들과 직접 관련된다. '지배계급'(칼슨은 800여 회—즉 전체 방송의 70퍼센트—에서 이 단어를 들먹였다)과 '사회의 파괴'(600회)가 그것이다. 세 번째 주제는 '대체'(400회에서 언급됐는데, 민주당 정치인들이 이민 유입을 통해 인구 변동을 강요하려고 한다는 것이다)인데, 이 덕분에 칼슨의 프로그램은 《뉴욕타임스》에 의해 "케이블 방송 역사상 가장 인종주의적인 프로그램"으로 지목되었다. 《뉴욕타임스》 연속 기사는 칼슨이 《바보들의 배》에서 펼쳐 보인 사고에 대해서는 다루지 않고 대신에 그가 진행하는 TV 프로그램에만 초점을 맞췄다.[29] 실제로 책의 어조와 방송 프로그램의 논조가 워낙 대조적인 탓에 서로 다른 두 사람이 만든 것처럼 보일 지경이다. 프로그램의 논조 또한 시간이 흐르면서 진화하고 있다. 칼슨에게 반박하는 게스트의 출연이 줄어든 반면, 독백이 점점 길어지고 자주 등장한다. 《뉴욕타임스》는 프로그램 포맷의 이런 변화를 시청률을 끌어올려야 한다는 요청에 따른 결과라고 말한다. 확실히 〈터커 칼슨 투나잇〉은 케이블뉴스 역사상 가장 성공한 프로그램이 되었다.

　그 자신이 속한 폭스 뉴스의 시사평론가들을 포함해서 대기업 미디어의 다른 사람들이 대부분 칼슨을 혐오하는 것도 놀랄 일은 아니다. 그는 우파 프로보커터provocateur[프랑스어 'agent provocateur'에서 유래한 표현으로, 불법 행동을 선동해서 정부가 체포하도록 유도하는 경찰의 앞잡이나 끄나풀을 기리키는 단어다. 인디넷 공간에서 그 의미가 약간 변형되어 특정한 프로파간다를 퍼뜨리면서 도발해 관심을 끄는 선동자를 가리킨다.—옮긴이), "거짓말쟁이 선동가" "멍청한 인종주의자" "해외 자산" 심지어 반역자라는 별칭을 얻었다.[30] 정치인과 언론계 인사들('권력의 시녀들')은 폭스에 그를 해고할 것을 요구하고 있지만, 지금까지는 성과가 없다.

칼슨은 광야에서 외롭게 떠드는 사람이 아니다. 그의 트레이드마크인 독백 외에도 칼슨은 프로그램에 자주 게스트를 초대하는데, 그들의 정체성이 권력자들을 비판하는 체제 불만 반란에 관해 많은 것을 말해준다. 2021~2022년에 칼슨의 프로그램에 나온 게스트들로는 좌파인 글렌 그린월드Glenn Greenwald 와 툴시 가바드Tulsi Gabbard , 우파인 마이클 플린Michael Flynn 과 J. D. 밴스J. D. Vance 등이 있다.

코미디언이자 정치평론가인 존 스튜어트는 언젠가 폭스뉴스를 소유하고 칼슨을 영입한 루퍼트 머독Rupert Murdoch 이 "이 나라의 구조를 파괴하려 한다"고 비난했다.[31] 칼슨이 지배 엘리트들을 타도하려 한다는 게 더 정확한 비난일 것이다. 여러 면에서 그는 반엘리트의 원형과도 같은 인물이다. 적어도 머독이 경제 엘리트들(물론 그 자신도 포함된다)의 지배를 유지하는 데 관심이 있다면, 이런 호소를 진지하게 받아들여야 할까? 하지만 언뜻 보기에 머독은 자기 계급을 수호하는 것보다는 개인적인 수지를 맞추는 데 더 관심이 있다.

다음 전투

지배 연합은 현재 진행 중인 혁명전쟁의 첫 번째 전투에서 승리했다. 민주당은 포퓰리즘 분파를 통제했으며, 현재 상위 10퍼센트와 1퍼센트의 당이다. 하지만 상위 1퍼센트는 전통적인 정치적 수단인 공화당을 상실하고 있다. 포퓰리즘 분파가 공화당을 장악한 것이다. 도널드 트럼프보다는 터커 칼슨이 새로운 급진 정당을 결성하는 출발점이 되는 모결정seed crystal일 것이다. 또는 다른 인물이 갑자기 등장할 수 있다. 혼돈의 시대는 새로운 지도자들의 부상(과 종종 급속한 종말)에 유리하다. 앞서 나는 대규모 조직 없이는 혁명이 성공할 수 없다고 주장했다. 우파 포퓰리스트들은 공화당을 기존의 조직으로 활용해서 권력을 잡고자 한다. 한 가지 추가되는 이점은 주요 정당 하나를 장악하면 비폭력적, 합법적으로 권력을 잡을 수 있다는 것이다.

이 초기의 우파 포퓰리즘 파벌은 다양한 이름으로 통하는데, 현재 가장 흔한 이름은 신우파와 냇콘National Conservatives, NatCons이다. 떠오르는 냇콘 스타 중 한 명인 J. D. 밴스는 오하이오주 출신으로 새로 선출된 공화당 상원의원이다. 밴스는 오하이오 러스트벨트에서 자라면서 가정폭력과 약물 남용 등 탈산업화가 노동계급에게 미치는 파괴적 영향을 직접 경험했다. 어머니와 아버지는 이혼했고, 그는 조부모 밑에서 자랐다. 그는 해병대에 입대해서 이라크에서 복무했다. 그 후 그의 삶의 궤적에 극적인 반전이 생겼다. 오하이오 주립대학교를 졸업한 뒤 혁명 중핵을 단련하는 용광로인 예일대학교 로스쿨에서 법학 박사 학위를 받은 것이다.³² 로스쿨에 다닐 때 에이미 추아Amy Chua 교수가 그에게 회고록을 써보라고 권유했다. 그 결과물이 2016년에 출간된《힐빌리의 노래: 위기의 가정과 문화에 대한 회고Hillbilly Elegy: A Memoir of a Family and Culture in Crisis》다. 졸업 후 그는 대규모 로펌에서 일을 한 뒤 피터 틸Peter

Thiel이 소유한 벤처캐피털 기업 중 한 곳인 미스릴캐피털의 사장이 되었다. 지금은 냇콘 강령을 내걸고 출마해서 상원의원이 되었다[2024년 대통령 선거에서 트럼프의 러닝메이트로 출마해서 당선, 부통령이 되었다.—옮긴이]. 출마할 때 틸이 자금을 지원했고, 터커 칼슨 프로그램에서도 호의적으로 다뤄졌다. 밴스는 또한 스티브 배넌이 진행하는 팟캐스트 〈위룸War Room〉에도 몇 번 출연했다. 2022년 상원의원에 출마한 비슷한 궤적을 가진(예일이 아니라 스탠퍼드에서 법학 학위를 받긴 했지만) 또 다른 후보는 블레이크 매스터스Blake Masters다. 그 또한 틸에게 자금 지원을 받고 칼슨의 지지를 받았다. 이 둘은 미국의 원형적인 반엘리트 인물이다.

2022년 말 현재, 우리는 칼슨과 밴스, 그리고 일반적으로 냇콘 세력이 공화당을 장악하는 데 성공할지 알 도리가 없다. 하지만 냇콘들은 분명 이미 트럼프와 배넌이 이룩한 업적을 바탕으로 공화당을 개조하는 중이다. 제이슨 진저를Jason Zengerle이 《뉴욕타임스》에서 말한 것처럼, "어떤 관점에서 보느냐에 따라 다르겠지만, 냇콘들은 트럼프주의에 지적 무게를 더하려고 시도하거나, 트럼프의 도마뱀 뇌[도마뱀의 뇌가 작다는 데서 생겨난 표현으로, 이성적인 사고보다 원초적이고 본능적인 생각만 하는 사람들을 가리키는 말이다.—옮긴이] 포퓰리즘에 어울리는 지적 교의를 역설계하려 하고 있다."[33] 그리고 공화당의 기성 정치인들도 포퓰리즘 방향으로 이동하면서 대기업에 대한 충성에 의문을 던지기 시작했다. 이런 정치인들 가운데는 공화당 상원의원이자 2016년 대통령 후보로 나섰던 테드 크루즈Ted Cruz와 마코 루비오Marco Rubio가 있다. 크루즈는 최근 대기업 정치활동위원회PACs의 기부금을 받지 않겠다고 선언했다. 루비오는 비슷한 약속을 한 적이 없지만, 점차 포퓰리즘적 메시지를 외치고 있다. "지난 몇 년간 나는 너무 많은 미국 기업이 미국의 가정과 지역사회, 국가안보를 희생시키면서 단기적인 경제적 횡재를 우선시한다고 주장했다. 공화당만이 아니라 미국 각지에서 점점 더 많은 사람들이 이런 관점으로 접근하고 있다."[34] 조시 하울리Josh Hawley (또 다른 예일 로스쿨 출신) 상원의원은 '빅테크 기업들을 해체'하고 반독점법을 위반하는 기업에 '새로운 가혹한 처벌'을 부과하는 내용의 입법을 추진 중이다.[35]

오늘날 미국의 지배계급은 인류의 역사 내내 수천 번 반복된 곤경에 빠져 있다. 많은 평범한 미국인들이 지배 엘리트들에 대한 지지를 철회하고 있다. 그들은 "미국 지배계급의 얼굴에 가운뎃손가락을 치켜세웠다". 엘리트 지위를 추구하다가 좌절한 수많은 학위 소지자들이 반엘리트를 키우는 온상이다. 기존 체제를 타도하는 꿈을 꾸는 이들이다. 대다수 자산 보유자들은 현 상태를 보전하기 위해 어떤 개인적 이익도 희생할 생각이 없다. 이런 현상을 전문적 용어로 '혁명적 상황'이라고 한다. 지배계급이 혁명적 상황에서 빠져나오는 경로는 두 가지다. 하나는 그들의 전복으로 이어진다. 다른 하나는 일련의 개혁을 채택해 사회 체계의 균형을 바로잡으면서 대중의 궁핍화와 엘리트 과잉생산 추세를 뒤집는 것이다. 미국의 지배계급은 과거에, 그러니까 한 세기 전에 이를 해냈다. 이번에도 성공할 수 있을까? 역사는 무엇을 말해줄까?

9장

부의 펌프와
민주주의의 미래

위기의 결과들

우리가 지금까지 데이터를 수집한 '위기DB'의 100건의 사례들에 관한 분석을 보면, 각 사회가 위기 시기에 진입하고 빠져나오는 방식에서 근본적인 차이가 존재함을 알 수 있다. 진입이 좁은 계곡과 비슷하면, 결과는 부채꼴처럼 펼쳐진, '심각성severity'의 정도가 크게 다른 가능한 경로들을 따른다. 우리 연구팀은 부정적 결과들의 다양한 지표(전부 열두 개)를 활용해서 심각성의 정도를 코드화했다.[1] 한 세트는 인구학적 결과를 포착한다: 위기 이후에 격변의 결과로 전반적인 인구가 감소하는가? 대규모 감염병이 있었는가? 우리는 인구 감소가 매우 흔하다는 것을 발견했다. 위기 탈출의 절반이 인구 감소로 귀결되었다. 탈출의 30퍼센트가 대규모 감염병과 관련이 있었다.

다른 지표들은 엘리트들에게 어떤 일이 벌어졌는지에 초점을 맞춘다. 사례의 거의 3분의 2에서 위기는 엘리트 계층에서 평민 계층으로 떨어지는 대규모 하향 이동으로 귀결되었다. 사례의 6분의 1에서는 엘리트 집단이 절멸의 표적이 되었다. 통치자가 암살당하는 확률은 40퍼센트였다. 엘리트들에게는 좋지 않은 소식이다. 모든 사람에게 훨씬 더 나쁜 소식은 위기의 75퍼센트가 결국 혁명이나 내전(또는 둘 다)으로 끝났고, 사례의 5분의 1에서는 반복되는 내전이 100년이나 그 이상 지속되었다는 것이다. 탈출의 60퍼센트는 국가의 소멸로 이어져 다른 나라에 정복당하거나 조각조각 해체되었다.

전반적인 결론은 암울하다. 사회가 대대적인 영향을 전혀 또는 거의 받지 않은 채 위기를 헤쳐나간 사례는 극히 적다. 대부분의 경우에 몇 가지 재난이 겹쳤고, 몇몇 사회는 정말로 심각한 결과를 맞았다. 예를 들어 발루아 왕조의 프랑스는 16세기 프랑스 종교전쟁 시기에 열두 개의 심각한 결과 중 아홉 개를 겪었다. 국왕과 대공이 암살당했고, 엘리트들이 여러 차례 절멸됐으며(가령 성바르톨로메오 축일의 대학살), 이 내전기에 벌어진 폭력 사태나 기근, 질병으로 300만 명이 사망한 것으로 추산된다. 다른 심각한 사례들로는 중국의 당나라와 송나라의 몰락, 페르시아 사산 제국의 붕괴, 6세기 동로마 제국의 위기 등이 있다.

하지만 역사적 기록은 비교적 상처를 입지 않고 위기에서 빠져나올 수 있었던 사회의 사례들을 몇 가지 제공한다. 폭력이 극히 미약했고, 주권이 유지됐으며, 영토 상실이 있다 하더라도 적었고, 몇 가지 제도나 정책 개혁을 제외하면 대부분의 사회구조와 제도가 고스란히 남았다. 다른 수많은 사회는 소요와 종파 간 폭력의 나선에 빠져들었지만, 이 사회들은 어떻게든지 그 '곡선을 평평하게' 만들었다. 이 사회들은 정확히 어떻게 파국적인 결과를 피한 걸까?

국가 와해의 마지막 완전한 물결, 즉 규모 면에서 전 지구적인 혁명의 시대에 초점을 맞춰보자. 특히 혁명의 시대의 후반부, 대략 1830년에서 1870년 사이 시기는 세계사에서 특히 격변의 시기였다. 거의 모든 주요 국가들이 혁명이나 내전(또는 둘 다)을 겪었다. 미국과 중국도 여기에 포함된다(1장에서 살펴본 바 있다). 유럽은 1848년 혁명의 물결에 크게 흔들렸다. 프랑스는 세 차례의 혁명—1830년, 1848년, 1871년—을 겪었다. 일본에서는 1867년 도쿠가와 체제가 무너졌다. 하지만 예외가 두 가지 있다. 바로 대영제국과 러시아 제국이다. 두 나라 모두 혁명적 상황을 겪었지만 제대로 일련의 개혁을 채택하면서 이 상황에 대처할 수 있었다. 지금까지 이 책은 사회가 해체되고 국가가 붕괴하는 사례에 관한 '음울한 과학'으로 가득 차 있었다. 이제 사물의 밝은 면을 살펴볼 차례다.

잉글랜드: 차티스트 시기(1819~1867)

잉글랜드의 17세기 위기(잉글랜드 내전과 명예혁명을 아우르는 1642~1692년)가 끝난 뒤, 다음 세기에 비록 아메리카 식민지를 잃기는 했어도 해외 제국이 극적으로 팽창했다. 브리튼 제도 인구 또한 출생률이 높고 사망률이 점차 감소한 결과로 증가했다. 이런 인구 증가의 대부분은 결국 런던과 맨체스터 같은 산업 중심지로 집중되어 이 도시들은 질병과 영양실조가 넘쳐나는 과밀한 중심지가 되었다. 도시의 노동자들은 안전 조치도 거의 없이 낮은 임금으로 장시간 일했다. 노동력 과잉공급이 1750년 이후 실질임금을 억누르기 시작했다. 대중의 궁핍화는 전반적인 복리의 핵심 지표인 평균 신장의 저하로 이어졌다. 1819년 맨체스터에서 완전한 남성 참정권과 노동조건 개선을 요구하는 대규모 대중 시위가 벌어졌지만 당국에 잔인하게 진압되었다. 군도를 뽑아 든 기병대가 6만 명의 시위 군중을 향해 돌격하면서 열다섯 명이 사망하고 수백 명이 부상당했다. 훗날 피털루 학살Peterloo Massacre〔학살 현장인 세인트피터스 광장 이름을 4년 전 벌어진 워털루 전투에 빗대 비꼰 표현.—옮긴이〕이라 알려진 이 사건은 나라 전체에 충격을 주었다.

그와 동시에 영국이 선구적으로 이룬 산업화가 가속화되기 시작하면서 전례 없이 장기간에 걸친 활기찬 경제성장을 창출했다. 부의 펌프는 새로운 경제 엘리트들을 창출하기 시작했다. 엘리트 과잉생산을 분명히 보여주는 또 다른 징후는 잉글랜드 내전 직전에 정점에 달한 뒤 감소하던 대학교 입학자 수가 1750년 이후 다시 급증했다는 것이다. 이런 사회 불안을 어떻게 다뤄야 하는지를 놓고 엘리트 파벌들 내에서 치열한 논쟁이 벌어졌다. 1831년, 이 충돌은 영국 의회가 해산되는 결과로 이어지면서 선거 1년 만에 다시 선거를 치러 개혁론자들이 승리했다. 하지만 여러 쟁점은 여전히 논란이 식지 않았다.

우리는 영국에서 논쟁적인 대중 집회에서 발생한 연행자와 사망자 숫자로 불안정을 낳는 압력을 추적할 수 있다. 1758년에 이런 연행자 수는 세 명에 불과했지만, 이후 수십 년간 증가해서 1830년에 1,800명으로 정점에 달했다. 사망자 수는 1831년에 정점에 다다라서 52명이 살해되었다. 영국은 분명 혁명적 상황이었다. 소요 사태는 전체 남성 시민에게 참정권이 확대되는 1867년까지 계속되었다. 그 사이에 폭동과 시위가 몇 차례 더 벌어진 한편, 일련의 노동법을 비롯해 도시 노동 빈민의 생활 조건을 향상하기 위한 개혁 조치가 통과되었다. 이 시기는 이런 개혁을 요구하는 주장을 담은 공식 문서인 1838년 인민헌장People's Charter을 따서 이름이 붙었다.

19세기 중반은 의심의 여지 없이 잉글랜드에서 스트레스와 소요가 극심한 시기였다. 이 시기를 연구하는 학자들은 대체로 "이 수십 년간에 혁명의 잠재력이 존재했고, … 나라가 17세기 이래 어느 때보다도 혁명 직전까지 갔다"는 데 동의한다.[2] 하지만 대규모 내전이나 전면적인 반란은 실현되지 않았고, 정치적 폭력의 규모는 유럽의 다른 나라들(또는 잉글랜드의 앞선 다툼의 시대인 1642~1692년 시기)보다 한참 작았다. 이런 흡족한 결과를 어떻게 설명해야 할까?

그 답의 일부는 잉글랜드가 광대한 제국에서 제공한 자원으로부터 이득을 얻었다는 사실과 관련이 있다. 수백만 평민이 차티스트 시기 동안 잉글랜드를 벗어나 주로 캐나다와 오스트레일리아, (당시에 이미 독립한) 미국 같은 속국으로 이주했다. 많은 국민이 직면한 인구학적, 경제적 압력이 이런 이주를 일부 추동했다. 국가 또한 1820년대를 시작으로 해외 이민 제한을 폐지하고, 식민 정착민을 찾는 지역들, 특히 오스트레일리아와 뉴질랜드까지 가는 여비를 지원함으로서 이런 이주를 촉진했다. 평민들만 이주한 게 아니다. 국내에서 위신과 권력이 있는 지위가 포화 상태인 현실에 좌절한 많은 엘리트 지망자들이 해외로 나갔다. 일부는 식민지 행정직으로, 다른 이들은 사적 시민으로.

결국 위기를 끝내는 데 더 중요한 역할을 한 것은 이 시기에 이루어진 제도 개혁임이 거의 틀림없다. 소요에 대한 대응으로 잉글랜드 정치 엘리트의 상당한 파벌이 몇몇 결정적 개혁이 필요하다는 견해에 설득되었다. 1832년, 참정권이 소토지 보유자와 일부 도시 주민들에게 확대되었다. 1832년 개혁법은 또한 부패 선거구rotten borough〔산업혁명 이후 인구가 격감해서 자격이 미달하는데도 의원을 선출한 선거구.—옮긴이〕를 없애고 주요 상업·산업 도시를 별도의 선거구로 전환함으로써 권력 균형을 지주 젠트리(대지주 계층)보다 상향 이동하는 상업 엘리트들에 유리하게 이동시켰다. 1834년, 병약한 노동자와 실직 노동자에 대한 국가 지원을 늘리려는 시도로 잉글랜드 구빈법이 개정되었다. 새로운 구빈법이 천명한 목표를 이루지 못하자 폭동과 시위의 물결이 새롭게 분출해서 인민헌장을 탄생시켰다. 그에 대응해서 이후 20년 동안 수많은 개혁이 추가로 이루어졌다. 궁핍화를 완화한 가장 중요한 조치 중하나는 수입 곡물에 관세를 부과하던 곡물법을 폐지한 것이었다. 곡물법은 대지주에게는 이득이 되지만 국내 시장에서 주요 식료품 가격을 상승시킨 주범이었다. 이 시기에 나타난 또 다른 중요한 동학은 노동조합을 결성할 권리를 확립하기 위해 노동자들이 벌인 투쟁이었다. 서로 다른 이런 상황 전개를 통해 결국 1850년에 이르면 실질임금이 1750년 이래 상실한 토대를 되찾게 되었다.

1867년 이후, 노동자 임금이 역사적으로 유례없는 속도로 상승하기 시작해서 이후 50년간 두 배가 되었다.

정치적 과정은 어지러웠다. 잉글랜드 의원들이 양보한 것은 대중적 시위와 반란(에 가까운 투쟁)이 지속된 뒤의 일일 뿐이다. 또한 모든 개혁이 시행되기까지 오랜 시간이―50년 가까이―걸렸다. 엘리트들 자체가 이 소요 사태에 어떻게 대처해야 하는지를 놓고 의견이 갈렸다. 그럼에도 불구하고 지배 엘리트들은 제도 개혁을 통해 궁핍한 대중의 요구를 적어도 일부나마 충족시키려 했다. 개혁을 시행하려면 또한 새로운 복지 프로그램을 지탱하기 위해 많은 공공 지출 경비가 필요했다. 한 역사학자가 말한 것처럼, "1820년대부터 줄곧 영국 엘리트들은 제도를 개혁하고, 재정-군사 국가에서 점점 복잡해지는 상업·산업 사회의 요구를 충족시킬 수 있는 행정 국가로 변신하는 놀라운 능력을 보여주었다."[3]

러시아: 개혁 시기(1855~1881)

러시아 제국과 대영 제국이 초기에 그린 역사적 궤적은 공통점이 많다. 17세기까지 두 나라는 유럽의 권력 정치에서 상대적으로 중요하지 않은 주변적 국가였다.[4] 하지만 18세기에 양국은 거대한 제국을 획득했다. 러시아는 육상 제국이고 잉글랜드는 해상 제국이었다. 공동으로 나폴레옹의 프랑스를 물리친 뒤, 대영 제국과 러시아 제국은 유럽, 아니 사실상 세계의 '초강대국'이 되었다(그와 동시에 청 제국은 내부 원인들 때문에 서서히 무너졌다). 1833년, 러시아는 육군 86만 명을 보유한 유럽에서 가장 강한 육상 강국이었다. 하지만 1800년 이후 북서유럽에서 산업혁명이 가속화되면서 유럽 내부의 세력 균형이 바뀌었다. 러시아는 경제 근대화에서 뒤처졌기 때문에 크림 전쟁(1853~1856)에서 영국이 이끄는 군사 동맹에 굴욕적인 패배를 겪었다. 1850년대 말 동안 러시아 제국은 이 패배를 계기로 촉발된 혁명적 상황에 빠졌다.

하지만 우선 러시아는 가장 늦게 농노제를 폐지한 나라로 손꼽혔다. 이렇게 명백하게 불공정한 사회질서가 어떻게 발전한 걸까? 그 이유를 이해하기 위해서는 러시아 제국의 기원을 돌아볼 필요가 있다. 15세기 말 무렵 모스크바 국가와 젠트리, 농민들은 삼자 사회계약을 구축했다. 젠트리는 군대에서 복무하는 한편, 농민들은 이 전사들과 국가(어쨌든 국가는 무척 작았고, 농민과 토지의 형태로 보상을 받는 젠트리 계층이 관리로 일했다)를 뒷받침하기 위해 일을 하는 계약이었다. 군에서 복무할 수 없거나 하지 않는 젠트리들은 땅(과 농민)을 빼앗겼다. 극도로 거친 지정학적 지역에 자리한 채 사방(북쪽 제외)에서 강력한 적들에 둘러싸인 모스크바는 이 계약 덕분에 살아남아 강력한 제국으로 팽창할 수 있었다. 표트르 대제(1682~1725년 통치) 치하에서 사회계약이 갱신됐는데, 대제는 모든 귀족이 국가를 위해 군이나 관료제에서 복무하는 것을 의무화했다. 하지만 1762년 '젠트리 혁명'이 일어난 결과로 이 의무가 종료되었다. 표트르 3세가 귀족 지주들이 국가에 복무하는 의무를 폐지한 것이다. 1860년에 이르면, 귀족은 기생 계급이 된 상태였고, 소수의 농노 소유주들만이 군이나 관료제에서 복무했다. 그리하여 농노제가 폐지되면서 사회정의가 어느 정도 회복되었다. 하지만 사회적 병폐를 바로잡는 일은 저절로 이루어지지 않았다. 귀족의 저항에 맞서 통치자들이 필요한 개혁을 밀어붙이게 만들려면 혁명적 상황이 필요했다.

이런 사회정치적 취약성의 근본 원인은 흔히 그렇듯이 대중의 궁핍화와 엘리트 과잉생산이었다.[5] 러시아에서 17세기 위기가 끝나면서 1613년 로마노프 왕조가 세워졌을 때, 유럽 쪽 50개 지방의 러시아 인구만도 6,000만 이상으로 증가한 상태였다. 러시아는 동시에 영토를 확장했지만, 이런 대규모 인구 증가가 농민들이 농사를 지을 수 있는 땅의 크기를 넘어서서 결국 1인당 식량 소비가 줄어들었다. 대중의 궁핍화를 보여주는 뚜렷한 징후는 18세기 동안 농민 징집병의 평균 신장이 4센티미터 줄어든 것이다.

엘리트의 숫자 또한 1860년에 이르기까지 증가했는데, 농민의 증가보다 속도가 한층 빨랐다. 그 결과 18세기와 19세기 전반기 동안 전체 인구 가운데 귀족이 차지하는 비율이 높아졌다. 그와 동시에 엘리트들은 소비 수준을 증대했다. 엘리트 수와 식욕이 늘어남에 따라 그들은 생산 계급으로부터 더 많은 자원을 뽑아내야 했다. 러시아 농민의 절반 정도가 농노였기 때문에(나머지는 자유로운 '국가농노'였다) 귀족들은 자신이 소유한 농노를 압박하는 고삐를 바짝 죄었다. 지금까지 우리가 논의한 대부분의 부의 펌프는 노동자와 고용주의 경제력의 균형 변화에 의해 작동되었다. 농노 기반 경제에서는 엘리트들이 적나라한 폭력을 사용해서 농민들로부터 부를 퍼낼 수 있었다.

19세기 전반기에 농노 수요의 증대는 고조되는 농민의 저항에 직면했다. 농촌 폭동의 절대다수가 현금 지대나 부역의 증대, 토지 강탈, 가혹한 징벌같이 농민들에게 새로운 부담이 강요되면서

야기되었다. 농민 시위의 수효가 1800년대 초 연간 10~20건에서 1848년 162건으로 증가했다(유럽 각지에서 혁명이 일어났다는 소식으로 촉발되었다). 농민 저항이 최고조에 달한 것은 1858년이었다 (423건의 소요).

농민 폭동과 선동이 계속되면서 압력이 높아진 것이 알렉산드르 2세(1855~1881년 통치)가 농노를 해방하기로 결정한 중요한 요인이었다. 1857년 황실 공문서 작성 제3부(정치경찰)는 해방이 임박했다는 소문이 퍼지면서 농민들이 '동요한 상태'이며 대규모 소요가 일어날 공산이 크다고 보고했다. 다음 해에 정확히 그런 사태가 벌어졌다.

크림 전쟁에서 굴욕적으로 패배한 충격으로 차르 체제의 정당성이 훼손된 데다가 폭발하는 농민의 저항이 제2의 푸가초프의 반란[6]으로 비화할 수 있다는 공포까지 겹치면서 러시아 지배계급은 농노를 해방시켜야 한다고 확신하게 되었다. 황제의 동생인 콘스탄틴 대공은 프랑스 혁명에 관한 토크빌의 책을 읽은 뒤 이렇게 언급했다. "우리 손으로 평화적이고 완전한 혁명을 이루지 못한다면, 우리 없이, 우리를 겨냥해서 혁명이 일어날 게 뻔하다." 알렉산드르 2세도 모스크바 귀족들에게 한 연설에서 같은 정서를 표명했다. "우리는 조만간 혁명이 일어날 법한 시대에 살고 있다. 경들도 나와 같은 마음일 거라 생각한다. 농노제가 아래로부터 폐지되기를 기다리느니 위로부터 폐지에 나서는 게 나을 것이다."[7]

1860년대와 1870년대의 대개혁으로 농노가 해방되었을 뿐만 아니라 러시아 사회가 그야말로 전례 없는 방식으로 변모했다.[8] 하지만 러시아의 모든 이익집단이 개혁을 환영한 것은 아니다. 특히 1861년 농노해방령은 농민도 귀족 농노 소유주도 만족시키지 못했다. 대다수 해방 농노는 가족을 먹여 살릴 만큼 충분한 땅을 받지 못했고, 전 소유주에게 부담스러운 보상세를 지불해야 했다. 귀족들은 더 큰 패배자였다. 손안에 쥐고 있던 노동력을 상실했기 때문이다. 농노해방 직후에 엘리트 다수가 하향 사회이동을 견딜 수밖에 없었다. 이 과정으로 엄청난 수의 반엘리트가 생겨났고, 이들이 아나키스트나 사회혁명가 같은 극단주의자들이 성장하는 양분이 되었다. 1860년대와 70년대에 테러 행동의 물결이 일어나 러시아를 뒤흔들었다. '해방자 알렉산드르'라는 이름을 얻게 된 알렉산드르 2세는 결국 자신이 추진한 자유화 정책의 대가를 치렀다. 1881년 '인민의 의지파Narodnaya Volya' 극단주의자들에게 암살당한 것이다. 차르 체제에 대항하는 민중 혁명을 촉발시키기를 기대한 행동이었다.

개혁이 작동하는 데 20년이 걸렸지만, 결국 19세기 중반 러시아 제국에 위기를 초래한 사회적 긴장을 완화하는 데 성공했다. 러시아 지배계급은 성공적으로 혁명을 피했다. 개혁 이후 시기에 농민 소요의 수가 감소했고, 세기말로 가면서 소요가 급등하기는 했지만 이는 대개 새로운 황제의 등극과 관련된 것으로, 새 황제는 토지개혁에 대한 농민들의 기대를 높였다. (농민 1인당 충분한 토지를 갖지 못한 문제는 여전히 남아 있었다.) 마찬가지로 1890년에 이르면 테러의 물결도 잦아들었다. 차르 치하 러시아에서 사형은 테러리즘 같은 가장 심각한 정치 범죄에만 내려졌기 때문에 연간 처형 건수를 보면 혁명 활동에 관한 유용한 지표를 얻을 수 있다.[9] 처형의 시간적 분포는 개혁 이후 불안정이 정점에 다다른 과정을 뚜렷한 선으로 보여준다. 1850년대 0건, 1860년대 17건, 1870년대 22건, 1880년대 30건, 다시 1890년대 0건이다.[10]

이 두 성공담에서 우리는 무엇을 배울 수 있을까? 영국과 러시아는 분명한 차이가 있지만—한 나라는 자유주의 제국이고 다른 나라는 독재 제국이었다—양국은 또한 어느 정도 비슷한 점이 있다. 이런 유사성을 보면, 동시대의 다른 강대국들(그다지 크지는 않았다)과 달리 두 나라가 대규모 혁명 없이 19세기 중반의 위기를 헤쳐 나가는 데 성공한 이유를 가늠할 수 있다. 팽창하는 제국을 갖고 있었던 것은 의심할 나위 없이 중요한 이점이었다. 두 나라 모두 잉여 인구와 엘리트들을 최근에 병합한 영토로 수출할 수 있었기 때문이다. 또한 거대하고 오래가는 제국을 건설하는 것은 간단한 일이 아니다. 이 사업에 성공한다면 지배계급이 일정한 능력이 있고 사회 안에서 어느 정도 폭넓은 기반 위에 협력을 구축했음을 의미한다. 이런 능력은 새로운 도전에 직면했을 때 제국을 개혁하는 사업에 활용될 수 있고 실제로 그랬다. 그와 동시에 두 제국 모두 장기적인 집단적 선을 위해 단기적인 이기적 이득을 기꺼이 희생시키는 지도자를 갖는 행운이 있었다. 마지막으로, 두 나라 모두 서로를 비롯한 다른 강대국들과의 극심한 외적 경쟁에 직면했다. 이중의 존재론적 위협—내부의 피치자들로부터, 그리고 외부의 지정학적 경쟁자들로부터—만큼 지배계급의 집단적 정신을 집중시키는 것은 없다.[11]

장기적인 성공담

'위기DB'에 따르면, 과거의 어떤 사회도 오랜 기간 안정적으로 유지되지 못했고, 결국 위기에 봉착했음을 알 수 있다. 그렇다면 러시아와 영국이 시행한 개혁의 안정화 효과가 얼마나 오래 지속됐는지를 물어야 마땅하다.

러시아에서는 평온이 불과 한 세대 정도, 그러니까 1881년부터 1905년까지 지속되었다. 주된 문제는 앞에서 이미 언급한 것이었다. 농노를 해방시킴으로써 귀족의 경제적 지위가 지탱될 수 없게 된 것이다. 한편으로 이는 정당한 조치였지만 다른 한편으로는 의도하지 않은 결과를 가져왔다.

대다수 귀족 지주들, 특히 부역 노동력[12]으로 시장에 판매할 곡물을 전문적으로 생산하는 지주들은 새로운 조건에 적응하지 못해서 실패했다. 몰락한 젠트리 소유의 영지는 부유한 농민과 상인, 프티부르주아들이 사들였다. 가난해진 귀족들이 상실한 토지 기반 수입을 보상받을 수 있는 주된 방안은 공직이었다. 교육을 통해 얻은 자격증은 일자리 경쟁에서 이점이 되었기 때문에 젠트리 젊은이들은 떼를 지어 전문대학과 대학교에 입학했다. 1860년에서 1880년 사이 대학생 수가 세 배 이상 늘었고(4,100명에서 1만 4,100명으로) 이후 20년 동안 계속 증가했다.[13]

대학생의 절반 정도가 귀족과 정부 관리의 자제였다. 그들 대부분은 무척 가난했다. 비참한 가난에 시달리는 동시에 마르크스주의같이 서유럽에서 들어온 새로운 사회 이데올로기에 노출되면서 대학생들은 급진화되었다. 이 시기에 새로운 사회 계층인 인텔리겐치아가 형성되었다. 교육 확산과 나란히 성장한 계층이었다. 엘리트 과잉생산이 인텔리겐치아 형성의 밑바탕에 놓인 가장 중요한 과정이었다. 인텔리겐치아의 절반이 귀족 신분에 뿌리가 있었다.

국가는 모든 김나지움과 대학교 졸업생을 위한 일자리를 찾아줄 수 없었다. 정부 관료제의 규모가 이 시기 동안 겨우 8퍼센트 증대했기 때문이다(반면 졸업생 수는 네 배 증가했다). 열악한 고용 전망에 직면한 많은 학생들은 혁명 활동 같은 다른 경로를 매력적인 선택지로 발견했다. 1860년대 혁명가, 즉 '니힐리스트'의 61퍼센트가 대학생이나 졸업생이었고, 훨씬 많은 비율(70퍼센트)이 귀족이나 관리의 자제였다.[14]

1860년대와 1870년대의 혁명적 소요의 첫 번째 물결은 차르 체제를 전복하는 데 실패했다. 아버지가 암살당한 뒤 황위를 계승한 알렉산드르 3세 치세에 급진 단체들을 탄압하면서 안정이 회복되었다. 하지만 이 좌절한 엘리트 지망자들을 양산하는 과정은 조금도 수그러들지 않고 계속되었고, 차기 차르 니콜라이 2세 치세에 러시아는 1905~1907년 혁명으로 빠져들었다. 전과 마찬가지로, 그 계기는 러시아가 이번에는 러일전쟁(1904~1905)에서 겪은 군사적 패배였다. 제국 내에는 여전히 회복력이 많이 존재했고, 혁명은 유혈사태를 일으키긴 했어도 러시아 지배계급을 전복하는 데는 실패했다. 1917년 러시아 혁명과 로마노프 왕조의 종말을 초래하기 위해서는 제1차 세계대전이라는 또 다른 충격이 필요했다.

요약해보면, 1860년대와 1870년대의 대개혁은 진정한 성공 담이었다. 이 개혁으로 1850년내 동안 발전한 혁명적 상황이 비교적 큰 유혈사태 없이 해소되었다. 알렉산드르 3세(중재자라는 별명이 붙었는데, 혁명가들은 자유의 교살자라고 불렀다) 치세 동안 처형이 30건만 이루어진 반면(1890년대에는 한 건도 없었다), 1905~1907년 혁명을 진압하는 데는 3,000건이 필요했다. 로마노프 왕조는 '곡선을 평평하게' 만들면서 러시아에 다시 반세기의 근대화 기회를 제공했다. 하지만 장기적으로 보면, 왕조는 엘리트 과잉생산과 지정학적 압력이라는 이중의 타격을 받고 붕괴했다.

대영 제국은 형편이 나았다. 크림 전쟁에서 러시아에 승리를 거두면서 독보적인 세계 패권국의 지위를 위협하는 최후의 경쟁자가 제거되었다. 빅토리아 시대(1837~1901)는 문화, 기술, 과학이 빛을 발한 시기였다. 하지만 이 모든 통합의 시대는 끝이 난다. 제1차 세계대전의 승자였음에도 전후 시기에 대영 제국은 서서히 쇠퇴하기 시작했다(다만 이런 점진적 해체로 중심부에서 대대적인 정치적 불안정과 내부 폭력을 피할 수 있었다). 제국은 미국 및 독일과의 경제적 경쟁에서 패배했다. 아일랜드에서는 혁명이 성공해서 1921년에 아일랜드자유국이 탄생했다. 제국이 쇠퇴하는 과정은 제2차 세계대전 중에 가속화되어 '제국의 왕관 보석'인 인도가 1947년 독립했다. 오늘날 스코틀랜드가 10여 년 뒤에 독립 국가가 될 수 있다고 생각하는 것도 무리는 아니다. 모든 제국은 결국 사멸하며, 대영 제국도 예외는 아니었다. 하지만 그렇다고 해서 차티스트 시기에 영국 엘리트들이 이룬 업적이 줄어드는 것은 아니다.

왜 민주주의는 금권정치 엘리트들에게 취약한가

이런 성공담들(차티스트 시기의 영국, 개혁 러시아, 미국의 진보주의 시대와 그 밖의 사례들)[15]에 관한 분석은 낙관주의와 비관주의 둘 다의 원천이 된다. 낙관주의적 해석은 혁명이나 파국적 전쟁에 호소하지 않고서도 부의 펌프를 차단하고 사회 체계의 균형을 다시 조정할 수 있다는 것이다. 샤이델이 주장하는 것처럼 죽음은 '위대한 평등주의자'일지 모르지만, 유일한 평등주의자는 아니다. 공포— 또는 약간 너그럽게 말하자면 지적인 예견—도 효과를 발휘할 수 있으며, 여러 성공담에서 실제로 그런 작용을 했다.

그런데 더 비관적으로 보면, 성공담은 역시 기록에서 상대적으로 드물다. 하지만 더 낙관적으로 보면, 지금 우리는 사회 체계의 균형을 무너뜨리는 심층적 원인들을 훨씬 잘 이해하며, 체계의 균형을 복원하려는 다양한 개입이 낳을 수 있는 결과를 (불완전하게나마) 예측하는 게 가능하다. 이번에도 역시 비관적인 쪽에서 보면 필요한 개혁을 수행하는 것이 쉽지 않다. 개혁가들은 언제나 패자가 될 이익집단들의 저항을 물리쳐야 하기 때문이다.

마지막으로, 영구적인 해법이란 존재하지 않는다. 부의 펌프가 차단된 균형 잡힌 사회 체계는—마치 자전거를 타는 것처럼— 끊임없이 유지하려고 노력해야 하는 불안정한 평형 상태다. 이런 불안정은 사회학의 가장 기본적인 원리의 하나인 "과두제의 철칙"[16]에 기인한다. 한 이익집단이 많은 권력을 획득하면 필연적으로 이 권력을 이기적인 방식으로 사용하기 시작한다는 것이다. 우리는 전근대 사회와 현대 사회에서 이런 일반 원리가 작동하는 것을 본다. 예를 들어, 초기 러시아 제국은 모든 사람, 즉 농민과 귀족과 통치자가 복무하는 일종의 복무 국가service state였다. (표트르 1세는 복무 차르의 대표적인 사례이지만 유일한 사례는 아니다.) 하지만 귀족이 다른 집단보다 권력이 더 많았고, 결국 귀족들은 자신들만 복무를 면제받는 식으로 삼자협약을 뒤집었다. 그러고는 부의 펌프를 작동해 농민을 억누르면서 기생 계급이 되었다. 그렇게 할 수 있었기 때문이다. 우리는 모든 역사적 국가에서 거듭해서 이와 동일한 과정을 목격한다. 불안정의 물결이 언제나 반복되는 이유다.

유감스럽게도, 현대 민주주의 국가들은 과두제의 철칙에서 자유롭지 못하다. 미국은 진보의 시대/뉴딜 시기 동안 부의 펌프를 성공적으로 차단했지만, 이후 1970년대에 이기적 엘리트들이 부의 펌프를 다시 작동하는 것을 용인했다. 영국도 몇 년 뒤처졌을 뿐, 비슷한 궤적을 따랐다. 영국에서는 1975년 이후 상대 임금이 내리막을 걷기 시작했다.[17] 서유럽의 다른 몇몇 민주주의 국가들이 똑같은 미끌미끌한 내리막에 발을 내딛고 있음을 보여주는 징후가 여럿 존재한다.

한 가지 뚜렷하고 분명한 징후는 20세기의 대부분 시기 동안 장기간에 걸쳐 소득과 부가 압착(대압착)된 뒤, 서구 민주주의 국가들 내에서 경제 불평등이 다시 증대하기 시작했다는 것이다(세계 다른 지역의 많은 나라들도 마찬가지다).[18] 서유럽은 또한 고급 학위를 보유한 젊은이가 과잉생산된다는 점점 극심해지는 문제를 겪고 있다.[19] 또 다른 우려스러운 징후는 《이코노미스트》 같은 영향력 있는 국제적 간행물과 국제통화기금IMF 같이 미국이 지배하는 국제기구들이 장려하는 신고전파 시장 근본주의가 확산된다는

것이다.[20]

한층 더 우려스러운 상황은 서구 민주주의가 '계급에 기반한 정당 체계'에서 '다수의 엘리트 정당 체계'로 이행하는 것이다. 앞서 이 책(8장)에서 우리는 미국에서 벌어지는 이런 이행에 관해 논의했다. 뉴딜 시기에 노동계급의 정당이었던 민주당은 2000년에 이르러 고학력 10퍼센트의 정당이 되었다. 경쟁 당인 공화당은 주로 1퍼센트 부유층을 위해 일하며 90퍼센트는 무시해버린다. 에이머리 게딘Amory Gethin과 클라라 마르티네스-톨레다노Clara Martínez-Toledano, 토마 피케티는 수백 차례의 선거를 연구한 결과 다른 서구 민주주의 국가의 정당들 또한 고학력 부유층의 구미에만 맞춘다는 사실을 발견했다.[21] 정당들이 노동계급을 저버리면, 사회 안에서 사회 권력이 분배되는 방식에 대대적인 변화가 생기게 된다. 결국 이기적 엘리트들이 부의 펌프를 작동시킬 수 있는지를 결정하는 것은 바로 이런 권력 균형이다.

제대로 평가받지 못하는 지점이 있다면, 비록 민주적 제도가 사회를 통치하는 가장 좋은(또는 가장 덜 나쁜) 방식이기는 하지만 민주주의는 특히 금권정치인들의 전복 시도에 취약하다는 것이다. 이데올로기는 가장 부드럽고 점잖은 권력 형태일 테지만, 민주 사회에서 핵심적인 권력 형태다. 금권정치인들은 부를 활용해서 매스미디어를 사들이고, 싱크탱크에 자금을 대고, 자신들의 메시지를 홍보하는 소셜 인플루언서들에게 넉넉한 보상을 줄 수 있다. 다시 말해, 그들은 막대한 권력을 휘둘러 유권자들을 자신들의 이익을 증진하는 견해로 이끈다. 선거를 주무르고 정치인들에게 로비를 하는 것 같은 조잡한 권력 형태 또한 부유층의 정치적 의제를 장려하는 데 매우 효과적이다. 마지막으로, 전쟁의 경우와 마찬가지로, 돈은 조직에 동력을 공급하는 가장 중요한 연료다. 적나라한 열정만으로는 지속적, 장기적인 효과를 내기에 부족하다. 물론 돈만 있는 것보다는 돈에 열정이 더해지는 게 더 낫지만 말이다. 금권정치인들은 계획을 짜고, 그 계획을 장기적으로 실행할 만큼 (말 그대로) 여유가 있다.

이 모든 게 무척 비관적으로 들린다. 그리고 민주주의에서 금권정치로 이행을 추동하는 이 모든 과정이 수십 년간 미국에서 전속력으로 이루어진 것처럼, 이 나라는 유럽인들에게 교훈적 이야기를 제공한다. 하지만 낙관주의의 토대도 일부 남아 있다. 유럽연합 나라들은 탄탄한 문화적 유사성을 가졌고 같은 초국가적 기구에 속해 있음에도 나라별 궤적에서는 상당한 정도의 변이를 보여준다. '세계 불평등 데이터베이스World Inequality Database'에 포함된 특별한 통계 하나에 초점을 맞춰 이 점을 실증하기 위해 잠깐 살펴보자. 상위 1퍼센트가 차지하는 소득 비율이 그것이다.[22]

유럽연합 최대의 경제국인 독일이 자연스러운 출발점이 된다. 1945년 이래 수십 년간 상위 1퍼센트가 차지하는 소득 비율은 10퍼센트 내외에서 변동했다. 2003년 말에는 9.5퍼센트였는데, 이후 급속하게 증가해서 13퍼센트를 넘어서 그 수준에 머물렀다. 이런 변동은 나중에 일어났는데 미국의 경우처럼 극단적이지는 않았다. 미국에서는 상위 1퍼센트의 비율이 1970년대 동안 10퍼센트에 가까웠는데(독일의 경우처럼), 1980년 이후 급속하게 증가해서 지금까지 10년간 19퍼센트를 상회했다. 하지만 미국이 서구 민주주의 국가들 사이에서—경제적 불평등의 정도만이 아니라 암울한 복리 통계에서도(양자는 분명한 상관관계가 있다)— 아웃라이어라는 점을 유념해야 한다. 독일은 미국을 따라잡으려면 아직 멀었지만, 역시 미끄러운 내리막길에 서 있다.

프랑스는 독일과 흥미로운 대조를 보여주는 사례다. 프랑스에서 상위 1퍼센트가 차지하는 소득 비율은 1980년대 동안 절대적 최저점에 도달했는데(약 8퍼센트), 이후 증가해서 2000년대 초에 11퍼센트를 넘어섰다. 하지만 그 후 눈에 띄게 감소해서 현재 10퍼센트에 약간 못 미친다.[23] 독일과 프랑스는 유럽연합에서 가장 중요하고 영향력이 큰 두 나라이지만, 양국의 불평등 궤적은 사뭇 다르다. 양국 엘리트들이 다른 경로를 추구하고 있는 게 분명하다.

내가 통치가 양호한 국가의 사례로 활용한 두 나라인 덴마크와 오스트리아는 어떨까? 오스트리아는 순항하는 듯 보이는데, 불평등을 안정된 수준에서 유지하는 데 성공했다. 상위 1퍼센트가 차지하는 소득 비율은 1980년대에 11퍼센트 내외였다. 2000년대 초에 약 12퍼센트로 소폭 증가했지만, 이후 감소해서 현재 10퍼센트로 프랑스와 비슷한 수준이다. 덴마크에서는 궤적이 무척 달랐다. 6장에서 살펴본 것처럼, 덴마크는 북유럽 국가들 가운데 처음으로 삼자 합의를 시행했다. 이 협약으로 상당 정도의 소득 압착을 이루어서 1980년 무렵에는 상위 1퍼센트가 차지하는 소득 비율이 7퍼센트 아래로 떨어졌다. 하지만 1980년대에 추세가 역전되어 상위 1퍼센트의 자산이 증가하기 시작했다. 현재 1퍼센트의 소득 비율은 13퍼센트에 약간 못 미쳐서 독일과 비슷한 수준이다.

이 조사에서 가장 중요한 결론은 서로 다른 나라들이 그린 세부적인 궤적이 아니라 변이 자체의 사실에 있다. 왜 이것이 중요할까? 과학자의 관점에서 보면, 충분한 변이가 존재하는 것이 동역학을 추동하는 원인들을 제대로 이해하기 위한 열쇠다. '세계 불평등 데이터베이스'에 있는 거의 모든 나라가 독특한 궤적을 그려왔다. 경제학자를 비롯한 사회과학자들이 어떤 때는 불평등이 증대하고 어떤 때는 감소하는지를 설명하기 위해 여러 이론을 내놓았다. 변이가 많을수록 이 데이터를 가지고 여러 이론을 상호 검증할 수 있는 정보가 많아진다. 더욱이 우리는 세계사에서 특별한 격동의 시기로 들어서고 있는 게 분명하다. 향후 몇 년간 기후변화와 팬데믹, 경제 불황, 국가 간 충돌, 대규모 이민 흐름 등을 통해 각 나라의 회복력이 심각하게 시험될 것이다. 불평등 수준이 높아지는 것을 용인하지 않은 나라들이 이런 충격들에 맞서 더 큰 회복력을 보일까? 우리는 그 답을 알고 싶다.

마지막으로 한 가지 생각을 밝히며 이 책을 마무리하고자 한다. 우리 종이 20만 년 전에 등장한 이래 인류는 먼 길을 걸어왔다. 지난 1만 년간 우리는 특히 급속한 진화를 목도했다. 평민들을 억압하는 전제적 엘리트들이 계속 등장해서 거듭 전복되었다. 지금 우리는 이 순환의 해체 단계에 있는데, 우리 자신의 다툼의 시대를 살면서도 인류가 과거의 숱한 대실패로부터 교훈을 배웠음을 잊어서는 안 된다. 누적적인 문화적 진화를 통해 우리는 인간 사회가 유례없이 높은―그리고 폭넓은 기반을 둔― 삶의 질을 달성할 수 있게 해주는 사회적 기술(제도)을 포함한 갖가지 놀라운 기술을 갖게 되었다. 물론 이런 능력은 종종 완전히 실현되지 않는다. 나라마다 시민들에게 복리를 제공하는 능력이 천차만별이다. 하지만 장기적으로 보면, 문화적 진화를 지속하기 위해서는 그런 변이가 필요하다. 사회들이 더 나은 사회적 조정을 이루기 위한 실험을 하지 않는다면 진화는 멈출 것이다. 무엇보다도 이기적인 지배 계급이 사회를 망가뜨린다면 다른 대안—성공담—을 찾는 게 좋다. 그리고 우리의 통치자들에게 우리 공동의 이익을 증진하는 방식으로 행동하라고 요구하는 것은 우리의 몫이다. 복잡한 인간 사회가 순조롭게 작동하려면 엘리트—통치자, 행정가, 사상의 지도자—가 필요하다. 우리는 엘리트를 없애기를 원하지 않는다. 비결은 엘리트들이 만인을 위해 행동하도록 제약하는 것이다.

감사의 말

이 책은 오랜 여정의 소산이다. 지난 20년 동안 나는 많은 동료와 친구들과 즐겁게 대화를 나누면서 숱한 깨달음을 얻었다. 짐 베넷Jim Bennett, 크리스 체이스-던Chris Chase-Dunn, 게오르기 데를루기얀 Georgi Derluguian, 케빈 체콥 피니Kevin Chekov Feeney, 세르게이 가브릴레츠Sergey Gavrilets, 잭 골드스톤, 댄 호이어Dan Hoyer, 블라디미르 이바노프Vladimir Ivanov, 루드밀라 코레핀Ludmila Korepin, 안드레이 코로타예프, 개빈 멘델-글리슨Gavin Mendel-Gleason, 앤절라 네이글, 게오르크 오를란디Georg Orlandi, 니나 비토셰크 등에게 감사한다.

특히 초고 전체를 읽고 논평을 해준 댄 호이어와 짐 배넛, 케빈 체콥 피니에게 감사하고 싶다. 앤디 폴먼Andy Poehlman 케이트 콘Kate Kohn은 출처를 추적하고 이 책에서 내가 내놓은 여러 주장의 사실적 근거를 확인하면서 소중한 도움을 주었다.

위기에 빠져들고 위기에서 빠져나온 과거 사회들에 관한 방대한 데이터베이스인 '위기DB'가 없었더라면 이 책을 쓸 수 없었을 것이다. 데이터베이스를 구축하는 데 힘을 보탠 동료들에게 크나큰 감사를 보낸다: 댄 호이어, 질 러빈Jill Levine, 서맨사 홀더Samantha Holder, 제니 레디시Jenny Reddish, 로버트 밀러Robert Miller, 마지드 베남Majid Benam.

저작 에이전트인 앤드루 와일리를 비롯한 와일리 에이전시 팀의 성원들에게 감사를 표하고 싶다. 스콧 모이어스는 펭귄랜덤하우스에서 출간 과정을 진두지휘했을 뿐만 아니라 책의 초고가 꼴을 갖추는 데에도 커다란 영향을 미쳤다. 나는 초기 문서 버전에 관한 그의 피드백을 따르면서 전체 줄거리를 대대적으로 뜯어고치고 간결하게 만들었다. 그는 또한 초고 전체에 걸쳐 많은 훌륭한 제안을 해주어서 내용을 크게 개선할 수 있었다. 최상의 전문적 솜씨로 초고를 다듬어준 펭귄랜덤하우스의 제작팀에게도 감사의 말을 하고 싶다.

언제나 그렇듯 든든히 지지하고 격려하면서 (건설적인) 비판을 해준 부인 올가에게 가장 큰 신세를 졌다.

부록

A1

새로운
역사과학

배비지 협회 모임[1]

피니어스가 손에 쥔 분필로 석판을 가로질러 수학적 곡선을 하나 그린다. "지난 몇십 년에 대한 수치에요. 기관engine들을 가지고 돌려서 방정식에 맞춘 거죠. 여기 예상치가 있어요…. 노예제는 소멸하는 중이지요. 다음 50년 동안 이 유감스러운 산업 전체가 끝이 날 겁니다. 그렇지 않나요, 일라이 형제?"

일라이가 자세를 바꾸면서 어깨를 으쓱한다. "우리가 그렇게 많이 안다고요? 우리가 가진 데이터로 얼마나 확신할 수 있을까요? 우리가 만든 방정식들이 터무니없이 틀렸을 수도 있습니다."

제더다이어 크로퍼드가 의사봉을 두드리듯 지팡이로 바닥을 내리친다. "아무것도 하지 않으면 최악의 겁쟁이가 될 거라는 정도는 알지요. 노예제가 1년 지속될 때마다 재앙에 1년씩 가까워지는 겁니다…."

제더다이어가 몸을 일으켜서 석판 쪽으로 절뚝거리며 걸어가서는 노예제 쇠퇴 곡선 위에 S자 모양의 증가 곡선을 그렸다. "노예제가 끝나기를 기다릴 수 없습니다…."

"남부가 연방에서 탈퇴하면 북부가 싸우겠지요." 일라이가 아이작에게 낮은 목소리로 말한다. "노예제 폐지가 아니라 연방을 보전하기 위해서요. 그렇게 해서는 좋은 일이 생길 수 없어요."

"싸운다고요?" 미첨이 웃음을 터뜨린다. "남부가 연방에서 나가도 북부는 아무것도 안 할 걸요. 남부 신사들은 어머니 배 속에서 나오면서부터 전투 훈련을 받는다고요. 가게 주인하고 기계공들의 나라가 그자들에게 어떻게 맞설 수 있을까요?"

"어떻게요?" 아이작의 목소리에 웃음기가 묻어난다. 그가 일어나서 석판으로 걸어간다. 분필을 쥔 그가 방정식을 몇 개 적고는 뒤로 물러선다.

방정식들을 살피는 데이비스의 가슴이 서늘해진다.

역사과학, 심리역사학, 역사동역학

찰스 배비지Charles Babbage는 영국의 수학자이자 공학자로 다목적 연산을 할 수 있는 기계인 '분석기관Analytical Engine'을 고안했다. '분석기관'의 첫 번째 설명서는 1837년에 발표되었다. 1871년 사망할 때까지 수십 년간 배비지는 몇 차례 작업 버전을 만들려고 했지만, 매번 자금 부족과 인적 갈등 때문에 실패했다. 오늘날, 배비지의 설계가 탄탄했으며 당대의 제조 기술로 기관을 만들 수 있었다는 게 전반적인 평가다.

마이클 플린의 과학소설 《눈먼 자들의 나라에서》의 전제에 따르면, '분석기관'은 실은 남북전쟁 전 제더다이어 크로퍼드가 이끄는 한 무리의 과학자와 공학자들이 만든 것이다. 제더다이어는 이장 서두의 짧은 삽화에 등장하는 인물 중 하나다. 소설에서 아주 뚜렷하지 않은 이유들 때문에 이 연구자들은 자신들의 작업을 비밀에 부치기로 결정한다. (그렇게 결정하지 않으면 줄거리에 담긴 모든 서스펜스 요소들이 무너질 테고, 아예 소설을 쓸 수 없을 테니까.)

배비지가 자신이 개발한 '분석기관'을 설명하기 2년 전에 벨기에의 수학자이자 통계학자인 아돌프 케틀레Adolphe Quetelet는 《인간과 인간 능력의 계발에 관한 논의, 사회물리학 시론A Treatise on Man and the Development of His Faculties, or Essays on Social Physics》을 출간했다. 여기서 그는 통계 법칙을 활용해서 인간 사회를 이해하려는 접근법을 설명한다. 케틀레와 프랑스 철학자 오귀스트 콩트Auguste Comte (근대 사회학의 아버지)의 발상에 영감을 받은 크로퍼드와 동료들은 배비지 협회를 결성했는데, 협회가 추구하는 목적은 '역사과학cliology' (그리스 신화의 역사의 무제〔뮤즈〕의 이름인 '클리오'에서 가져온 것이다)이라고 이름 붙인 인간 역사의 과학을 개발하는 것이다. 그들은 미분방정식을 사용해서 사회적 과정에 관한 수학 모델을 만든다. 간단한 모델 몇 가지는 연필과 종이로 풀 수 있지만, 복잡한 방정식 체계는 '분석기관'을 돌려야 한다. '역사과학자'들은 또한 데이터를 수집해서 자신들이 만든 기계식 연산기에 집어넣기 위해 많은 노력을 기울인다. 이 데이터들 덕분에 그들은 수학 방정식을 현실에 묶어둘 수 있다.

앞의 이야기에서 본 것처럼, 작업이 진전됨에 따라 배비지 협회는 비록 불완전하기는 해도 미국 사회의 미래 궤적을 예측하는 능력을 갖게 된다. 그들은 내전이 벌어지는 경우에 결국 북부가 승리할 것임을 굉장히 확실하게 맞추는 등 몇 가지를 예측할 수 있다. 하지만 남북전쟁의 발발 자체가 그들에게는 소름 끼치게 놀라운 사태였다. 소설에서 한 인물이 나중에 말하는 것처럼, "남북전쟁… 우리는 그게 왜 일어났는지 아직 모릅니다. 방정식에서 뭔가 빼먹은 것 같군요." 그래도 일정한 예측 능력은 없는 것보다는 낫다. 속담에도 나오듯이, 눈먼 자들의 나라에서는 한쪽 눈이 있는 사람이 왕이다.

나는 분석적, 예측적 역사학을 이미 상당히 진전시키고 나서야 마이클 플린의 책에 관해 알게 되었다. 내가 이 새로운 과학을 제안하면서 2003년 출간한 《역사동역학: 국가 흥망의 이유Historical Dynamics: Why States Rise and Fall》를 읽은 어느 독자가 '역사과학'에 관해 알려준 것이다. 플린의 소설보다 훨씬 더 유명한 선구적 저작이 있다. 한참 전, 그러니까 내가 스무 살 때 읽은 아이작 아시모프의 《파운데이션Foundation》이 그것이다. 흥미진진한 책이었지만, 그 책을 읽고 '심리역사학자'가 되고 싶은 마음이 들지는 않았다(아시모프는 자기가 만들어 낸 역사의 과학을 '심리역사학psychohistory'이라고 부른다). 당시에 나는 수학 기반 생물학자가 되는 과정을 밟고 있었다. 나는 야외와 동물을 좋아하기 때문에 자연과 '실용 수학'(즉 수학을 위한 수학이 아니라 세계를 이해하는 도구함으로서의 수학)에 대한 열정을 결합해서 개체군 생태학자가 되었다.[2] 20년이 지나 마흔 살이 되어서야 나는 생태학에서 역사동역학으로 방향을 바꾸기로 결정했고, 아시모프의 《파운데이션》은 계속 영감의 원천이 되기는 했어도 이런 결정과는 아무 관계가 없었다.

아시모프의 가상의 역사과학과 오늘날 우리가 실천하는 역사동역학의 실제는 많은 차이가 있다. 아시모프는 1940년대에 《파운데이션》을 썼다. 오늘날 우리가 수학적 카오스라고 부르는 현상이 발견되기 한참 전이다. 아시모프의 책에서 해리 셀던과 '심리역사학자'들은 수학적 방법을 개발해서 수십 년, 심지어 수백 년 뒤까지 아주 정확하게 예측한다. 1970년대와 1980년대에 이루어진 발견들 덕분에 우리는 이것이 불가능함을 안다.

아시모프의 버전에서 '심리역사학'은 아주 적절하게 개인이 아니라 개인들의 거대한 집합체를 다룬다. 이 과학은 기본적으로 '열역학적' 방법을 채택하며, 개별 분자(인간)의 불규칙한 궤적을 추적하려는 시도를 전혀 하지 않는다. 대신에 수십억 분자들의 평균을 모델로 만들고자 한다. 이는 여러모로 레프 톨스토이의 발상(이 장 뒷부분에서 살펴볼 것이다)이나, 역시 개인들의 커다란 집합을 다루는 역사동역학과 비슷하다.³

아시모프가 알지 못한 것은 개인의 자유의지 같은 걸 무시할 수 있다 하더라도 예측 가능성에는 아주 엄격한 한계가 존재한다는 사실이다. 어느 복잡계의 구성 요소들이 비선형적으로 상호작용할 때, 그 결과로 생겨나는 동역학은 설령 전적으로 결정론적이라 할지라도 사실상 예측 불가능해진다. 며칠 이상 먼 미래의 날씨를 예측할 수 없는 것은 바로 이 때문이다. 인간 사회 같은 복잡계의 경우에, 이런 가능성은 사실상 확실성이 된다. 이런 복잡계는 복잡하고 비선형적이기 때문에 카오스적으로 예측 불가능하게 행동한다.

수학적 카오스의 특징은 "초기 조건들에 민감하게 의존한다"는 것이다.[4] 기후 시나리오에서 이는 나비가 날개를 퍼덕거리기로(또는 그러지 않기로) 결정하면 결국 허리케인이 예상 경로에서 벗어나 지역 날씨에 큰 영향을 미칠 수 있음을 의미한다.

하지만 이런 예측 가능성의 한계는 역설적으로 낙관주의의 원천이 된다. 인간 개인들이 아시모프가 상상한 것만큼 무기력하지 않음을 의미하기 때문이다. 자유의지를 실행하면, 마치 나비가 날개를 퍼덕거려서 허리케인의 경로에 영향을 미치는 것처럼, 거시적 차원에서 커다란 영향을 미칠 수 있다. 하지만 이런 낙관주의는 현실주의를 듬뿍 첨가해서 조절해야 한다. 우리 각각은 인간 역사의 경로에 영향을 미칠 수 있지만, 우리 대부분은 아주 작은 영향을 미치며, 커다란 영향을 미쳤다면 그것은 전혀 예상하지 못한 사건들이 연속으로 일어난 결과일 것이다. 한 개인이 커다란 영향을 미치려면 정확한 시간에 정확한 장소에 있어야 하는데, 이런 '꼭지점'을 예측하기란 매우 어려우며 아마 불가능할 것이다. 긍정적인 결과를 이루는 더 현실적인 방법은 다른 사람들과 협력하는 것이다.

요컨대, 수십 년이나 수백 년 후의 인간 사회에서 벌어지는 일들을 정확하게 예측하는 것은 순전히 과학소설이다. 아시모프 자신이 첫 번째 책에서 묘사한 셀던 계획에 따라 미래 역사가 기계적으로 펼쳐지는 것을 불편하게 느끼게 된 것으로 보인다. 그는 시리즈의 두 번째 책인 《파운데이션과 제국》에서 뮬을 추가로 투입하는 식으로 이 문제를 해결했다. 뮬은 실제 역사라는 열차를 셀던이 예측한 경로에서 탈선시키는 엄청난 정신적 힘을 보유한 뮤턴트〔돌연변이체―옮긴이〕다.

실제로 우리 모두는 '뮬'이다. 우리 삶 전체에 걸쳐 수많은 선택을 내림으로써 우리는 미래 역사라는 열차를 예측 불가능한 방향으로 끊임없이 보낸다.

정밀한 장기 예측이 불가능하다고 해서 우리 사회의 동역학이 그저 "안 좋은 일의 연속"인 것은 아니다.[5] 체계적 요인과 개인들의 수많은 행동이 공히 결합해서 실제 결과를 낳는다. PC에서 카오스 체제의 모델을 돌려보면 이를 생생하게 알 수 있다. 예를 들어, 나는 에드워드 로렌츠Edward Lorenz가 제안한 첫 번째 카오스 모델 중 하나로 장난을 친 적이 있다. 하지만 방정식을 수적으로 해결하는 것 말고도 나는 정기적으로 몇 가지 확률론적인 작은 변화를 추가했다. 그리하여 궤적은 이런 임의적 힘들에 의해 끊임없이 흔들렸지만, 내가 이를 위상 공간에 표시하자 여전히 저 유명한 나비 모양의 로렌츠 끌개Lorenz attractor 형태를 그렸다. 쉬운 용어로 말하자면, 어떤 고점이 다가올 때 개인의 행동이 이를 뒤로 미루거나 앞으로 당기거나 고점을 약간 낮추거나 높일 수 있지만, 그래도 어떤 형태로든 고점이 될 것이다.

또 다른 흥미로운 쟁점은 아시모프가 '심리역사학'의 예측에 담긴 지식을 사람들이 알지 못하게 해야 한다고 주장하는 것이다. 그렇지 않고 사람들이 미래의 경로에 관해 알게 되면 그들의 행동이 영향을 받아서 예측이 실패하기 때문이다. 이런 사고에는 몇 가지 오류가 있다. 우선 대다수 사람들은 똑똑한 과학자가 예측하는 내용에 정말 관심이 없다. 한 예로, 2012년 9월 3일 나는 블로

그에 내가 2010년에 한 예측을 언급하면서 다음과 같이 썼다.

나는 2020년(±2~3년)에 정치적 폭력이 고점에 달할 것이라는 예측을 하면서 아주 안심이 된다. 이 예측이 실패로 돌아가면 이론이 잘못되거나, 예상치 못한 어떤 대규모 사건이 일어나서 사회 체계에 영향을 미치거나, 전혀 예상하지 못한 어떤 일(도널드 럼즈펠드의 탁월한 정의를 빌리자면 "알지 못한다는 걸 알지 못한 일")이 발생한 결과일 것이다. 하지만 미국의 정책 결정권자들이 갑자기 어느 무명 교수가 쓴 글에 주목해 이런 바람직하지 않은 결과를 피하기 위한 조치를 취해서 그런 결과가 생기지는 않을 것임이 분명하다.

그리고 만약 그렇게 된다면 나는 무척 흡족할 것이다. 예측은 과대평가된 것이다. 우리가 현재 가진 사회과학으로 실제로 열망해야 하는 것은 바람직한 결과를 초래하고 원치 않는 결과를 피하는 능력이다. 미래가 무척 황량하고 그것을 바꿀 수 없다면 [그] 미래를 예측하는 게 무슨 소용인가? 우리는 해뜨기 전에 교수형을 당할 운명의 사람과도 같을 것이다. 미래를 완벽하게 알지만 손쓸 능력이 전혀 없으니 말이다.[6]

물론 예측에 관한 이런 예측, 일명 '메타예측' 또한 사실임이 드러났다. 2020년에 실제로 그런 일이 벌어질 때까지 누구도 내가 2010년에 한 예측에 관심을 기울이지 않았다. 하지만 《눈먼 자들의 나라에서》로 다시 돌아가보자.

플린은 이 책을 아시모프보다 한참 나중에 썼기 때문에 분석적,

예측적 역사학의 가능성에 대한 그의 논의는 1970년대의 '카오스 혁명'에서 생겨난 동역학 체계에 관한 새로운 이해에 도움을 받았다.[7] 플린의 발상은 또한 방대한 양의 연산력을 개인 연구자들의 수중에 쥐어준 퍼스널 컴퓨터 혁명에도 영향을 받았다. (충분히 예상할 수 있듯이, 이 두 혁명은 밀접하게 연결된다. 비선형 동역학 체계를 이해하는 데서 진전을 가져온 것이 컴퓨터의 발달이기 때문이다.) 그 결과, 그의 책에 나오는 인물들이 말하는 '역사과학' 논의는 해리 셀던이 제시하는 '심리역사학' 설명만큼 기묘하게 들리지 않는다. 책 자체를 읽고 싶은 마음이 들지 않아도 상관없다. 이것은 플린이 쓴 첫 책으로, 데뷔작이 흔히 그렇듯 많은 결함이 있지만, 나는 마이클 플린이 쓴 논문 〈역사과학 입문〉을 추천하고 싶다. 처음에 잡지 《아날로그》에 발표됐다가 《눈먼 자들의 나라에서》 2판 후기로 실렸다. 여기서 플린은 '역사과학'(과 역사동역학)의 많은 선구자들에 관해 논한다. 실제로 그는 역사에서 반복되는 양상들에 관해 독창적인 실증적 연구를 하기도 했다. 그는 조사연구 과학자가 아니기 때문에 그가 내놓은 결과물은 학술 저널에 발표될 수 없었고, 따라서 성공적인 결과로 이어지지 않았다. 하지만 과학으로서의 역사라는 발상을 비판하는 이들에게 반박하는 그의 주장은 읽을 만한 가치가 충분하다.

결국 백문이 불여일견이다. 이 장 서두에서 살펴본 것처럼, 북부 주 출신의 '역사과학자' 아이작은 칠판에 일련의 방정식을 써서 남부 사람인 데이비스에게 남북전쟁이 벌어진다면 남부가 승리할 가능성이 전혀 없다고 설득한다. 전쟁은 인간이 벌이는 일 중에서 가장 부담이 큰 일이며 어쩌면 인간 역사에서 가장 예측할 수 없는 과정일 것이다. 그 결과를 예측할 수 있다는 게 얼마나 타당하겠는가?

전쟁의 수학

플린은 아이작이 칠판에 쓴 방정식들이 무엇인지 말해주지 않지만, 나는 미국 남북전쟁의 모델을 구축하는 데 어떻게 착수할지에 관해 아주 좋은 구상이 하나 있다. 나라면 오시포프-란체스터 방정식을 출발점으로 활용할 것이다. 이 수학 모델은 1915년 러시아군 장교 미하일 오시포프Mikhail Osipov와 1916년 영국 공학자 프레드릭 란체스터Frederick Lanchester가 각각 발견한 것이다. 모델은 특히한 세기 뒤 우리의 관점에서 보면 아주 간단하지만, 적어도 한 가지 예상치 못한 통찰을 낳는다. (이래서 수학 모델이 쓸모가 있다.)

모델이 추적하는 주요 변수는 서로 싸우는 두 군대의 규모다. 일단 전투가 벌어지면 각 군대의 병사 수가 줄어들기 시작한다. 사상자가 발생하기 때문이다. 적군에서 사상자가 발생하는 속도는 병사 수에 비례한다. 이를 알기 위해서 각 병사가 적에게 소총을 쏘는 단순한 시나리오를 상상해보자. 모든 총탄이 표적을 발견하는 것은 아니지만, 상대편 군대에 더 많은 총탄을 퍼부을수록 사상자가 더 많이 생긴다. 물론 무기의 질이 중요한 요소가 된다. 자동소총으로 무장한 병사들은 전장식 총으로 무장한 병사들보다 적군에 훨씬 더 많은 총탄을 퍼부을 수 있기 때문이다. 하지만 남북전쟁에서는 양쪽의 군사 기술이 엇비슷했기 때문에 모델을 단순하게 유지하면서 이런 잠재적 복잡성을 무시하고자 한다. ('모델은 가급적 단순해야 한다.') 그와 동시에 병사들의 숙련도도 중요하다. 잘 훈련된 병사일수록 표적을 잘 맞추기 때문이다. 여기서는 남군이 유리했다.

오시포프-란체스터 방정식은 좋은 출발점이지만, 모델에 몇 가지 요인들을 추가할 필요가 있다. 단일한 전투만이 아니라 여러 전투가 벌어지는 전쟁 전체를 이해해야 하기 때문이다. 전투 사이에 각 군대는 사상자를 다른 병사로 대체하려고 노력한다. 그리하여 현재의 규모는 병사를 빼고 더하는 군대들 사이의 균형을 반영한다. 따라서 나는 모델에 신병 모집률을 추가한다. 남북전쟁이 시작됐을 때, 남부연합군은 존재하지 않았고, 북부연방군도 거의 비슷한 수준이었다(주로 서부에서 아메리카 원주민을 추적하는 연방 기병대로 이루어졌다). 그리하여 신병 모집률이 어떤 군대가 사망, 부상, 포로, 병사病死, 탈영 등으로 생긴 손실을 메울 수 있는지를 결정하는 데서 가장 중요해진다. 마지막 두 가지 요인을 잊어서는 안 된다. 적에 의한 사상보다 훨씬 더 중요한 경우가 많기 때문이다. 이 지점에서 북부가 우위를 차지했다. 남북전쟁 직전 북부 인구는 2,200만 명 정도였던 반면, 남부 인구는 900만 명(그중 350만 명이 노예였다)에 불과했기 때문이다.

병사들은 소총과 대포가 필요하며, 이 죽음의 엔진들에는 탄약이 필요하다. 탄탄하게 발전된 산업을 갖춘 북부는 무기와 탄약을 생산하고 대체하는 데서 막대한 우위를 누렸다. 남부에서 소총 1정을 만들 때마다 북부 공장들에서는 32정을 쏟아냈다.[8] 병사들은 또한 식사와 의복이 필요하고 전쟁터까지 이동해야 한다. 나는 모델에 병참 요소를 꼼꼼하게 추가할 것이다. 남부는 또한 대부분의 무기를 주로 영국을 통해 외부에서 확보했다. 하지만 이 무기들은 북부가 부과한 봉쇄를 뚫고 들여와야 했다. 이 요인은 매우 중요하기 때문에 나는 역시 오시포프-란체스터 방정식에 기반한 역동적인 '하위 모델'을 구축할 것이다. 봉쇄를 피해 잠입하는 밀항선들과 북부 해군의 경쟁 관계를 담은 모델이다.

마지막으로 사기 문제가 있다. 방금 전에 살펴본 것처럼, 역사에서 벌어진 많은 일들은 수치로 바로 표현할 수 있다. 각 군대를 구성하는 병사들의 수, 신병 모집률, 무기 생산 속도 등등. 하지만 수치를 부여하기 어려운 '소프트한', 심지어 '질척질척한' 변수들도 존재한다. 하지만 어렵다는 게 불가능하다는 뜻은 아니며, 이 점에 관해서는 이 장 뒷부분에서 다시 논하고자 한다. 그런데 지금 당장은 이 부분이 남부가 북부에 비해 커다란 우위를 가진 지점임을 인정하는 것으로 충분하다. 남부인들은 자기 땅과 집, 자신의 생활방식을 지키려고 한 반면, 북부 신병들은 추상적인 이상인 연방을 보전하기 위해 싸웠다. 더욱이 미합중국은 굉장히 인종주의적인 나라였고, 노예들이 겪는 곤경은 극소수 노예제 폐지론자들을 제외하면 대다수 북부인들의 주된 동기가 아니었다.

이것이 내가 구축하려는 모델의 전반적인 개요다. 개인적 배경에 따라 이 모델이 가망 없이 복잡하거나(대다수 물리학자들은 그렇게 말할 것이다) 터무니없는 과잉 단순화라고(대다수 역사학자들은 이 진영에 속한다) 생각할지 모른다. 두 극단적 견해 모두 잘못 알고 있는 것이다. 어떤 모델이 얼마나 복잡해야(또는 얼마나 단순해야) 하는지를 결정하는 딱 하나의 규칙이란 존재하지 않는다. 모델의 복잡성은 모델화된 동역학이 얼마나 복잡한지, 우리가 가진 데이터가 어떤 종류인지, 우리가 얼마나 정확히 알고 싶은지(또는 알 수 있는지―예측 가능성의 여러 한계에 관한 논의를 기억하라)에 좌우된다. 나는 연구자 경력 내내 이런 식의 모델을 많이 만들었다. 나는 항상 최대한 단순한 설계에서 시작해서 '재료'를 추가한다. 수프를 끓이는 과정과 비슷하다. 우선 물을 끓이고 고기와 채소, 양념 등등을 추가한다. 계속 조리를 해서 수프 맛이 좋아지면 끝이 난다. 최고의 수프를 만들기 위한 다양한 재료와 양념을 적당한 양으로 넣으면 된다. 더도 덜도 필요 없다. 최고의 모델도 마찬가지다. 흔히 벌어지는 일은 적당한 수준의 복잡성으로 모델을 맞추고 나면 더 많은 재료를 추가하는 것은 도움이 되지 않는다. 아니 실은 모델이 더 나빠진다. 그리고 최대한 단순한 모델은 대단히 좋을 수 있다. 그보다 더 단순한 모델은 그렇지 않지만. 한 예로, 몇 년 전에 나는 동료들과 함께 고대와 중세 시기(기원전 1500년부터 기원후 1500년 사이의 3,000년) 동안 구세계의 국가 형성 모델을 구축했다. 상대적으로 단순하기는 했지만, 이 모델은 언제 어디서 '거대 국가'(큰 국가와 제국)가 형성되고 어떻게 확산되는지를 예측하는 놀라운 일을 해냈다(논문에 있는 지도들을 보라).[9]

미국 남북전쟁의 모델을 위해 나는 중간 단계들을 대부분 피하고 답으로 곧장 나아가는 식으로 지름길로 갈 수 있다. 여기서 나는 오시포프-란체스터 모델에서 생겨난 놀라운 통찰의 도움을 받는다. 북부가 인력 면에서 남부에 비해 커다란 우위를 지님을 기억하자. 정확히 말하자면, 네 배다(북부인 2,200만 명 대 남부 백인 550만 명). 어떤 이는 숙련도 때문에 남부인들에게 이점을 주고, 높은 사기와 동기부여 때문에 비슷하게 다시 이점을 주면 북부의 수적 우위에 맞서기에 충분할 것이라고 생각할지 모른다. 남부 입장에서 무기 확보가 문제이지만, 이는 해외 수입에 의존할 수 있었다(실제로 그랬다). 따라서 남부가 전쟁에서 승리할 가능성이 있다. 과연 그럴까?

천만의 말씀이다. 북부의 수적 우위가 네 배이지만 이는 실제 전투에서는 4의 제곱의 우위로 전환된다. 즉 열여섯 배다. 이런 수학적 결과는 란체스터의 제곱 법칙이라고 한다. 직관을 거스르는 것 같지만, 일단 오시포프-란체스터 방정식에서 수학적 결과가 도출되면, 말로 충분히 쉽게 설명할 수 있다(2016년 저서 《초협력사회》 8장에 이 설명이 있다).[10]

실제로 숙련도와 사기 때문에 남부인들에게 네 배의 우위를 부여하는 것은 아마 지나치게 후한 일일 것이다. 하지만 제곱의 법칙 때문에 북부가 지닌 열여섯 배의 우위를 극복하는 것은 사실상 절망적이다.

데이비스가 이 방정식들을 본다면—내가 추측한 것처럼, 실제로 아이작은 오시포프-란체스터 모델을 칠판 위에 적었다—절망한다고 해도 놀랄 일이 아니다.

현실 세계에서 남북전쟁의 경로는 오시포프-란체스터 모델의 예측과 똑같았다. 남부연합군은 남부인의 우월한 사격술과 기마술만이 아니라 더 잘 훈련된 장교와 장군들 덕분에 대부분의 전투에서 승리를 거뒀다. 하지만 북부는 남부의 88만 병력에 맞서 210만 명의 병사를 동원했다. 북부연방군은 그래도 막대한 사상자를 감내해야 했다. 남부의 사상자가 26만 명인 것에 비해 북부는 36만 명이었다. 하지만 4년간의 유혈적이고 치열한 싸움 끝에

북부는 남부를 박살 내고 전쟁에서 승리했다.[11]

사기의 요소

나는 사기를 우리의 방정식에 어떻게 요소로 집어넣을 것인가의 문제를 다시 다루겠다고 약속했다. 어렵지만 결코 불가능하지는 않은 이 문제에 관해 이야기해보자.

사기를 수치로 표현하고자 시도한 최초의 인물 가운데 하나는 하고많은 사람들 중에 러시아의 위대한 소설가 레프 톨스토이였다. 톨스토이가 미국 남북전쟁이 최고조에 달한 1863년에 쓰기 시작한 장대한 작품 《전쟁과 평화》에 첨부한 두 번째 부록에서 역사의 과학에 관해 논한다는 걸 간파한 사람은 드물다. 나는 《제국의 탄생》─책의 원제인 '전쟁과 평화와 전쟁' 자체가 어디에서 영감을 받은 것인지 쉽게 추측이 가능하다─10장에서 톨스토이의 견해에 관해 자세히 논하기 때문에 여기서는 사기를 수학적 용어로 표현하는 문제에 관한 그의 생각을 간단히 음미해보자. 러시아에서 나폴레옹 군대에 맞선 게릴라전을 다루는 대목에서 그는 다음과 같이 말한다.

군사에서 군의 힘은 군의 크기에 어떤 미지수 x를 곱한 값이다. … 그 미지수의 크기는 군의 사기다. 다시 말해, 군을 구성하는 모든 인원이 얼마나 싸울 태세를 갖추고 있으며 위험에 맞서려고 하는가가 중요하다. 천재의 지휘를 받으며 싸우는가, 2열 대형으로 싸우는가 3열 대형으로 싸우는가, 곤봉을 들고 싸우는가, 분당 30발을 발사하는 라이플총을 가지고 싸우는가는 상관없다. 싸우고 싶은 사람은 언제나 가장 유리한 전투 조건에 놓이게 된다.

군의 사기에 군의 크기를 곱하면 군의 힘이 나온다. 이 미지의 요인, 즉 군의 사기의 중요성을 규명하고 표현하는 것이 과학이 다뤄야 할 문제다.

이 문제는 미지수 x 자체를 그 힘이 드러나는 상황(장군의 지휘 역량, 사용하는 장비 등)으로 자의적으로 대체해서 이를 그 요인의 진짜 중요성으로 오인하는 것을 멈출 때에만, 그리고 이 미지수의 크기 전체가 기꺼이 싸우고 위험에 직면하려는 의지임을 인식해야만 풀 수 있다. 그런 다음에야 알려진 역사적 사실들을 방정식으로 표현하고 이 요인의 상대적 중요성을 비교하면서 미지수를 규명할 수 있다는 희망을 가질 수 있다.

10명의 대대, 사단이 15명의 대대, 사단과 싸워서 상대를 전부 정복하고(즉 죽이거나 포로로 잡고) 자신은 4명을 잃으면, 각각 4명과 15명을 잃은 셈이다. 따라서 4는 15와 같으므로 $4x = 15y$가 된다. 결국 $x/y = 15/4$다. 이 방정식은 우리에게 미지수의 값을 알려주지 않지만 두 미지수의 비율은 알려준다. 그리고 다양하게 선택된 역사적 단위들(전투, 군사 행동, 전쟁 기간)을 이런 방정식에 집어넣으면 일련의 수를 얻게 되는데, 거기에 일정한 법칙이 존재하면 그것을 발견할 수 있다.

사실 톨스토이는 계산을 썩 잘하지 못했다. (그는 위대한 책을 쓰는 데는 천재였지만 수학의 천재는 아니었다.) 하지만 수많은 전투를 분석해서 미지수 x를 측정한다는 핵심적 발상은 정확하다. 한참 뒤에 미국의 군사사학자 트레버 N. 두푸이Trevor N. Dupuy가 이런 방법을 사용했다. 1987년 저서《전쟁의 이해: 전투의 역사와 이론Understanding War: History and Theory of Combat》에서 두푸이는 군대의 전투력을 세 가지 양의 산물과 같다고 보았다. 군사력(장비의 질과 양으로 조정한 병력 수), 작전과 환경 등의 조정 요인(지형, 날씨, 태세—방어전인가 공격전인가), 유효 전투력이 그것이다. 마지막 요인이 톨스토이의 미지수 x다.

계속해서 두푸이는 여러 전투에 관한 데이터를 확보할 수 있는 전쟁 몇 가지를 분석했다. 한 예로, 1943년과 1944년 독일군이 영국군이나 미군과 벌인 81회의 교전에 관한 그의 분석은 독일군의 전투 효율이 영국군보다 1.45배 높았음을 보여준다. 이는 영국군이 독일군과 맞붙은 전투에서 승리할 가능성을 확보하려면 45퍼센트 더 많은 병력을 투입해야 한다(또는 같은 비율로 더 중무장해야 한다)는 뜻이다. 미군은 영국군보다 효율이 좋지만 훨씬 좋지는 않았다. 미군은 승리 가능성이 50대 50이 되게 하려면 독일군보다 병력을 3분의 1 더 모아야 했다.[12]

전의를 수량화하는 데서 우리가 많은 진전을 이룰 수 있음이 드러났다. 최근 들어 문화진화론 분야의 내 동료들은 '헌신적 행위자' '신성한 가치' '정체성 융합' 등의 개념을 동원해서 막대한 희생을 치르려는 마음가짐의 심리학을 조사하고 있다.[13]

과학으로서의 역사학

오시포프는 10월 혁명 이후 실종되었다. 아마 그 자신이 러시아

내전의 희생자가 됐을 것이다. 따라서 작전 연구operations research라는 새로운 분야의 창시자가 되는 영광은 란체스터에게 돌아갔다. 철학자들과 일반 대중은 역사는 과학이 될 수 없다고 계속 믿었지만, 군 장교들과 연구자들은 모델을 만들고 예측하기 가장 어려운 문제 중 하나인 역사의 부분—전쟁—을 조용히 수학화해서 분석하고 있었다. 이 분야를 아마추어들에게 맡기기에는 걸린 판돈—수백만 명의 죽음과 국가의 생존—이 너무 컸다. 작전 연구는 독자적인 학술 저널과 국방부에서 제공하는 연구 지원금, 사관학교와 일반 대학의 교수직 등을 갖춘 활기 넘치는 연구 분야로 발전하고 있다. 2011년, 나는 영국 포츠머스 인근에 있는 국방과학기술연구소DSTL의 역사 연구단이 주최한 연례 회의에서 역사동역학에 관한 기조연설을 해달라는 초청을 받으면서 이 연구 공동체를 소개받았다. 회의가 초점을 맞춘 주제는 역사를 활용해서 국방에 지식을 불어넣을 수 있는가 하는 것이었다. 한 예로, 나 다음에 연설을 한 앤드루 샤프Andrew Sharpe 준장은 역사의 본성과 성격, 운율에 관해 이야기했다. 많은 나라의 방위 집단이 과학으로서의 역사학이라는 가능성을 아주 진지하게 받아들인다.

군사사에서 한 걸음 물러나서 역사의 일반 과학이라는 관념이 어떤 식으로 역사적으로 깊은 뿌리를 두고 있는지 살펴보도록 하자. 아리스토텔레스는 자연과학과 사회과학에 관한 논저를 두루 남겼다. 중세 아랍의 위대한 역사학자 이븐 할둔은 국가의 흥망을 설명하는 주목할 만한 이론을 발전시켰다. 케틀레와 톨스토이에 관해서는 이미 언급했다. 니컬러스 라솁스키Nicolas Rashevsky의 저서 《수학을 통해 본 역사Looking at History Through Mathematics》는 1968년에 출간되었다. 하지만 사회물리학에 관한 케틀레의 발상이나 라셉스키의 수학적 역사학은 새로운 과학 분야를 창시하지 못했다. 과학은 집단적 노력이다. 한 명의 탁월한 개인 이상이 필요하다. 한 과학 분야가 시작되려면 서로 아이디어를 얻고 무엇보다도 각자의 개념과 결과를 비판하는 학자들의 공동체가 존재해야 한다. 고대 사람들이 말한 것처럼, 진리는 논증에서 태어나며, 우리는 자기 자신과, 또는 심지어 소수의 비밀 도당과 좋은 논쟁을 벌일 수 없다. 이런 소수 도당은 '반향실'로 발전하기가 너무도 쉽기 때문이다. 마이클 플린의 '역사과학'이 순전히 허구인 것도 이런 이유 때문이다. 우리가 사는 세계에서 역사동역학은 2000년 무렵에 견인력을 얻기 시작했을 뿐이다. 왜 그런지의 문제는 역사동역학의 미래 역사학자들에게만 흥미로운 게 아니라 과학으로서의 역사학의 가능성에 대한 주요한 반론들 중 하나에도 영향이 있기 때문에도 흥미롭다.

위인 이론은 내가 생각할 수 있는 한 역사학에서 가장 '반역사동역학적인' 이론이다. 위인 이론을 제시했다고 널리 인정받는 스코틀랜드 철학자 토머스 칼라일Thomas Carlyle의 말을 들어보자.

인간이 이 세계에서 이룩한 역사인 보편사는 실제로는 이 땅에서 활동한 위인의 역사다. 위인들은 인류의 지도자였고, 일반 대중이 행하고자 또는 도달하고자 노력한 것의 모범과 패턴을 만든 인물이요, 넓은 의미에서 그것을 창조한 인물이었다. 오늘날 세계에서 이룩되어 있는 모든 것은 정당히 말해서 이 세계에 보내진 위인들에게 깃들어 있던 사상의 외적, 물질적인 결과요, 실질

적인 구현이자 체현이다. 전 세계 역사의 본질은 위인들의 역사였다고 생각하는 게 마땅할 것이다.[14]

실제의 역사동역학뿐만 아니라 허구적 '심리역사학'과 '역사과학'도 주로 대규모 인간 집단과 특정 개인과 무관한 사회적 요인들에 관심을 두는 반면, 위인 이론은 이런 초점이 그릇된 방향이라고 무시한다. 심리학자 윌리엄 제임스가 후에 주장한 것처럼, 사회가 위인을 만드는 게 아니라 위인이 사회를 개조하는 것이다.[15] 이 19세기의 이론은 오늘날 신뢰를 잃었지만, 위대한 지성들이 어떻게 과학을 진전시키는지에 관한 대중의 이해 속에 그 흔적이 여전히 남아 있다. 이런 사고의 필연적 결과가 유명한 과학철학자 칼 포퍼가 역사과학에 대해 제기한 여러 반론 가운데 하나의 밑바탕에 놓여 있다. 미래 역사의 경로가 과학 지식의 미래 성장(미리 알 수 없다)에 어느 정도 좌우된다고 할 때, 그 경로를 아는 것은 논리적으로 불가능하다는 것이다.[16]

하지만 과학 지식의 미래 성장을 정말 알 수 없을까?—아니면 현재 우리가 지식이 어떻게 누적되는지에 관한 이해가 부족한 탓에 단지 알지 못하는 걸까? 내 생각에는 두 번째 답이 더 그럴듯한데, 왜 그렇게 생각하는지 이야기해보자. 얼마나 많은 과학적 발견이 한 명 이상의 과학자에 의해 동시에 이루어졌는지를 생각하면 참으로 놀랍다. 우뚝 솟은 희귀한 천재들이 과학을 움직인다고 생각하면 이런 양상을 기대할 수 없다. (그런 천재들이 왜 서로 1년 안에 똑같은 발견을 하는 걸까?)

우리는 앞서 오시포프와 란체스터가 서로 1년도 되지 않는 차이로 같은 방정식을 발견해서 자신들의 이름을 남긴 사실에 관해 이야기한 바 있다. 다른 사례들도 넘쳐난다. 뉴턴과 라이프니츠는 각자 독자적으로 미적분을 고안했고, 다윈과 월리스는 자연선택에 따른 진화론을 독자적으로 정식화했으며, 앨프리드 로트카Alfred Lotka와 비토 볼테라Vito Volterra는 동역학 순환 모델을 발견했다. 그 밖에도 숱한 사례가 있다. 아마 가장 흥미로운 사례는 유전학의 발견과 관련이 있을 것이다. 우리 모두 아는 것처럼, 유전자는 보헤미아의 사제 그레고어 멘델이 발견했다. 하지만 그의 발견은 너무 일찍 이루어졌다. 과학계가 아직 받아들일 준비가 되어 있지 않았고, 1866년 그가 발표한 완두콩의 유전학에 관한 논문은 철저하게 무시당했다. 여기 과학을 개조하는 데 실패한 우뚝 솟은 천재가 있었다. 하지만 적절한 때가 된 1900년에 휘호 더 프리스, 카를 코렌스, 에리히 폰 체르마크가 각자 유전의 원리를 발견했다. 우리가 유전학을 '더 프리스의' 유전학이 아니라 '멘델의' 유전학이라고 부르는 유일한 이유는 경쟁자가 이 발견의 공로를 인정받을 것임을 깨달은 코렌스가 멘델이 그들 모두보다 선수를 쳤음을 확실히 지적했기 때문이다.[17]

비록 멘델의 경험은 훨씬 행복한 결말에 이르긴 했지만, 역사동역학 공동체의 핵심 성원 중 한 명이 이를 고스란히 반복했다. 나는 좋은 동료인 잭 골드스톤과 많은 논문을 공저했다. 골드스톤은 물리학자가 되기를 바라면서 과학자 경력을 시작했다. 캘테크의 학부생 시절에 그는 수학에서 탄탄한 토대를 얻었지만, 이후 사회 체계—그것의 역사와 동역학—를 이해하는 데 관심이 생겼다. 하버드 사회학과 대학원생 시절 그는 혁명의 '인구학적-구조적 이론'을 구상했다(이 이론은 왜 사회들이 재발하는 위기를 겪는지에 관한 이해에 역사동역학적 접근법의 기초를 제공한다).

대학원에서 일찍부터 골드스톤은 혁명을 설명하는 데 관심을 기울이게 되었다. 당시에 지배적인 견해는 혁명은 엘리트 내부의 충돌, 대중 봉기, 어리석은 통치자가 가져온 국가의 실패, 특히 값비싼 전쟁, 또는 이례적으로 유력한 이단 사상이나 급진 이데올로기 등이 무작위로 결합된 결과라는 것이었다. 자연과학의 배경 덕분에 골드스톤은 그런 특수한 사례 변론이 만족스럽게 여겨지지 않았다. 뜻밖의 행운으로 그는 인구학 분야를 알게 되었다(이 주제를 다루는 강의의 조교로 일했기 때문이다. 대학원생은 대개 조교로 생계를 해결한다). 그는 근대 초기의 인구 동학에 관해 알려진 내용을 살펴보기 시작했다. 저널 《역사동역학》에 발표한 최근의 회고 글인 〈인구구조론: 25년 뒤〉에서 그는 다음에 어떤 일이 벌어졌는지를 설명한다.

데이터를 수집함에 따라 뚜렷한 양상이 나타났다. 1500년에서 1900년 사이에 모든 주요한 혁명이나 반란이 일어나기에 앞서 50년간 인구가 상당히 증가한 것이다. 이는 '17세기의 일반적 위기'에 휘말린 유럽 나라들(포르투갈, 에스파냐, 잉글랜드, 이탈리아, 프랑스), 젤랄리 반란 시기의 오스만 제국, 명나라가 붕괴하기 전의 중국 등이 모두 똑같았다. 18세기 말의 대서양 혁명(아메리카, 프랑스, 네덜란드), 19세기의 유럽 혁명(1830년과 1848년), 1830년대와 1840년대의 오스만 제국, 그리고 태평천국의 난 전의 중국도 마찬가지였다. 훨씬 더 중요한 점으로 유럽과 오스만 제국, 중국에서 혁명과 주요한 반란이 벌어지지 않은 시기, 즉

1450~1550년과 1660~1760년에는 인구 증가가 거의 제로였다. 앞의 시기에는 흑사병에서 더디게 회복된 탓이었고, 두 번째 시기에는 가혹한 날씨와 페스트, 장티푸스, 호흡기 질환 등 주요 질병의 두 번째 물결에서 기인한 인구 증가의 전 지구적 역전과 정체 때문이었다.[18]

40년 뒤인 오늘날 우리는 혁명과 반란과 내전을 낳은 인구학적, 구조적 원인들에 관해 훨씬 많이 알지만, 이런 초기의 통찰은 여전히 타당하다. 하지만 그 후 이어진 상황은 과학적 승리의 이야기가 아니라 (적어도 오랫동안은) 역경과 인내의 서사시였다.

잭이 인구 증가와 혁명의 관계를 연구하려는 계획을 자세히 밝힌 논문 연구계획서는 대학원 심사위원회에서 단박에 거절당했다. 이후 골드스톤은 논문 심사위원회를 다시 구성하고 17세기 잉글랜드 내전에만 초점을 맞추는 쪽으로 계획서의 범위를 축소했다. 2년 뒤 그는 학위 논문을 성공적으로 방어했지만, 이를 저널에 투고하자 다시 단박에 거절당했다. 2년간 추가 심사와 논의를 거치고 나서야 결국 논문으로 발표되었다. 그 후 추가로 논문을 발표하는 것도 산 넘어 산이었다. 10년 뒤 골드스톤은 마침내 대학원에서 구상한 자신의 비전을 전달하는 책을 썼다. 책에서 그는 인구학-구조 이론이 잉글랜드 혁명과 프랑스 혁명, 차티스트 시기의 잉글랜드 개혁 운동, 1830년과 1848년 혁명, 명청 교체, 태평천국의 난, 오스만 제국의 위기 등의 시점과 정확히 일치한다는 것을 보여주었다. 케임브리지 대학교 출판부는 단번에 이 책의 출간을 거절했다. 골드스톤은 끈질기게 노력했고,《근대 초 세계의 혁명과 반란Revolution and Rebellion in the Early Modern World》은 마침내 1991년 캘리포니아 대학교 출판부에서 출간되어 이제는 역사동역학의 고전이 되었다. 하지만 출간 이후 10년간 책은 철저하게 무시당했고, 캘리포니아 대학교 출판부도 굳이 보급형 페이퍼백을 내려고 하지 않았다.[19]

골드스톤과 마찬가지로, 나 또한 자연과학자로 과학 경력을 시작했다. 하지만 한참 뒤인 1997년 사회과학으로 전환했는데, 당시 이미 코네티컷 대학교에서 정년이 보장된 교수였다. 처음에 나는 역사학에 발을 들여놓아도 무시를 당하거나 기껏해야 기를 죽이는 비평을 받을 것으로 예상했다. 물론 그런 일이 몇 번 있었다. 하지만 놀랍게도 2003년에 내가 시작한 역사동역학이라는 새로운 과학은 전반적으로 곧바로 관심을 끌기 시작했다. 2000년 전후로 역사동역학을 가능케 할 뿐만 아니라 필요하게 만든 어떤 일이 벌어졌다. 그게 무엇이었을까? 한 마디로 말하면 데이터다. 다음에는 데이터에 관해 이야기하도록 하자.

A2

역사
매크로스코프

센타우루스의 외계사회학자들

지구인의 1,000년 전에 센타우루스 자리 알파별 주위를 도는 네 번째 행성의 물리학자들이 매크로스코프라는 아주 멋진 도구를 발명했다. 이 기구를 이용해서 그들은 은하계 이웃 동네에서 가장 가까운 생명체가 거주하는 행성 지구로부터 자신들의 행성을 갈라놓는 몇 광년을 투시하면서 지구인들이 건설한 제국들의 흥망을 관찰할 수 있었다. 매크로스코프의 발명은 센타우루스 자리 알파별에서 새로운 과학 분야인 외계사회학을 촉발시켰다.

170년 전, 당시 센타우루스 대학교 외계사회학과 대학원생이던 워클-엑!시트-URS3DF$^{Woql-X!jt-URS3DF}$는 최근에 형성된 한 국가의 사회적, 정치적 추세를 검토하는 학위 논문을 발표했다. 지구인들이 아메리카합중국이라고 부르는 나라였다. 워클은 매크로스코프를 가지고 수집한 데이터를 이용해서 남북전쟁 전 사회의 수학 모델을 구축했다(미국 남북전쟁은 여전히 10년 뒤 미래의 일이었으므로 역사학자들은 아직 **남북전쟁 전**antebellum이라는 용어를 사용하지 않았다).

이 모델의 기초가 되는 한 방정식은 미국 인구의 증가와 이동을 추적했다. 18세기에 미국인들의 가족은 유럽인보다 규모가 훨씬 컸다. 농부 한 명이 많은 자녀를 부양할 만큼 넓은 땅을 가졌기 때문이다. 미국인들은 잘 먹고 키가 쑥쑥 커서 당시 지구상에서 신장이 가장 큰 국민이 되었다. 하지만 대가족은 급속한 인구 증가로 이어졌다. 워클이 대학원 위원회에 자신의its[1] 논문을 제출한 1850년에 이르러 동부 연안 주들은 사람들로 넘쳐나게 되었다. 수확이 변변치 않은 비교적 열악한 토양에서도 숲의 나무를 베어 들로 바꾸었다. 젊은 성인의 상당수는 이제 더는 땅에서 생계를 꾸릴 수 없음을 깨닫고 다른 곳으로 이사했다.

일부는 땅을 차지할 수 있는 서부로 갔다. 다른 이들은 도시로 갔다. 당시에 미국은 이제 막 산업화를 시작한 상태였고, 계속해서 새로운 일자리가 생겨났다. 워클이 만든 모델에 따르면, 산업화와 서부 식민화라는 이중의 힘이 급격히 증가하는 노동자 공급을 흡수해서 미국 사회를 매끄럽지 않은 균형 상태로 유지할 수 있었다. 하지만 방정식에 다른 요인을 하나 추가할 필요가 있었다. 19세기 중반에 이르면, 유럽의 인구 과잉이 미국보다 훨씬 심각해졌고, 많은 '남아도는' 유럽인들이 대서양을 건너는 이주를 선택해서 결국 미국 농촌의 인구 잉여를 흡수하고 있던 바로 그 도시들에 도착했다. 1830년 전에는 작은 개울에 불과하던 미국 이주가 1840년대 동안 거센 물결이 되었다. 아일랜드 감자 기근 같은 재난과 1848년과 1849년 혁명의 물결에 추동된 흐름이었다. 이민 자들이 한정된 일자리를 놓고 미국 시민들과 경쟁했다. 그 결과, 산업화 덕분에 노동력 수요가 증가하고 있었음에도 공급이 수요 를 압도했다. 경제학에서 대개 그러하듯, 한 상품의 공급이 수요 를 초과하면 가격이 내려가는 경향이 있다. 이 경우에 '상품'은 노동력이었다. 노동력 비용이 내려감에 따라 노동자 임금이 정체하고 감소했다. 전반적인 복리의 감소는 기대수명이 감소하고 토박이 미국인의 신장까지 감소한 결과에 반영되었다. 궁핍화 증대는 다시 사회적 불안정과 충돌의 증대로 전환되었다. 센타우루스 자리 알파별에서 지켜보던 워클은 미국 농촌의 반란뿐만 아니라 도시 폭동까지 급증하는 것을 보았다.

워클의 모델에서 두 번째 기본 방정식은 엘리트의 동학에 초점을 맞추는 한편 인구학적 부분의 입력 수치를 고려했다. 산업화 덕분에 노동자의 생산성이 높아져 결국 1인당 GDP가 지속적으로 증대했다. 하지만 노동자 과잉공급이라는 조건 때문에 노동자 임금이 하향 압박을 받았다. 노동자 임금이 정체하거나 심지어 감소함에 따라 경제성장의 과실이 다른 곳으로 가야 했다. 19세기에는 무척 초보적이던 국가는 그 과실을 거둬들이지 않아서 전체 GDP의 2퍼센트만을 가져갔다. 대신에 경제적 이득이 엘리트들—특히 그들의 경제 부문—에게 갔다. 사람들이 큰 부를 얻고 잃었지만, 전반적인 추세는 최상위 부의 급속한 증가였다. 하지만 부유층이 부유해지기만 한 것은 아니다. 부유층의 수도 급속하게 팽창했다. 많은 숙련 노동자가 자기 가게를 차려서 돈 벌기 게임에 진입할 수 있었다. 대다수는 실패했지만, 이 신진 사업가들의 일부는 저임금에서 이득을 얻으면서 자신의 힘으로 성공한 집단에 진입하고 백만장자 대열에 합류했다. 워클의 방정식은 노동력 과잉 공급(과 노동자를 보호하는 제도의 부재)의 결과로 부의 펌프가 계속 작동하는 한, 엘리트 수와 재산이 증가하는 이런 추세가 계속해서 고삐 풀린 증가(증대)를 나타냄을 보여주었다.

워클이 데이터를 수집하고 남북전쟁 전 미국에 관한 모델을 구축할 무렵이면, 다른 외계사회학자들도 매크로스코프를 이용해서 위기에 빠졌다가 벗어난 지구의 100여 개 사회에 관한 데이터를 축적한 상태였다. 선행 연구는 이런 주기적인 사회의 와해가 벌어지는 이유를 설명하는 일반적 원리 몇 가지를 확인했다. 대중의 궁핍화, 엘리트 과잉생산, 국가의 약화, 지정학적 환경 등이었다. 워클은 마지막 두 과정은 모델에 포함시키지 않기로 결정했다. 미국은 북아메리카에서 가장 강력한 정치체였다. 캐나다와 멕시코, 다양한 북아메리카 부족들은 상대가 되지 않았다. 실제로 미국은 멕시코와 아메리카 원주민들을 희생시키면서 팽창하고 있었다. 국가가 워낙 발달하지 못했고, 또한 주역이 아니었다. 그리하여 앞의 두 요인들이 남았다. 궁핍화와 엘리트 과잉생산이 그것이다. 두 현상 모두 걱정스러운 방향으로 나아가고 있었다. 워클은 논문을 제출하면서 하나의 예측을 포함시켰다. 워클의 모델에 따르면, 악화되는 궁핍화와 엘리트 과잉생산 추세로 남북전쟁 전 미국의 사회적 회복력이 극히 낮은 수준으로 저하되어 1870년 무렵에 이르면 이미 대규모 와해가 일어날 게 거의 확실했다. 워클은 또한 이 예측에 상당 정도 불확실성이 존재한다고 지적했다. 그리하여 1870년 10년 전후로 와해가 일어날 가능성이 있었다. 또한 다른 외계사회학자들이 철저하게 연구한 100건의 사례에서 나온 통계를 바탕으로 보면, 통치 엘리트들이 똘똘 뭉쳐서 남북전쟁 전 미국을 벼랑 끝으로 몰아붙이는 힘들을 뒤집는 정책 조치를 채택하면, 혁명이나 내전 같은 대규모 폭력 사태가 발발하는 것을 피할 가능성이 10~15퍼센트 존재했다. 무엇보다도, 부의 펌프를 멈추어야 했다. 하지만 워클은 1850년에 지배 엘리트들이 이 문제를 인식했다거나 그것을 알게 되었다 하더라도 기꺼이 시정할 것이라는 징후를 발견하지 못했다. (어쨌든 그들로서는 임금을 계속 낮추는 것이 큰 돈벌이가 되는 셈이었으니까.) 마지막으로, 워클의 모델은 개인이 아니라 사회 세력들을 추적했기 때문에 예상되는 파열에 책임이 있는 개인들의 정체에 관해 어떤 예측도 할 수 없었다.

우리가 아는 것처럼, 허구적 '역사과학자'들과 달리 우리의(마찬가지로 허구적인) 센타우루스의 외계사회학자들도 미국 남북전쟁을 예측했다. 공교롭게도 남북전쟁은 워클의 모델이 예상한 것보다 훨씬 일찍 발발했다. 워클이 자신의 논문을 방어한 직후 미국의 상황이 빠른 속도로 전개되었다. 1850년대 후반에 집단적 폭력의 발발이 급증했다. 대규모 폭력 사태(열 명 이상의 사상자가 발생한 사태)만 살펴본 워클은 1855년에서 1859년 사이에 모르쇠당 운동 집단이 일으킨 폭동 세 건(볼티모어와 워싱턴DC, 뉴올리언스를 강타했다), 뉴욕 도시 차원의 갱단 전쟁(데드래빗단Dead Rabbits 폭동이라고도 한다), 선거 폭동(켄터키주 루이빌의 피의 월요일 사건), 정점을 장식한 모르몬교 전쟁(마운틴메도스 학살 사건Mountain Meadows Massacre) 등이 일어난 것을 발견했다. 남북전쟁의 직접적 서막 가운데는 캔자스주의 친노예제 세력과 반노예제 세력의 흉악한 싸움(캔자스 유혈 사태), 존 브라운이 벌인 버지니아주 하퍼스페리 연방 무기고 습격 사건 등이 있었다. 곧바로 1860년 선거 논란, 사우스캐롤라이나주 찰스턴에 있는 섬터 요새 포격, 뒤이어 장기간 지속된 남북전쟁의 유혈 사태가 이어졌다.

오늘날 워클은 센타우루스 대학교 외계사회학과 학과장으로 일하는 저명한 노장 학자다.[2] 직접 연구를 하지는 않지만 대학원생들의 연구를 감독한다. 대학원생 중 한 명인 지클-M&rw-ALF6GR[Ziql-M&rw-ALF6GR]은 현대 미국을 연구하고 있다. 지클은 스승의 발자취를 따라 매크로스코프를 이용해서 1970년에서 2010년 사이에 대중의 복리와 엘리트 과잉생산의 동역학에 관한 방대한 데이터를 수집했다. 지클이 2010년에 구축한 모델은 그 정신으로 볼 때 워클의 남북전쟁 전 모델과 비슷했지만, 미국 사회가 1850년에서 2010년 사이에 겪은 극적인 변화들을 고려했다. 특히 지클은 제2차 세계대전 이후 미국 국가가 훨씬 더 큰 역할을 수행하기 시작한 점을 고려하기 위해 모델 방정식을 추가했다. 하지만 지클의 2010년 모델에서 나온 예측은 워클의 1850년 예측과 소름 끼칠 정도로 비슷했다. 미국은 심각한 정치적 폭력의 발발로 나아가는 경로에 올라 있으며 이 폭력은 2020년대 초에 정점에 달한다는 것이었다. 지클로서는 임박한 파국에 대해 지구인들에게 경고하는 것 이외에 더 하고 싶은 일이 없었다. 하지만 매크로스코프는 일방통행식 기구이기 때문에 지클은 자신의 모델이 예측한 궤적이 실현되는 동안 무기력하게 지켜볼 수밖에 없었다.

우리 자신의 매크로스코프를 어떻게 구축할 것인가

유감스럽게도, 내가 이 소품에서 묘사한 매크로스코프는 순전한 과학적 허구다. 현실 세계에서 우리의 물리학자들은 자욱한 시간의 안개를 투시해 과거를 들여다볼 수 있는 기구를 만들 수 없다.

그렇다면 무엇을 할 수 있을까? 우리에게 얼마나 많은 데이터가 필요한지 아무리 강조해도 지나치지 않다. 물론 수학 모델은 역사동역학의 본질적인 부분이다. 그리고 물론 때로는 순전히 추상적인 모델도 예상치 못한 강력한 통찰을 낳을 수 있다. 란체스터의 제곱 법칙(부록 A1)에서 살펴본 것처럼. 하지만 모델은 데이터를 투입할 때 가장 잘 작동한다.

데이터를 얻기 위해서는 물리학자가 아니라 역사학자가 필요하다. 유감스럽게도, 많은 역사학자들은 역사동역학이 추구하는 목표가 자신들을 대체하는 것이라고 우려하면서 역사동역학을 비관적으로 생각한다. 역사동역학이 무엇인지 이해하지 못한 채 이 주제에 관해 글을 쓰는 많은 언론인들이 이런 우려를 부추긴다. 이런 우려는 전혀 사실이 아니다. 역사동역학은 역사학을 필요로 하며, 자신들이 가장 잘 아는 일, 즉 과거 사회들에 관한 우리 지식의 저장고를 확대하고 심화하는 일을 하는 역사학자들이 없이는 존재할 수 없다.

역사학자와 고고학자를 비롯한 과거 연구자들은 거대한 지식 저장고를 집단적으로 건설해왔다. 이 정보를 역사동역학의 도구들로 분석할 수 있는 형태로 전환할 필요가 있다. 쉬운 작업은 아니다. 많은 간극이 존재한다. 역사학의 많은 영역은 우리에게는 대체로 또는 완전히 어두운 땅이다. 양적 추정치를 구하기가 어렵고, 입수한다 하더라도 불확실한 부분이 많다. 역사학자들 스스로 때로는 매우 기본적인 쟁점들에 관해서도 의견이 불일치한다. 하지만 우리는 이런 난관을 극복할 수 있다.

'역사 매크로스코프'가 이미 구축되어 성공을 거두었기 때문에 나는 자신 있게 이런 말을 할 수 있다. 세샤트(지구사 데이터뱅크)가 그것이다.[3] 이것은 불완전하며, 더 개선하기 위해 많은 작업이 필요하지만, 세샤트 프로젝트는 이미 역사적 데이터를 확보할 수 있음을 증명한 바 있다. 더욱이 세샤트는 역사학자들의 지식을 데이터로 전환한 유일한 프로젝트도 아니다.

나는 세샤트를 활용해서 역사적 데이터 수집에 어떻게 착수할 수 있는지를 보여줄 것이다. 이것은 가장 정교한 프로젝트이며(감히 말하건대) 내가 속속들이 아는 내용이기 때문이다. 하지만 이 장 다음 부분에서는 다른 비슷한 프로젝트들에 관해 이야기하고자 한다. 이야기를 약간 앞지르자면, 역사에 대한 데이터 기반 접근법이 갑자기 꽃을 피운 사실은 역사동역학이 2000년 이후 가능해졌을 뿐만 아니라 필요해졌음을 설명해준다.

대용물

역사적 데이터베이스를 어떻게 만들 것인가? 토머스 에디슨의 말을 비틀어보자면, 우리에게는 영감과 더불어 (많은) 노력이 필요하다.[4] 우선 영감에 관해 이야기해보자.

우리에게는 현대 사회와 달리 과거의 사회들에 관해 정부 기관과 민간 여론조사 기관이 해마다 산출하는 풍부한 데이터가 없다. 시간을 거슬러 올라갈수록 우리 모델에 입력해야 하는 수량을 직접 측정한 체계적인 데이터가 부족해진다. 둠즈데이북Domesday Book[5][1086년 영국 왕 윌리엄 1세가 작성한 토지대장.—옮긴이]이나 중국의 지방지地方志[6] 같은 자료가 있는 경우에 우리는 자료를 열심히 쥐어짜서 정보를 뽑아낸다. 하지만 이런 발견물이 없는 경우에(대부분 구할 수 없다) 간접적 지표나 '대용물'에 의존해야 한다.

대용물을 사용하는 것은 고기후학 같은 역사과학에서 가장 흔하다. 고기후학자들은 다양한 대용물을 활용해서 수천, 수백만 년 전 지구상의 기후 동학을 재구성한다. 빙하 코어, 퇴적물 코어, 나이테, 화분(꽃가루) 계측 등이 대표적인 대용물이다. 이것들은 모두 다양한 역사 시기와 지질 시대 당시 우세한 기후 조건을 보여주는 간접 지표이기 때문에 측정치에 영향을 미치는 다양한 편향을 확인하고 제거하기 위해 많은 주의를 기울일 필요가 있다. 이런 이유로 다多대용물 접근법이 최선이다. 상이한 대용물들이 서로 얼마나 잘 들어맞는지(또는 들어맞지 않는지)를 살펴보고 각각을 최선의 방식으로 어떻게 조합할지에 관해 정보에 기반한 판단을 내릴 수 있기 때문이다.

인간 역사의 연구에서는 대용물 사용이 한층 더 광범위하다. 과거 어떤 시점의 기온이나 강수량보다 과거 사회들에 관해 더 많은 것을 알아야 하기 때문이다. 예를 들어, 어떤 특정한 사회에 관해서든 우리가 알아야 하는 가장 기본적인 사실 중 하나는 그 규모다. 규모는 또한 사회의 회복력이나 와해에 관한 역사동역학 모델에서 핵심 변수가 된다. 로마 제국에는 얼마나 많은 사람들이 살았을까? 그리고 이 인구는 한 세대에서 다음 세대로 넘어가면서 어떻게 바뀌었나? 각 개인은 죽은 뒤에도 지속되는 흔적을 남긴다. 사람들은 음식을 먹고—배설한다. 사람들은 대개 주택이나 다른 종류의 주거지에 산다. 옷을 입고 신발을 신으며, 땅을 갈거나 냄비와 보석을 만들며 노동한다. 각기 다른 활동이 남기는 흔적은 인구 변동을 측정하기 위한 잠재적 대용물을 제공할 수 있다.

그리하여 특정 지역의 인구가 증가하면 더 많은 식량이 필요하며, 더 많은 땅을 농사용으로 개간할 필요성이 생긴다. 삼림을 베어내면 바람에 호수로 날아가는 꽃가루의 구성이 바뀐다. 호수 바닥에 꽃가루가 침전되는데, 나무 품종이 지배하던 구성에서 작물과 잡초, 풀이 지배하는 구성으로 바뀐다. 호수 바닥에서 채취한 시료 검토를 통해 화분학자(꽃가루 전문가)들은 그 지역의 환경사를 재구성하고, 지역 인구가 급증한 시기나 감소한 시기를 추론할 수 있다.

인구 증가와 감소를 측정하는 또 다른 방법은 주택 신축을 살펴보는 것이다. 주택 신축은 마을이 커지거나 새로운 마을이 생긴 결과다. 연륜연대학자(나이테 전문가)들은 (원래의 구조물이 무너진 뒤에도) 보존된 대들보의 심을 파내는 방식으로 대들보를 만드는 데 사용된 나무가 베어진 연도를 정확하게 판정할 수 있다. 이런 연도를 수백, 심지어 수천 개 취합하는 방식으로 우리는 건축 활동이 급증한 시기, 즉 인구가 증가해서 주택이 추가로 필요했던 시기를 규명할 수 있다.

사람들은 또한 많은 쓰레기를 만들어낸다. 지금이나 옛날이나 쓰레기의 성격이 바뀌었다 뿐이지 사정은 마찬가지다. 쓰레기—

어쩌면 좀 더 과학적으로 정확한 **인간이 만든 폐기물**이라는 용어를 사용해야 할지 모른다!—가 축적되는 속도를 보면, 얼마나 많은 사람들이 존재했는지 알 수 있다. 질그릇 조각은 이를 보여주는 가장 유용한 지표 가운데 하나다. 질그릇 조각은 본래 영원하다. 이런 조각이 사라지려면 지질이 침수되어야 한다. 질그릇 조각의 연대를 측정할 수 있다. 조각이 생기는 이유는 조리하고 식품을 저장하는 데 그릇을 끊임없이 사용하기 때문인데, 언제가 됐든 그릇은 깨지게 마련이다.

계속 나열할 수 있지만 요점은 분명하다. 어떤 특정한 지역이나 역사 시대에 관해 인구의 모든 대용물을 구할 수는 없지만, 종종 몇 가지를 개발할 수는 있다. 모든 대용물은 체계적인 문제(편향)를 겪을 수 있지만, 각기 다른 편향을 가진 이런 지표들을 여럿 비교, 대조하는 식으로 인구 동역학을 재구성하는 것은 가능하다. 그 결과, 현재 지역적, 전 지구적 인구 동역학을 재구성한 번듯한 결과물이 존재한다.[7] 아직 완전한 것과는 거리가 멀지만, 이미 과거에 인구가 어떻게 변동했는지에 관한 많은 통찰을 제공한다. 훨씬 더 중요한 점으로, 이는 현재 연구가 진행 중인 아주 치열한 영역이며 따라서 이 추정치들은 끊임없이 다듬어지고 개선되는 중이다.

역사의 유골

다소 섬뜩하기는 해도 특별히 풍부한 대용물의 원천 하나는 인간의 유해다. 인간 유골은 놀라운 유지력을 갖고 있다. 인기 TV

드라마 〈소프라노스〉를 시청하는 사람이라면 소프라노가 뉴욕주 북부의 한 농장에 묻었던 희생자 몇 명의 유골을 처리하라고 부하 두 명을 보내는 장면이 떠오를지 모른다.[8] 부하들은 유골을 파내서 망치로 부순 뒤 조각을 호수에 던져버린다. 많은 살인자들이 알겠지만, 주검을 처리하는 것은 고된 일이다.

유골은 수백 년, 심지어 수천 년도 거뜬하게 보존된다(산성 토양에 묻히지만 않는다면). 각 유골은 정보가 담긴 귀중한 발견물이다. 독자들은 분명 오늘날 우리가 고대 DNA를 추출해서 판독할 수 있다는 걸 안다. 말 그대로 과거 연구에 일대 혁명을 일으킨 기술이다.[9] 낡은 이론들이 뒤집어지고 새로운 이론들이 제시되는 것은 고대 DNA(aDNA) 데이터가 꾸준히 유입되는 덕분인데, 우리는 이제 막 발을 내디뎠을 뿐이다. 하지만 오래된 뼈들은 과거에 관한 다른 많은 실마리를 던져준다.

우리가 얻을 수 있는 가장 쉬운 측정치 가운데 하나는 운 좋게도 유골이 남아 있는 사람의 전체 신장이다. 유골이 온전히 남아 있지 않다고 해도 걱정할 필요는 없다. 주요 뼈 중 하나(가령 대퇴골)의 길이를 재서 대응표를 사용하면 전체 신장을 꽤 정확하게 추정할 수 있다. 인간 신장은 생물학적 복리를 잘 보여주는 지표다. 영양실조나 질병이나 기생충의 빈발, 열악한 생활 조건(신선한 공기와 햇빛 부족) 같이 환경 스트레스가 높은 상황에서 생활하는 사람은 성장이 저해된다. 물론 신장은 다른 많은 요인들—특히 부모의 신장—에 영향을 받는다. 하지만 특정한 지역에서 생활한 각 세대의 신장 평균을 내보면, 우리는 개별 변이를 제거하고 인구 집단의 전반적 복리를 알 수 있는 상당히 정확한 대용물을 확보할 수 있다. 가령 인구가 과밀하고 자원이 압박을 받으면 확실히 평균 신장이 감소한다. 1장에서 나는 우리가 19세기 미국 노동자들이 왜 형편이 좋지 않았는지를 아는 이유 중 하나는 토박이 미국인의 평균 신장이 무려 5센티미터나 작아졌기 때문임을 언급했다. 이런 신장 데이터는 살아 있는 사람들을 측정해서 얻어졌지만, 죽은 사람들로부터 같은 데이터를 얻지 못할 이유는 전혀 없다. 유럽의 박물관들에만도 수천 년의 유럽사를 아우르는 수많은 유골이 있다. 이 유골들은 유럽의 인구사에 관한 여러 놀라운 통찰을 낳았다.[10]

하지만 여기서 끝이 아니다. 고고학자들은 현대 법의학 기법을 활용해서 과거에 사람들이 어떻게 살았는지만이 아니라 어떻게 죽었는지도 연구하고 있다. 폭력적인 죽음은 종종 유골에 숨길 수 없는 표지를 남긴다. 물론 척추에 돌이나 금속으로 된 화살촉이 박혀 있으면 결정적인 증거가 된다. 치명적인 검과 도끼 상처 또한 탐지하기 쉽다. 몽둥이로 때린 결과는 확실하게 확인하기가 약간 어렵다. 추락 같은 다른 사고로 뼈가 부러진 것일 수도 있기 때문이다. 하지만 대체로 왼쪽 척골(팔뚝 안쪽 뼈) 골절 빈도가 높은 것은 둔기에 의한 폭력을 보여주는 좋은 지표다. 누군가 당신을 야구방망이로 때리려고 할 때 어떻게 반응할지 생각해보라. 팔을 들어올려서 머리를 보호하려고 할 공산이 큰데, 공격자가 오른손잡이라면 왼쪽 팔뚝을 가격당할 것이다.

물론 폭력적 죽음의 모든 사례에서 뼈에 탐지 가능한 흔적이 남는 것은 아니다. 화살로 복부를 관통당하는 것은 확실하고 고통스러운 죽음의 방식이다. 화살이 제거되면 물렁한 조직이 부패하는 순간 어떤 흔적도 남지 않는다. 하지만 이번에도 역시 우리의 관심은 특정한 한 개인에게 일어난 일이 아니다. 물론 모든 죽음은 비극이지만, 1,000명의 죽음은 우리에게 데이터를 제공한다.[11] 한 세대에서 폭력적 죽음의 뚜렷한 증거를 보여주는 유골의 비율이 3퍼센트이고 다음 세대에서는 30퍼센트라면, 폭력의 수준이 폭증한 게 분명하다.

유골을 살펴보면, 사람들이 어디서 태어났는지, 그리고 계속 그곳에 살았는지 아니면 다른 곳으로 이동했는지, 어떤 종류의 음식을 먹었는지, 어떤 질병을 겪었는지 등을 알 수 있다. 그런데 유골은 대단히 풍부한 대용물의 한 원천에 불과하다.

교구 명부가 잉글랜드 혁명에 관해 말해줄 수 있는 것들

그러므로 우리가 관심을 기울이는 상이한 변수들이 시간의 흐름에 따라 어떻게 바뀌는지를 탐지할 수 있는 명쾌한 대용물을 발견하기 위해 영감이 필요하다. 하지만 나머지—99퍼센트—는 노력이다. 양피지에 중세 라틴어를 사용해 필기체로 갈겨쓴 소득 신고를 읽고 이해할 수 있는 스마트 로봇은 존재하지 않는다. 적어도 아직까지는. 따라서 전문 역사학자들이 그 일을 해야 한다. 역사학자가 아닌 대다수 사람들은 이 작업의 의미와 막대한 가치를 이해하지 못한다. 이 작업을 제대로 수행하는 데 얼마나 많은 양의 훈련이 필요한지도 알지 못한다. 당신은 바빌로니아 점토판에 쓰인 내용을 읽을 수 있는가? 극소수만이 읽을 수 있다.

하지만 오래전에 죽은 사람들에 관한 사실을 발굴하는 게 무슨 가치가 있을까? 우리하고 무슨 상관이 있나? 예를 들어, 윌리엄 덩크혼과 마사(결혼 전 성은 앨런) 부부의 딸 수재나가 1796년 11월 21일 태어나서 1796년 11월 27일 집에서 세례를 받았다는 사실에 누가 관심이 있겠는가?[12] 또는 폴링턴의 신사 조지 넉스 씨가 74세의 나이로 1723년 12월 25일에 매장되었다는 사실은? 넉스 씨의 죽음은 비극일 수도, 비극이 아닐 수도 있지만(어쨌든 그는 74세라는 고령에 세상을 떠났다), 이런 매장 기록이 1,000건 있으면 확실히 하나의 통계가 된다. 그리고 이 통계를 다른 데이터와 결합해서 역사동역학의 방정식이라는 틀에 집어넣으면 우리가 이해하고 싶은 사회에 어떤 일이 벌어졌는지, 가령 그 사회가 위기에 접근하고 있었는지에 관해 많은 것을 알 수 있다.

교구 기록은 1950년대에 프랑스의 인구학자 루이 앙리Louis Henry와 미셸 플뢰리Michel Fleury가 개발한 인구학의 가족 재구성 기법을 위한 원데이터다. 컴퓨터가 어디에나 넘쳐나기 전에 연구자들은 모든 작업을 손으로 해야 했다. 우선 교구 교회로 직접 가서 교구 기록에 적혀 있는 사건(세례, 결혼, 매장)을 카드에 기록했다. 그다음 대학교로 돌아와서 특별한 규칙에 따라 몇 차례 각기 다른 방식으로 카드를 분류했다. 이 절차를 통해 같은 가족에 속하는 사건들을 연결하고 가족 카드에 그 내용을 요약할 수 있었다. 예를 들어, 한 카드에 따르면, 마사는 1796년에 태어났다. 또 다른 카드에 따르면 1828년에 결혼했다. 매장 기록에 따르면 1860년에 사망했다. 마사는 자녀가 네 명 있었는데, 자녀들의 삶의 궤적도 같은 방식으로 추적한다. 우리의 데이터베이스에 점점 많은 개인들을 추가함에 따라 전반적인 인구가 어떻게 증가했는지(또는 감소했는지)에 관해 점차 잘 파악하게 된다.

이런 방법을 실행하는 데는 많은 현실적인 난관이 존재한다. 교구 책자들은 손상되거나(쥐가 파먹었다) 사라졌다(교회가 태워 없애기도 했다). 사건을 기록하는 서기들이 인명 철자를 틀리기도 했다. 사람들이 교구로 전입하거나 전출한 탓에 가족 기록이 완전하지 않은 경우가 많다. 이 문제를 다루는 한 가지 방법은 더 많은 일을 하는 것이다. 데이터베이스에 교구를 많이 추가할수록 데이터에 공백이 덜 생긴다. 물론 가족이 다른 나라로 이주하면 종적을 찾지 못하게 된다. 어쨌든 어떤 데이터 집합도 완전하지 않다. 규모가 크면 더욱 그렇다. 언제나 데이터 공백과 오류가 존재하지만, 그렇다고 데이터의 가치를 부정할 수는 없다. 분석 단계에서 이런 문제를 고려해야 할 뿐이다.

인구학자들이 공식적 인구조사가 시행되기 전 한 나라의 인구사를 연구할 수 있는 것은 이런 방법 덕분이다. 예를 들어, 영국에서는 1801년에 첫 번째 인구조사가 시행되었다. 다른 나라들에 비해 매우 이른 시기였다. 그리하여 우리는 지난 두 세기 동안 영국의 인구사를 자세히 파악할 수 있다. 하지만 교구 명부는 1538년 잉글랜드에 도입되었다. 케임브리지인구사 · 사회구조사 그룹Cambridge Group for the History of Population & Social Structure은 1960년대에 교구 명부를 연구하기 시작했다. 1981년 그룹 성원인 E. A. 리글리E. A. Wrigley와 R. S. 스코필드R. S. Schofield가《잉글랜드 인구사, 1541~1871 : 재구성The Polulation History of England, 1541-1871: A Reconstruction》을 출간함으로써 최초의 근대식 인구조사로부터 거의 3세기 전 시절에 잉글랜드(와 웨일스)의 인구 동역학에 관한 우리의 지식을 확대해주었다.

케임브리지 인구학자들이 근대 초 잉글랜드의 인구 추세에 관한 분석을 끝마치는 것과 동시에, 앞 장에서 살펴본 것처럼, 잭 골드스톤은 혁명과 반란의 인구학적-구조적 이론을 개발하기 위한 시도에서 첫 번째 장애물에 부딪혔다. 박사학위 심사위원회의 파국적인 회의에서 교수들이 초기의 야심 찬 연구계획서를 단박에 퇴짜 놓은 뒤, 골드스톤은 아파트로 피신해서 상처를 보듬으면서 다음에 할 일을 정했다.

케임브리지그룹의 작업 덕분에 골드스톤은 연구하려던 사례 중에 적어도 하나, 즉 1640년 잉글랜드 혁명에 관한 인구 동역학— 그가 제안한 이론의 핵심 추동 요인— 데이터라는 탄탄한 기반이 있다고 느꼈다. 특히 케임브리지그룹이 만든 양질의 인구학 데이터 덕분에 잉글랜드 인구가 1640년 전에 급속히 증가한 다음 감소했음이 확인되었다. 임금, 엘리트 이동성, 왕실 재정에 관해서도 탄탄한 데이터가 존재했다. 이 데이터에 담긴 추세는 모두 골드스톤의 이론과 완벽하게 일치했다. 골드스톤은 박사학위 연구계획서의 범위를 축소해서 근대 초 잉글랜드에 초점을 맞추었고, 심사위원회는 이렇게 야심을 덜어낸 연구계획서를 승인했다. 다른 결과가 나온 이유는 근대 초 잉글랜드에 관한 방대한 양질의 데이터를 확보했기 때문이었다.

퍼스널 컴퓨터 혁명

언뜻 별 관련이 없어 보이지만 1981년에 벌어진 또 다른 사건은

IBM 퍼스널 컴퓨터의 등장이다. 이것은 최초로 진정한 의미의 대량 판매 컴퓨터가 되었다. 골드스톤이 박사학위 논문에서 사용한 데이터가 엄청난 노동력을 투입한 연구의 결과물이었음을 기억하자. 점차 컴퓨터의 방대한 연산과 저장 능력으로 데이터 과학에 일대 혁명이 일어나면서 빅데이터의 시대가 시작되었다. 역사학자들은 이 잔치의 지각생들이었지만, 점차 열정적인 참가자가 되었다. 디지털 역사학은 현재 학술 저널과 여러 대학의 독자적 학과를 가진 확고한 분야가 되었다.

세샤트

골드스톤과 달리, 나는 이미 이론생물학자로 성공적인 경력을 얻은 뒤에 역사동역학자가 되기로 결심했다. 나는 좋은 대학의 정년 보장 교수였기 때문에 모험적으로 전공 분야를 바꿀 여력이 있었다. 전에 연구한 분야인 개체군 동역학에서 나는 이미 실증 생물학자들이 수학 모델에 저항하는 것을 겪었다. 현장에서 유기체를 연구하는 것을 강조하는 이들이었다. 하지만 수리생태학을 연구하는 다른 동료들과 나는 실증주의자들에게 모델의 가치를 설득하는 법을 배웠다. 우리는 포식자-피식자 순환에 관한 로트카-볼테라 방정식 같은 개체군생태학 모델이 성공한 사례를 제시할 수 있었다. 1925년 앨프리드 로트카와 1926년 비토 볼테라가 각각 이 모델을 발견(동시에 과학적 발견을 한 또 다른 사례다)하기 전에 생태학자들은 왜 많은 동물—가령 노르웨이 레밍—의 개체군이 급증과 급감의 순환을 거치는지 당혹스러워했다. 기후 변동 탓일 수 있다는 가설을 만들었지만, 날씨 기록은 이런 발상을 뒷받침하지 않았다. 포식자와 피식자 사이의 개체군 상호작용으로 외부적 또는 외생적 요인으로 추동되지 않고도 '내생적으로' 순환이 발생할 수 있다는 발견은 놀라운 업적이었다. 란체스터의 제곱 법칙과 관련해서 이미 언급한 것처럼, 수학의 가치 중 하나는 우리가 해결하려고 하는 문제나 수수께끼에 순전히 논리적인 통찰을 제공한다는 것이다. 수학 방정식과 최근의 컴퓨터 모델은 정신을 위한 놀라운 버팀목이다.

인간 역사의 동역학적 과정을 연구하기 시작했을 때 나는 역사학자들의 영토에 '외계인'이 침공하면 엄청난 저항이 일어날 것이라고 충분히 예상했다. 군사적 비유를 빌리자면, 나는 전면 공격에 나서기보다는 측면 기동을 하기로 결심했다. 역사학자들의 절대 다수가 역사에 수학적으로 접근하는 것에 단호히 반대한 반면, 역사적 사회과학이라고 뭉뚱그려 말할 수 있는 다양한 관련 분야들의 전문가들은 이런 발상을 한결 선뜻 받아들였다. 2000년에 이르러 역사를 이해하는 데 관심이 있는 많은 사회과학자들이 양적 접근의 가치나 심지어 필요성까지 부정하는 '문화적 전회轉回'에 의해 자신들의 연구가 여러 제약을 받는 것에 짜증을 내고 있었다. 이처럼 집단적 분위기가 바뀌는 것은 사회과학에서 무척 일반적인 현상이다. 문화적 전회는 계량경제사cliometrics 나 과정고고학processual archaeology (지지자들은 과학적 방법을 엄격하게 적용할 것을 주창했다)같이 1970년대에 유행한 양적 접근법에 반기를 든 젊은 세대 학자들의 반발이었다. 전에는 비판자들이 우세해서 새로운 정통을 확립했지만, 이제 다음 세대들에게 그들이 비판받을 차례였다. 그리하여 역사동역학의 씨앗이 준비된 토양에 떨어졌다.

역사사회학(잭 골드스톤 포함)과 환경사, 경제사, 진화인류학에서 같은 편을 찾는 데는 그리 많은 시간이 걸리지 않았다. 우리는 눈에 보이는 다양한 경험적 양상을 설명하는 주요 추동 요인이 무엇인지에 관해 무조건 동의하지는 않았지만, 이론을 모델로 뒷받침하고 이론적 예측을 데이터로 검증할 필요가 있다는 데 뜻을 모았다.

그 시점, 즉 2010년 무렵에 이르러, 역사학자와 고고학자들이 컴퓨터를 광범위하게 활용한 덕분에 뛰어들어 헤엄칠 수 있는 정보의 바다가 펼쳐졌다. 디지털 인문학의 발흥이 신호탄이었다. 사실 우리는 빈약한 데이터에 짓눌리기는커녕 그 풍부함에 당황했다. 역사적 사회들에 관한 입수 가능한 데이터가 극히 적었던(그리고 유럽 중심적 초점 때문에 데이터가 비슷한 사회들에서만 나왔던) 카를 마르크스 시절에는 거대 이론을 구축하는 게 훨씬 쉬웠다. 하지만 새롭게 풍부한 데이터가 쏟아지면서 더 나은 이론을 구축할 수 있었다.

그런데 그 모든 지식을 어떻게 수중에 넣을까? 이 지식들의 일부는 이미 데이터로 전환되었다. 스프레드시트에 열과 행으로 정렬된 수치들을 다운로드해 분석에 넣을 수 있었다. 하지만 이런 디지털 정보에는 문제가 없지 않았다. 데이터 과학자들이 '메타데이터'라고 부르는 '데이터에 관한 데이터'가 종종 부족했다. 이 수치들이 무엇을 의미하는지를 설명하는 내용이 없었던 것이다. 가령 스프레드시트의 세로 열에 'Var23' 'Var24' 등의 아무 정보도 없는 제목이 붙은 경우가 있었다. 23, 24 등의 숫자 변수를 가리키는 제목이다. 그런데 'Var23'은 무슨 의미일까?

그리고 극히 적은 비율의 지식만이 디지털화되었다. 대부분은 학술 저널의 논문이나 단행본에, 또는 구하기도 어려운 고고학 현장 보고서 같은 '회색 문헌gray literature'〔전통적인 상업적 혹은 학술적 출판단체가 아닌 단체에서 발행한 문헌.—옮긴이〕에 퍼져 있었다. 일부는 개별 학자들의 머릿속에 들어 있었다. 전문가들의 뇌 속을 기어다니면서 우리에게 필요한 정보를 거둬들이는 스파이더봇spiderbot이 있다면 정말 좋았을 것이다. 하지만 그건 과학소설에나 나올 법한 로봇이었다. 그래서 우리는 힘들게 데이터를 모아야 했다.

현실 세계의 역사 매크로스코프는 세샤트(지구사 데이터뱅크)라는 이름이다. 세샤트 프로젝트는 내가 어느 모임에서 사회인류학자 하비 화이트하우스Harvey Whitehouse를 만난 2011년에 시작되었다. 내가 하비의 역사 데이터베이스 발상을 실제로 가동해보자 그는 곧바로 그 거대한 잠재력을 간파했고, 우리는 당시 그가 작성하고 있던 대규모 지원금 신청서에 이를 포함하기로 뜻을 모았다. 우리로서는 다행스럽게도 신청서가 통과되었고, 우리는 여러 연구조교와 전문가, 박사 후 과정 한 명을 충원하기 시작했다. 프로젝트는 데이터베이스 구축의 기술적 측면을 도와줄 인류학자와 역사학자, 고고학자, 데이터 과학자 등을 추가하면서 확대되었다.

처음에 우리의 구상은 세샤트에 담기는 모든 데이터를 전문가들—학계 역사학자, 고고학자, 그밖에 과거 연구자들—이 수집한다는 것이었다. 하지만 우리는 금세 설령 세샤트 프로젝트에 대단히 열정적인 역사학자들과 함께한다고 하더라도 이런 방식에 심각한 결함이 있음을 깨달았다. 예를 들어, 전문가들에게 수백 개의 네모 칸을 채워달라고 요청한다면 그들의 전문적 능력을 끔찍하게 남용하는 셈이었다. 일단 여러 변수에 대해 효과적인 코딩 구성을 만들어놓으면, 잘 훈련된 연구조교들이 표준 텍스트를 가지고 데이터의 80~90퍼센트를 정확하게 입력할 수 있다. 그 결과, 우리는 전문가들의 시간과 노력이 매우 소중한 자원이며 정말 필요한 곳—어려운 코딩 문제를 해결하고 찾기 힘든 정보를 찾아내는 일—에 전략적으로 배치되어야 한다는 것을 깨달았다. 더욱이 오직 전문가만이 이 분야가 특정한 변수에 관해 알지 못한다는 판단을 내릴 수 있다. 이것이 진짜 지식의 격차다.

따라서 세샤트에 입력된 데이터의 대부분은 연구조교들이 수행한 것이다. 프로젝트를 처음 시작할 때 우리는 상이한 유형의 조교들을 동원해서 실험했다. 이 과정에서 대학원생 임시직 노동을 활용하는 것은 지속 가능한 방법이 아님을 깨달았다. 연구조교를 훈련시키는 데 몇 달을 투입하면서 그들의 정확성과 효율성을 판정하고는 영영 그들과 헤어지는 것은 말이 되지 않았다. 그 결과, 우리는 최소한 1년 동안, 보통 몇 년간 프로젝트에서 일하는 장기 연구조교를 채용하는 쪽으로 자원을 전환했다. 우리 연구조교들은 모두 최소한 학사 학위 소유자이며, 다수가 석사 학위, 그리고 일부는 박사 학위 소유자다.

우리의 데이터 수집 과정에서 세 번째로 중요한 요소는 박사학위 수준의 사회과학자들이 연구조교를 긴밀하게 감독한다는 것이다. 세샤트 박사 후 과정, 지역별 편집자(각자 세계의 특정한 지역에 대한 전문성을 갖고 있다), 변수 조정자(각자 세샤트의 특정한 변수 집합을 책임진다), 세샤트 책임자(현재 역사학자 세 명, 인류학자, 고고학자, 복잡계 과학자 각 한 명) 등이다. 그들이 맡은 역할은 연구조교들을 훈련하고, 조교들의 코딩 결정을 체크하고, 코딩 구성을 일관되게 적용하도록 감독하는 것이다. 연구조교들이 믿을 수 없을 정도로 열심히 일하고, 전문가 협력자들이 대단히 너그럽게 시간과 지식을 내주면서 우리 프로젝트를 도와주지 않았더라면, 지금처럼 그토록 많은 양질의 역사 데이터를 만들지 못했을 것이다.

우리는 이 세 그룹(연구조교, 전문 연구자, 사회과학자)이 전부 협력할 때 최선의 데이터를 수집할 수 있음을 발견했다. 특정한 세샤트 '정치체'(시작 일시와 종료 일시로 구분한 정치적으로 독립적인 사회)를 코딩하기 시작할 때, 우리는 일련의 표준 텍스트와 전반적 질문에 대한 답변을 제안하는 전문가의 도움을 받는다. 예를 들어, 어떤 날짜를 이 정치체의 시작 일시와 종료 일시로 사용해야 하는가? 그 후 연구조교들에게 '가장 쉬운 작업부터' 수행하는 방식을 사용해서 표준 자료에서 코딩된 최대한 많은 데이터를 구하라고 지시한다. 다시 말해, 답을 곧바로 찾지 못하면 질문에 관한 조사를 멈추고 나중에 전문가의 도움을 받아 해결할 문제 목록에 추가하는 식이다. 이 단계가 끝나면, 데이터의 공백과 코딩상의 어려운 결정에 관한 질문 목록을 가지고 다시 전문가들을 만난다. 우리는 또한 전공별 워크숍을 운영하면서 세계 각 지역(가령 이집트나 동남아시아)이나 특정한 변수(가령 의례와 종교, 농업 생산성)를 집중 연구하는 전문가들과 세샤트 프로젝트 성원들을 한자리에 모은다.

요약하자면, 세샤트 데이터뱅크를 확장하고 특히 코딩하기 어려운 변수들을 위한 데이터를 찾아낸 것은 전문가들과 세샤트 관계자들이 협력한 결과다. 이 과정을 통해 특정한 역사적 사회들에 관한 전문가의 전공 지식이 역사적 지식을 데이터로 전환한 우리의 경험과 결합된다.

앞에서 언급한 것처럼, 유효한 코딩 구성을 만든 것이 세샤트 프로젝트를 작동하게 만든 핵심적 특징이다. 변수의 정의가 너무 모호하거나 지나치게 추상적이거나 너무 많은 해석이 필요하면, 코딩을 하기가 어려워지고 코딩 담당자들 간의 견해차가 커질 것이다. 예를 들어, 세샤트에 데이터를 집어넣을 때 우리는 과거의 한 사회에 관한 정보를 자의적인 척도에 욱여넣는 것(가령 '이 사회의 사회적 복잡도를 0~10의 척도에 따라 평가하는 것')을 피한다. 우리는 데이터를 수집하기에 앞서 보통 전문가가 참여하는 워크숍을 열어 우리가 세샤트에서 포착하고자 하는 특정한 측면을 어떻게 코딩할지에 관한 이해를 높인다. 일반적으로 말해서, 우리는 양적 변수(가령 코딩된 정치체의 인구 추정치)를 사용하거나 복잡한 변수들을 2항(가령 없음/있음)으로 코딩할 수 있는 간단한 여러 변수들로 분해하고자 한다. 그런 다음 세샤트 연구조교들이 전문가들과 협의하면서 처음의 코딩 구상을 몇몇 테스트 사례에 적용해서 검증한다. 때로는 이미 상당수의 정치체를 예전 코딩 구상을 사용해서 코딩한 뒤에 코딩 구상을 조정해야 한다는 것을 깨닫는다. 연구조교들이 이미 코딩한 정치체를 다시 찾아서 새로운 코딩 구상을 사용해서 다시 코딩하는 경우에 개선된 정의로 바꾸면 어느 정도 비효율이 생긴다. 이 과정에는 시간이 걸리고, 이따금 이런 예전 코드들이 데이터뱅크에 그대로 남아 있어서 발견될 때마다 수정해야 한다.

세샤트 데이터를 통계 분석에서 사용하기 전에 체계적으로 데이터 품질을 체크한다. 직접 입력한 이를 제외한 연구조교가 모든 데이터 수치를 체크한다.

세샤트는 끊임없이 진화하는, 규모가 크고 복잡한 '살아 있는' 통일체다. 세샤트처럼 방대하고 다면적인 프로젝트에서, 더군다나 이처럼 방대한 데이터베이스에 바탕을 두고 작업하는 경우, 특정한 변수들에 대해 정확하고 대표적인 값이나 코드를 확보하는 데서 현실적 제약이 불가피하게 존재한다. 가령 어떤 특정한 정보 단편이 불분명한 출처에 발표되거나 코딩된 값을 바꾸는 새로운 정보가 존재한다는 것을 우리가 아직 알지 못할 수 있기 때문이다. 우리는 이런 '정화' 과정이 끝날 때까지 기다리지 않는다. 절대 끝나지 않기 때문이다. 우리의 접근법은 따라서 이렇게 남은 문제들을 발견하면서 시정하는 것이다. 이런 식으로 데이터뱅크를 개선하는 한편, 언제나 데이터에 일정한 오류가 존재한다는 것을 이해한다. 이런 점에서 다른 연구자들의 제안과 비판이 아주 유용하다. 우리는 이런 문제를 공개적으로 드러냄으로써 혜택을 본다. 세샤트의 체계적 성격은 이런 논의를 집중하면서 지식의 불일치와 불확실성, 공백이 어디에 있는지를 확인하는 데 도움이 된다. 더욱이 새로운 역사적, 고고학적 지식이 공개됨에 따라 우리는 이를 세샤트에 포함시키고자 한다.

'위기DB'

2020년까지 우리의 데이터 수집과 수집된 데이터의 통계 분석의 주요 취지는 특정한 한 '거대 질문Big Question'에 답하는 것이었다. 약 1만 년 전 홀로세가 시작될 때, 모든 인간은 수백 명이나 수천 명으로 이루어진 비교적 평등한 소규모 사회에서 살았다. 오늘날 거의 모든 사람(아마존강 유역을 비롯한 외딴 장소에 사는 몇몇 원주민 집단을 제외하면)이 대규모 사회에서 산다. 중국과 인도는 인구가 10억이 넘는다. 새로운 형태의 정치 조직인 국가가 홀로세 중반에 등장해서 지금은 세계 전역을 장악하고 있다. 기술이 대단히 정교해지고 경제의 생산성이 높아지면서 많은 사람들의 삶의 질이 향상되었다. 어두운 면을 보자면, 향상된 복리가 균등하게 공유되지 않으며, 예나 지금이나 복잡한 사회는 매우 불평등하다는 것이다. 우리가 답하고자 하는 '거대 질문'은 이런 것이었다. 어떻게 그리고 왜 이런 '홀로세의 대전환'이 일어난 걸까? 우리가 모든 사람을 만족시킬 정도로 이 질문에 답했다고 주장할 수는 없지만, 많은 진전을 이룬 것은 확실하다. 과거의 위대한 철학자들만이 아니라 현대 사회과학자들이 제안한 많은 이론이 우리가 세샤트에서 수집한 데이터에 의해 속속 거부되었다. 증거로 뒷받침되는 이론들의 분야가 좁아짐에 따라 우리는 우리 사회를 오늘날의 모습으로 변형시킨 추동 요인들을 점점 더 잘 이해하게 된다.[13]

이 특정한 '거대 질문'에 답하는 데 필요한 데이터 수집이 서서히 줄어듦에 따라 우리는 점차 새로운 '거대 질문'으로 전환했다. 왜 복잡한 사회들은 주기적으로 곤란에 빠지는가? 높은 내적 불안정, 국가 와해, 전면적인 내전이 반복되는 물결을 설명해주는 요인들은 무엇인가? 이 질문은 보통 다음과 같이 정식화된다: 복잡한 사회들은 왜 붕괴하는가? 지난 10년간 붕괴학collapsology이라는 적절한 이름이 붙은 완전히 새로운 과학 분야[14]가 등장해서 이 질문에 답하고 있다. 사실을 말하자면, 나는 이 새로운 방향에 큰 매력을 느끼지 못한다. 어쨌든 '붕괴'란 무엇인가? 우리의 매크로스코프가 과거에서 본 것을 전달하는 2장에서 이야기한 것처럼, 전면적 붕괴는 사회가 곤란에 빠질 때 생길 수 있는 한 결과일 뿐이다. 때로는 내전과 학살, 감염병을 동반한 생산 기반시설의 와해 등으로 실제로 사회의 구조가 파괴되면서 대규모 인구 감소, 통치 기관의 간소화, 부분적인 지식 손실 등으로 귀결된다. 하지만 몇몇 과거 사회들은 사회를 벼랑 끝으로 내몬 깊은 구조적 요인들을 바로잡는 제대로 된 제도를 시행하는 등 비교적 무혈적인 방식으로 위기에서 벗어났다. 그리고 위기에서 빠져나오는 대부분의 방식은 이 두 극단의 사이에 해당한다. 왜 붕괴에만 초점을 맞추는가? 오늘날 우리에게 더 필요한 교훈을 끌어내리려면 사회가 어떻게 붕괴를 피하는지에 관심을 기울여야 하지 않는가?

이런 이유로 우리는 세샤트의 한 갈래를 '위기DB'('DB'는 데이터베이스의 약자다)라고 명명하기로 결정했다. 우리는 나폴레옹 시기부터 현대에 이르기까지, 세계 모든 주요 대륙에서 발생한 약 300건의 위기 사례를 확인하고 있다. 우리의 목표는 왜 사회가 위기에 빠져드는지에 관한 여러 이론을 검증하는 것이다. 하지만 똑같이 중요한 점으로, 우리는 왜 어떤 위기의 탈출은 정말로 끔찍한 반면 다른 탈출은 상대적으로 순조로운지를 이해하고자 한다.

앞의 사례들에서는 지도자와 국민들이 어떤 잘못을 저질렀을까?
뒤의 사례들에서는 무엇을 잘한 걸까?

　'위기DB'를 위한 데이터 수집은 이미 우리가 '고전적' 세샤트를
위해 다듬은 방법을 따른다. 시간이 오래 걸리는 고된 과정이며,
아직 끝나지 않았다. 현재 우리는 100건의 위기 사례에 관한 양질
의 데이터를 갖고 있다. 데이터베이스에 최종적으로 담길 데이터
의 3분의 1에 해당하는 규모다. 주요한 양상을 식별하는 데는 이
것으로 충분하다. 이런 '역사의 교훈들'이 2장에서 다룬 주제다.

A3

구조동역학적
접근법

체리 피킹과 프로크루스테스의 침대

내가 이 책에서 역사적 사례를 다량으로 사용한 주된 취지는 사회의 와해와 갱신에 관한 역사동역학 이론의 여러 상이한 부분들이 어떻게 작동하는지를 보여주고자 함이었다. 여기서 사용한 접근법은 전문 역사학자들이 쓴 책이나 내가 아마추어 안락의자 이론가들이라고 부르는 이들의 책과는 매우 다르다.

자신이 가장 잘 아는 한 시기와 지역을 깊이 탐구하는 역사학자들이 쓴 서사는 언제나 많은 것을 밝혀준다. 하지만 제아무리 명석하더라도 어떤 학자 개인도 제한된 수의 역사적 사례 연구 이상을 완전히 익힐 수 없다. 그 결과, 우리는 한 역사학자의 서사에서 어떤 특정한 사회가 어떻게 위기로 빠져들었다가 벗어나는지에 관한 심층적 이해를 얻을 수 있지만, 지금 여기에 속하는 특정한 상황을 그때 그곳에 적용할 수 있는 일반 원리와 분리할 수 없다. 그리고 역사의 교훈을 적용해서 우리 사회가 최적의 방식으로 위기를 헤쳐 나가는 데 도움을 받고자 한다면 일반 원리를 이해할 필요가 있다. 어쨌든 각 사회는 독특하며, 프랑스 중세 말의 위기나 중국의 태평천국의 난, 심지어 미국 남북전쟁을 연구해서 배운 내용을 미국이 현재 직면한 위기나 프랑스와 독일이 처한 곤경에 기계적으로 적용한다면 아무 성과도 없다. 역사로부터 배우기 위해서는 특정 상황과 특수성을 일반 원리와 분리할 필요가 있다. 또한 한 사회의 어떤 특별한 특징이 위기와 갱신의 일반 메커니즘과 어떻게 상호작용하는지에 관해 전반적으로 이해할 필요가 있다. 이와 같은 일반과 특수의 상호작용의 한 사례로 우리는 2장에서 엘리트들 사이의 일부다처의 정도가 엘리트 과잉생산이 전개되는 속도에 강한 영향을 미친다는 것을 배웠다. 그러므로 우리의 일반 이론은 붕괴/갱신 순환을 모양 짓는 다른 사회들의 특별한 특성을 확인할 수 있어야 한다.

역사학자의 서사는 많은 정보를 줄 수 있지만(설령 일반과 특수를 분리하는 문제에 도움을 주지 못한다 해도), 아마추어 안락의자 이론가들의 작업은 일반적으로 아무 쓸모가 없다. 이 저자들은 대개 역사학자가 아니며, 종종 역사를 거의 알지 못한다. 무지는 자유를 주지만 충분하지는 못하다. 아마추어 이론가들은 두 가지 '기법'을 활용해 거대 서사를 구축한다. 첫 번째인 체리 피킹은 자신이 애호하는 이론에 들어맞는 역사적 사례만을 골라내는 것이다. 두 번째 기법인 프로크루스테스의 침대를 통해 그들은 다양한 역사적 사례를 자기 이론에서 가정하는 고정된 순환에 —한쪽을 약간 늘리고 다른 쪽을 약간 잘라내는 식으로— 억지로 끼워 맞출 수 있다. '순환사'의 99퍼센트는 이런 문제가 하나 있거나 둘 다 있다. 이런 현상이 너무 심해서 나는 전문적 논문에서 대체로 **순환**이라는 단어를 피하려고 한다. 부정적인 함의가 너무도 많기 때문이다(대신에 나는 '진동'이나 '급증-급감 동역학'에 관해 이야기한다).

역사동역학은 다르다. 이 학문은 전문 역사학자들이 수집한 방대한 양의 지식을 모은 다음 객관적이고 과학적인 방식으로 이를 활용한다. 우리는 무엇이 일반적 양상이고, 각기 다른 사회와 상이한 역사 시대가 그것을 중심으로 얼마나 많은 변이를 보이는지 알고 싶다. 이론적 발상은 실증적인 동역학 모델로 전환되어야 한다. 그래야 어떤 가정이 어떤 예측으로 이어지는지를 확신할 수 있기 때문이다. 그리고 데이터를 가지고 이런 예측을 검증한다. 이는 방대한 작업이며, 어떤 한 개인이 모든 걸 다 할 수는 없다. 한 과학 분야 전체와 분업, 끊임없는 시행착오, 건설적 견해차와 논쟁이 필요하다. 우리는 새로운 역사과학의 시작점에 서 있으며, 훨씬 더 많은 작업이 필요하다. 하지만 아직 신생 학문임에도 불구하고 역사동역학에서 이미 나온 통찰들을 보면, 이 노력이 가망없지 않음을 알 수 있다. 걸린 내기가 무척 많기 때문에 우리는 계속 작업을 해야 한다. 사회의 와해와 내전은 사람들을 죽이고, 경제를 망가뜨리며, 인간이 이룬 업적을 후퇴시킨다. 우리는 왜 이런 일이 벌어지는지에 대한 명민한 이해를 발전시켜야 한다. 그래야만 불안정과 폭력이 반복되는 물결의 끝없는 순환을 피할 수 있기 때문이다.

하나의 총계로서의 사회동역학

우리 사회가 왜 어떤 식으로 결국 위기에 빠지는지, 그리고 어떻게 유혈을 최소화하면서 위기에서 벗어날 수 있는지를 이해하고자 할 때, 역사동역학자들은 수학 모델을 구축한다. 이 모델은 각자 독특하고 자유의지를 가진 수많은 개인을 집계하는 식으로 사회 체계의 내적 작동을 추적한다. 많은 전통적 역사학자와 일반인들은 이 접근법이 그릇됐다거나 심지어 불쾌하다고 여긴다. 어쨌든 실제 사람들을 비인간화하는 것처럼 보이기 때문이다. 그럼에도 불구하고 사회동역학을 이해하고 가능한 여러 해결책의 효과를 예측하고자 한다면 이 방법을 써야 한다. 왜 그럴까? 효과가 있기 때문이다.

사회보장국SSA 같은 기관에서 일하는 인구학자들은 다음 해나 5년 뒤, 미래의 어느 시점까지 기관에 얼마나 많은 돈이 필요한지 예상해야 한다. 그들은 사람들의 연령과 이미 납부한 사회보장세 금액을 기준으로 사람들을 집계하는 모델을 사용한다. 개인 하나하나는 독특하지만, 인구학 모델은 미래에 은퇴자 집단 총계에 어떤 일이 생길지를 예측하는 데 놀라울 정도로 정확하다. 당신이 자동차를 구입하는 경우, 당신의 일반적 특징을 바탕으로 보험료가 계산된다. 만약 당신이 21세의 남성이라면 높은 보험료율이 부과되는 것을 각오해야 한다. 당신은 특별히 조심스러운 운전자이기 때문에 불공정하게 보일지도 모르지만, 자동차를 몰려면 대가를 치러야 한다. 속도위반 딱지를 받으면 보험료가 인상된다. 각각의 교통사고는 독특하지만, 계리사들은 자신이 속한 보험 회사가 파산하는 일이 없도록 위험도의 균형을 맞추는 법을 알아내는 데 굉장히 능하다.

역사동역학자들도 비슷한 방법을 사용한다. 우리는 특정한 집단에 속한 사람들(가령 임금 분포에서 다섯 번째 10분위수에 속하는 소득을 버는 대학 졸업장이 없는 남성)이 모두 똑같지 않다는 것을 안다. 하지만 인구학 모델이나 계리 모델이 유효한 것처럼, 그런 차이가 없다고 가정하는 모델은 유효하다.

그와 동시에, 나는 이 책에서 논의한 발상과 통찰을 비개인적인 사회적 힘을 추적하는 데만 제한하고 싶지 않다. 모든 사회적 행위는 개인들의 행위를 하나로 합한 결과다. 그리고 비개인적 힘은 개인의 삶과 태도를 모양 짓는다. 우리는 사회와 사람 둘 다를 이해하기를 원한다. 그러면 어떻게 해야 할까?

이 책에서 선택한 접근법은 서사의 초점을 개인적 관점과 총계적, 사회적 차원에서 벌어지는 일 사이로 이동시킨 것이다. 그런 연유로 3장과 4장, 5장에서는 해당 장에서 다루는 내용과 관련된 사회 계층이나 계급의 한 특정한 성원을 추적하는 삽화로 글을 시작한다. 각 개인은 완전히 허구의 인물이지만, 40여 년간 미국 사회를 내부에서 연구한 경험에 바탕을 둔 것이다(미국 바깥의 독자들에게는 미안한 일이지만, 내가 가장 잘 아는 것에 관해 써야만 한다). 그와 동시에 나는 미국에서 자라지 않았고, 스무 살에 미국으로 이민을 왔다. 하지만 나는 이게 이점이 된다고 주장하고 싶다. 센타우루스 자리 알파별에서 지구를 관찰하는 외계사회학자가, 다툼의 시대를 몸소 살고 종종 당파적 열정 때문에 이성이 마비되는 인간들보다 분석적 이점을 갖는 것처럼. 내가 이런 점에서 성공했는지 여부를 최종적으로 판단하는 것은 독자 여러분의 몫이다.

구조와 동역학

복잡계 과학의 관점에서 보면, 인간 사회는 복잡한 동역학 체계다. 이런 체계를 연구하는 과학자들은 이런 사회가 어떻게 기능하고 진화하는지를 이해할 수 있는 일련의 이론적 도구를 개발하고 있다. 이런 이해는 미래의 가능한 궤적에 관해 예상하고, 더 중요하게는 다양한 개입에 대해 가능한 체계적인 대응을 예측할 수 있는 토대를 제공한다.

복잡계 과학은 효과를 발휘한다. 생물학적 체계(가령 생태계)와 물리적 체계(가령 지구 기후)를 이해하는 데 성공한 것을 통해 이를 알 수 있다. 사회 체계 연구는 자연 체계 연구만큼 발전하지는 않았지만, 우리는 여기서도 커다란 진전을 이루는 중이다. 이 책에서 나는 복잡계 과학자들이 개발한 이론적 도구를 사용한다. 실제로 이는 어떻게 작동할까?

우리가 던져야 하는 첫 번째 질문은 체계란 무엇인가 하는 것이다. 체계의 구조—그 내적 구성—는 무엇인가? 사회는 통계물리학자들이 좋아하는 이상적 기체가 담긴 용기와 같지 않다. 분자와 달리 인간 개인은 독특하다. 더욱이 모든 사람은 다양한 종류의 집단에 속해 있으며, 다른 대규모 집단에도 속할 수 있다. 사회는 집단들의 집단들의 집단으로 생각할 수 있다. 같은 집단에 속하는 사람들은 집단적 이해를 공유하게 마련인데, 이 때문에 이 개인들의 집합은 이익집단이 된다. 이 책에서 초점을 맞추는 한 특정한 이익집단은 지배 엘리트, 또는 '지배계급'이다. 이 사람들은 국가 내의 사회적 힘의 대부분을 자기들 수중에 집중시킨다. 바로 그들이 전체 사회 차원에서 전쟁과 평화, 사회·경제 정책, 조세와 자원 재분배, 입법과 법 집행 같은 문제들에 관한 결정을 내린다.

이익집단들은 자신들의 집단적 이해를 진전시키는 능력이 다양하다. 한 가지 이유를 찾자면, 그 집단에 속하는 개인들이 각자 얼마나 많은 힘을 행사하는지가 다르기 때문이다. 예를 들어, 경제 엘리트들의 경우 우리는 개인의 부(부가 일종의 힘이 된다)를 알아야 한다. 중세시대 귀족 같은 군사 엘리트들의 경우 우리는 이 전사들의 무기와 갑옷, 훈련이 얼마나 좋으며 그들을 수행하는 군대가 얼마나 큰지를 알아야 한다. 하지만 개인의 힘은 시작에 불과하다. 이익집단의 힘은 그 사회적 응집력과 정치적 조직에 결정적으로 좌우된다. 해당 집단의 성원들이 서로 어긋나는 일을 하거나 심지어 서로 적극적으로 싸운다면, 개인들이 얼마나 힘이 세든 상관없이 집단의 힘은 제로가 된다. 마찬가지로, 모든 효과적인 집단행동에는 좋은 조직이 필요하다. 규율 있고 잘 구조화된 군대는 언제나 개인적으로 강한 전사들의 미조직된 떼거리를 무찌른다. 마찬가지로, 사장은 이미 기업의 위계질서로 조직된 덕분에 사장은 노동자에 대해 구조적 우위를 누린다. 노동자들이 노동조합으로 조직돼 있으면 달라지지만 말이다. 조직이 모든 것은 아니라도, 만약 어느 이익집단의 힘을 측정하고 싶다면 조직이 가장 중요한 기준으로 손꼽힌다.

한 사회가 어떻게 구조화되어 있는지―다양한 이익집단들이 무엇인지, 그리고 그 집단들이 얼마나 많은 상대적 힘을 갖고 있는지—를 이해하는 것은 이런 분석에서 첫 번째 단계다. 두 번째 질문은 동역학과 관련된다. 서로 경쟁하거나 협력하는 이익집단들의 상호작용이 시간이 흐르면서 체계 차원에서 변화에 어떤 영향을 미치는가? 집단들의 이해와 상대적 역량은 어떻게 진화하는가? 바로 여기서 역사가 중요해진다. '이 사회가 붕괴 직전인가?' 같은 질문들에 답하기 위해서는 현재와 같은 취약(또는 거꾸로 회복력 있는 안정) 단계에 어떻게 다다랐는지를 이해할 필요가 있다. 다양한 집단의 이해와 힘의 수준에 영향을 미치는 추세들은 무엇이고, 그 추세들이 역전될 것인가, 아니면 같은 방향으로 계속 발전할 것인가?

이런 구조-동역학적 접근법은 복잡계와 체계 과학에서 매우 표준적이다. 이 방법은 역사동역학의 도구함에서 중요한 부분이다. 분명히 역사적이기 때문이다—동역학 부분이 바로 여기서 들어온다. 또한 이 방법 덕분에 우리는 개인의 행동이 어떻게 사회 차원으로 스며드는지를 더 잘 이해할 수 있다. 개인의 행동은 그가 속한 이익집단에 의해 중개되기 때문이다.

이제 여기서 말하는 '이익'이란 무엇인지 이야기해보자. 내가 따르는 접근법은 대단히 물질주의적이다. 이 접근법에서는 인간이 자신의 복리를 증대하고자 한다고 가정한다. 간단히 말해서, (거의) 모든 사람이 더 많은 돈을 갖는 것을 좋아한다. 그리하여 노동자는 임금 인상을 선호하는 반면, 고용주는 임금을 적게 주는 것을 선호한다. 이것은 좋은 출발점이지만, 우리 인간은 복잡한 생물이며 우리가 추구하는 가치와 선호에는 많은 이질성이 존재한다. 어떤 사람들은 여가에 더 높은 가치를 부여하고 다른 이들은 돈을 소중히 여긴다. 어떤 이들은 순전히 물질적인 관심에 따라 움직이는 반면, 다른 사람들은 공정이나 협력 같은 무형의 가치에 더 비중을 둔다. 또한 사람들은 오해 때문에, 또는 다른 이들의 조작에 잘못 이끌려서 자신의 물질적 이익에 거스르는 행동을 할 수 있다. 가령 사회학적 여론조사를 통해 사람들의 이익에 관해 묻는다고 해도 언제나 제대로 된 결과가 나오는 것은 아니다. 응답자들이 종종 자신의 동기에 관해 거짓말을 하기 때문이다(때로는 자기 자신에게도). 다른 사람의 마음은 어둠으로 뒤덮인 수수께끼다(적어도 사람의 마음을 읽는 법을 배우기 전까지는).

다행히도, 우리가 알아야 하는 모든 것이 집단의 이익인 경우 이런 많은 문제가 사라진다. 충분히 규모가 큰 집단은 이타주의적, 반사회적 요소들이 서로를 대부분 상쇄하면서 상이한 유형들이 뒤섞인 혼합물일 가능성이 높다. 집단, 특히 조직화된 집단은 내부 소통 통로를 활용해 공동의 목표에 합의하게 마련이다. 그 결과, 집단은 종종 공유하는 물질적 이익의 공통분모로 수렴된다.

하지만 물질적 이익은 단순히 경제적 복리로 국한되지 않는다. 가령 남북전쟁 전 북부 사업가들은 자신들의 부가 늘어나는 것을 보았지만, 자신들이 선호하는 방향으로 국가 정책(가령 관세와 국내 발전에 관한 정책)에 영향을 미칠 수 있는 권력이 없었다. 따라서 집단 이익에는 군사적(안보나 지배에 대한 관심), 이데올로기적(정당성과 지위의 유지) 이익만이 아니라 경제적, 정치적 차원도 포함될 수 있다. 더욱이 집단은 협소하고 편협한 이익에 집중하거나 친사회적 입장을 취하면서 장기적 견해를 가질 수 있다. 예를 들어, 기업주 단체가 노동조합의 임금 인상 요구에 맞서 끝까지 싸우거나,

혹은 임금을 인상하면 노동자의 구매력이 높아지고 이는 경제성장의 중요한 추동 요인이기 때문에 결국 전체 사회에 이익이 된다는 것을 이해하고 타협에 동의할 수 있다. 단기적인 이기적 이점과 장기적인 폭넓은 이익 사이의 이런 딜레마는 지배계급에게 특히 극심하다. 그들이 지배하는 정치체가 무너지면 자신들의 이기심이 응징될 수 있기 때문이다.

친사회적 관심이라는 동기는 한 집단이 자신의 협소한 이익을 추구하지 않는 하나의 가능한 이유다. 집단이 자신의 이익대로 행동하지 않는 또 다른 이유는 효과적인 선전에 휘둘리기 때문이다. 다소 논쟁적이지만 광범위하게 논의된 이런 사례는 《왜 가난한 사람들은 부자를 위해 투표하는가》에서 발견할 수 있다. 이 책에서 토머스 프랭크는 왜 미국 노동자들이 자신의 경제적 이익에 거스르는 투표를 하기 시작했는지를 설명한다.

이제 우리가 풀어야 하는 마지막 문제가 나온다. 거짓말이 그것이다. 여기서 나의 전반적 입장은 마음을 읽는 기술이 아직 발명되지 않은 한 사람들의 '진짜' 동기는 알 수 없다는 것이다. 다시 말하지만, 다른 사람의 마음은 어둠으로 뒤덮인 수수께끼다. 다행히도, 집단적 의사결정이 이루어지는 과정인 '집단의 마음'은 알 수 있다. 우리가 정말로 관심 있는 것은 이것이다. 집단의 마음은 집단적 논의와 합의 도출의 결과이며, 우리는 여기에 귀를 기울일 수 있다(읽을 수 없는 마음과는 달리). 공동의 행동 강령에 다다르는 과정에서 종종 의사록이나 강령 문서 같은 물리적 흔적이 남는다. 물론 일부 집단은 내부의 의사결정 과정에 관해 대단히 비밀스럽다. 바로 여기서 줄리언 어산지나 에드워드 스노든 같은 내부 고

발자들이 권력의 사회학자에게 중요해진다.

이런 내부 정보가 없는 경우에 우리는 다시 한 집단의 행동의 결과를 가지고 그것의 의제를 연역하는 수밖에 없다. 하지만 실용적으로 볼 때, 한 집단이 구성원들의 물질적 이익을 추구한다는 가정에서 출발하는 게 언제나 좋은 생각이다. 다른 주장—그 집단이 더 큰 사회나 인류 전체를 위해 친사회적으로 행동하고 있다—을 하는 이들은 자신들이 헛소리만 잔뜩 늘어놓는 게 아님을 보여주기 위해 한층 더 노력해야 한다. 마찬가지로, 어떤 집단의 그 성원들이 선전에 오도된 탓에 자신의 이익을 거스르는 행동을 할 때에도 역시 우리는 이런 주장을 뒷받침하는 증거를 제시해야 한다. 이런 입장에 대해 독자 여러분은 냉소적이 되기 쉽지만, 하나의 연구 의제로 충분히 가능하다고 본다. 나는 사람들이 언제나 자기 이익을 위해 행동한다고 주장하지 않는다(《초협력사회》가 이 주제만을 다룬 책이다). 하지만 이익집단(개인이 아니라), 특히 엘리트 이익집단을 탐구하면서 이 책에서 내가 취한 접근법은 바로 이것이다.

주

서론

1   이 인용문의 기원에 관해서는 https://quoteinvestigator.com/2015/09/16/history/를 보라.

1장 엘리트, 엘리트 과잉생산, 위기로 가는 길

1   2019년 미국 연방준비제도이사회 데이터를 가지고 계산하면, 순자산 121만 9,126달러가 미국에서 상위 10퍼센트에 진입하기 위한 기준점이다. "Average, Median, Top 1%, and all United States Net Worth Percentiles" DQYDJ, 2022년 8월 10일 접속, https://dqydj.com/average-median-top-net-worth-percentiles/를 보라.

2   《24/7 월스트리트²⁴/⁷ Wall St.》의 2020년 최상위 부자 추정치를 사용해서 계산한 것으로, 1,000만 달러 순자산이 기준점이다. Michael Sauter, Grant Suneson, and Samuel Stebbins, "The Net Worth of the American Presidents: Washington to Trump," *24/7 Wall St.*, March 2, 2020, https://247wallst.com/special-report/2020/03/02/the-net-worth-of-the-american-presidents-washington-to-trump-3/을 보라.

3   Jennifer Taylor, "Here's How Much Every Living US President Is Worth: Where Does Biden Rank?" GOBankingRates, May 30, 2022, https://www.gobankingrates.com/net-worth/politicians/heres-how-much-every-living-us-president-is-worth/.

4   이것은 실제 인용문을 압축한 것이다. Andrew Robinson, "Did Einstein really say that?" *Nature* 557 (2018), p. 30, https://doi.org/10.1038/d41586-018-05004-4를 보라.

5   여기서 내가 사용하는 **계급**이라는 용어는 마르크스주의적인 의미(생산과정에서 개인이 맡은 역할로 정의된다)가 아니라 동일한 사회경제적 지위—더 중요하게는 비슷한 수준의 부와 교육 수준—를 가진 개인들의 집합이라는 의미임을 유념하라.

6   Edward N. Wolff, "Household Wealth Trends in the United States, 1962 to 2019: Median Wealth Rebounds… but Not Enough." NBER Working Paper No. 28383, National Bureau of Economic Research, Cambridge, MA, January 2021, https://www.nber.org/system/files/working_papers/w28383/w28383.pdf.

7   하지만 모두가 모르는 것은 아니다. Kevin Phillips, *Wealth and Democracy: A Political History of the American Rich* (New York: Broadway Books, 2002); Paul Krugman, *The Conscience of a Liberal* (New York: W. W. Norton, 2007); Joseph E. Stiglitz, *The Price of Inequality: How Today's Divided Society Endangers Our Future* (New York: W. W. Norton, 2012) 등을 보라.

8   "Election Trends." OpenSecrets, 2022년 8월 10일 접속, https://www.opensecrets.org/elections-overview/election-trends.

9   1970년대부터 2010년대까지 GDP 대비 비율로 본 미국 정부 지출은 19퍼센트와 21퍼센트 사이에서 변동을 거듭했다. "Federal Net Outlays as Percent of Gross Domestic Product," Economic Research, Federal Reserve Bank of St. Louis, 2022년 4월 1일 최종 수정. https://fred.stlouisfed.org/series/FYONGDA188S를 보라.

10 《다툼의 시대》 그림 3.4를 보라. Peter Turchin, *Ages of Discord: A Structural-Demographic Analysis of American History* (Chaplin, CT: Beresta Books, 2016).

11 Anne Case and Angus Deaton, *Deaths of Despair and the Future of Capitalism* (Princeton: Princeton University Press, 2020). 더 자세한 내용은 3장을 보라.

12 Zachary Crockett, "Donald Trump is the only US president ever with no political or military experience," *Vox*, January 23, 2017, https://www.vox.com/policy-and-politics/2016/11/11/13587532/donald-trump-no-experience.

13 전문 용어로는 **과민한 행위자 탐지 능력**hyperactive(hypersensitive) agency detection 이라고 한다. Karen M. Douglas et al., "Someone Is Pulling the Strings: Hypersensitive Agency Detection and Belief in Conspiracy Theories," *Thinking & Reasoning* 22, no. 1 (2016), pp. 57~77, https://doi.org/10.1080/13546783.2015.1051586을 보라.

14 David Barstow, Susanne Craig, and Russ Buettner, "Trump Engaged in Suspect Tax Schemes as He Reaped Riches from His Father," *New York Times*, October 2, 2018, https://www.nytimes.com/interactive/2018/10/02/us/politics/donald-trump-tax-schemes-fred-trump.html.

15 2020년에는 이 수보다 더 많아서 총 29명의 주요 후보자가 민주당 대통령 지명전에서 경쟁했다.

16 2016년 선거운동을 있는 그대로 보여준 다채로운 설명으로는 Matt Taibbi, *Insane Clown President: Dispatches from the 2016 Circus* (New York: Random House, 2017), 특히 2장을 보라.

17 Stephen B. Oates, *Abraham Lincoln: The Man Behind the Myths* (New York: Harper & Row, 1984).

18 남북전쟁을 야기한 여러 원인에 관한 좀 더 자세한 논의로는 《다툼의 시대》, 9장을 보라.

19 David Brion Davis, "Slavery, Emancipation, and Progress," in *British Abolitionism and the Question of Moral Progress in History*, edited by Donald A. Yerxa (Columbia, SC: University of South Carolina Press, 2012), pp. 18~19.

20 이런 감소를 추동한 힘들의 독특한 혼합은 달랐는데, 남북전쟁 이전 시대 이후 150년간 미국 사회가 크게 바뀌었기 때문이다. 최근 수십 년간 상대적 임금이 감소한 이유에 관한 논의는 나중에 3장에서 다루기로 한다. 1820년대부터 1860년대까지 상대적 임금이 감소한 이유는 《다툼의 시대》 8장과 9장에서 논의한 바 있다. 짧게 말하자면, 이 감소는 대규모 해외 이민 유입에 인구가 많은 동부 해안선의 농촌 지역에서 빠져나온 이주민이 결합한 결과로 노동력이 과잉공급되었기 때문이다.

21 나는 2016년에 펴낸 《다툼의 시대》에서 이러한 모든 추세를 설명하고 참조한 바 있다.

22 Phillips, *Wealth and Democracy*.

23 그다음에 큰 폭으로 늘어난 것은 1873년 243명에서 293명으로 증가한 것이다. George B. Galloway, *History of the House of Representatives* (New York: Crowell, 1976)을 보라.

24 Joanne B. Freeman, "When Congress Was Armed and Dangerous," *New York Times*, January 11, 2011, https://www.nytimes.com/2011/01/12/opinion/12freeman.html.

25 David M. Potter, *The Impending Crisis, 1848-1861* (New York: Harper & Row,1976).

26 1820년, 중국 경제는 지구상에서 가장 규모가 컸고 세계 GDP의 32.9퍼센트를 차지했다. Angus Maddison, *The World Economy: Historical Statistics* (Paris: OECD Publishing, 2003)을 보라.

27 Georg Orlandi et al., "Structural-Demographic Analysis of the Qing Dynasty(1644-1912) Collapse in China," 2022년 11월 2일 제출된 사전 배포본, https://osf.io/preprints/socarxiv/5awhk/.

28 Stephen R. Platt, *Autumn in the Heavenly Kingdom: China, the West, and the Epic Story of the Taiping Civil War* (New York: Vintage Books, 2012).

29 Platt, *Autumn in the Heavenly Kingdom*, p. 18.

30 Orlandi et al., "Structural-Demographic Analysis of the Qing Dynasty(1644-1912) Collapse in China."

31 Platt, *Autumn in the Heavenly Kingdom*, pp. 114~116.

32 '무력충돌 위치와 사건 데이터 프로젝트Armed Conflict Location & Event Data Project'(https://acleddata.com/)에 따르면, 2020년의 정치적 소요로 미국인 25명이 사망했다.

33 *MCCA Report on the 2020 Protests and Civil Unrest*(Salt Lake City: Major Cities Chiefs Association, October 2020), https://majorcitieschiefs.com/wp-content/uploads/2021/01/MCCA-Report-on-the-2020-Protest-and-Civil-Unrest.pdf.

34 Thomas Johansmeyer, "How 2020 protests changed insurance forever,"

World Economic Forum, February 22, 2021, https://www.weforum.org/agenda/2021/02/2020-protests-changed-insurance-forever/.

2장 한 걸음 뒤로: 역사의 교훈들

1 Daniel Hoyer et al., "How long were periods of internal peace and stability in historical polities? An analysis with CrisisDB," 초고.

2 《제국의 탄생》에서 내가 제안한 이 격언은 역사학자 아널드 토인비가 문명에 관해 말한 구절을 비튼 것이다. Peter Turchin, *War and Peace and War: The Rise and Fall of Empires* (New York: Plume, 2007)을 보라.

3 이 내용은 《제국의 탄생》 9장과 10장에서 한층 자세하게 다루었다.

4 남부에서는 아르먀냐크 가문과 푸아 가문이 베아른 자작령을 놓고 싸웠다. 북부와 동부에서는 피카르디 지방과 부르고뉴 지방의 남작들이 국왕의 과세에 맞서 반란을 일으켰다. 또한 북부에서는 로베르 다르투아와 고모 마오가 아르투아 백작령을 놓고 싸운 한편, 플랑드르에서는 신흥 부르주아지가 도시 프롤레타리아트를 돌격대로 앞세우고서 옛 도시 귀족들에 맞서 반란을 일으켰다. 서부에서는 브르타뉴의 공작 장 3세가 직계 상속자 없이 사망하면서 블루아파와 몽포르파가 내전에 돌입했다.

5 이 격언은 흔히 마크 트웨인이 한 말이라고 여겨지지만, 그가 이런 발언을 했다는 확실한 증거는 없다. 쿼트인베스티게이터Quote Investigator 웹사이트에서 이 특정한 인용문을 조사한 결과를 보라. https://quoteinvestigator.com/2014/01/12/history-rhymes/.

6 칼레가 유일한 예외였는데, 잉글랜드인들은 이후 100년간 칼레를 차지했다가 1558년에 결국 빼앗겼다.

7 이렇게 귀족 수가 대폭 감소한 것은 귀족의 높은 사망률 외에도 하향적 사회 이동 때문이다. 가난한 귀족들은 엘리트 지위를 상실하고 평민층으로 밀려날 수밖에 없었다. Peter Turchin and Sergey A. Nefedov, *Secular Cycles* (Princeton: Princeton University Press, 2009), 4장을 보라.

8 Fernand Braudel, *The Identity of France*, vol. 2, bk. 2, *People and Production* (New York: HarperCollins, 1991), p. 159.

9 더 많은 내용으로는 "Anglo-French Wars," Wikimedia Foundation, 2022년 9월 11일 19:07 최종 수정, https://en.wikipedia.org/wiki/Anglo-

French_Wars를 보라.

10 첫 번째 순환은 약 1200~1450년, 두 번째 순환은 1450~1660년, 세 번째 순환은 1660~1870년이다. 내 책《세기의 순환Secular Cycles》 4장과 5장에서 이 순환에 관해 읽을 수 있다.

11 특히 1215~1217년, 1263~1267년, 1321~1327년.《세기의 순환》의 표 2.5를 보라.

12 훌륭한 개요로는 다음을 보라: Charlotte Ahlin, "Learn the History That Inspired the Lannisters & Impress All Your Friends," *Bustle*, December 4, 2018, https://www.bustle.com/p/the-inspiration-for-the-lannisters-from-game-of-thrones-came-from-a-number-of-fascinating-historical-figures-13222107.

13 인용문의 출처는 Edward Hall, *Hall's Chronicle: Containing the History of England, During the Reign of Henry the Fourth, and the Succeeding Monarchs, to the End of the Reign of Henry the Eighth*로 1809년 런던에서 출간되었다.

14 《세기의 순환》을 보라.

15 더 자세한 내용은 "Anglo-French Wars," Wikimedia Foundation, 2022년 9월 11일 19:07 최종 수정, https://en.wikipedia.org/wiki/Anglo-French_Wars를 보라.

16 Peter Turchin, *Historical Dynamics: Why States Rise and Fall* (Princeton: Princeton University Press, 2003), 7장을 보라.

17 《제국의 탄생》 4장에서 이븐 할둔의 놀라운 생애와 역사사회학에 대한 그의 탁월한 기여에 관해 읽어보라.

18 쿠빌라이와 그의 후계자들(원 왕조)이 중국과 몽골을 지배했다. 차가타이 세력은 투르키스탄과 트란스옥시아나에 제국을 세웠다. 훌라구와 그의 후계자들(일명 일 한국)은 페르시아와 메소포타미아를 지배했다. 마지막으로 주치 왕조의 금장金帳 한국(킵차크 한국)은 대초원 서부 지역뿐만 아니라 러시아까지 지배권을 확대했다.

19 역사에 관심이 많은 독자들을 위해 좀 더 자세한 내용을 소개한다. 중국에서는 1328년 쿠빌라이의 후계자들 사이에 내전이 발발했다. 1350년대에는 토착민 지도자들이 이끄는 반란이 여러 차례 벌어졌고, 1368년에는 이런 지도자들 중 한 명이 몽골인들을 쫓아내고 명나라를 세웠다.

투르키스탄은 동부 지역에서 차가타이 정권에 맞서 유목민이 이끄는 반란이 일어난 1333~1334년까지 통일되었다. 1350년에 이르면 트란스옥시아나의 권력이 현지 투르크 귀족들의 수중에 넘어갔다. 소요의 시기가 지난 뒤, 티무르(서양에서는 태멀레인Tamerlane이라고 한다)가 새 왕조를 세웠다. 티무르는 1379년 트란스옥시아나를 통일하고 1383~1385년부터 이란을 정복했다. 티무르 왕조 또한 약 100년간 지속되었다. 1469년, 페르시아는 백양白羊 왕조Aq Qoyunlu에 패배했고, 트란스옥시아나는 서로 싸우는 티무르 후손들의 분파로 분열되었다.

일 한국이 다스리는 페르시아는 1335년에 해체를 겪었고, 내전 시기가 지난 뒤 티무르에게 정복되었다. 1469년 티무르 왕조가 페르시아를 상실했을 때 다시 격변의 시기가 이어졌고, 마침내 1501년에 이르러 페르시아는 토착민의 사파비 왕조에 의해 통일되었다.

서부 대초원에서도 비슷한 과정이 이루어졌다. 금장한국이 무정부 상태에 빠진 1359년에 주치 왕조의 통치는 끝이 났다. 내전 시기를 거친 뒤, 금장한국은 티무르 쿠트루그 치하에서 부흥을 겪었다. 1399년, 티무르 쿠트루그는 리투아니아인들을 상대로 승리하면서 그들을 서쪽으로 밀어냈고, 러시아에 대한 지배권을 다시 공고히 했다. 하지만 15세기 중반, 부흥한 금장한국은 다시 해체되기 시작했다. 처음 갈라진 지역은 1443년의 크림한국이다. 카잔한국과 아스트라한한국도 그 뒤를 이었다(각각 1445년과 1466년).

20 Veritasium, "The Surprising Secret of Synchronization," March 31, 2021, YouTube video, 20:57, https://www.youtube.com/watch?v=t-_VPRCtiUg를 보라.

21 Peter Turchin, "Modeling Periodic Waves of Integration in the Afro-Eurasian World-System," in *Globalization as Evolutionary Process*, edited by George Modelski, Tessaleno Devezas, and William R. Thompson (London: Routledge, 2007), pp. 163~191을 보라.

22 다음의 타임라인은 "Arab Spring," Wikimedia Foundation, 2022년 10월 4일 05:37 최종 수정, https://en.wikipedia.org/wiki/Arab_Spring에서 가져왔다.

23 마오쩌둥이 한 말이다.

24 Leonid Grinin and Andrey Korotayev, "The Arab Spring: Causes, Conditions, and Driving Forces," in *Handbook of Revolutions in the 21st Century: The New Waves of Revolutions, and the Causes and Effects of Disruptive Political Change*, edited by Jack A. Goldstone, Leonid Grinin, and Andrey Korotayev(Switzerland: Springer, 2022), pp. 595~624, https://doi.org/10.1007/978-3-030-86468-2를 보라.

25 더 자세한 내용으로는 "Revolutions of 1848," Wikimedia Foundation, 2022년 9월 23일 10:12 최종 수정, https://en.wikipedia.org/wiki/Revolutions_of_1848#Events_by_country_or_region을 보라.

3장 "농민들은 혐오스럽다"

1 Guy Standing, *The Precariat: The New Dangerous Class* (London: Bloomsbury, 2011).

2 스티븐 핑커의 웹사이트에 올라온 한 게시물은 이렇게 말한다. "세계가 정말 결딴나고 있을까? 진보의 이상은 낡은 것인가? 세 번째 밀레니엄의 인간의 조건에 관한 이 우아한 평가에서 인지과학자이자 공적 지식인인 스티븐 핑커는 우리에게 유혈이 낭자하는 언론 헤드라인과 갖가지 종말의 예언에서 한 걸음 물러날 것을 촉구한다. 그런 것들은 우리의 심리적 편향에 영합하는 주장이라는 것이다. 대신에 데이터를 따라가보라. 입이 딱 벌어지는 75개의 그래프에서 핑커는 수명, 건강, 번영, 안전, 평화, 지식, 행복이 서구만이 아니라 전 세계적으로 오름세임을 보여준다. 이런 진보는 어떤 우주의 힘이 작용한 결과가 아니다. 이는 계몽주의가 준 선물이다. 이성과 과학이 인간의 번영을 향상시킬 수 있다는 확신 말이다." "Enlightenment Now: The Case for Reason, Science, Humanism, and Progress," Steven Pinker, 2022년 4월 22일 최종 업데이트, https://stevenpinker.com/publications/enlightenment-now-case-reason-science-humanism-and-progress를 보라.

3 Max Roser, "Extreme poverty: how far have we come, how far do we still have to go?" Our World in Data, November 22, 2021, https://ourworldindata.org/extreme-poverty-in-brief.

4 Michael J. Boskin, "The best solution for inequality? Economic growth," World Economic Forum, December 13, 2019, https://www.weforum.org/agenda/2019/12/economic-growth-is-the-answer.

5 "Historical Income Tables: Households," United States Census Bureau, 2022년 8월 18일 최종 업데이트, https://www.census.gov/data/tables/time-series/demo/income-poverty/historical-income-households.html.

6 Tonya Garcia, "CEO average pay climbed more than 1 million in 2016," *MarketWatch*, April 13, 2017, https://www.marketwatch.com/story/ceo-average-pay-climbed-more-than-1-million-in-2016-2017-04-12.

7 "State of Working America Data Library," Economic Policy Institute, 2022년 8월 10일 접속, https://www.epi.org/data/.

8 Anne Case and Angus Deaton, *Deaths of Despair and the Future of Capitalism* (Princeton: Princeton University Press, 2020).

9 이 문단에 실린 모든 통계의 출처는 "State of Working America Data Library," Economic Policy Institute다.

10 한 범주(백인 여성)에서만 대졸 미만의 임금이 절대적 기준에서 감소하지 않았다.

11 John Komlos, "Growth of Welfare and Its Distribution in the U.S., 1979–2013," *Journal of Income Distribution* 28, no. 1 (2019), pp. 1~19, https://doi.org/10.25071/1874-6322.40399.

12 《다툼의 시대》 3장을 보라.

13 John Komlos and Marieluise Baur, "From the Tallest to (One of) the Fattest: The Enigmatic Fate of the American Population in the 20th Century," 2003년 9월 14일 제출된 사전 배포본, https://doi.org/10.2139/ssrn.444501.

14 《다툼의 시대》 11장에 있는 그림 11.1과 본문의 설명을 보라.

15 Robert William Fogel, *The Escape from Hunger and Premature Death, 1700-2100: Europe, America, and the Third World* (New York: Cambridge University Press, 2004).

16 《다툼의 시대》, 그림 3.5를 보라.

17 Case and Deaton, *Deaths of Despair*, pp. 752~760.

18 John Komlos, *Foundations of Real-World Economics*, 3rd ed. (New York: Routledge, 2023).

19 Case and Deaton, *Deaths of Despair*, 그림 5.1과 그림 5.2.

20 Case and Deaton, *Deaths of Despair*, 그림 5.1.

21 Case and Deaton, *Deaths of Despair*, 그림 4.1.

22 Komlos, *Foundations of Real-World Economics*를 보라.

23 다음의 설명은 《다툼의 시대》 12장의 내용을 요약한 것이다.

24 이런 시기 구분의 경험적 토대를 설명하는 《다툼의 시대》의 표 7.1, 그림 7.1과 관련된 논의를 보라.

25 전국제조업협회National Association of Manufacturers에 속한 보수주의자 등. 루스벨트는 또한 적대적인 대법원과도 씨름해야 했다. 뉴딜 시기의 여러 엘리트 분파에 관한 분석으로는 G. William Domhoff and Michael J. Webber, *Class and Power in the New Deal: Corporate Moderates, Southern Democrats, and the Liberal-Labor Coalition* (Stanford: Stanford University Press, 2011)을 보라.

26 이 점에 관해서는 6장에서 '대압착'에 관해 논하면서 다시 이야기하겠다. 더 자세한 내용으로는 《다툼의 시대》 4장을 보라.

27 Robert D. Putnam, *Bowling Alone: The Collapse and Revival of American Community* (New York: Simon & Schuster, 2000).

28 Kim Phillips-Fein, *Invisible Hands: The Businessmen's Crusade Against the New Deal* (New York: W. W. Norton, 2009)을 보라.

29 George J. Borjas, *We Wanted Workers: Unraveling the Immigration Narrative* (New York: W. W. Norton, 2016)를 보라.

30 《다툼의 시대》 12장.

31 《다툼의 시대》 12장에서 노동의 과잉 공급과 전반적인 복리를 모델링하는 문제를 다룬 절의 논의를 보라.

32 Anna Stansbury and Lawrence Summers, "Declining Worker Power and American Economic Performance," paper presented at the BPEA Conference, March 19, 2020, https://www.brookings.edu/wp-content/uploads/2020/03/stansbury-summers-conference-draft.pdf.

33 Lawrence Mishel and Josh Bivens, "Identifying the policy levers generating wage suppression and wage inequality," Economic Policy Institute, May 13, 2021, https://www.epi.org/unequalpower/publications/wage-suppression-inequality/.

34 Noam Scheiber, "Middle-Class Pay Lost Pace. Is Washington to Blame?" *New York Times*, May 13, 2021, https://www.nytimes.com/2021/05/13/business/economy/middle-class-pay.html.

35 Putnam, *Bowling Alone*을 보라.

36 David G. Blanchflower and Andrew J. Oswald, "Trends in Extreme

Distress in the United States, 1993-2019," *American Journal of Public Health* 110, no. 10 (2020), pp. 1538~1544, https://doi.org/10.2105/ajph.2020.305811을 보라. 두 필자는 "스트레스, 우울, 감정 문제 등을 포함한 당신의 정신건강에 관해 생각할 때, 지난 30일 중 며칠이나 정신건강이 좋지 않았습니까?"라는 질문에 초점을 맞추면서 가능한 최대치(즉 30일)를 답으로 적은 응답자들을 **극단적 스트레스** 상태라고 정의했다.

37 George Ward et al., "(Un)Happiness and Voting in U.S. Presidential Elections," *Journal of Personality and Social Psychology* 120, no. 2 (2021), pp. 370~383, https://doi.org/10.1037/pspi0000249.

38 Case and Deaton, *Deaths of Despair*, pp. 54~55에서 재인용.

39 인기 많았던 소련 소설《열두 개의 의자The Twelve Chairs》에 나오는 이 구절은 카를 마르크스의 발언을 패러디한 것이다. "노동계급의 해방은 노동계급 자신이 이룩해야 한다."

40 Nick Hanauer, "The Pitchforks Are Coming... for Us Plutocrats," *Politico Magazine*, July/August 2014, https://www.politico.com/magazine/story/2014/06/the-pitchforks-are-coming-for-us-plutocrats-108014/.

4장 혁명군

1 Claudia Goldin, "Enrollment in institutions of higher education, by sex, enrollment status, and type of institution: 1869-1995," table Bc523~536 in *Historical Statistics of the United States, Earliest Times to the Present: Millennial Edition*, edited by Susan B. Carter et al. (New York: Cambridge University Press, 2006), http://dx.doi.org/10.1017/ISBN-9780511132971.Bc510-736.

2 US Department of Education, Institute of Education Sciences, "Immediate College Enrollment Rate," National Center for Education Statistics, 2022년 5월 최종 업데이트, https://nces.ed.gov/programs/coe/indicator/cpa.

3 Noah Smith, "America Is Pumping Out Too Many Ph.D.s," *Bloomberg*, January 4, 2021, https://www.bloomberg.com/opinion/articles/2021-01-04/america-is-pumping-out-too-many-ph-d-s.

4 Guy Standing, "Meet the precariat, the new global class fuelling the

rise of populism," World Economic Forum, November 9, 2016, https://
www.weforum.org/agenda/2016/11/precariat-global-class-rise-of-
populism/.

5 이 논의는 《다툼의 시대》 4장과 13장의 엘리트 과잉생산에 관한 자료
를 따른다. 특히 그림 4.4와 그림 13.4를 보라. "Salary Distribution
Curves," NALP Research, 2022년 8월 10일 접속, https://www.nalp.org/
salarydistrib도 보라.

6 David Callahan, *The Cheating Culture: Why More Americans Are Doing
Wrong to Get Ahead* (Boston: Mariner Books, 2004), p. 211. (국역: 《치팅컬
처: 거짓과 편법을 부추기는 문화》, 강미경 옮김, 서돌, 2008)

7 Associated Press, "College bribery scandal: students sue elite schools in
class action," *The Guardian*, March 14, 2019, https://www.theguardian.
com/us-news/2019/mar/14/college-admisisons-scandal-fraud-lawsuit-
yale-usc-stanford.

8 Jack A. Goldstone, *Revolution and Rebellion in the Early Modern World*
(Berkeley: University of California Press, 1991); Turchin, *Historical
Dynamics*; Andrey Korotayev et al., "A Trap at the Escape from the
Trap? Demographic-Structural Factors of Political Instability in Modern
Africa and West Asia," *Cliodynamics: The Journal of Quantitative History
and Cultural Evolution* 2, no. 2 (2011), pp. 276~303, https://doi.
org/10.21237/c7clio22217.

9 Goldstone, *Revolution and Rebellion*을 보라.

10 Goldstone, *Revolution and Rebellion*, p. 417.

11 Goldstone, *Revolution and Rebellion*, p. 417.

12 Goldstone, *Revolution and Rebellion*, p. 420.

13 Keith T. Poole and Howard Rosenthal, "The Polarization of American
Politics," *The Journal of Politics* 46, no. 4 (1984), pp. 1061~1079,
https://doi.org/10.2307/2131242; Keith T. Poole and Howard Rosenthal,
Congress: A Political-Economic History of Roll Call Voting (Oxford: Oxford
University Press, 2000); Nolan McCarty, Keith T. Poole, and Howard
Rosenthal, *Polarized America: The Dance of Ideology and Unequal Riches*
(Cambridge, MA: MIT Press, 2006).

14 《다툼의 시대》 4장, 특히 그림 4.8a를 보라.

15 "Radical Politics," Wikimedia Foundation, 2022년 8월 31일 17:44 최종 수정, https://en.wikipedia.org/wiki/Radical_politics도 보라.

16 2020년 고학력 유권자 중 61퍼센트가 바이든에게 투표하고 37퍼센트가 트럼프에게 투표했음을 보여주는 퓨리서치센터Pew Research Center 데이터를 바탕으로 계산했다. 젊은 유권자(18~29세) 가운데 59퍼센트가 민주당에 투표하고, 35퍼센트가 공화당에 투표했다. 조잡하기는 하지만 우리는 바이든에게 투표한 젊은 층과 고학력층의 비율을 1-(1-0.61)(1-0.59)=0.84로 추산할 수 있다. Ruth Igielnik, Scott Keeter, and Hannah Hartig, "Behind Biden's 2020 Victory," Pew Research Center, June 30, 2021, https://www.pewresearch.org/politics/2021/06/30/behind-bidens-2020-victory/를 보라.

17 Gwynn Guilford and Nikhil Sonnad, "What Steve Bannon really wants," *Quartz*, February 3, 2017, https://qz.com/898134/what-steve-bannon-really-wants.

18 Steven Greenhouse, "Bernie Sanders says Democrats are failing: 'The party has turned its back on the working class,'" *The Guardian*, January 10, 2022, https://www.theguardian.com/us-news/2022/jan/10/bernie-sanders-democrats-failing-working-class-interview.

19 트위터 계정은 2022년 11월에 복구되었고, 공식적인 하원의원 계정도 여전히 살아 있다.

20 참고한 자료는 *Days of Rage*와 *An American Radical*이다. Bryan Burrough, *Days of Rage: America's Radical Underground, the FBI, and the Forgotten Age of Revolutionary Violence* (New York: Penguin Books, 2016): Susan Rosenberg, *An American Radical: Political Prisoner in My Own Country* (New York: Citadel Press, 2011).

21 자술리치는 아나키스트 미하일 바쿠닌Mikhail Bakunin의 추종자였지만 나중에 마르크스주의로 전향했다.

5장 지배계급

1 폴 크루그먼, 조지프 스티글리츠, 케빈 필립스Kevin Phillips, 크리스티아 프릴랜드Christia Freeland 등 수많은 영향력 있는 사상가들이 '미국은 금권정치 국가'라는 견해를 공유한다. 이 장 뒷부분에서 마틴 길런스Martin Gilens와 벤저민 페이지Benjamin Page의 연구에서 유래하는, 이 주장을 뒷받침하는 경험적 토대를 논

의할 것이다.

2   이 유명한 경구의 출처는 미국의 정치학자 찰스 틸리Charles Tilly다. 여러 복잡
    한 사회의 진화에 관한 온갖 부류의 주요 이론들을 서로 검증한 세샤트(지
    구사 데이터뱅크)Seshat: Global History Databank를 분석한 결과, 우리는 농업 말고도
    전쟁이 사회 복잡성을 추동한 주요한 요인임을 알 수 있다. Peter Turchin
    et al., "Disentangling the Evolutionary Drivers of Social Complexity: A
    Comprehensive Test of Hypotheses," *Science Advances* 8, no. 25 (2022),
    https://doi.org/10.1126/sciadv.abn3517을 보라. 이 주제는 곧 나올 나의
    책 《홀로세의 대전환The Great Holocene Transformation》에서 좀 더 충실하게 탐구한
    다.

3   이 진화에 관해서는 나의 책 《초협력사회》에서 읽을 수 있다. Peter
    Turchin, *Ultrasociety: How 10,000 Years of War Made Humans the Greatest
    Cooperators on Earth* (Chaplin, CT: Beresta Books, 2016).

4   Turchin et al., "Disentangling the Evolutionary Drivers of Social
    Complexity." 이 주제는 곧 나올 나의 책 《홀로세의 대전환》에서 더 자세히
    탐구한다.

5   "2011 Egyptian revolution," Wikimedia Foundation, 2022년 10월 2일
    12:50 최종 수정, https://en.wikipedia.org/wiki/2011_Egyptian_revolution
    도 보라.

6   Andrey Korotayev and Julia Zinkina, "Egyptian Revolution: A
    Demographic Structural Analysis," *Entelequia* 13 (2011), pp. 139~169;
    Andrey Korotayev and L. Isaev, "The Anatomy of the Egyptian Counter-
    revolution," *Mirovaya Ekonomika i Mezhdunarodnye Otnosheniya* 8
    (2014), pp. 91~100.

7   학교 입학에 관한 세계은행 데이터: https://data.worldbank.org/
    indicator/SE.TER.ENRR?end=2018&locations=EG&start=1971&view
    =chart.

8   James Palmer, "Xi's Prosperity Gospel," China Brief, *Foreign Policy*,
    August 25, 2021, https://foreignpolicy.com/2021/08/25/china-xi-
    jinping-common-prosperity-billionaires/.

9   자세한 설명은 《다툼의 시대》 9장에서 볼 수 있다.

10 Phillips, *Wealth and Democracy*, pp. 34~36.

11 Philip H. Burch, *Elites in American History*, vol. 2, *The Civil War to the*

New Deal (New York: Holmes & Meier, 1981), p. 47.

12 Charles A. Beard and Mary R. Beard, *The Rise of American Civilization* (New York: Macmillan, 1927), p. 110.

13 가브리엘 콜코Gabriel Kolko는 수많은 인용문을 제공한다: "무지하고 제한 없는 경쟁을 논리적 결말까지 밀어붙이면 전투원 일부가 사망하고 모두가 부상을 입게 된다." "제한 없는 경쟁은 기만적인 결혼임이 이미 입증되었고, 그 피해자들은 자신들이 속한 환경의 위험에서 벗어날 수단을 찾기 위해 모든 곳에서 분투하고 있었다. 이렇게 애쓰는 상황에서 치열한 경쟁 대신 합리적 협력이라는 사고가 등장한 것은 지극히 당연한 결과였다." Gabriel Kolko, *The Triumph of Conservatism: A Reinterpretation of American History, 1900-1916* (New York: Free Press, 1963), pp. 13~14을 보라.

14 "Editorial Comment," *The Bankers' Magazine*, 1901, pp. 497~514.

15 G. William Domhoff, *Who Rules America?*, 5th ed., *Power, Politics, and Social Change* (New York: McGraw-Hill, 2006).

16 E. Digby Baltzell, *Philadelphia Gentlemen: The Making of a National Upper Class* (Piscataway, NJ: Transaction Publishers, 1989); E. Digby Baltzell, *The Protestant Establishment Revisited* (New Brunswick, NJ: Transaction Publishers, 1991) 등도 보라.

17 위키피디아 문서를 보면 많은 인용문이 나온다: "Plutocracy," Wikimedia Foundation, 2022년 9월 13일 19:49 최종 수정, https://en.wikipedia.org/wiki/Plutocracy.

18 이런 견해는 사회학자 G. 윌리엄 돔호프가 《누가 미국을 지배하는가?Who Rules America?》(초판은 1967년 출간되었고, 2022년 현재 8판이 최신판이다)를 비롯한 영향력 있는 일련의 저서에서 발전시킨 계급 지배 이론과 비슷하다. 1장에서 사회 권력의 네 원천으로 설명한 나의 분석과 마찬가지로, 돔호프의 분석도 권력의 '4대 네트워크Four Networks'라는 틀을 중심으로 삼는다. 하지만 이 책 뒷부분에서 내가 주장하는 것처럼, 경제 엘리트(또는 상위 1퍼센트)는 고학력 전문직 계층(상위 10퍼센트)의 최고 성원들과 연합을 이루어 지배한다.

19 "Lobbying Data Summary," OpenSecrets, 2022년 8월 10일 접속, https://www.opensecrets.org/federal-lobbying/summary.

20 "Industries," OpenSecrets, 2022년 8월 10일 접속, https://www.opensecrets.org/federal-lobbying/industries.

21 이 부분의 논의 또한 돔호프가 《누가 미국을 지배하는가?》에서 제시한 사고

를 긴밀하게 따른다.

22 "Martha Mitchell effect," Wikimedia Foundation, 2022년 8월 4일 13:56 최종 수정, https://en.wikipedia.org/wiki/Martha_Mitchell_effect도 보라.

23 "그러니까 유감스럽지만 … 판사들은 오염됐고, 정치인들도 마찬가지예요. 중국공산당이 세계화론자들과 나란히 이 나라를 꼭대기부터 밑바닥까지 전복하고 접수했다니까요." Banned.Video, "Oath Keeper Stewart Rhodes—'We're already at war, Trump needs to be a wartime president right now,'" BitChute, December 13, 2020, 동영상, 0:24, https://www.bitchute.com/video/w7ut83CCvRby를 보라.

24 Trudy Ring, "Maddow: Russians May Be Controlling Our Government," *Advocate*, March 10, 2017, https://www.advocate.com/politics/2017/3/10/maddow-russians-may-be-controlling-our-government.

25 G. William Domhoff, "There Are No Conspiracies," Who Rules America?, March 2005, https://whorulesamerica.ucsc.edu/theory/conspiracy.html도 보라.

26 "Our Vision and Mission: Inform, Empower & Advocate," OpenSecrets, 2022년 8월 10일 접속, https://www.opensecrets.org/about/.

27 "Power Elite Database," Who Rules America?, 2022년 8월 10일 접속, https://whorulesamerica.ucsc.edu/power_elite/.

28 Martin Gilens and Benjamin I. Page, "Testing Theories of American Politics: Elites, Interest Groups, and Average Citizens," *Perspectives on Politics* 12, no. 3 (2014), pp. 564~581, https://doi.org/10.1017/s1537592714001595.

29 Michael J. Graetz and Ian Shapiro, *Death by a Thousand Cuts: The Fight over Taxing Inherited Wealth* (Princeton: Princeton University Press, 2006)을 보라.

30 학계에서 흔히 그렇듯, 길런스와 페이지가 쓴 2014년 논문은 딜런 매슈스의 글로 요약되는 비판의 대상이 되었다. Dylan Matthews, "Remember that study saying America is an oligarchy? 3 rebuttals say it's wrong," *Vox*, May 9, 2016, https://www.vox.com/2016/5/9/11502464/gilens-page-oligarchy-study. 길런스와 페이지는 이 비판자들에게 《워싱턴포스트》 기고문으로 답변했다("Critics argued with our analysis of U.S. political inequality. Here are 5 ways they're wrong," May 23, 2016,

Washington Post, https://www.washingtonpost.com/news/monkey-cage/wp/2016/05/23/critics-challenge-our-portrait-of-americas-political-inequality-heres-5-ways-they-are-wrong/). 최근 들어 기술적 논점을 둘러싼 논쟁에서 벗어나 길런스/페이지 명제에 동의하면서 미국 정치가 최고 부유층에 지배되고 있음을 보여주는 추가적 증거를 제시하는 다양한 분야의 논문이 잇따라 등장하고 있다.

31 "미국인의 거의 4분의 3(71퍼센트)이 미국에 불법으로 들어오는 이민자를 '용납할 수 없다'고 말한다." Emily Ekins and David Kemp, "E Pluribus Unum: Findings from the Cato Institute 2021 Immigration and Identity National Survey," Cato Institute, April 27, 2021, https://www.cato.org/survey-reports/e-pluribus-unum-findings-cato-institute-2021-immigration-identity-national-survey를 보라.

32 Angela Nagle, "The Left Case Against Open Borders," *American Affairs* 2, no.4 (2018), https://americanaffairsjournal.org/2018/11/the-left-case-against-open-borders/.

33 《다툼의 시대》 12장을 보라.

34 이민 유입이 토박이 노동자의 임금을 떨어뜨리는지 여부는 경제학에서 매우 논쟁적인 쟁점임을 인정하고 싶다. 조지 보르하스와 그의 동료들은 이민 유입의 임금 탄력성이 −0.3∼−0.4라고 추정한다. 다시 말해, 이민자 수가 10퍼센트 증가할 때, 토박이 노동자의 임금은 3∼4퍼센트 감소한다는 것이다. 이와 대조적으로, 데이비드 카드David Card와 동료들은 그 효과가 훨씬 작거나 전혀 없다고 본다. Alan de Brauw, "Does Immigration Reduce Wages?," *Cato Journal*, Fall 2017, https://www.cato.org/cato-journal/fall-2017/does-immigration-reduce-wages#를 보라. 지금은 이 두 추정치의 사이에 진실이 있다는 데 합의가 이루어지는 듯 보인다. 다시 말해, 이민 유입이 10퍼센트 증가하면 임금은 2퍼센트 감소한다. 이 논쟁은 대단히 기술적인 것인데, 데이터를 어떻게 분석하는지의 작은 차이가 추정되는 효과의 커다란 변동으로 귀결되기 때문이다. 이민 유입 찬성론자들은 흔히 효과의 부재를 강조하기 위해 문헌을 선별적으로 검토한다. 아무 효과가 없음을 입증하기 위해 자주 인용되는 한 논문은 데이비드 카드와 조반니 페리가 공동으로 쓴 것이다(David Card and Giovanni Peri, "Do immigrant workers depress the wages of native workers?" IZA World of Labor, May 2014, https://doi.org/10.15185/izawol.42). 페리는 27건의 경험적 연구를 검토한 결과, "산업국가들에 대한 대다수 연구는 평균 임금에는 아무런 영향도 없으며, 고학력과 저학력 이민자와 토박이 노동자들 사이의 임금 차이에 약간의 영향만 미쳤음을 발견했다"고 결론짓는다. 하지만 그의 분석은 덴마크같이 강력한 노동자 보호 제도를 지닌 나라들과 미국같이 노동자 보호 제도가

미약하거나 전혀 없는 나라들을 구별하지 않는다. "이민자들이 토박이 노동자의 임금을 떨어뜨리지 **않는**" 이유 목록에서 그는 노동자 기관들이 노동력 과잉 공급으로 인한 임금 감소에 미치는 제약 효과도 포함시키지 않는다. 그가 **열거하는** 메커니즘은 대부분 장기적으로 작동한다. 따라서 한때 이민 유입이 충격을 미치더라도 5~10년 동안은 긍정적 효과를 낳을 것으로 예상할 수 있다. 하지만 수십 년간 높은 이민 유입이 계속되면 부정적인 단기 효과가 사실상 장기화된다. 요컨대, 이 쟁점에는 불확실성이 많이 존재하는데, 내가 이 책 본문에서 강조한 것처럼 대체로 이민 유입은 임금에 영향을 미치는 여러 요인들 중 하나일 뿐이며 심지어 주된 요인도 아니기 때문이다(3장을 보라). 생산의 역외 이전과 자동화가 아마 더 중요한 요인일 것이다. 다른 차원에서 보면, 이민 유입이 실제로 임금을 떨어뜨리는지 여부는 주요한 쟁점도 아닐 것이다. 1퍼센트 부유층과 노동계급 모두 임금이 떨어진다고 믿는데, 이는 그 자체로 '사회적 현실'을 창조한다. 마지막으로 생각할 점이 있다. 주류 미디어와 싱크탱크에 속한 지배계급의 대표자들이 경제학자들(그들 자신이 지배계급의 일원이며 고학력 10퍼센트에 속한다)의 난해한 분석을 가리킬 때, 보통 사람들은 이것을 전혀 납득하지 못한다. 그들은 '직감적으로' 이민자들로 인한 경쟁 증대가 자신들의 경제적 복리를 떨어뜨린다는 걸 알기 때문이다. 지배계급이 이민 유입으로 노동자 임금이 떨어지지 않음을 노동계급에게 보여주는 최선의 방도는 현대적인 이민의 물결이 생기기 전처럼 중위 임금을 성장 체제로 되돌리는 것이다. 이렇게 되면 1인당 GDP(와 노동생산성)가 다시 나란히 증대될 것이다.

35 Kitty Calavita, *U.S. Immigration Law and the Control of Labor:1820-1924* (London: Academic Press, 1984), p. 49에서 재인용.

6장 왜 미국은 금권정치인가?

1 다음에 이어지는 논의는 G. 윌리엄 돔호프와 찰스 틸리, 사회학자 마이클 만Michael Mann의 통찰을 통합한 것이다.

2 15세기의 '군사혁명'을 비롯해 그전에 벌어진 여러 군사혁명에 관해서는 곧 나오는 나의 책《홀로세의 대전환》을 보라.

3 따라서 1500년 무렵의 군사혁명은 포함혁명gunboat revolution이라고 부르는 게 가장 적절하다. Peter Turchin, "A Theory for Formation of Large Empires," *Journal of Global History* 4, no. 2 (2009), pp. 191~217, https://doi.org/10.1017/s174002280900312x를 보라.

4 이 인용문의 출처는 키케로의 5차 필리피카Fifth Philippic인데 구텐베르크 프로젝트에서 읽을 수 있다. https://www.gutenberg.org/files/11080/11080-8.

txt.

5   북유럽 모델의 기원에 관한 자세한 내용을 알려준 니나 비토셰크[Nina Witoszek]
    에게 감사한다.

6   Heather Cox Richardson, *How the South Won the Civil War: Oligarchy,
    Democracy, and the Continuing Fight for the Soul of America* (New York:
    Oxford University Press, 2020).

7   Heather McGhee, *The Sum of Us: What Racism Costs Everyone and How We
    Can Prosper Together* (New York: One World, 2021).

8   Thomas Frank, *The People, No: A Brief History of Anti-Populism* (New York:
    Metropolitan Books, 2020). 인용문에 포함된 괄호 속 문구는 킹의 연설에
    담긴 감탄사다.

9   Patriotic Millionaires, 2022년 8월 10일 접속, https://
    patrioticmillionaires.org/.

10 자세한 내용은 《다툼의 시대》 10장에 있다.

11 Douglas Fraser, Resignation Letter from the Labor-Management Group,
    July 17, 1978, https://www.historyisaweapon.com/defcon1/fraserresign.
    html.

12 Domhoff and Webber, *Class and Power in the New Deal*.

13 Phillips, *Wealth and Democracy*.

14 《다툼의 시대》 4장을 보라.

15 Thomas Piketty, *Capital in the Twenty-First Century* (Cambridge, MA:
    Harvard University Press, 2014).

16 Walter Scheidel, *The Great Leveler: Violence and the History of Inequality
    from the Stone Age to the Twenty-First Century* (Princeton: Princeton
    University Press, 2018).

17 이 인용문들의 출처에 관해서는 《다툼의 시대》 12장을 보라.

18 모로조프 가문은 1900년 무렵 러시아에서 다섯 번째로 부유했다.

19 Lizunov, V. S., "Origins," in *The Past Passes Before Me* 〔러시아어〕
    (Orekhovo-Zuyevo: Bogorodsk-Noginsk, 2007), https://www.bogorodsk-
    noginsk.ru/articles/24_lizunov1.html.

7장 국가의 와해

1   후세인이 어떻게 권력을 휘둘렀는지에 관한 논의로는 《제국의 탄생》을 보라.

2   Peter Turchin, "Building nations after conflict," *Nature* 453 (2008), pp. 986~987, https://doi.org/10.1038/453986a.

3   "Fall of Kabul (2021)," Wikimedia Foundation, 2022년 10월 3일 18:20 최종 수정, https://en.wikipedia.org/wiki/Fall_of_Kabul_(2021)#Capture_of_Kabul도 보라.

4   자세한 내용으로는 《세기의 순환》을 보라.

5   Robert C. Allen, *Farm to Factory: A Reinterpretation of the Soviet Industrial Revolution* (Princeton: Princeton University Press, 2003).

6   하지만 말기의 소련은 고유한 방식으로 엘리트 과잉생산을 발전시켰다. 특히 '기술 인텔리겐치아', 즉 공학 학위를 가진 사람들의 과잉생산이 문제였다.

7   이 분야는 아시모프의 허구적 역사과학과 아무 관련이 없다.

8   Hugh Trevor-Roper, "Re-inventing Hitler," *The Sunday Times*, February 18, 1973.

9   Jack A. Goldstone et al., "A Global Model for Forecasting Political Instability," *American Journal of Political Science* 54, no. 1 (2010), pp. 190~208, https://doi.org/10.1111/j.1540-5907.2009.00426.x.

10   이 접근법에 대한 비판으로는 Zachary M. Jones, "An Analysis of Polity IV and Its Components"를 보라.

11   정치체 IV는 신판인 정치체5 프로젝트Polity5 Project로 대체되고 있다. "The Polity Project," Center for Systemic Peace, http://www.systemicpeace.org/polityproject.html을 보라. 또한 현재 이 프로젝트에서는 정치체 점수가 −5~5점인 나라를 '아노크라시anocracy'[민주주의와 독재가 반쯤 섞인 정치체를 가리킨다. 권위나 정치적 역동성, 정책 의제를 유지할 능력이 부족하다는 점에서 민주주의나 독재와는 구분된다.-옮긴이]로 분류한다는 점을 주목하라.

12   Goldstone et al., "A Global Model," p. 196.

13   Barbara F. Walter, *How Civil Wars Start: And How to Stop Them* (New

York: Crown, 2022), pp. 127~128. Jonathan Haidt, "Why the Past 10 Years of American Life Have Been Uniquely Stupid," *The Atlantic*, April 11, 2022, https://www.theatlantic.com/magazine/archive/2022/05/social-media-democracy-trust-babel/629369/도 보라. (국역: 《내전은 어떻게 일어나는가》, 유강은 옮김, 열린책들, 2025)

14 Lars-Erik Cederman and Nils B. Weidmann, "Predicting Armed Conflict: Time to Adjust Our Expectations?," *Science* 355, no. 6324 (2017), pp. 474~476.

15 Zbigniew Brzezinski, *The Grand Chessboard: American Primacy and Its Geostrategic Imperatives* (New York: Basic Books, 1997), p. 45.

16 "우크라이나가 최고의 횡재다.": Carl Gershman, "Former Soviet states stand up to Russia. Will the U.S.?" *Washington Post*, September 26, 2013, https://www.washingtonpost.com/opinions/former-soviet-states-stand-up-to-russia-will-the-us/2013/09/26/b5ad2be4-246a-11e3-b75d-5b7f66349852_story.html. 2022년 6월, 나토는 러시아를 "가장 중대한 직접적 위협"으로 지정했다.

17 미국 법무차관 리사 모나코는 특별 태스크포스 클렙토캡처Klepto Capture를 설치한다고 발표하면서 이렇게 선언했다. "올리가르히들에게 경고합니다. 우리는 모든 수단을 동원해서 당신들의 범죄 수익을 동결하고 압류할 것입니다." https://www.justice.gov/opa/pr/attorney-general-merrick-b-garland-announces-launch-task-force-kleptocapture를 보라.

18 2022년 3월, 영국 정부는 미하일 프리드만Mikhail Fridman(러시아 최대 민간은행 설립자이자 100억 달러의 자산 보유자)의 현금성 자산을 동결했다. 그는 블룸버그뉴스에 현재 자신의 현금카드를 사용할 수 없고 영국에서 매달 2,500파운드(약 425만 원)로 지출을 제한당하고 있다고 말했다. 자산이 동결된 뒤 프리드만은 한탄했다. "어떻게 살아야 할지 모르겠습니다. 모르겠어요. 정말 모르겠습니다." (Stephanie Baker, "Broke Oligarch Says Sanctioned Billionaires Have No Sway Over Putin," *Bloomberg*, March 17, 2022, https://www.bloomberg.com/news/features/2022-03-17/broke-russian-oligarch-fridman-says-sanctioned-billionaires-can-t-sway-putin을 보라.) 프리드만은 유일한 표적이 아니었다. 서방 각국 정부는 러시아-우크라이나 전쟁이 시작된 이래 러시아 올리가르히들의 자산 300억 달러 이상을 동결하거나 압류했다고 주장한다. ("Russian Elites, Proxies, and Oligarchs Task Force Joint Statement," US Department of the Treasury, June 29, 2022, https://home.treasury.gov/news/press-releases/jy0839를 보라.)

19 Victoria Nuland, "Remarks"(연설), US-Ukraine Foundation Conference,

Washington, DC, December 13, 2013, https://2009-2017.state.gov/p/eur/rls/rm/2013/dec/218804.htm.

20 "Ukraine crisis: Transcript of leaked Nuland-Pyatt call," *BBC News*, February 7, 2014, https://www.bbc.com/news/world-europe-26079957.

21 Christian Neef, "Yanukovych's Fall: The Power of Ukraine's Billionaires," *Der Spiegel*, February 25, 2014, https://www.spiegel.de/international/europe/how-oligarchs-in-ukraine-prepared-for-the-fall-of-yanukovych-a-955328.html.

22 Christian Neef, "Yanukovych's Fall: The Power of Ukraine's Billionaires."

23 Aaron Maté, "By using Ukraine to fight Russia, the US provoked Putin's war," *Aaron Mate* (Substack blog), March 5, 2022, https://mate.substack.com/p/by-using-ukraine-to-fight-russia.

24 Lally Weymouth, "Interview with Ukrainian presidential candidate Petro Poroshenko," *Washington Post*, April 25, 2014, https://www.washingtonpost.com/opinions/interiew-with-ukrainian-presidential-candidate-petro-poroshenko/2014/04/25/74c73a48-cbbd-11e3-93eb-6c0037dde2ad_story.html.

25 Shaun Walker, "Azov fighters are Ukraine's greatest weapon and may be its greatest threat," *The Guardian*, September 10, 2014, https://www.theguardian.com/world/2014/sep/10/azov-far-right-fighters-ukraine-neo-nazis; Andrew E. Kramer, "Islamic Battalions, Stocked with Chechens, Aid Ukraine in War with Rebels," *New York Times*, July 7, 2015, https://www.nytimes.com/2015/07/08/world/europe/islamic-battalions-stocked-with-chechens-aid-ukraine-in-war-with-rebels.html 등을 보라.

26 Maté, "By using Ukraine to fight Russia, the US provoked Putin's war."

27 예를 들어, 아흐메토프는 그의 사업 제국의 알짜배기인 아조우스탈 제철소를 잃었다. 제철소는 마리우폴 포위 당시 파괴되었다. 또한 피르타시는 세베로도네츠크에 있는 아조트 화학공장을 잃었다.

28 Casey Michel, "Who Is Ihor Kolomoisky?" *The Spectator*, March 13, 2022, https://www.spectator.co.uk/article/who-is-ihor-kolomoisky/; David Clark, "Will Zelenskyy target all Ukrainian oligarchs equally?" *UkraineAlert* (blog), Atlantic Council, July 10, 2021, https://www.atlanticcouncil.org/blogs/ukrainealert/will-zelenskyy-target-all-

ukrainian-oligarchs-equally/; Maté, "By using Ukraine to fight Russia, the US provoked Putin's war"도 보라.

8장 근미래의 역사들

1   Peter Turchin et al., "A History of Possible Futures: Multipath Forecasting of Social Breakdown, Recovery, and Resilience," *Cliodynamics: The Journal of Quantitative History and Cultural Evolution* 9, no. 2 (2018), pp. 124~139, https://doi.org/10.21237/c7clio9242078.

2   Peter Turchin, "Multipath Forecasting: The Aftermath of the 2020 American Crisis," 2021년 4월 4일에 제출한 사전 배포본, https://osf.io/preprints/socarxiv/f37jy/.

3   여기서 '노출된다'는 것은 소셜미디어를 통한 상호작용도 포함된다는 점을 주목하라. 생물학적 감염병과 달리, 급진화 감염병에는 물리적 접촉이 필요 없다.

4   Bruce D. Malamud, Gleb Morein, and Donald L. Turcotte, "Forest Fires: An Example of Self-Organized Critical Behavior," *Science* 281, no. 5384(1998), pp. 1840~1842, https://doi.org/10.1126/science.281.5384.1840; R. Silva et al., "Nonextensive models for earthquakes," *Physical Review E* 73, no. 2 (2006), pp. 1~5, https://doi.org/10.1103/physreve.73.026102 등을 보라.

5   여기서 나는 이 모델을 간단하게 유지하기 위해 불안정을 추동하는 두 가지 주요 요인인 궁핍화와 엘리트 과잉생산에만 초점을 맞춘다. 2장에서 살펴본 것처럼, 불안정을 낳는 또 다른 구조적 힘들은 국가의 약세(재정 건전성 하락과 국가 정당성 약화)와 지정학적 요인이다. 이 힘들을 모델에 포함시킬 수 있지만, 모델이 복잡해지는 희생이 따른다.

6   Turchin, "Multipath Forecasting: The Aftermath of the 2020 American Crisis"의 모델에서 예측한 궤적들을 볼 수 있다.

7   G. William Domhoff, *Who Rules America?*, 8th ed., *The Corporate Rich, White Nationalist Republicans, and Inclusionary Democrats in the 2020s* (London: Routledge, 2022), p. 105.

8   Domhoff, *Who Rules America?*, p. 106.

9 Parker Thayer, "Living Room Pundit's Guide to Soros District Attorneys," Capital Research Center, January 18, 2022, https:// capitalresearch.org/article/living-room-pundits-guide-to-soros-district-attorneys/.

10 Jeremy B. White, "4 wealthy donors fuel overhaul of California's criminal justice system," *Politico*, July 17, 2021, https://www.politico.com/ states/california/story/2021/07/17/four-wealthy-donors-fuel-overhaul-of-californias-criminal-justice-system-1388261.

11 Mark Mizruchi, *The Fracturing of the American Corporate Elite* (Cambridge, MA: Harvard University Press, 2013), p. 286.

12 미즈러키의 테제에 대한 비판으로는 "Is the Corporate Elite Fractured, or Is There Continuing Corporate Dominance? Two Contrasting Views," by G. William Domhoff *Class, Race and Corporate Power* 3, no. 1 (2015), https://doi.org/10.25148/CRCP.3.1.16092135도 보라.

13 Stephen Marche, "The next US civil war is already here—we just refuse to see it," *The Guardian*, January 4, 2022, https://www.theguardian. com/world/2022/jan/04/next-us-civil-war-already-here-we-refuse-to-see-it.

14 Southern Poverty Law Center, *The Year in Hate and Extremism 2019* (Montgomery, AL: Southern Poverty Law Center, 2020), https://www. splcenter.org/sites/default/files/yih_2020_final.pdf; Southern Poverty Law Center, *The Year in Hate and Extremism 2021* (Montgomery, AL: Southern Poverty Law Center, 2022), https://www.splcenter.org/sites/ default/files/splc-2021-year-in-hate-extremism-report.pdf.

15 Nicholas Bogel-Burroughs, Shaila Dewan, and Kathleen Gray, "F.B.I. Says Michigan Anti-Government Group Plotted to Kidnap Gov. Gretchen Whitmer," *New York Times*, April 13, 2021, https://www. nytimes.com/2020/10/08/us/gretchen-whitmer-michigan-militia.html.

16 Ryan Lucas, "Oath Keepers face seditious conspiracy charges. DOJ has mixed record with such cases," NPR, February 1, 2022, https://www. npr.org/2022/02/01/1076349762/oath-keepers-charged-capitol-riot-seditious-conspiracy.

17 Ezra Klein, "Bernie Sanders: The Vox Conversation," *Vox*, July 28, 2015, https://www.vox.com/2015/7/28/9014491/bernie-sanders-vox-conversation.

18 David Weigel, "Bernie Sanders criticizes 'open borders' at Hispanic Chamber of Commerce," *Washington Post*, July 30, 2015, https://www.washingtonpost.com/news/post-politics/wp/2015/07/30/bernie-sanders-criticizes-open-borders-at-hispanic-chamber-of-commerce/.

19 좌파 지식인들은 또한 소셜미디어 인플루언서로서도 대체로 썩 유능하지 못하다. 《폴리티코Politico》와 전략적대화연구소Institute for Strategic Dialogue 는 소셜미디어에 관한 분석에서 검열에 관한 떠들썩한 외침에도 불구하고 "친공화당의 목소리가 자유주의자들을 압도하면서 [온라인] 대화를 이끈다"는 것을 발견했다. Mark Scott, "Despite cries of censorship, conservatives dominate social media," *Politico*, October 26, 2020, https://www.politico.com/news/2020/10/26/censorship-conservatives-social-media-432643을 보라.

20 Robert E. Scott, "We can reshore manufacturing jobs, but Trump hasn't done it," Economic Policy Institute, August 10, 2020, https://www.epi.org/publication/reshoring-manufacturing-jobs/.

21 Ronald Radosh, "Steve Bannon, Trump's Top Guy, Told Me He Was 'a Leninist,'" *Daily Beast*, August 22, 2016, https://www.thedailybeast.com/steve-bannon-trumps-top-guy-told-me-he-was-a-leninist.

22 Benjamin R. Teitelbaum, *War for Eternity: Inside Bannon's Far-Right Circle of Global Power Brokers* (New York: Dey Street Books, 2020).

23 Guilford and Sonnad, "What Steve Bannon really wants."

24 Guilford and Sonnad, "What Steve Bannon really wants."

25 지금까지는. 2024년에 무슨 일이 생길지 누가 알겠는가…. [2024년 11월 5일 치러진 미국 대통령 선거에서 도널드 트럼프가 캐멀라 해리스를 꺾고 47대 대통령에 당선되었다.—옮긴이]

26 적어도 이 글을 쓰는 시점에서는. 공화당원의 다수가 2020년 선거가 트럼프에게서 표를 도둑질한 것이라는 견해를 신봉한다는 점을 감안하면, 싸움은 계속된다.

27 연구자 공동체가 형식적 모델과 빅데이터를 결합해서 내놓는 과학 분야는 장기적으로 언제나 한 개인을 능가한다. 그 개인이 아무리 명석하더라도 말이다. 그와 동시에 나는 역사동역학이 풋풋한 신생 분야이며 우리는 단지 코끼리의 윤곽을 인식하기 시작했을 뿐임을 인정하는 첫 번째 사람이 될 것이다.

28 Nicholas Confessore, "How Tucker Carlson Stoked White Fear to Conquer Cable," *New York Times*, April 30, 2022, https://www.nytimes.com/2022/04/30/us/tucker-carlson-gop-republican-party.html.

29 연속 기사의 첫 번째에서는 지나가는 말로 칼슨의 책을 언급하면서 "폭스 시절에 미국의 이기적 엘리트들에 관해 늘어놓은 하소연 모음집"이라고 무시한다.

30 대표적인 인용문을 몇 개 꼽자면 다음과 같다.

"거짓말쟁이 선동가"―존 스튜어트Jon Stewart (Dominick Mastrangelo, "Jon Stewart rips 'dishonest propagandist' Tucker Carlson for Putin comments," *The Hill*, March 3, 2022.)

"멍청한 인종주의자"―《뉴리퍼블릭》(Matt Ford, "Tucker Carlson Is Deadly Boring," *The New Republic*, April 29, 2021.)

"반역자"―체리 저코버스Cheri Jacobus (CheriJacobus, "Tucker Carlson is the Trump/Putin 'link' and he's now finishing the job of pulling it all together," Twitter, February 22, 2022, 10:08 p.m.)

"그는 뛰어난 재능을 가진 데마고그(선동가)다."―빌 크리스톨Bill Kristol(Michael Kranish, "How Tucker Carlson became the voice of White grievance," *Washington Post*, July 14, 2021.)

"해외 자산"―애나 나바로Ana Navarro (Dominick Mastrangelo, "Panel on 'The View' calls for DOJ to probe Tucker Carlson over Putin rhetoric," *The Hill*, March 14, 2022.)

31 Dominick Mastrangelo, "Jon Stewart rips 'dishonest propagandist' Tucker Carlson for Putin comments," *The Hill*, March 3, 2022, https://thehill.com/homenews/media/596764-jon-stewart-rips-dishonest-propagandist-tucker-carlson-for-putin-comments.

32 미국에서 얼마나 많은 반엘리트가 예일에서 법학 학위를 받았는지를 알면 눈이 번쩍 뜨인다. 체이서 부딘 같은 좌파 인사에서부터 오스키퍼스 지도자 스튜어트 로즈 같은 우파 인사에 이르기까지 면면이 다양하다.

33 Jason Zengerle, "The Rise of the Tucker Carlson Politician," *New York Times Magazine*, March 22, 2022, https://www.nytimes.com/2022/03/22/magazine/tucker-carlson-politician.html.

34 Niall Stanage, "Cruz, Rubio ramp up criticisms of big business," *The Hill*, May 3, 2021, https://thehill.com/homenews/campaign/551318-

exclusive-cruz-rubio-ramp-up-criticisms-of-big-business/.

35 Niall Stanage, "Cruz, Rubio ramp up criticisms of big business."

9장 부의 펌프와 민주주의의 미래

1 Daniel Hoyer et al., "Flattening the Curve: Learning the lessons of world history to mitigate societal crises," 2022년 1월 2일 제출된 사전 배포본, https://doi.org/10.31235/osf.io/hyj48.

2 John E. Archer, *Social Unrest and Popular Protest in England, 1780-1840* (New York: Cambridge University Press, 2000), p. 89.

3 Edward Royle, *Revolutionary Britannia? Reflections on the Threat of Revolution in Britain, 1789-1848* (Manchester, UK: Manchester University Press, 2000), p. 171.

4 17세기에 해상 패권을 놓고 세 차례 벌어진 잉글랜드-네덜란드 전쟁은 잉글랜드의 패배로 귀결되었다. 이 충돌은 1688년 네덜란드의 통치자 오라녀공 빌럼 3세가 잉글랜드를 침략해서 왕위에 오르면서 끝났다. (이 정복에는 후에 명예혁명이라는 '그럴듯한' 명칭이 붙여졌다.) 러시아도 강한 이웃 나라들의 침략을 겪었다. 가령 '고난의 시기' 동안 폴란드 군대가 모스크바의 크렘린궁을 점령했다.

5 이 부분은 《세기의 순환》 9장에 실린 자세한 설명을 요약한 것이다.

6 푸가초프의 반란(1773~1775)은 자신이 차르 표트르 3세(실제로는 궁정 쿠데타 당시 암살당했다)라고 주장하는 에멜리얀 푸가초프가 이끄는 농민과 카자크인들이 일으킨 봉기다. 푸가초프가 내건 주요 목표는 농노제 폐지였다.

7 Turchin and Nefedov, *Secular Cycles*, 9장.

8 가장 중요한 개혁을 몇 가지 꼽자면 다음과 같다: 언론 검열 완화, 사법 개혁, 군 현대화, 지방자치, 교육 개혁, 러시아 정교회 개혁, 경제 현대화.

9 더 정확히 말하자면, 처형 건수는 극단주의를 억누르기 위한 당국의 시도를 보여주는 지표다.

10 Turchin and Nefedov, *Secular Cycles*, 9장.

11 물론 대부분의 경우에 지배계급은 도전에 맞서 능력을 발휘하지 않으며, 이 때문에 '위기DB'의 절대다수의 사례들이 결국 혁명이나 유혈적 내전으로 끝이 난다.

12 즉 농민들은 일주일에 며칠 정도 아무 보상도 받지 못하고 영주를 위해 일해야 했다.

13 Turchin and Nefedov, *Secular Cycles*, 9장.

14 Turchin and Nefedov, *Secular Cycles*, 9장.

15 Daniel Hoyer et al., "Flattening the Curve: Learning the lessons of world history to mitigate societal crises."

16 《초협력사회》, 8장을 보라.

17 Oscar Ortmans et al., "Modeling Social Pressures Toward Political Instability in the United Kingdom after 1960: A Demographic Structural Analysis," *Cliodynamics: The Journal of Quantitative History and Cultural Evolution* 8, no. 2 (2017), https://doi.org/10.21237/c7clio8237313에 실린 그림 2를 보라.

18 여기서 내가 나라들 사이의 불평등 감소가 중요한 요인이 되는 글로벌 불평등이 아니라 각 나라 **내부의** 불평등 추세에 관심이 있음을 주목할 것. 이는 부의 펌프가 작동하고 있음(또는 불평등이 줄어들고 있다면 작동하지 않음)을 보여주는 중요한 지표의 하나다.

19 Christina Boll et al., "Overeducation—New Evidence for 25 European Countries," HWWI Research Paper No. 173, Hamburg Institute of International Economics, Hamburg, Germany, 2016, https://www.econstor.eu/bitstream/10419/130613/1/857142143.pdf.

20 Sarah Babb and Alexander Kentikelenis, "People have long predicted the collapse of the Washington Consensus. It keeps reappearing under new guises," *Washington Post*, April 16, 2021, https://www.washingtonpost.com/politics/2021/04/16/people-have-long-predicted-collapse-washington-consensus-it-keeps-reappearing-under-new-guises/.

21 Amory Gethin, Clara Martínez-Toledano, and Thomas Piketty, "How politics became a contest dominated by two kinds of elite," *The Guardian*, August 5, 2021, https://www.theguardian.com/commentisfree/2021/aug/05/around-the-world-the-disadvantaged-have-been-left-behind-by-politicians-of-all-hues.

22 "World Inequality Database," World Inequality Database, 2022년 8월 10일 접속, https://wid.world/.

23 그와 동시에 소득자 하위 절반(대략)은 소득 비율이 높아졌는데, 따라서 이

는 '대압착'은 아닐지라도 진정한 소득 압착처럼 보인다.

A1 새로운 역사과학

1   이 절의 내용은 마이클 플린의 책《눈먼 자들의 나라에서In the Country of the Blind》
    (New York: Tor Books, 2001)의 구절을 약간 개작하고 재배열한 것이다.

2   자세한 내용에 관심이 있다면 나의 저서인《이동의 양적 분석Quantitative Analysis
    of Movement》과《복잡한 개체군 동역학Complex Population Dynamics》을 보라.

3   나는《제국의 탄생》에서 레프 톨스토이가 역사동역학에 미친 영향에 관해
    논의한다.

4   James Gleick, *Chaos: Making a New Science* (New York: Viking Press,
    1987).

5   아널드 토인비는 동료들의 비판에 대해 이 발언을 했다. "역사는 그저 안 좋
    은 일의 연속인 것은 아니다."

6   Peter Turchin, "Psychohistory and Cliodynamics," *Cliodynamica*
    (blog), September 3, 2012, https://peterturchin.com/cliodynamica/
    psychohistory-and-cliodynamics/.

7   James Gleick, *Chaos: Making a New Science*.

8   William C. Davis, *A Concise History of the Civil War* (Fort Washington,
    PA: Eastern National, 2007), http://npshistory.com/publications/civil_
    war_series/1/sec1.htm.

9   Peter Turchin et al., "War, space, and the evolution of Old World
    complex societies," *Proceedings of the National Academy of Sciences*
    110, no. 41 (2013), pp. 16384~16389, https://doi.org/10.1073/
    pnas.1308825110.

10 《초협력사회》를 보라.

11 "American Civil War," GWonline, 2022년 8월 10일 접속, https://
    gwonline.unc.edu/node/11653; Guy Gugliotta, "New Estimate Raises
    Civil War Death Toll," *New York Times*, April 2, 2012, https://www.
    nytimes.com/2012/04/03/science/civil-war-toll-up-by-20-percent-in-
    new-estimate.html 등을 보라.

12 《제국의 탄생》, 10장.

13 Hammad Sheikh, Ángel Gómez, and Scott Atran, "Empirical Evidence for the Devoted Actor Model," *Current Anthropology* 57, no. S13 (2016), https://doi.org/10.1086/686221; Nafees Hamid et al., "Neuroimaging 'will to fight' for sacred values: an empirical case study with supporters of an Al Qaeda associate," *Royal Society Open Science* 6, no. 6 (2019), https://doi.org/10.1098/rsos.181585; Elaine Reese and Harvey Whitehouse, "The Development of Identity Fusion," *Perspectives on Psychological Science* 16, no. 6(2021), pp. 1398~1411, https://doi.org/10.1177/1745691620968761 등을 보라.

14 Thomas Carlyle, *On Heroes, Hero-Worship, and the Heroic in History* (London: James Fraser, 1841). 무료 전자책: https://www.gutenberg.org/files/1091/1091-h/1091-h.htm. (국역: 《영웅숭배론》, 박상익 옮김, 한길사, 2023)

15 William James, "Great Men, Great Thoughts, and the Environment," *Atlantic Monthly*, October, 1880, https://www.theatlantic.com/magazine/archive/1880/10/great-men-great-thoughts-and-the-environment/632282/.

16 Karl R. Popper, *The Poverty of Historicism* (London: Routledge, 1957)을 보라.

17 Conway Zirkle, "The role of Liberty Hyde Bailey and Hugo de Vries in the rediscovery of Mendelism," *Journal of the History of Biology* 1, no. 2 (1968), pp. 205~218, https://www.jstor.org/stable/4330495.

18 Jack A. Goldstone, "Demographic Structural Theory: 25 Years On," *Cliodynamics: The Journal of Quantitative History and Cultural Evolution* 8, no. 2(2017), https://doi.org/10.21237/c7clio8237450.

19 Goldstone, "Demographic Structural Theory: 25 Years On."

A2 역사 매크로스코프

1 센타우루스인들은 우리가 생각하는 성별이 없다. 대신에 각 개인은 대략 여성과 남성이라고 지칭할 수 있는 생애 단계를 거친다.

2 센타우루스인은 지구인 기준으로 250~300년의 수명을 누린다.

3 "Seshat: Global History Databank," http://seshatdatabank.info/, 2022년 8월 10일 접속.

4 원래 전해지는 말은 다음과 같다. "천재는 1퍼센트의 **영감**과 99퍼센트의 **노력**으로 이루어진다."

5 "Domesday Book," Wikimedia Foundation, 2022년 9월 25일 17:34 최종 수정, https://en.wikipedia.org/wiki/Domesday_Book.

6 Haihui Zhang, "What Are Chinese Local Gazetteers?" University of Pittsburgh, 2021년 4월 28일 최종 업데이트, https://pitt.libguides.com/chinese_local_gazetteers.

7 예를 들어, Jed O. Kaplan et al., "Holocene carbon emissions as a result of anthropogenic land cover change," *The Holocene* 21, no. 5 (2010), pp. 775~791, https://doi.org/10.1177/0959683610386983.

8 The Sopranos, 시즌 5, 10화, "Cold Cuts," created by David Chase, 2004년 5월 9일 HBO에서 방송, https://www.hbo.com/the-sopranos/season-5/10-cold-cuts.

9 David Reich, *Who We Are and How We Got Here: Ancient DNA and the New Science of the Human Past* (New York: Pantheon Books, 2018).

10 Richard H. Steckel, "Heights and human welfare: Recent developments and new directions," *Explorations in Economic History* 46, no. 1 (2009), pp. 1~23, https://doi.org/10.1016/j.eeh.2008.12.001.

11 실제 인용문은 "한 사람이 죽으면 비극이지만 100만 명이 죽으면 통계가 된다"인데, 스탈린이 한 말로 널리 여겨지지만 출처가 불명확하다.

12 잉글랜드 노리치에 있는 세인트스티븐스 교회의 세례 명부에서 가져온 실제 기록이다. "Parish register," Wikimedia Foundation, 2021년 12월 31일 07:25 최종 수정, https://en.wikipedia.org/wiki/Parish_register를 보라.

13 이 '거대한 질문'에 내가 어떤 답을 내놓았는지 궁금한 독자라면, 대중적인 저서인 《초협력사회: 전쟁은 어떻게 협력과 평등을 가능하게 했는가》(2016)와 출간 예정인 전문적인 책 《홀로세의 대전환》을 보라.

14 Guy D. Middleton, "The show must go on: Collapse, resilience, and transformation in 21st-century archaeology," *Reviews in Anthropology* 46, no. 2-3(2017), pp. 78~105, https://doi.org/10.1080/00938157.2017.1343025.

참고문헌

Ahlin, Charlotte. "Learn the History That Inspired the Lannisters & Impress All Your Friends." *Bustle*, December 4, 2018. https://www.bustle.com/p/the-inspiration-for-the-lannisters-from-game-of-thrones-came-from-a-number-of-fascinating-historical-figures-13222107.

Allen, Robert C. *Farm to Factory: A Reinterpretation of the Soviet Industrial Revolution*. Princeton: Princeton University Press, 2003.

Archer, John E. *Social Unrest and Popular Protest in England, 1780-1840*. New York: Cambridge University Press, 2000.

Associated Press. "College bribery scandal: students sue elite schools in class action." *The Guardian*, March 15, 2019. https://www.theguardian.com/us-news/2019/mar/14/college-admisisons-scandal-fraud-lawsuit-yale-usc-stanford.

Babb, Sarah, and Alexander Kentikelenis. "People have long predicted the collapse of the Washington Consensus. It keeps reappearing under new guises." *Washington Post*, April 16, 2021. https://www.washingtonpost.com/politics/2021/04/16/people-have-long-predicted-collapse-washington-consensus-it-keeps-reappearing-under-new-guises/.

Baker, Stephanie. "Broke Oligarch Says Sanctioned Billionaires Have No Sway Over Putin." *Bloomberg*, March 17, 2022. https://www.bloomberg.com/news/features/2022-03-17/broke-russian-oligarch-fridman-says-sanctioned-billionaires-can-t-sway-putin.

Baltzell, E. Digby. *Philadelphia Gentlemen: The Making of a National Upper Class*. Piscataway, NJ: Transaction Publishers, 1989.

Baltzell, E. Digby. *The Protestant Establishment Revisited*. New Brunswick, NJ: Transaction Publishers, 1991.

Banned.Video. "Oath Keeper Stewart Rhodes—'We're already at war, Trump needs to be a wartime president right now.'" BitChute, December 13, 2020. 동영상, 0:24. https://www.bitchute.com/video/w7ut83CCvRby.

Barstow, David, Susanne Craig, and Russ Buettner. "Trump Engaged in Suspect Tax Schemes as He Reaped Riches from His Father." *New York Times*, October 2, 2018. https://www.nytimes.com/interactive/2018/10/02/us/politics/donald-trump-tax-schemes-fred-trump.html.

BBC. "Ukraine crisis: Transcript of leaked Nuland-Pyatt call." BBC News, February 7, 2014. https://www.bbc.com/news/world-europe-26079957.

Blanchflower, David G., and Andrew J. Oswald. "Trends in Extreme Distress in the United States, 1993-2019." *American Journal of Public Health* 110, no. 10 (2020): pp. 1538~1544. https://doi.org/10.2105/ajph.2020.305811.

Bogel-Burroughs, Nicholas, Shaila Dewan, and Kathleen Gray. "F.B.I. Says Michigan Anti-Government Group Plotted to Kidnap Gov. Gretchen Whitmer." *New York Times*, April 13, 2021. https://www.nytimes.com/2020/10/08/us/gretchen-whitmer-michigan-militia.html.

Boll, Christina, Julian Leppin, Anja Rossen, and Andre Wolf. "Overeducation— New Evidence for 25 European Countries." HWWI Research Paper No. 173, Hamburg Institute of International Economics, Hamburg, Germany, 2016. https://www.econstor.eu/bitstream/10419/130613/1/857142143.pdf.

Borjas, George J. *We Wanted Workers: Unraveling the Immigration Narrative*. New York: W. W. Norton, 2016.

Boskin, Michael J. "The best solution for inequality? Economic growth." World Economic Forum, December 13, 2019, https://www.weforum. org/agenda/2019/12/economic-growth-is-the-answer.

Braudel, Fernand. *The Identity of France*. Vol. 2, bk. 2, *People and Production*. New York: HarperCollins, 1991.

Brzezinski, Zbigniew. *The Grand Chessboard: American Primacy and Its Geostrategic Imperatives*. New York: Basic Books, 1997. (국역: 《거대한 체스판》, 김명섭 옮김, 삼인, 2017)

Burrough, Bryan. *Days of Rage: America's Radical Underground, the FBI, and the Forgotten Age of Revolutionary Violence*. New York: Penguin Books, 2016.

Case, Anne, and Angus Deaton. *Deaths of Despair and the Future of Capitalism*. Princeton: Princeton University Press, 2020. (국역: 《절망의 죽음과 자본주의의 미래》, 이진원 옮김, 한국경제신문, 2021)

Chase, David, creator. *The Sopranos*. Season 5, episode 10, "Cold Cuts." 2004년 5월 9일 HBO에서 방송. https://www.hbo.com/the-sopranos/ season-5/10-cold-cuts.

Clark, David. "Will Zelenskyy target all Ukrainian oligarchs equally?" *UkraineAlert* (blog), Atlantic Council, July 10, 2021. https://www. atlanticcouncil.org/blogs/ukrainealert/will-zelenskyy-target-all-ukrainian-oligarchs-equally/.

Confessore, Nicholas. "How Tucker Carlson Stoked White Fear to Conquer Cable." *New York Times*, April 30, 2022. https://www.nytimes. com/2022/04/30/us/tucker-carlson-gop-republican-party.html.

Crockett, Zachary. "Donald Trump is the only US president ever with no political or military experience." *Vox*, January 23, 2017. https://www. vox.com/policy-and-politics/2016/11/11/13587532/donald-trump-no-experience.

Davis, David Brion. "Slavery, Emancipation, and Progress." In *British Abolitionism and the Question of Moral Progress in History*, edited by Donald A. Yerxa. Columbia, SC: University of South Carolina Press, 2012, pp. 18~19.

Davis, William C. *A Concise History of the Civil War*. Fort Washington, PA:

Eastern National, 2007. http://npshistory.com/publications/civil_war_series/1/sec1.htm.

Domhoff, G. William. "Power Elite Database." Who Rules America? 2022년 8월 10일 접속. https://whorulesamerica.ucsc.edu/power_elite/.

Domhoff, G. William. *Who Rules America?*, 5th ed., *Power, Politics, and Social Change*. New York: McGraw-Hill, 2006.

Domhoff, G. William, and Michael J. Webber. *Class and Power in the New Deal: Corporate Moderates, Southern Democrats, and the Liberal-Labor Coalition*. Redwood City: Stanford University Press, 2011.

Douglas, Karen M., Robbie M. Sutton, Mitchell J. Callan, Rael J. Dawtry, and Annelie J. Harvey. "Someone Is Pulling the Strings: Hypersensitive Agency Detection and Belief in Conspiracy Theories." *Thinking & Reasoning* 22, no. 1 (2016), pp. 57~77. https://doi.org/10.1080/1354678 3.2015.1051586.

DQYDJ. "Average, Median, Top 1%, and all United States Net Worth Percentiles." DQYDJ. 2022년 8월 10일 접속. https://dqydj.com/average-median-top-net-worth-percentiles/.

Dupuy, Trevor N. *Understanding War: History and Theory of Combat*. St. Paul: Paragon House, 1987. (국역: 《전쟁의 이론과 해석》, 주은식 옮김, 한원, 1994)

Ekins, Emily, and David Kemp. "E Pluribus Unum: Findings from the Cato Institute 2021 Immigration and Identity National Survey." Cato Institute. April 27, 2021. https://www.cato.org/survey-reports/e-pluribus-unum-findings-cato-institute-2021-immigration-identity-national-survey.

Federal Reserve Economic Data. "Federal Net Outlays as Percent of Gross Domestic Product." Economic Research, Federal Reserve Bank of St. Louis. 2022년 4월 1일 최종 수정. https://fred.stlouisfed.org/series/FYONGDA188S.

Fogel, Robert William. *The Escape from Hunger and Premature Death, 1700-2100: Europe, America, and the Third World*. New York: Cambridge University Press, 2004.

Frank, Thomas. *The People, No: A Brief History of Anti-Populism*. New York: Metropolitan Books, 2020.

Frank, Thomas. *What's the Matter with Kansas? How Conservatives Won the Heart of America*. New York: Picador, 2005. (국역:《왜 가난한 사람들은 부자를 위해 투표하는가》, 김병순 옮김, 갈라파고스, 2012)

Fraser, Douglas. Resignation Letter from the Labor–Management Group, July 17, 1978. https://www.historyisaweapon.com/defcon1/fraserresign.html.

Freeman, Joanne B. "When Congress Was Armed and Dangerous." *New York Times*, January 11, 2011. https://www.nytimes.com/2011/01/12/opinion/12freeman.html.

Garcia, Tonya. "CEO average pay climbed more than 1 million in 2016." *MarketWatch*, April 13, 2017. https://www.marketwatch.com/story/ceo-average-pay-climbed-more-than-1-million-in-2016-2017-04-12.

Gethin, Amory, Clara Martínez-Toledano, and Thomas Piketty. "How politics became a contest dominated by two kinds of elite." *The Guardian*, August 5, 2021. https://www.theguardian.com/commentisfree/2021/aug/05/around-the-world-the-disadvantaged-have-been-left-behind-by-politicians-of-all-hues.

Ghani, Ashraf, and Clare Lockhart. *Fixing Failed States: A Framework for Rebuilding a Fractured World*. New York: Oxford University Press, 2008.

Gilens, Martin, and Benjamin I. Page. "Testing Theories of American Politics: Elites, Interest Groups, and Average Citizens." *Perspectives on Politics* 12, no. 3 (2014), pp. 564~581. https://doi.org/10.1017/s1537592714001595.

Gleick, James. *Chaos: Making a New Science*. New York: Viking Press, 1987. (국역:《카오스》, 박래선 옮김, 동아시아, 2013)

Goldin, Claudia. "Enrollment in institutions of higher education, by sex, enrollment status, and type of institution: 1869–1995." Table Bc523-536 in *Historical Statistics of the United States, Earliest Times to the Present: Millennial Edition*, edited by Susan B. Carter, Scott Sigmund Gartner, Michael R. Haines, Alan L. Olmstead, Richard Sutch, and Gavin Wright. New York: Cambridge University Press, 2006. http://dx.doi.org/10.1017/ISBN-9780511132971.Bc510-736.

Goldstone, Jack A. "Demographic Structural Theory: 25 Years On." *Cliodynamics: The Journal of Quantitative History and Cultural Evolution* 8, no. 2 (2017), pp. 85~112. https://doi.org/10.21237/c7clio8237450.

Goldstone, Jack A. *Revolution and Rebellion in the Early Modern World*. Berkeley: University of California Press, 1991.

Goldstone, Jack A., Robert H. Bates, David L. Epstein, Ted Robert Gurr, Michael B. Lustik, Monty G. Marshall, Jay Ulfelder, and Mark Woodward. "A Global Model for Forecasting Political Instability." *American Journal of Political Science* 54, no. 1 (2010), pp. 190~208. https://doi.org/10.1111/j.1540-5907.2009.00426.x.

Graetz, Michael J., and Ian Shapiro. *Death by a Thousand Cuts: The Fight over Taxing Inherited Wealth*. Princeton: Princeton University Press, 2006.

Greenhouse, Steven. "Bernie Sanders says Democrats are failing: 'The party has turned its back on the working class.'" *The Guardian*, January, 10 2022. https://www.theguardian.com/us-news/2022/jan/10/bernie-sanders-democrats-failing-working-class-interview.

Grinin, Leonid, and Andrey Korotayev. "The Arab Spring: Causes, Conditions, and Driving Forces." In *Handbook of Revolutions in the 21st Century: The New Waves of Revolutions, and the Causes and Effects of Disruptive Political Change*, edited by Jack A. Goldstone, Leonid Grinin, and Andrey Korotayev. Switzerland: Springer, 2022, pp. 595~624. https://doi.org/10.1007/978-3-030-86468-2.

Gugliotta, Guy. "New Estimate Raises Civil War Death Toll." *New York Times*, April 2, 2012. https://www.nytimes.com/2012/04/03/science/civil-war-toll-up-by-20-percent-in-new-estimate.html.

Guilford, Gwynn, and Nikhil Sonnad. "What Steve Bannon Really Wants." *Quartz*, February 3, 2017. https://qz.com/898134/what-steve-bannon-really-wants/.

GWonline. "American Civil War." GWonline. 2022년 8월 10일 접속. https://gwonline.unc.edu/node/11653.

Haidt, Jonathan. "Why the Past 10 Years of American Life Have Been Uniquely Stupid." *The Atlantic*, April 11, 2022. https://www.theatlantic.com/magazine/archive/2022/05/social-media-democracy-trust-babel/629369/.

Hanauer, Nick. "The Pitchforks Are Coming... For Us Plutocrats." *Politico*

Magazine, July/August 2014. https://www.politico.com/magazine/story/2014/06/the-pitchforks-are-coming-for-us-plutocrats-108014/.

Igielnik, Ruth, Scott Keeter, and Hannah Hartig. "Behind Biden's 2020 Victory." Pew Research Center, June 30, 2021. https://www.pewresearch.org/politics/2021/06/30/behind-bidens-2020-victory/.

Johansmeyer, Thomas. "How 2020 protests changed insurance forever." World Economic Forum, February 22, 2021. https://www.weforum.org/agenda/2021/02/2020-protests-changed-insurance-forever/.

Kaplan, Jed O., Kristen M. Krumhardt, Erle C. Ellis, William F. Ruddiman, Carsten Lemmen, and Kees Klein Goldewijk. "Holocene Carbon Emissions as a Result of Anthropogenic Land Cover Change." *The Holocene* 21, no. 5 (2010), pp. 775~791. https://doi.org/10.1177/0959683610386983.

Kolko, Gabriel. *The Triumph of Conservatism: A Reinterpretation of American History, 1900-1916*. New York: Free Press, 1963.

Komlos, John. *Foundations of Real-World Economics*. 3rd ed. New York: Routledge, 2023.

Komlos, John. "Growth of Welfare and Its Distribution in the U.S., 1979-2013." *Journal of Income Distribution* 28, no. 1 (2019), pp. 1~19. https://doi.org/10.25071/1874-6322.40399.

Komlos, John, and Marieluise Baur. "From the Tallest to (One of) the Fattest: The Enigmatic Fate of the American Population in the 20th Century." 2003년 9월 14일 제출된 사전 배포본. https://doi.org/10.2139/ssrn.444501.

Korotayev, Andrey, and Julia Zinkina. "Egyptian Revolution: A Demographic Structural Analysis." *Entelequia* 13 (2011), pp. 139~169.

Korotayev, Andrey, and L. Isaev. "The Anatomy of the Egyptian Counterrevolution." *Mirovaya Ekonomika i Mezhdunarodnye Otnosheniya* 8 (2014), pp. 91~100.

Korotayev, Andrey, Julia Zinkina, Svetlana Kobzeva, Justislav Bozhevolnov, Daria Khaltourina, Artemy Malkov, and Sergey Malkov. "A Trap at the Escape from the Trap? Demographic-Structural Factors of Political Instability in Modern Africa and West Asia." *Cliodynamics: The Journal of*

Quantitative History and Cultural Evolution 2, no. 2 (2011), pp. 276~303. https://doi.org/10.21237/c7clio22217.

Kramer, Andrew E. "Islamic Battalions, Stocked with Chechens, Aid Ukraine in War with Rebels." *New York Times*, July 7, 2015. https://www.nytimes.com/2015/07/08/world/europe/islamic-battalions-stocked-with-chechens-aid-ukraine-in-war-with-rebels.html.

Krugman, Paul. *The Conscience of a Liberal*. New York: W. W. Norton, 2007. (국역:《폴 크루그먼, 새로운 미래를 말하다》, 박태일 · 유병규 · 예상한 · 한상완 옮김, 엘도라도, 2012)

Lizunov, V. S. "Origins." In *The Past Passes Before Me* [러시아어]. Orekhovo-Zuyevo: Bogorodsk-Noginsk, 2007. https://www.bogorodsk-noginsk.ru/articles/24_lizunov1.html.

Major Cities Chiefs Association. *MCCA Report on the 2020 Protests and Civil Unrest*. Salt Lake City, UT: Major Cities Chiefs Association, October 2020. https://majorcitieschiefs.com/wp-content/uploads/2021/01/MCCA-Report-on-the-2020-Protest-and-Civil-Unrest.pdf.

Mann, Michael. *The Sources of Social Power: A History of Power from the Beginning to A.D. 1760*. Cambridge, UK: Cambridge University Press, 1986.

Malamud, Bruce D., Gleb Morein, and Donald L. Turcotte. "Forest Fires: An Example of Self-Organized Critical Behavior." *Science* 281, no. 5384 (1998), pp. 1840~1842. https://doi.org/10.1126/science.281.5384.1840.

Marche, Stephen. "The next US civil war is already here—we just refuse to see it." *The Guardian*, January 4, 2022. https://www.theguardian.com/world/2022/jan/04/next-us-civil-war-already-here-we-refuse-to-see-it.

Mastrangelo, Dominick. "Jon Stewart rips 'dishonest propagandist' Tucker Carlson for Putin comments." *The Hill*, March 3, 2022. https://thehill.com/homenews/media/596764-jon-stewart-rips-dishonest-propagandist-tucker-carlson-for-putin-comments.

Maté, Aaron. "By using Ukraine to fight Russia, the US provoked Putin's war." *Aaron Mate* (Substack blog), March 5, 2022. https://mate.substack.com/p/by-using-ukraine-to-fight-russia.

McCarty, Nolan, Keith T. Poole, and Howard Rosenthal. *Polarized America:*

The Dance of Ideology and Unequal Riches. Cambridge, MA: MIT Press, 2006.

McGhee, Heather. The Sum of Us: What Racism Costs Everyone and How We Can Prosper Together. New York: One World, 2021.

Michel, Casey. "Who Is Ihor Kolomoisky?" The Spectator, March 13, 2022. https://www.spectator.co.uk/article/who-is-ihor-kolomoisky-.

Middleton, Guy D. "The show must go on: Collapse, resilience, and transformation in 21st-century archaeology." Reviews in Anthropology 46, no. 2-3 (2017), pp. 78~105. https://doi.org/10.1080/00938157.2017.1343025.

Mishel, Lawrence, and Josh Bivens. "Identifying the policy levers generating wage suppression and wage inequality." Economic Policy Institute, May 13, 2021. https://www.epi.org/unequalpower/publications/wage-suppression-inequality/.

Mizruchi, Mark. The Fracturing of the American Corporate Elite. Cambridge, MA: Harvard University Press, 2013.

Nagle, Angela. "The Left Case Against Open Borders." American Affairs, 2, no. 4 (2018). https://americanaffairsjournal.org/2018/11/the-left-case-against-open-borders/.

Neef, Christian. "Yanukovych's Fall: The Power of Ukraine's Billionaires." Der Spiegel, February 25, 2014. https://www.spiegel.de/international/europe/how-oligarchs-in-ukraine-prepared-for-the-fall-of-yanukovych-a-955328.html.

Oates, Stephen B. Abraham Lincoln: The Man Behind the Myths. New York: Harper & Row, 1984.

OpenSecrets. "Lobbying Data Summary." OpenSecrets. 2022년 8월 10일 접속. https://www.opensecrets.org/federal-lobbying/summary.

OpenSecrets. "Election Trends." OpenSecrets. 2022년 8월 10일 접속. https://www.opensecrets.org/elections-overview/election-trends.

OpenSecrets. "Industries." OpenSecrets. 2022년 8월 10일 접속. https://www.opensecrets.org/federal-lobbying/industries.

OpenSecrets. "Our Vision and Mission: Inform, Empower & Advocate."

OpenSecrets. 2022년 8월 10일 접속. https://www.opensecrets.org/about/.

Orlandi, Georg, Daniel Hoyer, Zhao Hongjun, James S. Bennett, Majid Benam, Kathryn Kohn, and Peter Turchin. "Structural-Demographic Analysis of the Qing Dynasty (1644-1912) Collapse in China." 사전 인쇄본, 2022년 11월 2일 제출 https://osf.io/preprints/socarxiv/5awhk/.

Ortmans, Oscar, Elisabetta Mazzeo, Kira Meshcherina, and Andrey Korotayev. "Modeling Social Pressures Toward Political Instability in the United Kingdom After 1960: A Demographic Structural Analysis." *Cliodynamics: The Journal of Quantitative History and Cultural Evolution* 8, no. 2 (2017), pp. 113~158. https://doi.org/10.21237/c7clio8237313.

Palmer, James. "Xi's Prosperity Gospel." China Brief, *Foreign Policy*, August 25, 2021. https://foreignpolicy.com/2021/08/25/china-xi-jinping-common-prosperity-billionaires/.

Patriotic Millionaires. 2022년 8월 10일 접속. https://patrioticmillionaires.org/.

Phillips, Kevin. *Wealth and Democracy: A Political History of the American Rich*. New York: Broadway Books, 2002. (국역: 《부와 민주주의》, 오삼교 옮김, 중심, 2004)

Phillips-Fein, Kim. *Invisible Hands: The Businessmen's Crusade Against the New Deal*. New York: W. W. Norton, 2009.

Piketty, Thomas. *Capital in the Twenty-First Century*. Cambridge, MA: Harvard University Press, 2014. (국역: 《21세기 자본》, 장경덕 옮김, 글항아리, 2014).

Platt, Stephen R. *Autumn in the Heavenly Kingdom: China, the West, and the Epic Story of the Taiping Civil War*. New York: Vintage Books, 2012.

Poole, Keith T., and Howard Rosenthal. *Congress: A Political-Economic History of Roll Call Voting*. Oxford: Oxford University Press, 2000.

Poole, Keith T., and Howard Rosenthal. "The Polarization of American Politics." *The Journal of Politics* 46, no. 4 (1984), pp. 1061~1079. https://doi.org/10.2307/2131242.

Popper, Karl R. *The Poverty of Historicism*. London: Routledge, 1957. (국역: 《역사법칙주의의 빈곤》, 이한구·정연교·이창환 옮김, 철학과현실사, 2016)

Potter, David M. *The Impending Crisis, 1848-1861*. New York: Harper & Row, 1976.

Putnam, Robert D. *Bowling Alone: The Collapse and Revival of American Community*. New York: Simon & Schuster, 2000. (국역:《나 홀로 볼링》, 정승현 옮김, 페이퍼로드, 2016)

Radosh, Ronald. "Steve Bannon, Trump's Top Guy, Told Me He Was 'a Leninist.'" *Daily Beast*, August 22, 2016. https://www.thedailybeast.com/steve-bannon-trumps-top-guy-told-me-he-was-a-leninist.

Reich, David. *Who We Are and How We Got Here: Ancient DNA and the New Science of the Human Past*. New York: Pantheon Books, 2018. (국역:《믹스처》, 김명주 옮김, 동녘사이언스, 2020)

Ring, Trudy. "Maddow: Russians May Be Controlling Our Government." *Advocate*, March 10, 2017. https://www.advocate.com/politics/2017/3/10/maddow-russians-may-be-controlling-our-government.

Robinson, Andrew. "Did Einstein really say that?" *Nature* 557 (2018), p. 30. doi: https://doi.org/10.1038/d41586-018-05004-4.

Rosenberg, Susan. *An American Radical: Political Prisoner in My Own Country*. New York: Citadel Press, 2011.

Roser, Max. "Extreme poverty: how far have we come, how far do we still have to go?" Our World in Data. 2021년 11월 22일 접속. https://ourworldindata.org/extreme-poverty-in-brief.

Royle, Edward. *Revolutionary Britannia? Reflections on the Threat of Revolution in Britain, 1789-1848*. Manchester, UK: Manchester University Press, 2000.

Sauter, Michael B., Grant Suneson, and Samuel Stebbins. "The Net Worth of the American Presidents: Washington to Trump." *24/7 Wall St.*, March 2, 2020. https://247wallst.com/special-report/2020/03/02/the-net-worth-of-the-american-presidents-washington-to-trump-3/.

Scheiber, Noam. "Middle-Class Pay Lost Pace. Is Washington to Blame?" *New York Times*, May 13, 2021. https://www.nytimes.com/2021/05/13/business/economy/middle-class-pay.html.

Scheidel, Walter. *The Great Leveler: Violence and the History of Inequality from the Stone Age to the Twenty-First Century*. Princeton: Princeton University Press, 2018. (국역:《불평등의 역사》, 조미현 옮김, 에코리브르, 2017).

Scott, Mark. "Despite cries of censorship, conservatives dominate social media." *Politico*, October 26, 2020. https://www.politico.com/news/2020/10/26/censorship-conservatives-social-media-432643.

Scott, Robert E. "We can reshore manufacturing jobs, but Trump hasn't done it." Economic Policy Institute, August 10, 2020. https://www.epi.org/publication/reshoring-manufacturing-jobs/.

Seshat: Global History Databank. 2022년 8월 10일 접속. http://seshatdatabank.info/.

Silva, R., G. S. França, C. S. Vilar, and J. S. Alcaniz. "Nonextensive models for earthquakes." *Physical Review E* 73, no. 2 (2006), pp. 1~5. https://doi.org/10.1103/physreve.73.026102.

Smith, Noah. "America Is Pumping Out Too Many Ph.D.s." *Bloomberg*, January 4, 2021. https://www.bloomberg.com/opinion/articles/2021-01-04/america-is-pumping-out-too-many-ph-d-s.

Southern Poverty Law Center. *The Year in Hate and Extremism 2019*. Montgomery, AL: Southern Poverty Law Center, 2020. https://www.splcenter.org/sites/default/files/yih_2020_final.pdf.

Southern Poverty Law Center. *The Year in Hate and Extremism 2021*. Montgomery, AL: Southern Poverty Law Center, 2022. https://www.splcenter.org/sites/default/files/splc-2021-year-in-hate-extremism-report.pdf.

Stanage, Niall. "Cruz, Rubio ramp up criticisms of big business." *The Hill*, May 3, 2021. https://thehill.com/homenews/campaign/551318-exclusive-cruz-rubio-ramp-up-criticisms-of-big-business/.

Standing, Guy. "Meet the precariat, the new global class fuelling the rise of populism." World Economic Forum. November 9, 2016. https://www.weforum.org/agenda/2016/11/precariat-global-class-rise-of-populism/.

Standing, Guy. *The Precariat: The New Dangerous Class*. London: Bloomsbury, 2011. (국역:《프레카리아트》, 김태호 옮김, 박종철출판사, 2014)

Stansbury, Anna, and Lawrence Summers. "Declining Worker Power and American Economic Performance." 2020년 3월 19일 BPEA컨퍼런스에서

발표된 논문. https://www.brookings.edu/wp-content/uploads/2020/03/
stansbury-summers-conference-draft.pdf.

Steckel, Richard H. "Heights and human welfare: Recent developments and
new directions." *Explorations in Economic History* 46, no. 1 (2009), pp.
1~23. https://doi.org/10.1016/j.eeh.2008.12.001.

Stiglitz, Joseph E. *The Price of Inequality: How Today's Divided Society
Endangers Our Future*. New York: W. W. Norton, 2012. (국역:《불평등의
대가》, 이순희 옮김, 열린책들, 2013).

Storey, R. L. *The End of the House of Lancaster*. New York: Stein and Day,
1967.

Taylor, Jennifer. "Here's How Much Every Living US President Is Worth:
Where Does Biden Rank?" GOBankingRates. May 30, 2022. https://
www.gobankingrates.com/net-worth/politicians/heres-how-much-
every-living-us-president-is-worth/.

Teitelbaum, Benjamin R. *War for Eternity: Inside Bannon's Far-Right Circle of
Global Power Brokers*. New York: Dey Street Books, 2020. (국역:《영원의
전쟁: 전통주의의 복귀와 우파 포퓰리즘》, 김정은 옮김, 글항아리, 2024)

Thayer, Parker. "Living Room Pundit's Guide to Soros District Attorneys,"
Capital Research Center. January 18, 2022. https://capitalresearch.org/
article/living-room-pundits-guide-to-soros-district-attorneys/.

Trevor-Roper, Hugh. "Re-inventing Hitler." *The Sunday Times*, February 18,
1973.

Turchin, Peter. *Ages of Discord: A Structural-Demographic Analysis of American
History*. Chaplin, CT: Beresta Books, 2016.

Turchin, Peter. "Building nations after conflict." *Nature* 453 (2008), pp.
986~987. https://doi.org/10.1038/453986a.

Turchin, Peter. "Modeling Periodic Waves of Integration in the Afro-
Eurasian World-System." In *Globalization as Evolutionary Process*, edited
by George Modelski, Tessaleno Devezas, and William R. Thompson.
London: Routledge, 2007, pp. 163~191.

Turchin, Peter. "A Theory for Formation of Large Empires." *Journal of
Global History* 4, no. 2 (2009), pp. 191~217. https://doi.org/10.1017/
s174002280900312x.

Turchin, Peter, *Ultrasociety: How 10,000 Years of War Made Humans the Greatest Cooperators on Earth*, Chaplin, CT: Beresta Books, 2016. (국역: 《초협력사회》, 이경남 옮김, 생각의힘, 2018)

Turchin, Peter, *War and Peace and War: The Rise and Fall of Empires*, New York: Plume, 2007. (국역: 《제국의 탄생》, 윤길순 옮김, 웅진지식하우스, 2011).

Turchin, Peter, Harvey Whitehouse, Sergey Gavrilets, Daniel Hoyer, Pieter François, James S. Bennett, Kevin C. Feeney, et al. "Disentangling the Evolutionary Drivers of Social Complexity: A Comprehensive Test of Hypotheses." *Science Advances* 8, no. 25 (2022). https://doi.org/10.1126/sciadv.abn3517.

Turchin, Peter, Nina Witoszek, Stefan Thurner, David Garcia, Roger Griffin, Daniel Hoyer, Atle Midttun, James Bennett, Knut Myrum Næss, and Sergey Gavrilets. "A History of Possible Futures: Multipath Forecasting of Social Breakdown, Recovery, and Resilience." *Cliodynamics: The Journal of Quantitative History and Cultural Evolution* 9, no. 2 (2018), pp. 124~139. https://doi.org/10.21237/c7clio9242078.

United States Census Bureau. "Historical Income Tables: Households." United States Census Bureau. 2022년 8월 18일 최종 업데이트. https://www.census.gov/data/tables/time-series/demo/income-poverty/historical-income-households.html.

US Department of Education, Institute of Education Sciences. "Immediate College Enrollment Rate." National Center for Education Statistics. 2022년 5월 최종 업데이트. https://nces.ed.gov/programs/coe/indicator/cpa.

Veritasium. "The Surprising Secret of Synchronization." March 31, 2021. 유튜브 동영상, 20:57. https://www.youtube.com/watch?v=t-_VPRCtiUg.

Walker, Shaun. "Azov fighters are Ukraine's greatest weapon and may be its greatest threat." *The Guardian*, September 10, 2014. https://www.theguardian.com/world/2014/sep/10/azov-far-right-fighters-ukraine-neo-nazis.

Walter, Barbara F. *How Civil Wars Start: And How to Stop Them*. New York: Crown, 2022.

Ward, George, Jan-Emmanuel De Neve, Lyle H. Ungar, and Johannes C. Eichstaedt. "(Un)Happiness and Voting in U.S. Presidential Elections."

Journal of Personality and Social Psychology 120, no. 2 (2021), pp. 370~383. https://doi.org/10.1037/pspi0000249.

Weigel, David. "Bernie Sanders criticizes 'open borders' at Hispanic Chamber of Commerce." *Washington Post*, July 30, 2015. https://www.washingtonpost.com/news/post-politics/wp/2015/07/30/bernie-sanders-criticizes-open-borders-at-hispanic-chamber-of-commerce/.

Weymouth, Lally. "Interview with Ukrainian presidential candidate Petro Poroshenko." *Washington Post*, April 25, 2014. https://www.washingtonpost.com/opinions/interview-with-ukrainian-presidential-candidate-petro-poroshenko/2014/04/25/74c73a48-cbbd-11e3-93eb-6c0037dde2ad_story.html.

White, Jeremy B. "4 wealthy donors fuel overhaul of California's criminal justice system." *Politico*, July 17, 2021. https://www.politico.com/states/california/story/2021/07/17/four-wealthy-donors-fuel-overhaul-of-californias-criminal-justice-system-1388261.

Wolff, Edward N. "Household Wealth Trends in the United States, 1962 to 2019: Median Wealth Rebounds... but Not Enough." NBER Working Paper No. 28383, National Bureau of Economic Research, Cambridge, MA, January 2021. https://www.nber.org/system/files/working_papers/w28383/w28383.pdf.

Zengerle, Jason. "The Rise of the Tucker Carlson Politician." *New York Times Magazine*, March 22, 2022, https://www.nytimes.com/2022/03/22/magazine/tucker-carlson-politician.html.

Zhang, Haihui. "What Are Chinese Local Gazetteers?" University of Pittsburgh. 2021년 4월 28일 최종 업데이트. https://pitt.libguides.com/chinese_local_gazetteers.

Zirkle, Conway. "The Role of Liberty Hyde Bailey and Hugo de Vries in the Rediscovery of Mendelism." *Journal of the History of Biology* 1, no. 2 (1968), pp. 205~218. https://www.jstor.org/stable/4330495.

찾아보기